21世纪高职高专规划教材

电子商务系列

"十二五"职业教育国家规划教材

经全国职业教育教材审定委员会审定

E-commerce Practice

电子商务实务

/第6版/

主　编◎陈月波

中国人民大学出版社

·北京·

前言

本书是高校电子商务类专业适用的教材，特别适合高职高专学生使用，也适合广大电子商务爱好者。本书是在原《电子商务概论》(清华大学出版社 2004 年版)、《电子商务实务》(电子工业出版社 2007 年第 2 版)、《电子商务实务》(清华大学出版社 2010 年第 3 版)、《电子商务实务》(中国人民大学出版社 2014 年第 4 版、2018 年第 5 版) 的基础上修订而成的。本书总参考课时数控制在 60～72 课时，建议理论课时为 36 课时，实训课时为 24～36 课时。本书的特色在于基础理论教学和实训内容紧密结合，实训内容可以利用互联网平台完成，不需要特定的模拟软件。

本书的主要知识点配有视频资源。实训内容设计实用，结构合理。全书分为理论和实训两部分。

第一部分为电子商务基础，包括第一章到第六章，主要介绍了电子商务涉及的各个方面的理论知识。第一章为电子商务概述，包括电子商务的最新发展，电子商务的分类，电子商务系统及其组成，电子商务中的物流、资金流和信息流，物联网，集成电子商务，云时代的电子商务等。第二章介绍电子商务模式，包括电子商务的主要商业模式、B2C 电子商务、B2B 电子商务、C2C 电子商务与网上拍卖、基于 EDI 的电子商务、O2O 电子商务、内容电子商务、社交电子商务、移动电子商务、跨境电子商务、直播电子商务、短视频、电子商务的其他商业模式等。第三章介绍电子商务基础技术，包括计算机网络技术、Internet 技术、电子商务网站开发技术、电子商务安全技术、条码与二维码技术、大数据技术等。第四章介绍电子商务支付技术，包括电子支付、网上银行、第三方支付、移动支付等。第五章介绍网络营销，包括网络营销概述、网络营销策略、网络营销方法与技术等。第六章介绍电子商务与物流管理，包括电子商务与物流、电子商务与供应链管理、电子商务环境下的物流模型等。

第二部分为电子商务实训，包括电子商务的七个实训项目。项目一为网上开店与创业实训，内容包括淘宝网开店、千牛卖家工作平台等。项目二为电子支付实训，内容包括支付宝的使用、网上银行的使用（以中国建设银行为例）、手机银行的使用（以中国建设银行为例）等。项目三为网络营销实训，内容包括网络调研分析、群发E-mail营销、企业网站建设、软文营销等。项目四为电子商务安全技术实训，内容包括加密与解密、Outlook Express签名邮件和加密邮件的收发等。项目五为个性化定制服务体验，内容包括产品个性化定制、服务个性化定制、体验O2O服务等。项目六为跨境海淘直邮与财付通体验，内容包括跨境海淘直邮与转运、财付通使用体验等。项目七为移动电子商务实践，内容包括穿戴支付——智能手环支付、生物支付——指纹支付、云闪付、微信公众号创建与使用、微信公众号图文排版等。

本书由浙江金融职业学院陈月波教授主编，其主要编写了第一章、第二章（除第十节）、第三章、第四章（除第四节）、第六章以及项目四和项目七的任务三、任务四等。浙江金融职业学院刘海老师编写了第二章的第十节和项目六；浙江金融职业学院张颖老师编写了项目五的任务一、任务二；浙江金融职业学院马天有老师编写了项目五的任务三；浙江金融职业学院邱勋老师编写了第四章的第四节和项目七的任务一、任务二、任务五；浙江商业职业技术学院吴林华老师编写了第五章、项目一、项目二、项目三；杭州时信网络有限公司总经理徐志清参与了项目三、项目四部分内容的编写。在本书的编写过程中，我们得到了浙江金融职业学院周建松书记、工商管理学院领导的大力支持，得到了杭州时信网络有限公司总经理徐志清的指导，电子商务教研室主任马天有老师负责组织对应的微课视频资源的开发，王煜老师、马辉老师参与了微课视频资源的开发，在此一并致谢！

本次修订，编者保留了原来教材的部分内容，删除了部分陈旧的内容，增加了四个项目实训内容，使本书的结构更加紧凑，内容更加新颖和实用。本书参考了大量文献资料，有些资料来源因编者工作疏忽而未能列出，谨向资料来源方深表歉意。

编者

2021年1月

目　录

第一部分　电子商务基础

第一部分
电子商务基础

第一章 电子商务概述

知识要点

（1）了解电子商务的最新发展概况。

（2）掌握电子商务的定义、分类、功能与特性。

（3）掌握电子商务系统的组成。

（4）掌握电子商务中的物流、资金流和信息流及其相互间的关系。

第一节　电子商务的最新发展

一、CNNIC 互联网发展报告

1－1　电子商务实务课程介绍——导学

（一）互联网发展的基础数据

2020 年 9 月 29 日，中国互联网络信息中心（CNNIC）在京发布第 46 次《中国互联网络发展状况统计报告》（以下简称《报告》）。围绕互联网基础建设、网民规模及结构、互联网应用发展、互联网政务发展和互联网安全五个方面，综合反映了 2020 年上半年我国互联网发展状况。

截至 2020 年 6 月，我国网民规模达 9.40 亿，互联网普及率达 67.0%，较 2020 年 3 月提升 2.5 个百分点。我国手机网民规模达 9.32 亿，较 2020 年 3 月增长 3 546 万，网民使用手机上网的比例达 99.2%，较 2020 年 3 月基本持平。

（二）互联网发展的趋势和特点

1. 互联网助力抗疫斗争取得重大胜利

在2020年上半年新冠肺炎疫情期间，我国互联网产业展现出巨大的发展活力和韧性，不仅为精准有效防控疫情发挥了关键作用，还在数字基建、数字经济、数字惠民和数字治理等方面取得了显著进展，成为我国应对新挑战、建设新经济的重要力量。CNNIC副主任张晓对报告进行了解读，从八个方面总结了2020年上半年中国互联网发展亮点：

一是“网”汇力量，“新业态”助抗疫稳大局。2020年上半年，在线教育、在线医疗、远程办公等应用服务在维持社会经济正常运转、稳住民生基本所需方面发挥了巨大作用。截至2020年6月，在线教育用户规模达3.81亿，占网民整体的40.5%；在线医疗用户规模达2.76亿，占网民整体的29.4%；远程办公用户规模达1.99亿，占网民整体的21.2%。

二是“网”罗科技，“新基建”注活力扩增量。2020年上半年，中央密集部署加快“新基建”进度，多个重要领域取得积极进展。截至2020年6月底，5G终端连接数已超过6 600万，三家基础电信企业已开通5G基站超40万个。工业互联网领域已培育形成超过500个特色鲜明、能力多样的工业互联网平台。截至2020年7月，我国已分配IPv6地址用户数达14.42亿，IPv6活跃用户数达3.62亿，排名前100位的商用网站及应用已经全部支持IPv6访问。

三是“网”促发展，“新经济”扩内需助转型。截至2020年6月，我国电商直播、短视频及网络购物用户规模较2020年3月增长均超过5%，电商直播用户规模达3.09亿，较2020年3月增长4 430万，规模增速达16.7%，成为上半年增长最快的个人互联网应用，为促进传统产业转型、带动农产品上行提供了积极助力。网络零售用户规模达7.49亿，占网民整体的79.7%，市场连续七年保持全球第一，为形成新发展格局提供了重要支撑。

四是“网”有温度，“新惠民”利普惠助脱贫。截至2020年6月，我国网民规模已经达到9.40亿，相当于全球网民的1/5。互联网普及率为67.0%，约高于全球平均水平5个百分点。城乡数字鸿沟显著缩小，城乡地区互联网普及率差异为24.1%，自2017年以来首次缩小到30%以内，网络扶贫作为扶贫攻坚的重要手段，已越来越多地被网民了解并参与。

五是“网”来文化，“新传播”讲故事树新风。截至2020年6月，我国网络视频（含短视频）用户规模达8.88亿，占网民整体的94.5%。其中，短视频已成为新闻报道新选择、电商平台新标配。网络新闻用户规模为7.25亿，占网民整体的77.1%，网络新闻借助社交、短视频等平台，通过可视化的方式提升传播效能，助力抗疫宣传报道。

六是“网”知天下，“新工具”零距离看世界。截至2020年6月，我国网络支付用户规模达8.05亿，较2020年3月增长4.8%，占网民整体的85.7%，移动支付市场规模连续三年全球第一，在疫情期间发挥了重要惠民作用，拓展了更多“+支付”的应用场景；即时通信成为疫情期间发展最快的应用之一，用户规模达9.31亿，较2020年3月增长3 466万。

七是“网”填需求，“新服务”保运力补供给。受疫情影响，线上化渠道为服务业提供了新的发展窗口。网上外卖、在线教育、网约车、在线医疗等数字服务蓬勃发展，用户规模分别达4.09亿、3.81亿、3.40亿和2.76亿，占网民整体的比例分别为43.5%、40.5%、36.2%和29.4%，在满足网民需求的同时，也为服务业的数字化发展提供了助力。

八是“网”谈治理，“新治理”推立法谋创新。截至2020年6月，我国在线政务服务用户规模达7.73亿，占网民整体的82.2%。2020年上半年，政府治理体系不断完善，治理能力不断提升。《中华人民共和国民法典》《中华人民共和国数据安全法（草案）》逐步推动数字治理有法可依；围绕政府、平台、社会的多元协同治理体系正在加速形成；在线政务服务日趋成熟，国家政务服务平台建设成效凸显。

2. 推进“互联网+政务服务”，疫情防控、复工复产两不误

2020年上半年，在疫情的淬炼下，我国“互联网+政务服务”的水平不断提升，数字治理体系不断完善。一是国家政务服务平台建设成效凸显。截至2020年6月，国家政务服务平台注册用户达1.26亿人，总计访问人数10.02亿人，总浏览量58.91亿次。“横到边、纵到底”的“覆盖城乡、上下联动、层级清晰”五级网上服务体系初步形成。二是网格化治理推陈出新，多个省市的城乡社区都通过社区微信群、小程序等数字化工具积极开展防疫工作，成为基层治理的一大创新。三是“互联网+政务服务”有力助推疫情后复工复产，国家政务服务平台陆续推出“小微企业和个体工商户服务专栏”和疫情防控、复工复产、就业服务等15个服务专题，同时建设“防疫健康信息码”，汇聚并支撑各地共享“健康码”数据6.23亿条，累计服务6亿人次，成为此次大数据支撑疫情防控的重要创新。

3. 我国网民安全体验持续提升，网络安全环境进一步改善

我国网络安全环境呈现出不断向好的发展态势。一是在政策制定层面，《中华人民共和国民法典》《中华人民共和国数据安全法（草案）》等相关法律法规的陆续出台，推动我国网络安全法律体系持续完善。二是在基础设施方面，我国大力推进国家顶级域名解析节点部署，先后引入F、I、L、J、K根镜像服务器，推动网络基础设施安全保障更加完备。三是在用户安全方面，《报告》数据显示，网民遭遇网络安全问题的情况日趋改善，未遭遇任何网络安全问题的网民占比连续五年保持提升。四是在产业发展方面，我国网络安全产业发展进入“快车道”，现有网络安全产品和服务已经从基础网络安全领域延伸到云服务、大数据、物联网、工业控制、5G等不同应用场景，实现了对于基础设备、基础技术、安全系统、安全服务等多个维度的全面覆盖。

4.“新基建”背景下，数字经济新业态助力提升中国经济“韧性”

在2020年上半年新冠肺炎疫情的冲击下，在供应链、企业管理和商业活动等方面都面临着全新的挑战。而数字经济的新业态、新模式以及数字技术的迅猛发展，为提升中国经济“韧带”的韧性和推动形成新的经济增长点提供了重要的支撑。

一是5G、工业互联网等数字技术为数字经济提供了底层基础。借助数字技术、大规模匹配算法和高速网络传输到云端，信息的传输更快，能量的耗费更少，推动数字经济成为“低熵经济”。

二是网络购物等数字消费为推动经济内循环提供了新动力。2020年上半年，网络零售的规模已经超过社会消费品零售总额的1/4，对消费的支撑作用进一步增强。此次《报告》数据显示，生鲜电商、农产品电商、跨境电商、二手电商等电商新模式也保持较快发展，用户规模分别达到2.57亿、2.48亿、1.38亿和6 143万，在推动农产品上行、带动消费回流和促进闲置经济发展方面发挥了积极作用。三是以远程办公等为代表的数字服务正在形成新的服务业态。从《报告》中可以发现，在线教育、在线医疗、远程办公的用户规模分别达3.81亿、2.76亿和1.99亿，成为极具发展潜力的互联网应用，在推动服务业创新的同时不断增强经济的韧性。

5. 网络扶贫成效显著

《报告》用多个维度的数据记录了我国在网络扶贫方面取得的显著成效，非常难得。

一是农村实现网络覆盖，城乡差异显著缩小。《报告》数据显示，2020年上半年农村地区互联网普及率为52.3%，较2020年3月提升6.1个百分点，城乡地区互联网普及率差异缩小6.3个百分点。

二是农村和城市“同网同速”的时代正在到来。全国贫困村通光纤比例从2017年的不足70%提升至98%，深度贫困地区贫困村通宽带比例从25%提升至98%。

三是网络扶贫成效得到广大网民的认可。截至2020年6月，认可互联网“为贫困群众提供帮助”“通过电商助力农产品销售”“为贫困群众提供更多工作和医疗教育机会”的网民比例较2020年3月均有所提升。

（三）互联网发展中的问题

1. 超级计算机人才储备不足，与国外尚有差距

根据www.top500.org的最新排行榜，全球超级计算机前五名分别为美国“Summit”、中国“神威·太湖之光”、美国“Sierra”、中国“天河二号”和日本“AI Bridging Cloud Infrastructure（ABCI）”。根据榜单内容，中国的高性能计算机数量已经增加到了206台。在世界500强榜单中排名前五的制造商中，中国公司占了三家，联想、浪潮和中科曙光分别位列第一、第三和第五。

2. 工业互联网应用的问题

国内企业上云形成全国铺开态势。工业互联网平台赋能制造业，产业链正在形成。在产业链上游，信息技术企业凭借基础云计算资源能力、数据管理及数据分析能力为平台构建提供支撑。在产业链中游，制造业企业、装备制造业和ICT及软件服务商共同构成了工业互联网平台主体。在产业链下游，行业用户和第三方开发者基于自身行业经验和开发设计能力开展应用创新，服务于不同的工业领域。基于通用PaaS的二次开发成为工业PaaS的主要构建方式，提高了开发效率，提升了行业应用水平。工业互联网应用存在以下问题：

一是安全问题，工业互联网的开放性和融合性打破了以往的安全边界。我国需要建立工业互联网安全生态，打造完整的工业互联网安全防护体系。

二是标准问题，制造业装备种类繁多，缺乏行业通用的标准体系与关键标准。我国需要制定国家标准，并积极参与国际相关标准的制定。

三是普及问题，中小型制造业企业负责人的科技创新意识还存在不足。地方政府需要面向本地制造业企业加强工业互联网培训，推广工业互联网成功案例，提升企业家的创新积极性，引导工业企业上云，加快促进工业互联网平台发展。

2017—2018年中国网民各类型互联网应用使用率如表1-1所示。

表1-1　2017—2018年中国网民各类型互联网应用使用率

应用	2018.12		2017.12		年增长率
	用户规模（万）	网民使用率	用户规模（万）	网民使用率	
即时通信	79 172	95.6%	72 023	93.3%	9.9%
搜索引擎	68 132	82.2%	63 956	82.8%	6.5%
网络新闻	67 473	81.4%	64 689	83.8%	4.3%
网络视频	61 201	73.9%	57 892	75.0%	5.7%
网络购物	61 011	73.6%	53 332	69.1%	14.4%
网上支付	60 040	72.5%	53 110	68.8%	13.0%
网络音乐	57 560	69.5%	54 809	71.0%	5.0%
网络游戏	48 384	58.4%	44 161	57.2%	9.6%
网络文学	43 201	52.1%	37 774	48.9%	14.4%
网上银行	41 980	50.7%	39 911	51.7%	5.2%
旅行预订	41 001	49.5%	37 578	48.7%	9.1%
网上订外卖	40 601	49.0%	34 338	44.5%	18.2%
网络直播	39 676	47.9%	42 209	54.7%	−6.0%
微博	35 057	42.3%	31 601	40.9%	10.9%
网约专车或快车	33 282	40.2%	23 623	30.6%	40.9%
网约出租车	32 988	39.8%	28 651	37.1%	15.1%
在线教育	20 123	24.3%	15 518	20.1%	29.7%
互联网理财	15 138	18.3%	12 881	16.7%	17.5%

续前表

应用	2018.12		2017.12		年增长率
	用户规模（万）	手机网民使用率	用户规模（万）	手机网民使用率	
短视频	64 798	78.2%	—	—	—
手机即时通信	78 029	95.5%	69 359	92.2%	12.5%
手机搜索	65 396	80.0%	62 398	82.9%	4.8%
手机网络新闻	65 286	79.9%	61 959	82.3%	5.4%
手机网络购物	59 191	72.5%	50 563	67.2%	17.1%
手机网络视频	58 958	72.2%	54 857	72.9%	7.5%
手机网上支付	58 339	71.4%	52 703	70.0%	10.7%
手机网络音乐	55 296	67.7%	51 173	68.0%	8.1%
手机网络游戏	45 879	56.2%	40 710	54.1%	12.7%
手机网络文学	41 017	50.2%	34 352	45.6%	19.4%
手机旅行预订	40 032	49.0%	33 961	45.1%	17.9%
手机网上订外卖	39 708	48.6%	32 229	42.8%	23.2%
手机在线教育课程	19 416	23.8%	11 890	15.8%	63.3%

二、《中华人民共和国电子商务法》解读

2018年8月31日，在第十三届全国人大常委会第五次会议上，经过四次审议的《中华人民共和国电子商务法》（简称《电子商务法》）获得表决通过。自2016年12月《中华人民共和国电子商务法（草案）》提请第十二届全国人大常委会初次审议，到《电子商务法》获得通过，经过了两年的时间。《电子商务法》有八大亮点：

1-2
认识电子商务

1. 严格范围

电子商务具有跨时空、跨领域的特点，因而《电子商务法》把调整范围严格限定在中华人民共和国境内，限定在通过互联网等信息网络销售商品或提供服务，对金融类产品的服务，对利用信息网络提供的新闻、信息、音/视频节目、出版物以及文化产品等方面的内容服务都不在该法的调整范围内。

2. 促进发展

电子商务属于新兴产业，因而《电子商务法》把支持和促进电子商务持续健康发展摆在首位，拓展电子商务的空间，推进电子商务与实体经济深度融合，在发展中规范，在规范中发展。因此，法律对于促进发展、鼓励创新做了一系列的制度性的规定。

3. 包容审慎

《电子商务法》不仅重视开放性，而且重视前瞻性，以鼓励创新和竞争为主，同时兼

顾规范和管理的需要，这就为电子商务未来的发展奠定了体制框架。

4. 平等对待

电子商务技术中立、业态中立、模式中立。在立法过程中，各个方面逐渐对线上/线下在无差别、无歧视原则下规范电子商务的市场秩序达成了一定的共识。因此，法律明确规定，国家平等地对待线上/线下的商务活动，促进线上/线下融合发展。

5. 均衡保障

在电子商务有关三方主体中，最弱势的是消费者，电子商务经营者次之，最强势的是平台经营者，《电子商务法》在均衡地保障电子商务这三方主体的合法权益的同时，适当加重了电子商务经营者，特别是第三方平台的责任和义务，加强了对电子商务消费者的保护力度。这种制度设计基于我们国家的实践，反映了中国特色，体现了中国智慧。

6. 协同监管

《电子商务法》完善和创新了符合电子商务发展特点的协同监管体制和具体制度。法律规定：国家建立符合电子商务特点的协同管理体系，各级政府要按照职责分工，没有确定哪个部门是电子商务的主管部门，根据已有分工，各自负责电子商务发展促进、监督、管理的工作。在这样的情况下，监管的要义就在于依法、合理、有效、适度，既非任意地强化监管，又非无原则地放松监管，而是宽严适度、合理有效。

7. 社会共治

电子商务立法运用互联网的思维，充分发挥市场在配置资源方面的决定性作用，鼓励和支持电子商务各方共同参与电子商务市场治理，充分发挥电子商务交易平台经营者、电子商务经营者所形成的一些内生机制，来推动形成企业自治、行业自律、社会监督、政府监管这样的社会共治模式。

8. 法律衔接

《电子商务法》是电子商务领域的一部基础性的法律，其中的一些制度在其他法律中都有规定，《电子商务法》不能包罗万象。电子商务立法重在针对电子领域特有的矛盾来解决其特殊性的问题，在整体上要处理好《电子商务法》与已有法律之间的关系，重点规定其他法律没有涉及的问题，弥补现有法律制度的不足。

三、电子商务概述

1-3
电子商务概念

（一）电子商务的定义

电子商务的定义有广义和狭义之分。简单地说，电子商务是指运用电子手段进行商务活动。

广义的电子商务（Electronic Business，EB）是指利用计算机网络和信息技术的一次创新，旨在通过电子手段建立起一种新的经济秩序；它不仅涉及商务活动本身，还涉及各种具有商业活动能力的诸如金融、税务、法律和教育等其他社会层面。其在不同领域的应用形成了不同的研究方向，包括电子政务、电子教务、电子医务、企业资源计划（ERP）、客户关系管理（CRM）、供应链管理（SCM）、移动商务等。

狭义的电子商务（Electronic Commerce，EC）是指各种具有商业活动能力的实体（如企业、政府机构、个人消费者等）以互联网为基础进行的各项商业活动，是在全球范围内进行的商务贸易活动，包括商品或服务的提供者、广告商、消费者、中介商等有关各方行为的总和。

（二）电子商务的功能

电子商务的功能非常强大，内容也十分丰富，如广告宣传、咨询洽谈、网上订购、网上支付、电子账务、服务传递、意见征询、交易管理等。

(1) 广告宣传。与以往的各类广告相比，网上的广告成本最为低廉，而给客户的信息量却最为丰富。

(2) 咨询洽谈。网上的咨询和洽谈能超越人们面对面洽谈的限制，提供多种方便的异地交谈形式。

(3) 网上订购。当客户填完订单后，通常系统会回复确认来保证客户订单的生效。订购信息也可采用加密的方式使客户和商家的商业信息不被泄露。

(4) 网上支付。网上支付是重要的环节，需要更为可靠的信息传输安全性控制，以防止欺骗、窃听、冒用等非法行为。

(5) 电子账务。网上支付必须由电子金融来支持，即银行或信用卡公司及保险公司等金融单位要为金融服务提供网上操作服务。

(6) 服务传递。最适合在网上直接传递的货物是信息产品，如软件、电子读物、信息服务等。它们能被直接从电子仓库中发送到用户端。

(7) 意见征询。电子商务能十分方便地采用网页上的“选择”“填空”等格式文件来收集客户对销售服务的反馈意见。这使得企业的市场运营形成了一个完整的回路。客户的反馈意见不仅能提高售后服务的水平，更能使企业获得改进产品、发现市场的商业机会。

(8) 交易管理。对整个交易的管理将涉及人、财、物等多个方面，涉及企业和企业、企业和客户及企业内部等各方面的协调和管理。

（三）电子商务交易的特点

电子商务交易具有如下特点：交易虚拟化、交易成本低、交易效率高、交易透明化、交易安全性高、交易无时间限制、交易无地域限制。

通过互联网，贸易双方从贸易磋商、签订合同到支付等，都不需要当面进行，均可借助互联网完成，整个交易完全虚拟化。

交易成本低表现在如下方面：

（1）距离越远成本越低，缩短时间及减少重复的数据录入降低了信息成本。

（2）买卖双方通过互联网进行商务活动，不需要中介参与，减少了交易的有关环节。

（3）卖方可通过互联网进行产品介绍、宣传，节省了在传统方式下做广告、发印刷品等所需的大量费用。

（4）电子商务实行“无纸贸易”，可减少90%的文件处理费用。

（5）互联网可使买卖双方即时沟通供需信息，使无库存生产和无库存销售成为可能。

（6）企业利用内部网（Intranet）可实现“无纸办公”，从而提高内部信息传递的效率，节省时间并降低管理成本。

（7）传统的贸易平台是地面店铺，新的电子商务贸易平台则是网吧或办公室。

四、新零售

在2016年10月举行的阿里云栖大会上，马云在演讲中第一次提出了“新零售”——“未来的十年、二十年，没有电子商务这一说，只有新零售。”马云认为，未来的电子商务平台将消失，线上/线下和物流将结合在一起，产生新零售。线上是指云平台，线下是指销售门店或生产商。新零售就是企业以互联网为依托，通过运用大数据、人工智能等先进技术手段，对商品的生产、流通与销售过程进行升级改造，进而重塑业态结构与生态圈，并对线上服务、线下体验以及现代物流进行深度融合的零售新模式。

新零售的核心要义在于推动线上与线下的一体化进程，其关键在于使线上的互联网力量和线下的实体店终端形成真正意义上的合力，从而完成电商平台和实体零售店面在商业维度上的优化升级。同时，促成价格消费时代向价值消费时代的全面转型。有专家将新零售总结为“线上＋线下＋物流”，其核心是以消费者为中心的会员、支付、库存、服务等方面数据的全面打通。

除了新零售之外，杭州云栖大会的开幕式上，马云在演讲中提出的影响未来发展的“五个新”还包括：

（1）新制造。现在的制造生产模式是B2C，而未来会转向C2B，即按需定制。过去，制造讲究规模化、标准化；未来30年，制造讲究的将是智慧化、个性化、定制化。

（2）新金融。此前遵循的是二八定律，即只要支持前20%的大企业，就能保证社会效益。而互联网金融要做的是，支持那80%没有被触及的中小型企业。未来，就是支持80%的中小型企业、个性化企业。

（3）新技术。过去以PC为主的芯片现在都转向了以移动互联网为中心，那么未来也

会基于大数据、云计算产生新的技术。

（4）新能源。之前的能源是水、电、煤，而现在，数据是人类自己创造的新能源、新资源。

第二节　电子商务的分类

常见的电子商务的分类方法有以下几种：

一、按交易对象关系分类

按交易对象关系分类，电子商务可以分为以下几种常见的类型：

（1）B2C（Business to Consumer）。B2C是指企业与消费者之间的电子商务模式。目前，互联网上已遍布各种类型的网上购物、商业中心，提供各种商品和服务，如鲜花、书籍、计算机、汽车等。B2C模式的应用领域是以零售业和服务业为主营业务的企业。

（2）B2B（Business to Business）。B2B是指企业与企业之间的电子商务模式。B2B电子商务模式包括垂直B2B电子商务和水平综合B2B电子市场。B2B可以推动供应商、代理商、经销商和厂商的业务往来，有效削减交易费用，降低成本，实现企业业务的合理化。阿里巴巴是水平B2B模式的典型代表，中化网是垂直B2B模式的典型代表。B2B商务发展最快，已经有多年的历史，特别是通过增值网络（Value Added Network，VAN）上运行的电子数据交换（EDI），使B2B电子商务得到了迅速扩大和推广。B2B商务使用互联网技术或各种商务网络平台来完成商务交易的过程。这些过程包括：发布供求信息，订货及确认订货，支付过程，票据的签发、传送和接收，确定配送方案并监控配送过程等。

（3）C2C（Consumer to Consumer）。C2C模式是消费者与消费者之间的货物交易或各种服务活动在网络上的具体实现，其涵盖的范围主要包括艺术品交易、网上拍卖、旧货交易、网上人才市场、换房服务、邮票交易等。此模式的典型网站有eBay、淘宝网、拍拍网等。

（4）B2G（Business to Government）。B2G是指企业与政府之间的电子商务模式。B2G电子商务可以覆盖企业与政府组织间的许多事务，如政府网上采购、海关报税平台、国税局和地税局报税平台等。B2G也属于电子政务的范围。

（5）C2G（Consumer to Government）。C2G是指消费者与政府之间的电子商务模式。该模式是指政府对个人的电子商务活动，政府职能上网，在网络上实现政府的部分职能。

政府可以把电子商务扩展到福利费发放和自我估税及个税的征收方面。C2G 属于电子政务的范畴。

（6）C2B2S（Consumer to Business-Share）。C2B2S 模式是 C2B 模式的进一步延伸，以消费者价值为导向，让消费者以不同形式参与购物、分享、经营、策划等环节，进行群体协作和商业活动，很好地实现了消费者、商家、网络和平台之间的利益共享。该模式很好地解决了 C2B 模式中客户发布产品需求初期无法聚集庞大客户群而致使与邀约的商家交易失败的问题。采用该模式的平台如“晴天乐客”。

（7）B2M（Business to Manager）。B2M 是相对于 B2B、B2C、C2C 模式而言的，是一种全新的电子商务模式。B2M 所针对的客户群是企业或者产品的销售者，而不是最终消费者。

（8）M2C（Manager to Consumer）。M2C 是在 B2M 基础上出现的延伸概念。在 B2M 模式中，企业通过网络平台发布该企业的产品或服务，职业经理人通过网络获取该企业的产品或服务信息，并为该企业销售产品或提供服务，企业则通过职业经理人达到销售产品或获得服务的目的。

（9）O2O（Online to Offline）。O2O 是指将线下商务与互联网结合在一起，让互联网成为线下交易的前台。这样，线下服务就可以利用线上服务来揽客，消费者可以通过线上服务来筛选商品，成交也可以在线结算。

O2O 是指线上的营销或销售与线下的实体店面或活动相互结合，实现人流在线上与线下的互导，以及全时全域消费者生活全覆盖，在达到商家销售目标的同时，使用户生活便利的一种商业模式。有别于过去的 B2C 或 C2C 模式，它是真实的联结线上与线下生活的机制。

O2O 绝非只有“Online to Offline”单向传送，消费者在线下完成消费后，商家能够在取得资料后长期透过线上方式，诱使消费者再至线上或线下商家进行其他消费活动。

（10）C2B（Consumer to Business）。C2B 模式的核心是通过聚合分散分布但数量庞大的用户形成一个强大的采购集团，以此来改变 B2C 模式中用户一对一出价的弱势地位，使之享受以大批发商的价格购买单件商品的利益。

（11）B2B2C（Business to Business to Consumer）。B2B2C 是一种新的网络通信销售方式。第一个 B 是指广义的卖方（成品、半成品、材料提供商等）；第二个 B 是指交易平台，即卖方与买方的联系平台，同时提供优质的附加服务；C 是指买方。卖方包括公司和个人，即逻辑上的买卖关系中的公司或个人都属于卖方。

（12）B2T（Business to Team）。B2T 是指以团队形式向商家采购。互不认识的消费者借助互联网的网聚力量来聚集资金，加大与商家的谈判能力，以求得最优的价格。网络团购的主力军是年龄在 25 岁到 35 岁的年轻群体，在北京、上海、深圳等大城市十分普遍。

(13) 虚拟世界。这是电子商务的一个非常有趣的模式。它是用户自定义的世界，人们可以在里面互动、娱乐和做生意。最有名的虚拟世界是“第二人生”。其营销方式包括服务营销、体验营销、知识营销、情感营销、教育营销、差异化营销、直销、网络营销。

二、按支付方式分类

按支付方式分类，电子商务可以分为非支付性电子商务和支付性电子商务两类。

(1) 非支付性电子商务（没有资金流）。非支付性电子商务是指不进行网上支付和货物运送的电子商务。其内容包括信息查询、商情发布、在线谈判、电子合同文本的形成等，但是不包括银行支付，这种形式只有物质流、信息流，而没有资金流。

(2) 支付性电子商务（有资金流）。支付性电子商务是指实际进行网上支付和货物运送的电子商务。其内容不但包括非支付性电子商务的全部内容，还包括银行支付、交割活动以及供货方的货物运送活动。

三、按商务活动的内容分类

按商务活动的内容分类，电子商务主要包括间接电子商务和直接电子商务。

(1) 间接电子商务（有物流）。间接电子商务是指有形商品的电子订货，仍然需要传统渠道（如邮政服务、快递公司等）完成商品运输。

(2) 直接电子商务（无物流）。直接电子商务是指在网上购买无形商品和服务，如软件、音乐、电影、游戏等，可联机订购及提供服务，直接通过网络支付和交付。

四、按使用网络的类型分类

根据使用网络类型的不同，电子商务目前主要有 EDI 商务、Internet 商务和 Intranet 商务三种形式（见图 1-1）。

(1) EDI 商务。基于电子数据交换（Electronic Data Interchange，EDI）的电子商务系统。国际标准化组织（International Organization for Standardization，简称 ISO）对电子数据交换的定义是：“将商业或行政事务按照一个公认的标准，形成结构化的事务处理或文档数据格式，从计算机到计算机的电子传输方法。”也就是说，电子数据交换就是按照商业活动中的常规协定，将商业文件标准化和格式化，并通过计算机网络和专用软件，在贸易合作伙伴的计算机网络系统之间进行数据交换和自动处理。

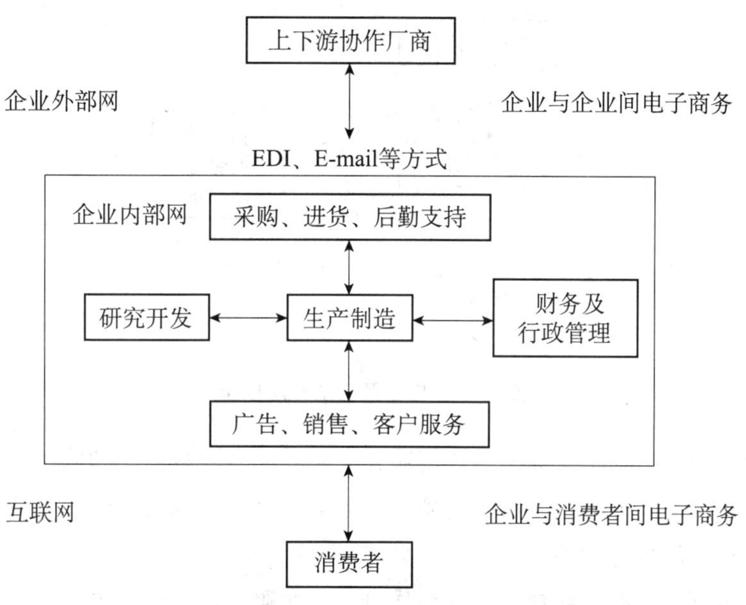

图 1－1　EDI 商务、Internet 商务和 Intranet 商务的关系

(2) Internet 商务。基于互联网的电子商务系统是现代国际贸易的最新形式。

(3) Intranet 商务。企业网络环境商务是基于企业网络环境的电子商务系统。企业网络环境是指利用互联网技术组成的企业内部网（Intranet）与企业外部网（Extranet）网络环境，它既可以和互联网相连也可以不连，能够有效地实现企业各部门之间、企业与企业之间、企业与合作伙伴及客户之间的授权内数据共享和数据交换，并将每一个各自独立的网络通过互联延伸形成共享的企业资源，供用户便捷地查询关联企业的相关数据。此外，允许各个子网独立自主地加入互联网和建立万维网系统，建立与外部联系的通道。

第三节　电子商务系统及其组成

一、电子商务的概念模型

图 1－2 为电子商务的概念模型，它由交易主体、电子市场、交易事务，以及物流、资金流、信息流所组成。交易主体是指能够从事电子商务活动的客观对象，如企业、银行、商店、政府机构、科研教育机构和个人等；电子市场是指电子商务实体从事商品和服务交换的场所，是由各种各样的商务活动参与者利用各种通信装置，通过网络形成的一个统一的经济整体；交易事务是指电子商务实体之间所从事的具体的商务活动的内容，如询价、报价、转账支付、广告宣传、商品运输等。

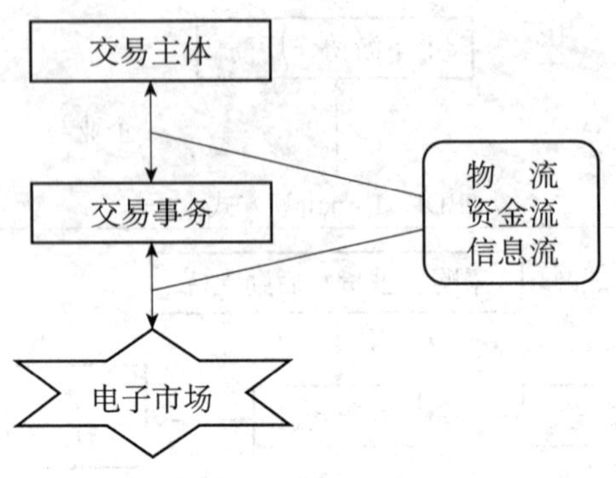

图 1－2　电子商务的概念模型

物流主要是指商品和服务的配送及传输渠道。对于大多数商品和服务来说，物流可能仍然经由传统的经销渠道，然而有些商品和服务可以直接以网络传输的方式进行配送，如各种电子出版物、信息咨询服务、有价信息等。

资金流主要是指资金的转移过程，包括付款、转账、兑换等过程。

信息流既包括商品信息的提供、促销、技术支持、售后服务等内容，又包括询价单、报价单、付款通知单、转账通知单等商业贸易单证，还包括交易方的支付能力、支付信誉、中介信誉等。

二、电子商务系统的组成

（一）电子商务的一般框架

电子商务的一般框架如图 1－3 所示。

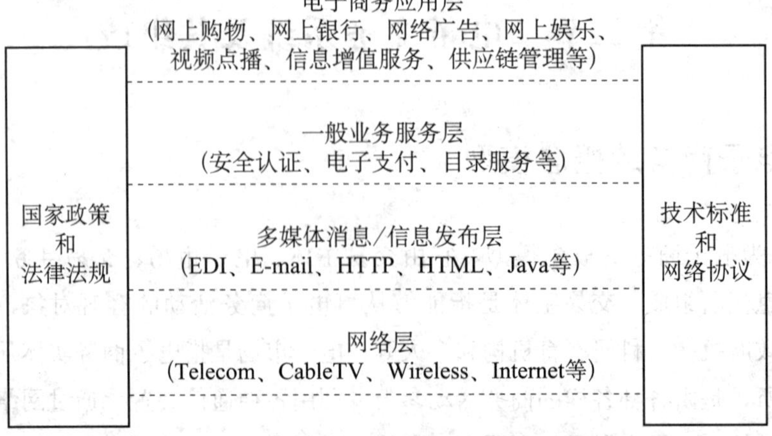

图 1－3　电子商务的一般框架

电子商务整体结构分为电子商务应用层和支持应用实现的基础结构。其基础结构包括三个层次和两个支柱。三个层次自下而上分别为网络层、多媒体消息/信息发布层和一般业务服务层。两个支柱分别是国家政策和法律法规、技术标准和网络协议。三个层次之上是各种特定的电子商务应用。可见，三个层次和两个支柱是电子商务应用的条件。

（1）网络层。网络层是电子商务的硬件基础设施，是信息传输系统，包括远程通信网（电报和电话）、有线电视网、无线通信网（移动通信和卫星网）和互联网等。

（2）多媒体消息/信息发布层。网络层提供了信息传输的线路，线路上传输的最复杂的信息就是多媒体信息，它是文本、声音、图像的综合。最常用的信息发布应用就是WWW，用HTML或Java将多媒体内容发布在Web服务器上，然后通过一些传输协议将发布的信息传送给接收者。

（3）一般业务服务层。这一层提供的是标准的网上商务活动服务，以方便交易，如标准的商品目录/价目表建立、电子支付工具的开发、保证商业信息安全传送的方法、认证买卖双方合法性的方法。

（4）国家政策和法律法规、技术标准和网络协议。国家政策的范畴涵盖电子商务的税收制度、信息定价（信息定价围绕的是谁花钱来进行信息高速公路建设）、信息访问的收费、信息传输成本、隐私问题等。安全问题是电子商务的中心问题。电子签名和认证手段目前已经是一个比较成熟的安全手段了。同时，一些安全标准如安全套接层SSL、安全HTTP协议、安全电子交易SET等也必须考虑。

（二）电子商务系统各部分的关系

电子商务系统各部分的关系如图1-4所示。

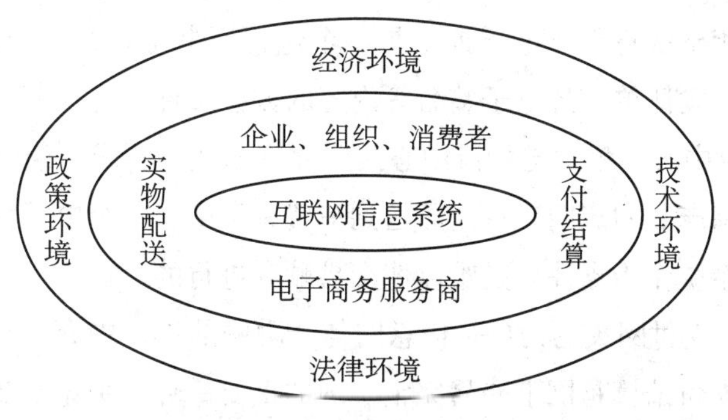

图1-4　电子商务系统各部分的关系

互联网信息系统保证了电子虚拟市场交易系统中信息流的畅通，它是电子虚拟市场交易顺利进行的核心。

企业、组织与消费者是网上市场交易的主体，实现其信息化和上网是网上交易顺利进行的前提。缺乏这些主体，电子商务就失去了存在意义，也就谈不上网上交易。

电子商务服务商是网上交易顺利进行的手段，它可以推动企业、组织与消费者上网和更加方便地利用互联网进行网上交易。

实物配送和支付结算是网上交易顺利进行的保障，缺乏完善的实物配送及支付结算系统，将影响网上交易的完成。

电子商务系统的组成如图1-5所示。

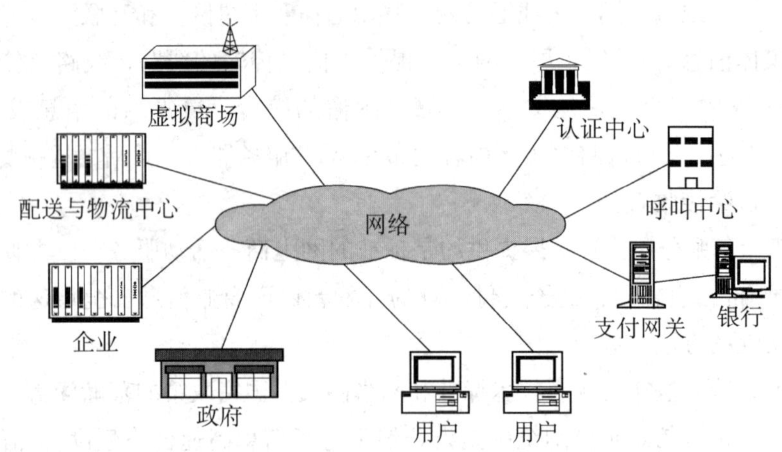

图1-5 电子商务系统的组成

（1）网络。网络包括Internet、Intranet、Extranet。Internet是电子商务的基础，是商务、业务信息传送的载体；Intranet是企业内部商务活动的场所；Extranet是企业与企业以及企业与个人进行商务活动的纽带。

（2）用户（供应商与采购商）。用户可分为个人用户和企业用户。

（3）认证中心。认证中心是受法律承认的权威机构，负责发放和管理电子证书，使网上交易的各方能互相确认身份。电子证书是一个包含证书持有人、个人信息、公开密钥、证书序号、有效期、发证单位的电子签名等内容的数字文件。

（4）配送与物流中心。配送与物流中心接受商家的送货要求，组织运送无法从网上直接获得的商品，跟踪产品的流向，将商品送到消费者手中。一个电子商务系统如果没有高效的实物配送物流系统作为支撑，是难以使交易顺利进行的。

（5）支付网关。支付网关的角色是信息网与金融网的连接中介，它承担着转换双方的支付信息的任务；支付结算是网上交易完整实现的重要一环，关系到买者是否讲信用、按时支付，卖者能否按时回收资金，从而促进企业经营良性循环等问题。

（6）呼叫中心。呼叫中心也称客户服务中心，支持电话、Web、E-mail、传真等多种接入方式，使得用户提出的任何疑问都能很快得到响应。

（7）政府。政府部门包括法律、税收、工商等管理机构，对整个电子商务市场起着控制作用。

三、企业电子商务系统

企业电子商务系统是基于 Intranet 基础上的。企业内部网络系统将客户分为三个层次：对于特别重要的战略合作伙伴，企业允许它们进入企业的 Intranet 系统直接访问有关信息；对于与企业业务相关的合作企业，企业同它们共同建设 Extranet，实现企业之间的信息共享；对普通的大众市场客户，则可以直接连接到企业的 Internet 站点。

企业电子商务的基本框架如图 1－6 所示。一个企业，上游连接着供应商，下游连接着客户。

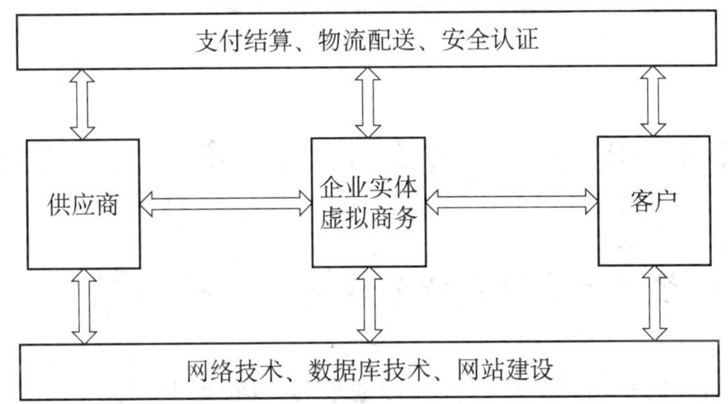

图 1－6 企业电子商务的基本框架

供应商管理与客户关系管理已成为企业不可缺少的内容。企业实体除了本身具有的商业场所外，还应有虚拟商厦、虚拟配送中心、虚拟银行等，虚拟商务将成为传统企业的发展方向。

企业内部的电子商务结构如图 1－7 所示。企业内部各个部门都通过 Intranet 连接起来，通过使用 OA、CRM、ERP、SCM 等现代化的信息管理软件和管理理念，建立起企业内部的电子商务运行环境。一些企业提出了 B2E（Business to Employee，企业对雇员的电子商务），即企业内部利用电子商务技术增加沟通，在企业内部实现信息的有效发布和共享，建立共识、加强协作、减少浪费、提高效率、降低成本。

企业通过防火墙安全措施将 Intranet 与 Internet 及公司各用户隔离，从而将企业内联网作为一种安全、有效的商务工具，用来自动处理商务操作及工作流程，实现企业内部数据库信息的共享，并为企业内部联系提供快捷的通道。Intranet 的商务应用可以增强企业商务活动处理的敏捷性，对市场状况的变化做出更加灵敏的反应，为客户提供更加全面、优质、高效的服务。Intranet 是一种有效的商务工具，可以自动处理商务操作与工作流、增加对重要系统和关键数据的交换、共享信息、共同解决客户问题、保持组织内部的密切联系。

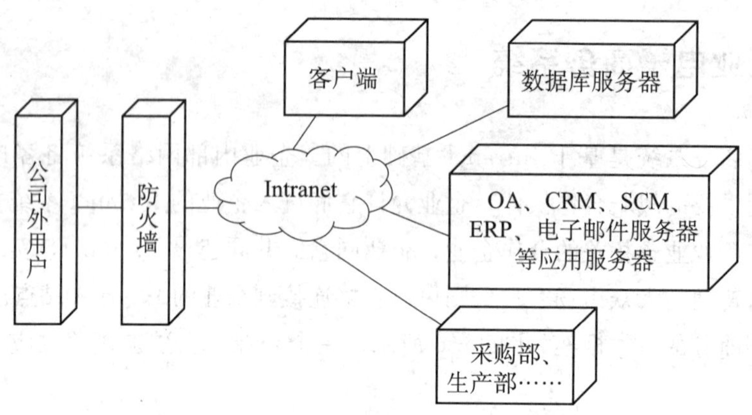

图 1-7　企业内部的电子商务

第四节　电子商务中的物流、资金流和信息流

一、物流、资金流和信息流的定义

电子商务中的任何一笔交易都包含三种基本的“流”，即物流、资金流和信息流。其中，信息流是指电子商务交易各主体之间的信息传递过程，是电子商务的核心要素，包括商品信息的提供、付款通知单、交易方的支付能力等。资金流是指资金的转移过程，包括支付、转账、结算等，始于消费者而止于商家账户，中间可能经过银行等金融部门。物流是指物资实体的流动过程，由一系列具有时间和空间效用的经济活动组成，具体指包装、装卸、存储、运输、配送等多项基本活动。在电子商务的应用中，十分强调“三流”——以信息网为载体的信息流、以金融网为载体的资金流和以配送网为载体的物流的整合。某些可以通过网络传输的商品和服务，甚至可以做到“三流”同步处理。

二、物流、资金流和信息流的关系

在商品价值形态的转移过程中，物流是基础，信息流是桥梁，资金流是目的。信息流处于中心地位，是资金流和物流运转的介质，直接影响和控制商品流通各个环节的运作效率。

“三流”之间的关系如图 1-8 所示。以信息流为依据，通过资金流实现商品的价值，通过物流实现商品的使用价值。物流是资金流的前提与条件；资金流是物流依托价值的担保，并为适应物流的变化而不断进行调整；信息流对资金流和物流运动起指导和控制作用，并为资金流和物流活动提供决策的依据。

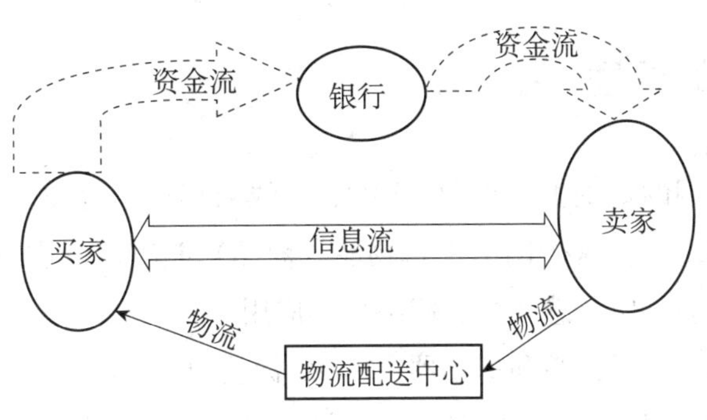

图 1-8　“三流”之间的关系

不同的电子商务活动，可以按照物流、信息流、资金流是否参与商务活动来分析，如表 1-2 所示。纯虚拟电子商务是未来发展的方向，因为纯虚拟电子商务不涉及物流活动，这样才能真正且充分地发挥电子商务的优越性。

表 1-2　“三流”是否参与商务活动分析

划分标准	“三流”			性质	举例
	信息流	资金流	物流		
是否参与商务活动	有	有	有	间接电子商务，传统商务的网络延伸	网上商城等
	有	有	无	纯虚拟电子商务	网络游戏
	有	无	有	免费派送	网络促销
	有	无	无	网络冲浪、获取信息等	娱乐、聊天

第五节　物联网

物联网（the Internet of Things）是 1999 年提出的概念，是指把所有物品通过射频识别（RFID）、红外感应器、全球定位系统、激光扫描器等信息传感设备与互联网连接起来，进行信息交换和通信，实现智能化识别、定位、跟踪、监控和管理。物联网把新一代信息技术充分运用在各行各业之中，就是把感应器嵌入电网、铁路、桥梁、隧道、公路、建筑、大坝、供水系统、油气管道等各种物体中，然后与现有的互联网整合起来，实现人类社会与物理系统的整合。在这个整合的网络中，存在能力超级强大的中心计算机群，能够对整合网络内的人员、机器、设备和基础设施实施实时的管理和控制。在此基础上，人类可以用更加精细和动态的方式管理生产和生活，达到“智慧”状态，提高资源利用率和生产力水平，改善人与自然的关系。

一、物联网的原理

物联网是在互联网的基础上，利用RFID、无线数据通信等技术，构造一个覆盖世界上万事万物的互联网络。在这个网络中，物品（商品）能够彼此进行“交流”，而无需人的干预。物联网可分为三层：感知层、网络层和应用层。

（1）感知层包括二维码标签和识读器、RFID标签和读写器、摄像头、GPS、传感器、终端、传感器网络等，主要是识别物体、采集信息，与人体结构中皮肤和五官的作用相似。

（2）网络层包括通信与互联网的融合网络、网络管理中心、信息中心和智能处理中心等。网络层将感知层获取的信息进行传递和处理，类似于人体结构中的神经中枢和大脑。

（3）应用层是指物联网的“社会分工”与行业需求结合，实现广泛智能化。应用层是物联网与行业专业技术的深度融合，与行业需求结合，实现行业智能化，类似于人的社会分工，最终构成人类社会。

二、物联网的开展步骤

一般来说，物联网的开展步骤如下：

（1）对物体属性进行标记，属性包括静态属性和动态属性，静态属性可以直接存储在标签中，动态属性需要先由传感器实时探测。

（2）利用识别设备完成对物体属性的读取，并将信息转换为适合网络传输的数据格式。

（3）将物体的信息通过网络传输到信息处理中心（处理中心可能是分布式的，如家里的计算机或手机；也可能是集中式的，如中国移动的IDC），由处理中心完成相关计算。

三、物联网产品的主要应用领域

（一）智能家居

智能家居产品集自动化控制系统、计算机网络系统和网络通信技术于一身，将各种家庭设备（如音/视频设备、照明系统、窗帘控制、空调控制、安防系统、数字影院系统、网络家电等）通过智能家庭网络联网实现自动化，通过中国电信的宽带、固话和无线网络，实现对家庭设备的远程操控。与普通家居相比，智能家居不仅能提供舒适宜人且高品位的家庭生活空间，实现更智能的家庭安防系统，还能将家居环境由原来的被动静止结构转变为具有能动智慧的工具，提供全方位的信息交互功能。

（二）智能医疗

智能医疗系统借助简易实用的家庭医疗传感设备，对家中病人或老人的生理指标进行测量，并将生成的生理指标数据通过中国电信的固定网络或无线网络传送给护理人或有关医疗单位。

（三）智能城市

智能城市产品包括对城市数字化管理和城市安全的统一监控。前者利用“数字城市”理论，基于3S［地理信息系统（GIS）、全球定位系统（GPS）、遥感系统（RS）］等关键技术，深入开发和应用空间信息资源，建设服务于城市规划、城市建设和管理，服务于政府、企业、公众，服务于人口、资源环境、经济社会的可持续发展的信息基础设施和信息系统。后者基于宽带互联网的实时远程监控、传输、存储、管理的业务，利用电信宽带和网络，将分散、独立的图像采集点进行联网，实现对城市安全的统一监控、统一存储和统一管理，为城市管理和建设者提供一种全新、直观、视听范围延伸的管理工具。

（四）智能环保

智能环保产品通过对地表水水质的自动监测，可以实现对水质的实时连续监测和远程监控，及时掌握主要流域重点断面水体的水质状况，预警及预报重大或流域性水质污染事故，解决跨行政区域的水污染事故纠纷，监督总量控制制度落实情况。太湖环境监控项目通过安装在环太湖地区的各个监控的环保和监控传感器，将太湖的水文、水质等环境状态提供给环保部门，实时监控太湖流域水质等情况，并通过互联网将监测点的数据报送至相关管理部门。

（五）智能交通

智能交通系统包括公交行业无线视频监控平台、智能公交站台、电子票务、车管专家和公交手机一卡通五种业务。公交行业无线视频监控平台利用车载设备的无线视频监控和GPS定位功能，对公交运行状态进行实时监控。

（六）智能司法

智能司法是一个集监控、管理、定位、矫正于一身的管理系统，能够帮助各地各级司法机构降低刑罚成本、提高刑罚效率。

（七）智能农业

智能农业产品通过实时采集温室内温度、湿度信号，以及光照、土壤温度、二氧化碳浓度、叶面湿度、露点温度等环境参数，自动开启或关闭指定设备。它可以根据用户需求随时进行处理，为实施农业综合生态信息自动监测、对环境进行自动控制和智能化管理，提供科学依据。它通过模块采集温度传感器等信号，经由无线信号收发模块传输数据，实现对大棚温湿度的远程控制。智能农业产品还包括智能粮库系统，该系统通过将对粮库内温湿度变化的感知与计算机或手机连接，进行实时观察并记录现场情况，以保证粮库内的温湿度平衡。

（八）智能物流

智能物流打造了集信息展示、电子商务、物流配载、仓储管理、金融质押、园区安保、海关保税等功能于一身的物流园区综合信息服务平台。该信息服务平台以功能集成、效能综合为主要开发理念，以电子商务、网上交易为主要交易形式，并为金融质押、园区安保、海关保税等功能预留了接口，可以为园区客户及管理人员提供一站式综合信息服务。

（九）智能校园

中国电信的校园手机一卡通和金色校园业务，促进了校园的信息化和智能化。校园手机一卡通的功能包括电子钱包、身份识别和银行圈存。电子钱包通过手机刷卡实现校内主要消费。身份识别包括门禁、考勤、图书借阅、会议签到等。银行圈存实现了银行卡到手机的转账充值、余额查询。目前，校园手机一卡通的建设除了具有普通一卡通的功能外，还实现了借助手机终端进行空中圈存、短信互动等功能。

（十）智能文博

智能文博系统是基于RFID和中国电信的无线网络，运行在移动终端的导览系统。该系统在服务器端建立相关导览场景的文字、图片、语音以及视频介绍数据库，以网站形式提供专门面向移动设备的访问服务。移动设备终端通过其附带的RFID读写器，得到相关展品的EPC编码后，可以根据用户需要，访问服务器网站并得到该展品的文字、图片、语音或视频介绍等相关数据。该产品主要应用于文博行业，实现智能导览及呼叫中心等应用拓展。

（十一）M2M平台

中国电信M2M平台是物联网应用的基础支撑设施平台。其协议规范引领着M2M终端、中间件和应用接口的标准统一，为跨越传感网络和承载网络的物联信息交互提供了表达和交流规范。

第六节　集成电子商务

企业应用集成通常要经过三个阶段：第一个阶段是企业内部集成，包括整合电子商务应用软件与企业内部现有的套装软件或旧有的自开发的软件；第二个阶段是企业外部交易层次的集成，包括整合与上游供应链体系之间的交易信息，如订单和物流等，甚至是下游客户的订单管理；第三阶段是企业外部关系层次的集成，包括整合联盟伙伴间的高附加值的信息，如客户基本资料、市场信息、产品设计信息等。一个完整的电子商务平台只有将不同的功能加以整合，才能使交易流畅完成。

企业资源计划是协同商务发展的基石。协同商务是一种买卖双方彼此互相分享知识并紧密合作的商业环境。由于这个协同商务的环境是围绕在企业内不同的作业环境，因此需要许多应用软件与之配套运作，如企业资源计划（ERP）、供应链管理（SCM）、分销资源计划（DRP）、客户关系管理（CRM）等。

一、协同商务

协同商务（Collaborative Commerce，CC）被誉为下一代的电子商务系统，其基本思想最早是由 Gartner Group 在 1999 年提出的。Gartner Group 对协同商务的定义是："将具有共同商业利益的合作伙伴整合起来，通过共享整个商业周期中的信息，实现和满足不断增长的客户需求，同时提升企业本身的获利能力。通过对各个合作伙伴的竞争优势的整合，共同创造和获取最大的商业价值以及提供获利能力。"

协同商务是指从产品的设计研发、生产制造、产品交货、财务处理、成效评估等开始，通过电子集市使交易各方同步作业。它被认为是电子集市发展的第三阶段，超越了第一阶段由中立第三者主导的电子集市以及第二阶段产业中领导厂商相互结盟的电子集市的功能特质。可以说，只有到了协同商务阶段，电子集市才能真正成为电子化的信息枢纽，同步处理供应链和需求链，向买卖双方提供增值的、专业的中介平台。

二、企业资源计划

企业资源计划（Enterprise Resource Planning，ERP）系统是一套统筹管理企业内部所有部门的集成式信息系统。它脱胎于制造资源管理系统（MRP），优点是打破了原有的只为个别客户或应用需要而编写的专用软件的限制，提供了一套可以自由选配的组合式软件。

网络时代的ERP将帮助企业为适应全球化竞争进行管理模式的变革，它采用最新的信息技术，呈现出数字化、网络化、集成化、智能化、柔性化、行业化和本地化的特点。

电子商务时代的ERP系统还将充分利用Internet技术及信息集成技术，将供应链管理、客户关系管理、企业办公自动化等功能全面集成优化，以支持产品协同商务等企业经营管理模式。

三、供应链管理

供应链管理（Supply Chain Management，SCM）是指对供应、需求、原材料采购、市场、生产、库存、订单、分销发货等的管理，包括从生产到发货、从供应商到客户的每一个环节。供应链是企业赖以生存的商业循环系统，是企业电子商务管理中最重要的课题。统计数据表明，企业供应链可以耗费企业高达25%的运营成本。

SCM能为企业带来如下益处：

（1）增加预测的准确性。

（2）减少库存，提高发货供货能力。

（3）减少工作流程周期，提高生产率，降低供应链成本。

（4）减少总体采购成本，缩短生产周期，加快市场响应速度。

SCM利用互联网将企业的上下游企业进行整合，以中心制造厂商为核心，将产业上游的原材料和零配件供应商，产业下游的经销商、物流运输商和产品服务商，以及往来银行结合为一体，构成一个面向最终客户的完整的电子商务供应链，目的是降低采购成本和物流成本，提高企业对市场和最终客户需求的响应速度，从而提高产品的市场竞争力。

四、分销资源计划

分销资源计划（Distribution Resource Planning，DRP）是管理企业的分销网络的系统，目的是使企业对订单和供货具有快速反应和持续补充库存的能力。通过互联网将供应商与经销商有机地联系在一起，DRP为企业的业务经营及与贸易伙伴的合作提供了一种全新的模式，使供应商和经销商之间实现了实时提交订单、查询产品供应和库存状况，并获得了市场、销售信息及客户支持，实现了供应商与经销商之间端到端的供应链管理，有效地缩短了供销链。新的模式借助互联网的延伸性和便利性，使商务过程不再受时间、地点和人员的限制，企业的工作效率得到了有效的提高，业务范围得到了较大的扩展。企业

也可以在兼容互联网时代现有业务模式和现有基础设施的情况下，迅速构建 B2B 电子商务的平台，扩展现有业务和提升销售能力，实现零风险库存，以降低分销成本、提高周转效率，确保获得领先一步的竞争优势。

五、客户关系管理

客户关系管理（Customer Relationship Management，CRM）是一个不断加强与客户交流，不断了解客户需求，并不断对产品及服务进行改进和提高以满足客户需求的连续的过程。CRM 系统将这一过程自动化并改善与销售、市场营销、客户服务和支持等与客户关系相关的业务流程，目的是缩短销售周期、降低销售成本、增加收入、扩展新的市场，并通过提供个性化服务来提高客户的满意度、忠诚度。CRM 注重的是与客户的交流，企业的经营是以客户为中心的，而不是传统的以产品或市场为中心的。为方便与客户的沟通，CRM 可以为客户提供多种交流渠道。从更广的范围讲，CRM 不仅是企业与客户之间的交流，它还为企业、客户和合作伙伴之间共享资源、共同协作提供了基础。CRM 的范围包括销售自动化，销售接触及机会管理、关系管理，营销自动化，电话销售及电话营销。

个性化服务是增强竞争力的有力武器，CRM 就是以客户为中心并为客户提供最合适的服务。互联网成为实施客户关系管理应用的理想渠道，并能很好地增强有效性。记住客户的名字及其偏好，根据客户的不同提供不同的内容，这样客户再次光顾的可能性会大大增加。CRM 可以增加客户忠诚度，提高购买率，使每个客户产生更多的购买需求及更长时间的需求，并提高客户满意度。

六、业务流程重组

业务流程重组（Business Process Reengineering，BPR）最早由美国的 Michael Hammer 和 James Champy 提出，是在 20 世纪 90 年代达到了全盛的一种管理思想。它强调以业务流程为改造对象和中心、以关心客户的需求和满意度为目标，对现有的业务流程进行根本的再思考和彻底的再设计，利用先进的制造技术、信息技术以及现代化的管理手段，最大限度地实现技术上的功能集成和管理上的职能集成，以打破传统的职能型组织结构（Function-Organization），建立全新的过程型组织结构（Process-Oriented Organization），从而实现企业经营在成本、质量、服务和速度等方面的巨大改善。

七、企业信息门户

企业信息门户（Enterprise Information Portal，EIP）是指在互联网环境下，把各种应用系统、数据资源和互联网资源统一集成到企业信息门户之下，根据每个用户的使用特点和角色的不同形成个性化的应用页面，并通过对事件和消息的处理、传输把用户有机地联系在一起。

第七节　云时代的电子商务

“云商务”概念的提出，标志着电子商务不仅在技术上而且在运营模式上有了重大的突破，已将“云计算”的理念及服务模式从技术领域转移到商务应用领域。其受众群体不受行业、规模等限制，从而形成了多元化的服务体系，解决了电子商务资源合理化分配的问题。

一、云概念

加州大学伯克利分校《云计算》白皮书中这样定义：“云计算包含互联网上的应用服务及在数据中心提供这些服务的软硬件设施，互联网上的应用服务一直被称作软件及服务（Software as a Service，SaaS）。所以我们使用这个术语，而数据中心的软硬件服务设施就是我们所说的‘云’。”传统模式下，企业建立一套IT系统不仅需要购买硬件等基础设施，还需要购买软件的许可证，需要专门的人员维护。随着IT技术的不断革新以及互联网功能的逐渐增加，企业家提出了新的构想：可不可以有这样的服务，能够提供我们需要的所有软件供我们租用，只需要在使用时支付少量“租金”即可“租用”到这些软件，从而节省购买软硬件及组建技术团队的资金。由此，“云计算”应运而生。

在云计算的影响下，现代商务赋予“云”以开放、共享的概念。通常意义上来说，云概念强调一个由应用或服务组成的资源库或资源池，使用者能够根据需要获取技术、空间及其他各类服务上的支持。使用者只需要输入一定的指令，“云”就会相应地从资源库或资源池中选取合适的“终端”，由“终端”完成使用者的具体指令，并将结果返回至使用者。

二、云计算

“云”在技术上是开放、共享的概念，如云计算是指 IT 基础设施的交付和使用模式，是指通过网络以按需、易扩展的方式获得所需资源。广义的云计算是指服务的交付和使用模式，是指通过网络以按需、易扩展的方式获得所需服务。这种服务可以是与软件、互联网相关，也可以是其他服务。云计算的核心思想是对大量通过网络连接的计算资源统一管理和调度，构成一个计算资源池向用户提供按需服务。提供资源的网络被称为“云”。“云”中的资源在使用者看来是可以无限扩展的，并且可以随时获取、按需使用、随时扩展、按使用付费。云计算的产业有三级分层：云软件、云平台、云设备。

云计算在技术层面上就是为千千万万个网站连通并实现数据共享，包括信息、产品和流量的共享联盟。例如：每一个网站里发布的信息都可以让千千万万家网站共享，每个网站提供的产品都可以在千千万万个网站里购买到，达成交易并获得利润分成。

云计算主要是为企业、商家、个人提供电子商务解决方案，帮助客户开设自己的云电子商务网站，然后由企业提供空中托管、保姆式经营，通过对线上虚拟经济和线下实体经济的整合与联盟，建立渠道网络，快速聚拢本地企业、商家、个人电子商务网站等信息资源，形成云电子商务体系，帮助客户拓展更多的盈利通道，从而实现消费流量共享、商品资源共享、信息资讯共享、交易佣金共享。

三、云商务

云商务是现代商务领域变革的一次尝试和创新。它从一定意义上弥补了传统商务模式在信息爆炸的电子商务时代的缺陷，在提高专业分工的同时实现了效率与价值的双赢。

依照“云”概念的一般定义，云商务应该能够为客户提供其所需要的所有服务，供客户使用和租用，这样客户只需要在使用时支付少量租金即可租用到这些服务，从而节省了其在自建团队方面的资金，同时确保了服务的专业性和质量。

云商务包含线上、线下的各类商务服务以及为完成这些服务所必要的项目管理和资金控制。它将服务分布在大量服务提供商构成的资源库中，使客户能够根据自身需要选择各种类型、各种行业的服务，并获取信息、项目运营与管理以及其他商务服务的综合支持。

具体来说，当客户需要获得某项商务服务（综合项目管理或单一服务）时，客户只需要向云商务上传具体的要求并支付一定的费用，云商务就会自动为其匹配合适的服务提供商来完成其所需要的服务，或由云商务组建专业的项目管理团队，整合多个服务提供商，以实现客户所需要的较复杂的综合服务。而在这一过程中，客户可以从对服务提供商的比较和筛选中解脱出来，同时可以避免因转包而产生的资金问题；服务提供商也可以从包装和宣传工作中得到解放，只需要强化自身服务质量即可获得较为稳定的业务来源，同时可以避免转包带来的利润压缩和信息不对称。客户甚至不需要知道服务提供商是谁，就可以很快实现自身需要。

因此，一个基本的云商务平台主要由两部分组成：其一是庞大的商务服务提供商的资源库，其二是对这些资源进行监管并同时完成双方沟通的项目管理平台。资源库中的服务提供商信息由项目管理平台进行整理，在组建资源库时即有一定的选择性，一般对专业性的要求较高，在服务上需有一定的行业区分；项目管理平台同样需要一定的专业素质，能够针对客户的需求选择合适的服务提供商，同时完成对这些服务提供商在项目中的监督和管理。项目管理平台同时需要定期更新资源库，依据市场行情对价格、效率等做出适当限制。

云商务平台的有效动作一方面依赖于项目管理平台对客户需求的准确把握和有效整理，另一方面依赖于项目管理平台对资源库中服务提供商的了解和分析。只有这样，项目管理平台才可以根据客户的需要，从专业水平、效率、价格等诸多方面对服务提供商进行筛选，而不是根据服务提供商的自我包装和宣传材料来选择。

云商务可以这样来定义：客户委托第三方项目管理机构按照需要选择完成项目的具体服务提供商，同时组建项目组，由第三方项目管理机构负责项目的规划、运营、管理及纠纷处理等环节。

思考题

1. 什么叫电子商务？它有什么特性？
2. 电子商务系统由什么组成？
3. 试述电子商务的购物过程。
4. 企业如何开展电子商务？
5. 试述电子商务的交易规范。
6. 目前电子商务存在哪些问题？
7. 试述电子商务的最新发展。
8. 什么是电子商务中的物流、资金流和信息流？试述其相互关系。
9. 什么是云计算？什么是云商务？

第二章 电子商务模式

知识要点

（1）掌握 B2C、B2B、C2C、O2O 电子商务交易模式。

（2）掌握 EDI 电子商务的交易过程与步骤。

（3）掌握 O2O、内容电商、社交电商、移动电商的概念。

（4）掌握跨境电商的概念及其常用的出口平台。

第一节 电子商务的主要商业模式

商业模式是指一个企业从事某一领域经营的市场定位和盈利目标，以及为了满足目标客户主体需要所采取的相对固定的、整体的战略组合。管理学者尹传高先生在定义“商业模式”时用了这样一个等式来说明：商业模式＝理念＋方式，即一个好的商业模式是一个好的适应市场的理念和一个与之相适应的方法相结合的产物，同时，它还是不断优化和整合的结果。电子商务的商业模式主要是指在互联网的环境下所采用的商业模式。不妨可以用这样的等式来表示：电子商务商业模式＝Internet＋理念＋方式。

电子商务除了经典的 B2B、B2C、C2C、G2B 等商业模式外，还出现了像 O2O、团购网、蘑菇街、美丽说、中国红娘网、博客网、中国化工网、我爱我家、QQ、新浪、第二人生等新颖而成功的商业运作模式。

麦肯锡管理咨询公司从控制论的角度出发，认为存在三种新兴电子商务商业模式，即卖方控制的商业模式、买方控制的商业模式和中立的第三方控制的商业模式。卖方控制的商业模式是指卖方提供商品信息，接收网络订货的模式；买方控制的商业模式是指采购代理人通过网络发布采购信息，接受采购信息收集者或商家报价，提供商品信息的模式；中立的第三方控制的商业模式则提供特定产业或产品的搜索工具，包括众多卖方的店面在内的企业广场和拍卖场。

本书将电子商务的主要商业模式分为B2B商业模式（分为垂直与水平电子商务两种）、B2C商业模式、C2C商业模式、O2O商业模式、加盟连锁商业模式和其他电子商务模式，如图2-1所示。

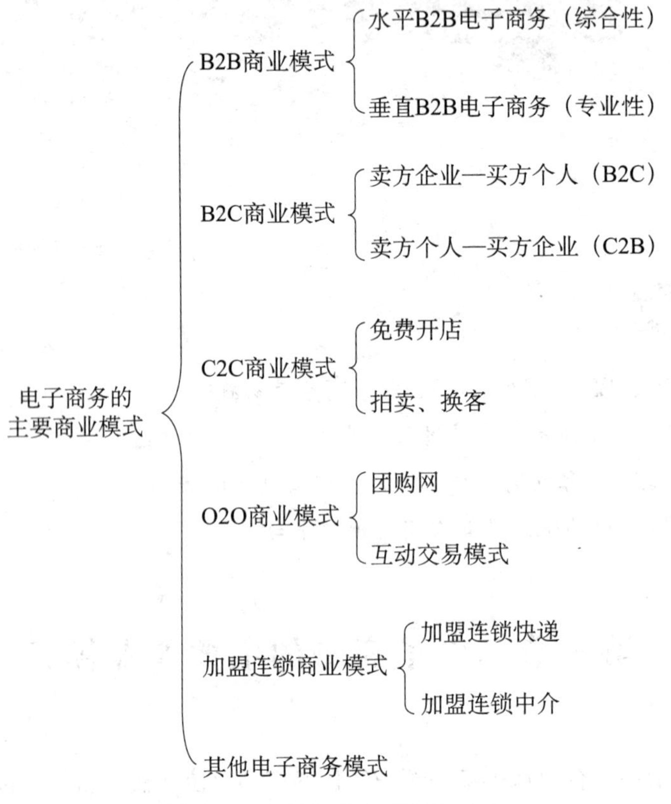

图2-1 电子商务主要商业模式

电子商务是涉及交易主体、交易环境和交易方式的完整交易体系。有人把国内的B2B和B2C企业的主营业务类型分为三个层次：第一个层次是通过网络提供交易软件和平台的业务（本身生产工具产品，提供给真正的消费品生产销售厂商）；第二个层次是通过网络实现交易职能的中介业务（本身不生产商品，只是销售商品）；第三个层次是通过网络提供信息产品和服务的业务（本身生产新型信息产品并销售这些产品）。

电子商务的经营模式主要有新兴企业虚拟柜台模式、传统企业虚实结合模式和新兴企业无形商品模式、互惠营销模式等。

一、新兴企业虚拟柜台模式

这种模式的典型例子有Amazon、eBay、8848等。其特点如下：

(1) 没有自己的商品。
(2) 在商务流程中设置虚拟柜台。
(3) 采用传统的商业流程进行配送。

二、传统企业虚实结合模式

这种模式的典型例子有海尔网上商场、TCL、联想、戴尔等。其特点如下：
(1) 作为传统的企业，深谙商务发展的规律。
(2) 拥有自身的产品。
(3) 利润的主要来源是原料转化为产品的价值提升。
(4) 把网络作为降低成本、广招客户、提高服务的手段。

三、新兴企业无形商品模式

这种模式的典型例子有盛大网络、QQ 等。其特点如下：
(1) 商品是不可见的。
(2) 商品是虚拟的。
(3) 商品是可以信息化的。

四、互惠营销模式

互惠营销（Interactive Cooperation Marketing，ICM）是指消费者成为经营者且平等参与社会财富分配的新型商业营销模式。该营销模式遵循的游戏规则是“消费者同我们都是老板”，把消费者与零售终端消费的关系从只是一买一卖的纯买卖关系变成合作经营的生意伙伴关系。

该营销模式的基本原理：消费者通过自身的完善和进步与企业共同影响其他消费者在同一消费终端的消费或者影响其他自然人或法人成为消费终端，且按多劳多得方式获取佣金收入的一种企业产品分销模式。它既是一种公司创业模式，又是一种个人创业模式。消费者同公司合作（注意不是雇佣），共同构建一个营销网络，任何人都可以平等地获取所需之物（有形或无形）。

eCosway 就是互惠营销的典型范例。

eCosway 成立于 2001 年 10 月，利用互联网的便利，加上其独一无二的互惠营销力量的支援，帮助供应商及购物者互惠互利。它集大型超市、连锁店、国际互联网、人际网络四大优势于一身，几千种产品形成网络量贩，全球有近千家连锁店，每个加盟者本身就是一个小型连锁店，依靠人际网络和国际互联网将公司的业务拓展到全球。

eCosway 在马来西亚、澳大利亚、菲律宾、泰国、新加坡、文莱、印度尼西亚及墨西哥共设有近 1 000 家店铺。eCosway 的行业优势如表 2－1 所示。

表 2－1　eCosway 的行业优势

比较项目	eCosway 业主	传统老板	网络商店经营者	一般直销商	业务员	SOHO 族	上班族
资金成本	很低	高	中	低	低	中	无
人事成本	无	高	中	无	无	低	无
财务会计需求	无	高	中	无	无	低	无
专业要求	低	高	高	高	高	高	不一定
兼职工作	是	否	不一定	是	否	否	否
在家工作	是	否	是	否	否	是	否
业绩压力	无	高	高	高	高	高	无
服务客户程度	低（eCosway 负责）	高	高	高	高	高	无
持续性	是	否	否	是	否	否	否
进货	不必	要	要	要	不必	不必	不必
库存	不必	要	要	要	不必	不必	不必
推销商品	不必	要	要	要	要	不必	不必

eCosway 利用互联网开展互惠营销，其可以借鉴的地方主要有统一的配送体系和统一的采购体系，在确保产品质量的基础上建立完善的采购和统一配送网络。

第二节　B2C 电子商务

一、B2C 电子商务的含义

2－1
B2C 电子商务模式

B2C 电子商务即企业与消费者之间的电子商务，是指企业通过网络为消费者提供产品或服务的经营活动。企业通过互联网向个人网络消费者直接销售产品或提供服务的经营方式，即网上零售，如经营各种书籍、鲜花及计算机等各种商品或服务的商贸中心，所出售的产品一应俱全，从书籍、鲜花、软件、食品、饮料到计算机、汽车等，几乎包括了所有的消费品。最具有代表性的 B2C 电子商务模式就是网上零售网站，如当当网（www.dangdang.com）、亚马逊（www.amazon.com）。B2C 电子商务的付款方式是货到付款与网上支付相结合，大多数企业选择物流外包方式以节约运营成本。

二、B2C 电子商务的现状

国家统计局电子商务交易平台调查显示，2019 年全国电子商务交易额达 34.81 万亿元，比上年增长 6.7%。按交易主体分，对单位交易额 20.46 万亿元，比上年增长 1.5%；对个人交易额 13.30 万亿元，比上年增长 15.5%。对个人交易中，商品类交易额和服务类交易额的增速分别为 17.1%和 12.8%。国家统计局数据显示，2019 年全国网上零售额达 10.63 万亿元，比上年增长 16.5%。其中，实物商品网上零售额为 8.52 万亿元，比上年增长 19.5%，占社会消费品零售总额的比重为 20.7%，对社会消费品零售总额增长的贡献率达 45.6%。从市场主体看，根据商务大数据监测，重点网络零售平台（含服务类平台）店铺数量为 1 946.9 万家，同比增长 3.4%。其中，实物商品店铺数 900.7 万家，占比为 46.2%。从消费群体看，根据中国互联网络信息中心的调查数据，2019 年全国网络购物用户规模已达 7.10 亿人，较 2018 年底增长 1.0 亿人。从商品品类看，根据商务大数据监测，服装鞋帽和针纺织品、日用品、家用电器和音像器材网络零售额排名前三，分别占实物商品网络零售额的 24.5%、5.3%和 12.4%。中西药品、化妆品、烟酒、家具等实现较快增长，增速都超过 30%。从地区情况看，东、中、西和东北地区网络零售额占全国的比重分别为 84.3%、8.8%、5.6%和 1.3%，同比增速分别为 18.5%、23.0%、15.2%和 20.0%。从分省情况看，零售额占比排名前十的省份为广东、浙江、上海、北京、江苏、福建、山东、四川、安徽、天津，十省市零售额合计占全国的比重为 86.3%。

三、B2C 电子商务的基本组成

B2C 主要有三个基本部分：提供在线购物场所的网上商场，提供商品配送的物流配送体系，提供支付结算的银行及认证系统。

（一）网上商场

网上商场也称虚拟商场，是商家直接面向消费者的场所，陈列着琳琅满目的虚拟商品。虚拟商品的网页与实际商品不一样：实际商品是物理的实体；虚拟商品由文字和符号组成，只能看不能摸。目前有的网站将商品制成立体形式，消费者可以从不同的角度观察商品，这种商品有点接近真实商品的感觉，如麦网（www.m18.com）。

（二）物流配送体系

物流配送体系是阻碍虚拟商场发展的一个主要瓶颈。商家根据配送范围的大小可选择不同的配送方式，近距离（本市）的可直接送货，远距离的可用 EMS 或第三方物流。例

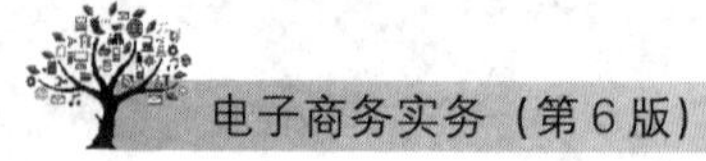

如上海联华超市，联华网上超市利用自身庞大的实体网点的优势，逐步建立了自己的配送网络，只要客户一个电话或者网上一张订单，1小时内就可以送货到客户家。物流配送体系形成了“当地订货，异地送货；一个信息，全国销售”的格局。

（三）支付结算

支付结算方式决定了资金的流动过程，目前在B2C电子商务方式中主要的支付方式有第三方支付、货到付款和网上银行支付等方式。

四、B2C电子商务的分类

B2C电子商务交易模式以网络商品直销最为普遍，B2C电子商务交易模式主要有网上商品直销模式、网上专卖店模式、网上销售联盟和网上代理。

（一）网上商品直销模式

1. 网上商品直销的定义

网上商品直销是指消费者和生产者或者需求方和供应方，直接利用网络形式所开展的买卖活动。B2C电子商务基本属于网络商品直销的范畴。其典型的例子是戴尔公司的网上直销。这种交易的最大特点是供需直接联系，环节少、速度快、费用低。网络商品直销过程涉及消费者、企业（商家）、支付网关和认证中心，其流转模式如图2-2所示。

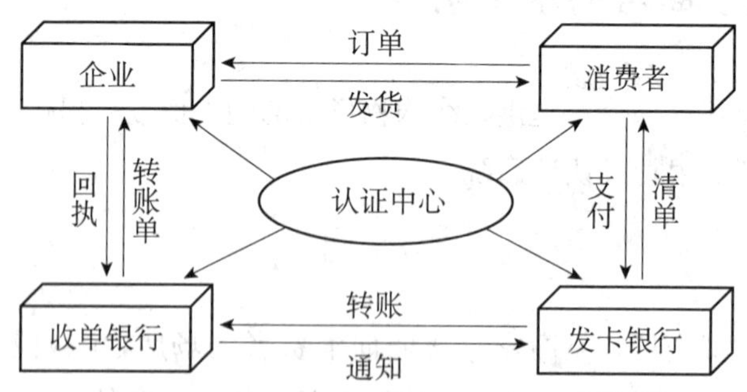

图2-2　认证机构存在下的网络商品直销模式

由图2-2可以看出，网络商品直销过程可以分为如下6个步骤：

（1）消费者进入互联网，查看在线商店或企业的主页。

（2）消费者通过购物对话框填写姓名、地址、商品品种、商品规格、商品数量、商品价格。

（3）消费者选择支付方式，如信用卡、借记卡、电子货币或电子支票等。

（4）在线商店或企业的客户服务器检查支付方服务器，确认汇款额是否正确。

（5）在线商店或企业的客户服务器确认消费者付款后，通知销售部门送货上门。

（6）消费者的开户银行将支付款项传递到消费者的发卡银行，发卡银行负责将收费清单发给消费者。

2. 网上商品直销的优点

（1）交易成本降低。

（2）库存减少。

（3）销售范围扩大。

（4）交易快速安全。

（5）信息流通加快。

（6）处理问题迅速。

（7）经营成本降低。

（二）网上专卖店模式

网上专卖店模式能为消费者提供一对一的定制服务。网上专卖商面临的新问题不再是能够附加增值服务的专卖品太少，而是能专卖的商品太多。典型的例子有当当网等。

（三）网上销售联盟

网上销售联盟营运商一般维持一个业务网，入网的企业成为会员，交纳会员费，承接销售联盟的业务。网上销售联盟营运商通过互联网等综合的电子化连接途径，向消费者集中展示各类经过优化的一次性组合服务。消费者也可以随时提出自己需要的组合服务内容和方式，网上销售联盟营运商则在与消费者的交易过程中，不断总结自己的组合方式，摸索出原来不易发现的需求规律。通常，网上销售联盟营运商提供的组合交易服务费用会比各单项交易的累计费用低不少，同时，尽可能地保留消费者的消费记录，通过提供累计优惠政策来吸引消费者。

（四）网上代理

在电子商务环境中，交易服务中介网上代理会从每一笔成功的交易中收取一定的费用。利用互联网及电子化业务工具密切地同消费者接触，以低成本为大公司处理一些交易中的附属业务，其表现形式有买卖履行、市场交换、商业贸易组织、购买者集体议价、中介代理、拍卖代理、反向代理、搜索代理等。一些大型公司把原来属于自己处理的大量交易附属业务，如为消费者提供售前、售后咨询等业务，转交给网上代理商处理，通过业务代理的方式实现销售成本的降低。例如：网上账务代理商通过自己的网站向消费者提供统一的、综合的记账服务。又如：网上售前、售后咨询代理商在自己的网站上为消费者提供基于专家系统的产品咨询服务。

五、B2C电子商务的盈利模式分析

由于B2C经营的范围广泛，内容各有特点，因此在B2C网站上建立与网民沟通的社区，开通有效的信息发布与获取的渠道，营造良好的网络环境，对提高B2C的盈利能力是非常重要的。水清木华机构曾对近百个网站进行了调查研究，各行业的盈利模式如表2-2所示。

表2-2　B2C盈利模式

盈利模式	描述	典型网站
本行业产品销售	通过网络平台销售自己生产的产品或加盟厂商的产品	各个行业都有
衍生产品销售	销售与本行业相关的产品	中国饭网出售食品相关报告、就餐完全手册
产品租赁	提供租赁服务	太阳玩具开展玩具租赁业务
拍卖	拍卖产品，收取中间费用	汉唐收藏网为收藏者提供拍卖服务
销售平台	接收客户在线订单，收取交易中介费	九州通医药网、书生之家
特许加盟	运用该模式，一方面可以迅速扩大规模，另一方面可以收取一定的加盟费	OfficeMate、当当网、大卫魔术世界、E康在线网等
会员	注册会员，收取会费	各个行业都有
上网服务	为行业内企业提供相关服务，如企业邮局、网站建设等	中国服装网
信息发布	发布供求信息、企业咨询等	中国药网、中国服装网、中国玩具网等
广告	为业内企业发布广告	各个行业都有
咨询服务	为业内厂商提供咨询服务，收取服务费	中国药网

第三节　B2B电子商务

2-2
B2B电子商务模式

一、B2B电子商务的含义

B2B电子商务即企业间的电子商务，是指企业与企业之间通过网络进行产品交易或服务的经营活动。B2B可以分为面向中间交易市场

的水平 B2B 电子商务和面向专业、特定行业的垂直 B2B 电子商务两种模式。由于 B2B 电子商务主要是进行企业间的产品批发业务，因此也称批发电子商务。B2B 电子商务的交易额将在未来电子商务中占据较大比重。

对 B2B 电子商务的理解，应该注意以下几点：

（1）B2B 用户身份认证。身份认证是指交易双方和中介机构事先从一个大家都信任的交易以外的被称为 CA（Certificate Authority）的第三方机构获得自己的“数字签名”。

（2）电子商务集成化。B2B 电子商务同时要求企业内部和外部的电子商务集成化（见图 2-3）。企业内部是指参与交易企业内部基于 Web 技术进行的运作，涉及供、产、销、存各个方面；企业外部是指参与交易的企业双方彼此的连接以及企业与为其服务的金融机构之间的联系。只有一体化的供、产、销、存的电子商务网络才可以发挥电子商务的真正优势，这同样适用“木桶原理”。

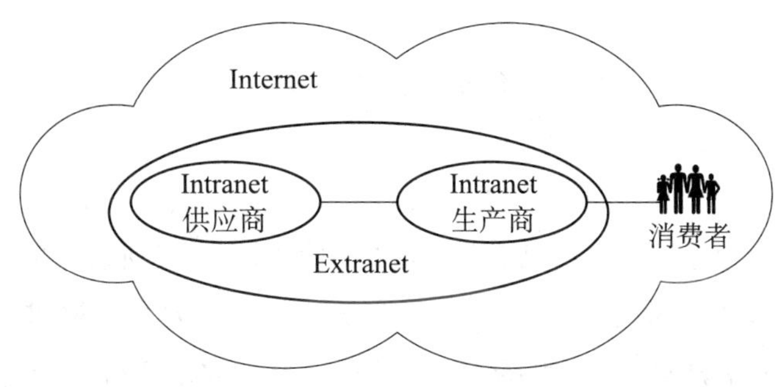

图 2-3　企业电子商务集成化

（3）水平 B2B 电子商务。水平 B2B 电子商务网站可以将买方和卖方集中到一个市场上来进行信息交流、广告、拍卖竞标、交易、库存管理等。如阿里巴巴、环球资源网等都属于水平 B2B 电子商务。之所以用“水平”这一概念，是因为这种网站的行业范围广，很多行业都可以在同一个网站上进行贸易活动。

（4）垂直 B2B 电子商务。垂直 B2B 电子商务可以分为两个方向，即上游和下游。生产商或零售商可以与上游的供应商之间形成供货关系，比如戴尔公司与上游的芯片和主板制造商就是通过这种方式进行合作的。垂直 B2B 的供应链如图 2-4 所示。供应链被分为三个部分：上游活动，包括供应商的原材料和服务；内部活动，包括生产和包装；下游活动，包括产品分配和将产品销售给分销商和客户。

（5）B2B 电子商务交易的优势。

1）距离越远，成本越低。

2）减少了交易的环节。

3）广告费用低。

4）无纸贸易：减少了文件处理费用。

5）最佳库存：使无库存生产和无库存销售成为可能。

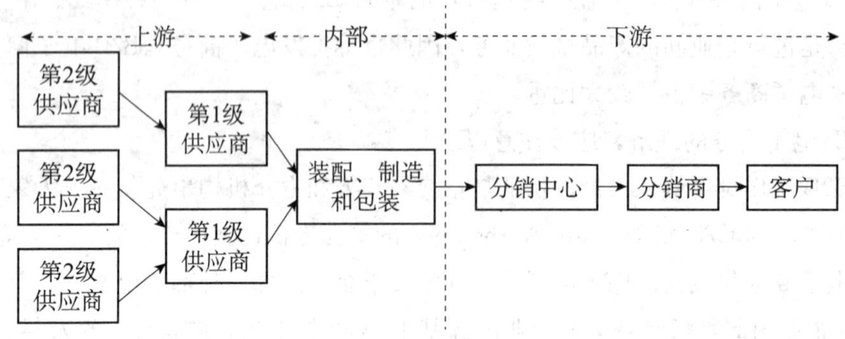

图 2-4　垂直 B2B 的供应链

二、B2B 电子商务的分类

B2B 电子商务交易模式主要有中介模式和专业服务模式。

（一）中介模式

B2B 中介模式是指通过网络商品交易中心即虚拟网络市场所进行的商品交易。中介机构在网上将商品供应商、采购商和银行紧密地联系起来，为客户提供市场信息、商品交易、仓储配送、货款结算等全方位的服务。多数中介机构通过向客户提供会员资格来收取费用，也有的中介机构向销售商收取月租费或单笔交易收费。目前，这种中介模式涉及商业的各个领域。基于中介的网上交易市场运作模式如图 2-5 所示，它是指由买方、卖方之外的第三方投资建立一个市场，由中介公司运营，由买方和卖方参与竞价的撮合模式，其交易方式与过程如图 2-6 所示。

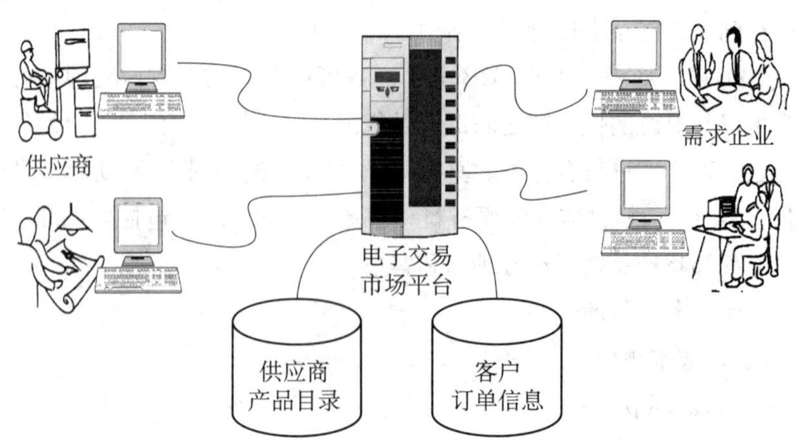

图 2-5　基于中介的网上交易市场运作模式

参加交易的买卖双方在做好交易前的准备之后，通常都是根据电子商务标准规定开展

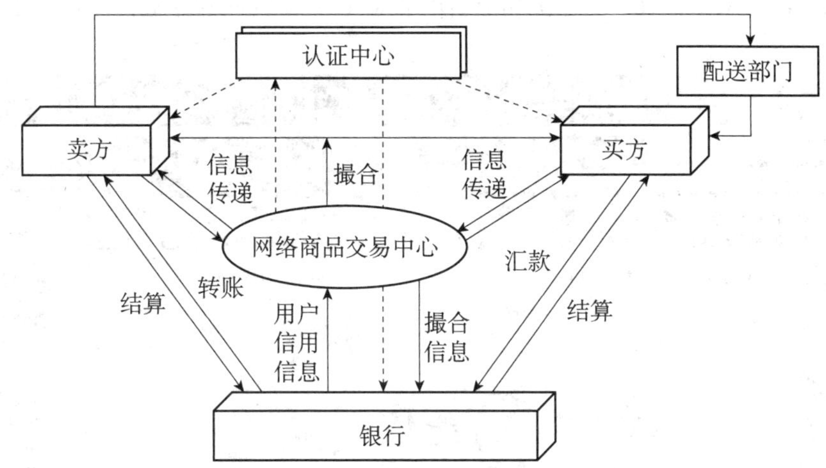

图 2-6 商品交易中心的交易方式与过程

电子商务交易活动。电子商务标准规定了电子商务交易应遵循的基本程序。中介交易模式的基本流程一般可以分为以下几个步骤：

(1) 买卖双方将各自的供应和需求信息通过网络告诉网络商品交易中心，网络商品交易中心通过信息发布向参与者提供大量的、详细的、准确的交易数据和市场信息。

(2) 买卖双方根据网络商品交易中心提供的信息，选择自己的贸易伙伴。网络商品交易中心从中撮合，促使买卖双方签订合同。

(3) 买方在网络商品交易中心指定的银行办理转账付款手续。

(4) 指定银行通知网络商品交易中心买方货款到账。

(5) 网络商品交易中心通知卖方将货物送到设在各地的配送部门。

(6) 买方验证货物后提货。

(7) 网络商品交易中心通知银行买方收到货物。

(8) 银行将买方的货款转交给卖方。

(9) 卖方将回执送交银行。

(10) 银行将回执交给买方。

(二) 专业服务模式

B2B 专业服务模式是指只针对某个行业的企业提供企业间贸易的服务模式。其特点是所交易的物品是一种产品链的形式，可提供行业中所有相关产品、互补产品及服务（包括网上信息发布、交流、广告、原材料、半成品、成品）。专业服务模式的专业性强，如果充分挖掘其商业潜力，需要精通专业知识的高级人才，人力方面的投入很大。典型的垂直电子商务市场创办者都有丰富的行业经验，对所从事的行业非常了解，能够准确地把握市场需求情况，并做出正确的反应。如中服网（www.efu.com.cn）、全球五金网（www.wjw.

cn)、建材第一网（www.jc001.com）和中国化工网（www.chemnet.com.cn）（见图2-7）。

图2-7 中国化工网首页

这些行业垂直类B2B电子商务企业在各自的行业逐渐成为主导行业态势的电子商务平台。垂直电子商务的发展模式逐渐成为电子商务发展的主导模式之一，行业化的、精细化的电子商务平台逐渐成为直接实现行业用户价值的合作伙伴。

三、B2B电子商务的交易过程

B2B电子商务通用的交易过程包括交易前的准备、交易谈判和签订合同、办理交易进行前的手续以及交易合同的履行和索赔四个阶段。

（一）交易前的准备

交易前的准备主要是指买卖双方和参加交易的各方在签约前的准备活动。

（1）买方根据自己想买的商品准备购货款，制订购货计划，进行货源市场调查和市场分析，反复进行市场查询，了解各个卖方国家的贸易政策，反复修改购货计划和进货计划，确定和审批购货计划，再按计划确定购买商品的种类、数量、规格、价格、购货点和交易方式等，尤其是利用互联网和各种电子商务网站寻找自己满意的商品和商家。

（2）卖方根据自己所销售的商品召开商品新闻发布会，制作宣传广告，全面进行市场调查和市场分析，制定各种销售策略和销售方式，了解各个买方国家的贸易政策，利用互联网和各种电子商务网络发布商品广告，寻找贸易伙伴和交易机会，扩大贸易范围和商品所占的市场份额。其他参加交易的各方如银行金融机构、信用卡公司、海关系统、商检系统、保险公司、税务系统、运输公司等也都为进行电子商务交易做准备。

（二）交易谈判和签订合同

买卖双方对交易细节进行谈判，将双方磋商的结果以文件的形式确定下来，即以书面文件形式和电子文件形式签订贸易合同。电子商务的特点是可以签订电子商务贸易合同，具体表现为交易双方可以利用现代电子通信设备和通信方法，经过认真谈判和磋商，将双方在交易中的权利和义务，所购买商品的种类、数量、价格、交货地点、交货期、交易方式和运输方式以及违约和索赔等合同条款，全部以电子交易合同的形式做出全面而详细的规定。合同双方可以利用电子数据交换（EDI）进行签约，通过数字签名等方式签名。

（三）办理交易进行前的手续

买卖双方签订合同后到合同履行之前办理各种手续的过程，也是双方贸易前的交易转变过程。交易会涉及有关各方，即可能会涉及中介方、银行金融机构、信用卡公司、保险公司、运输公司、海关、商检、税务系统等。买卖双方要利用 EDI 与有关各方进行各种电子票据和电子单证的交换。

（四）交易合同的履行和索赔

交易合同的履行是指从买卖双方办完所有手续之后开始，卖方要备货、组货，同时进行报关、保险、取证、信用等流程，并将买方所购商品交付给运输公司包装、起运、发货。买卖双方可以通过电子商务服务器跟踪发出的货物，银行和金融机构也按照合同处理双方收付款、进行结算，出具相应的银行单据等，直到买方收到自己所购买的商品，完成整个交易过程。而索赔是在买卖双方交易过程中出现违约时需要进行违约处理的工作，由受损方向违约方索赔。

B2B 电子商务交易模型如图 2－8 所示。

四、B2B 实验模型

（一）实验模型

B2B 实验模型如图 2－9 所示。B2B 实验将采购商（CGS）、供应商（GYS）和配送商（PSS）通过网络平台集成到一起，内容包括实验准备（注册 B2B 实验的三种角色）、初始化数据（B2B 中三种角色的初始化）、交易流程。

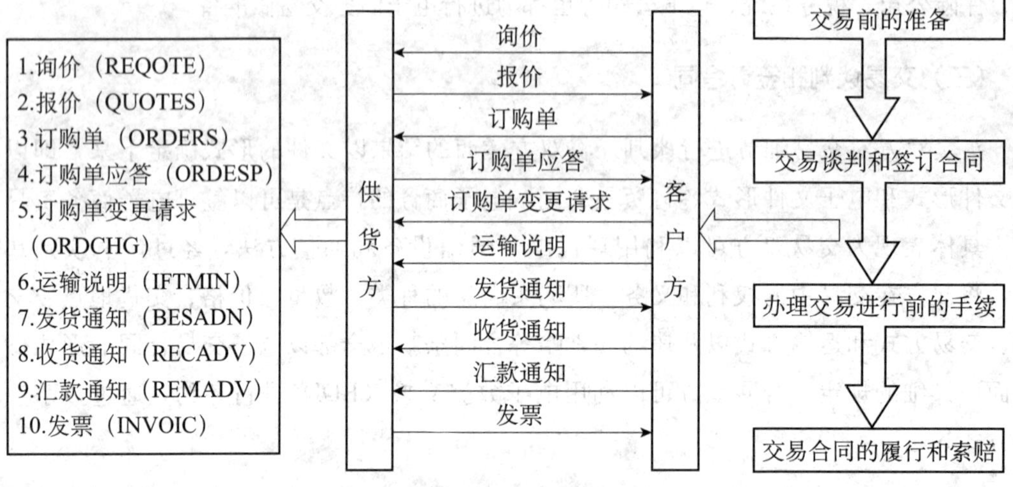

图2-8　B2B电子商务交易模型

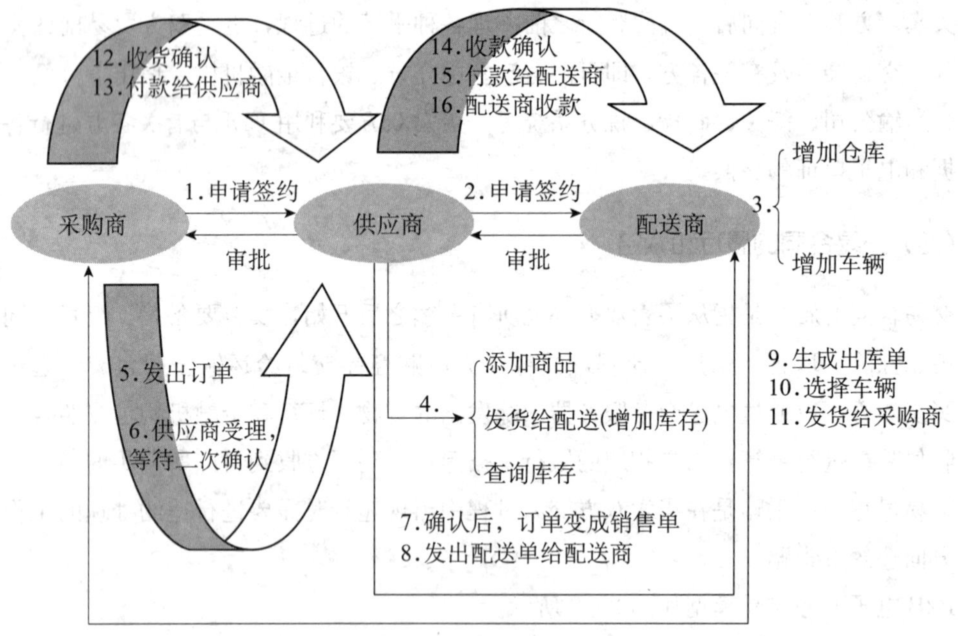

图2-9　B2B实验模型

（二）角色注册

B2B实验交易中有采购商、供应商、配送商三种角色。三种角色的身份注册步骤如下：

（1）申请企业银行账户。

（2）下载银行CA证书。

（3）注册会员。

（4）下载CA证书。

（三）角色初始化

B2B 实验交易中三种角色的初始化如下：

（1）采购商向供应商申请成为签约商户。

（2）供应商向配送商申请物流服务。

（3）配送商从后台添加仓库和车辆。

（4）供应商添加商品，增加库存。

（5）供应商向配送商发货，增加库存。

（四）交易流程

B2B 实验交易流程如下：采购商在前台购买商品，订单就会出现在相应的供应商的订单处理中；供应商处理订单后，交给采购商确认，经过两次确认的订单就可以生成销售单；销售单生成后，供应商通知配送商把货物送给采购商；采购商在适当的情况下结清货款。

五、B2B 电子商务的盈利模式分析

从 B2B 电子商务的盈利模式来看，主要是会员费收入、交易佣金、出租网上商店，以及微不足道的广告收入，其模型如图 2－10 所示。

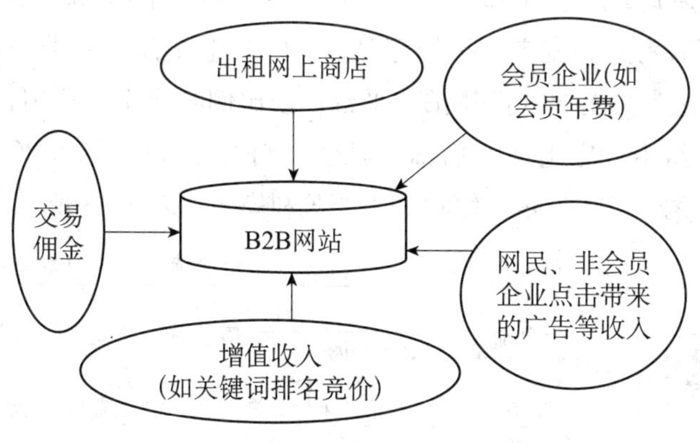

图 2－10　B2B 盈利模型

目前，B2B 电子商务领域已经出现了四种比较成熟的盈利模式：

第一类是以阿里巴巴为代表的外贸店铺式 B2B 交易平台模式，其所倡导的网商观念与国际贸易线上服务优势获得了业界的肯定。在这种主流运营模式下，二级域名和多功能特色商铺是 B2B 电子商务平台盈利模式中最为核心的内容之一，也是支持企业客户开展网上贸易的两大利器。通过多功能特色商铺的应用，企业用户可以根据企业或产品的风格，自

行管理、设置商铺的外观及栏目，立体且动态地展示自身的实力和优势，更好地树立企业品牌形象、拓展产品销售渠道，从而增加交易的机会。

第二类是以慧聪网为代表的内贸商情式B2B交易平台模式。该平台以原先慧聪分类商情杂志积累的企业资讯服务资源为基础，具有较强的线下沟通能力。

第三类是买麦网开创的全功能型B2B交易平台模式。其特点在于强调“撮合交易”与“主动营销”的服务能力，注重运用互联网、手机、即时通信等多种信息沟通工具帮助企业撮合交易成功。

第四类是以中国化工网为代表的依托行业发展的垂直交易模式。其特点是通过再造传统的业务流程整合产业链，把电子商务与企业的核心业务流程结合起来，开创了信息流、物流、商流、资金流这“四流合一”的电子商务模式。

目前交“进场费”和按销售额计提“扣点”已逐渐成为电商平台的“行规”，形成了“平台使用费＋交易佣金”的收费模式。天猫商城、京东商城、当当网等均采取了这类“年费＋交易佣金”的模式。

第四节　C2C电子商务与网上拍卖

一、C2C电子商务的含义

2－3

C2C电子商务模式

C2C电子商务模式的产生以1998年易趣成立为标志。采用C2C电子商务模式的主要有易趣、淘宝、拍拍等公司。C2C电子商务企业采用的运作模式是通过为买卖双方搭建拍卖平台，按比例收取交易费用，或者提供商务平台给个人在上面开店铺，以会员制的方式收费。C2C与B2C的产业链如图2－11所示。C2C的主要盈利模式如表2－3所示。

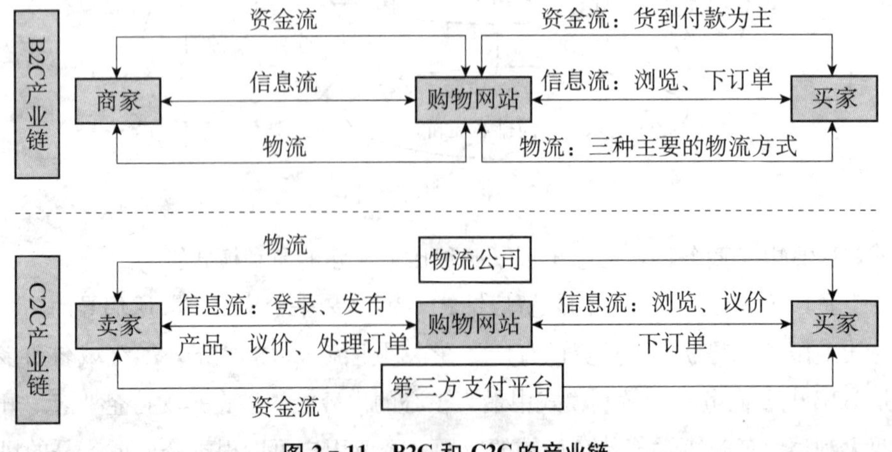

图2－11　B2C和C2C的产业链

表 2-3 C2C 电子商务网站的盈利模式

盈利模式	收入的具体形式
店铺费用	年租费/月租费
交易服务费	按交易金额的一定比例提成
商品登录费	产品图片发布费、橱窗展示费
特色服务费	产品的特色展示费用
广告费	推荐位费用、竞价排名
搜索费用	关键字搜索费用
其他辅助服务收费	物流服务费、支付交易费

根据阿里巴巴公布的数据，2020 年天猫“双 11”全天成交额为 3 723 亿元，再次创下新纪录。从第一年 5 000 万元的单日成交额，到 2020 年单日成交额进入 3 723 亿元时代，背后是阿里生态从裂变到聚变的过程。马云认为，阿里巴巴正在构筑的是未来商业的基础设施，包括交易市场、支付、物流、云计算和大数据，不仅要让商家与互联网联结，更要让商家与未来的商业模式联结。

二、C2C 电子商务的分类

（一）C2C 免费开店平台模式

淘宝网凭借众多注册的淘宝小店已成为中国最大的 B2C+C2C 的购物网站。淘宝网的基本功能如图 2-12 所示。

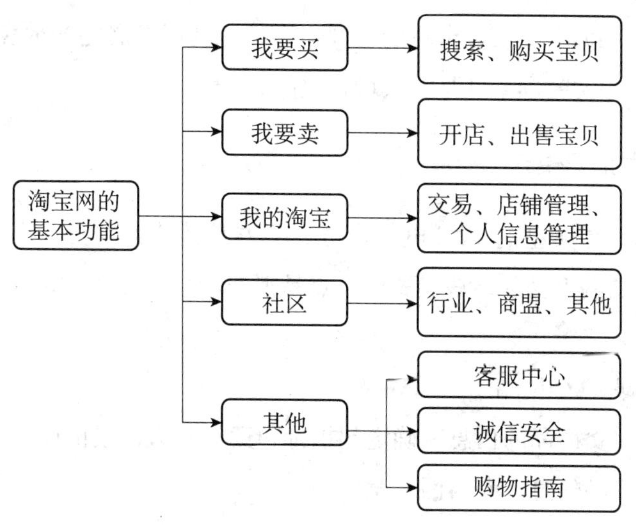

图 2-12 淘宝网的基本功能

作为C2C平台，淘宝网为网民提供了一个自由的买卖空间。只要合法，任何人都可以在这里买卖任何商品。更多的选择、更丰富的商品、更人性化的服务是淘宝族支持淘宝网的重要原因。自由的交易方式为淘宝网带来了居高不下的点击率，也带来了难以估量的商机。

安全问题一直是众多消费者质疑网上购物的主要原因。淘宝网的安全支付系统——“支付宝”的流程如图2-13所示。买家在网站上购买了商品并付费，这笔钱会先到支付宝中，当买家收到商品并感到满意时再通过网络授权支付宝付款给卖家。支付宝从中收取少额费用。淘宝网依靠支付宝将C2C的交易风险尽可能降低，因而赢得了淘宝族的青睐。

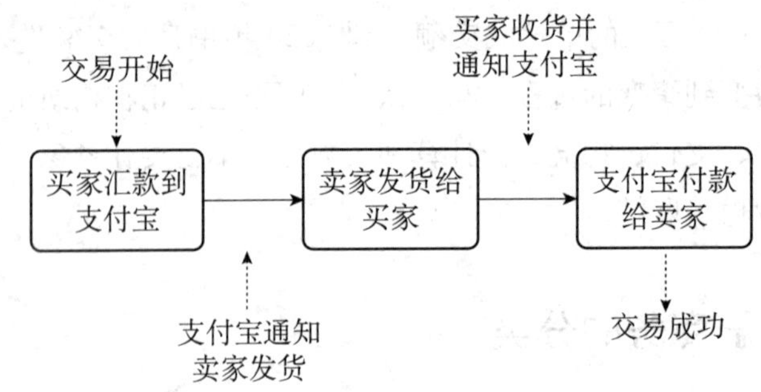

图2-13　支付宝的流程

在中国的C2C市场，免费是一个重要的驱动因素。eBay原本控制着中国近90%的C2C客户群，但是坚持收费使其很快就抵挡不住淘宝网的免费攻势。实际上，中国C2C的本土特征应该是“草根性”——平民参与、大众参与，只有便宜才会得到大家的认同。淘宝网的免费策略可以说是C2C市场的一剂强心针。利用发展之初的免费期培育客户群，为C2C日后的盈利夯实基础，这是一条可行之路。

（二）C2C网上拍卖模式

网上拍卖实际上是典型的C2C电子商务，买方是消费者，卖方也是消费者，是中国现阶段投机性最大的网上交易。该模式的特点是消费者与消费者讨价还价。网上拍卖的交易过程如下：

（1）交易者登录C2C网站。

（2）卖方发布拍卖商品的信息，确定起拍价和竞价阶梯、截止日期等信息。

（3）买方查询商品信息，参与网上竞价。

（4）买卖双方成交，买方付款，卖方交货，交易完成。

C2C的交易流程如图2-14所示。

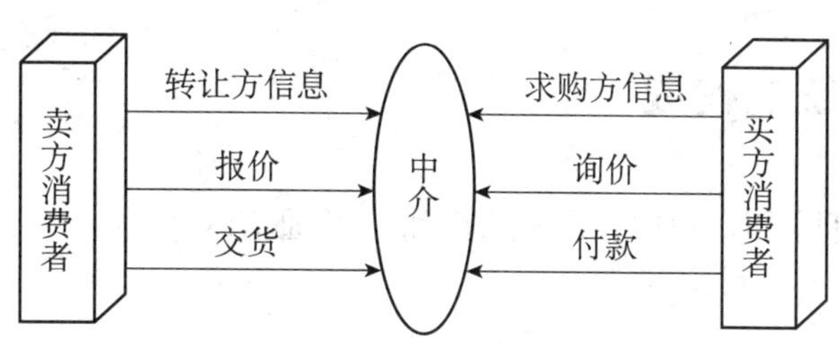

图 2－14　C2C 的交易流程

第五节　基于 EDI 的电子商务

一、EDI 的概念

电子数据交换（Electronic Data Interchange，EDI）是由国际标准化组织推出使用的国际标准，是一种通过电子信息化的手段在贸易伙伴之间传播标准化的商务贸易元素的方法和标准。例如：国际贸易中的采购订单、装箱单、提货单、收据、发票、自付凭证和财务报表等数据的交换。

国际标准化组织于 1994 年确认了 EDI 的技术定义：将对商业或行政事务的处理按照一个公认的标准，形成结构化的事务处理或信息数据结构，利用计算机进行数据传输。这表明 EDI 应用有它自己特定的含义和条件，即：使用 EDI 的是交易的两方，是组织之间的文件传递，而非同一组织内的不同部门；文件传输采用国际公认的 EDI 标准报文格式，通过专门的计算机网络实现；双方各有自己的计算机（计算机管理信息系统）；双方的计算机（计算机系统）能发送、接收并处理符合约定标准的交易电文的数据信息；双方的计算机之间有网络通信系统，信息传输就是通过该网络通信系统实现的。

电子数据交换又称“无纸贸易”，是广泛流行于贸易伙伴之间、为了提高贸易效率采用电子单证进行传输的国际标准和方法。电子数据交换包括如下内容：

(1) 国际标准。包括联合国 UN/EDIFACT 标准、美国 ANSI X.12 标准、联合国 UN/GTDI（联合国贸易数据交换元导则）。

(2) 标准内容。每个标准都包括三部分：语法和编码模式（数据转换）、数据字典及每个事务的数据元素的组合。

(3) 数据交换。数据交换是 EDI 的核心部分。转换器负责解释商业应用提供的信息，把它转换成标准的 EDI 文件格式。

二、EDI系统的构成

EDI系统主要包括EDI硬件、EDI软件和EDI通信网络。

（一）EDI硬件

EDI系统在用户端所需要的硬件环境有多种方式，可以是单机方式、主机方式、局域网方式以及客户机/服务器方式等。各种硬件环境的集成结构如图2-15所示。EDI系统所需要的硬件设备包括计算机、调制解调节器和通信线路。

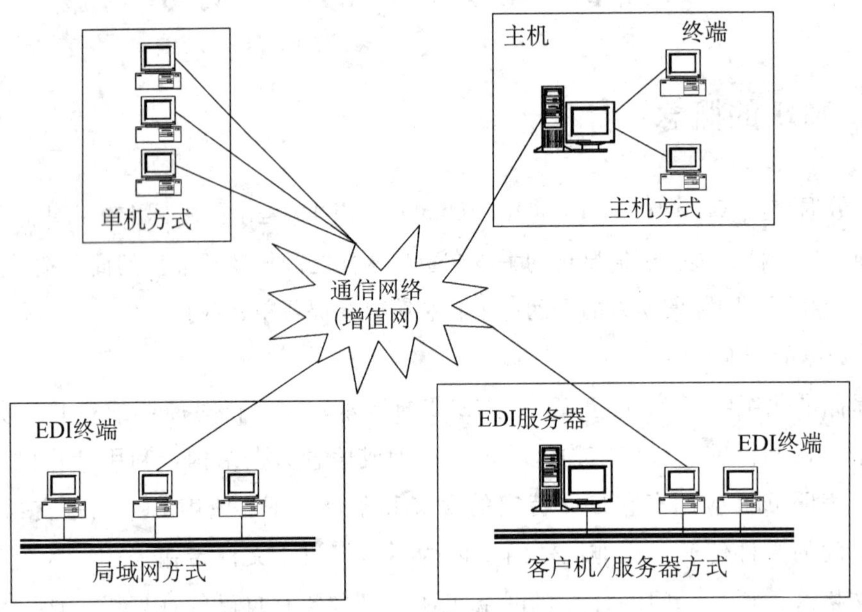

图2-15　EDI的硬件环境

（二）EDI软件

EDI软件具有将用户数据库系统中的信息译成EDI的标准格式以供传输交换的功能。EDI相关软件包括转换软件、翻译软件和通信软件。

1. 转换软件

它的功能是将原有计算机系统的文件转换成翻译软件能够理解的平面文件，或是将从翻译软件接收到的平面文件转换成原计算机系统中的文件。该过程的任务就是读取企业数据库中的信息，按照不同的报文结构生成平面文件以备翻译。

2. 翻译软件

它的功能是将平面文件翻译成EDI标准格式或将接收到的EDI标准格式翻译成平面

文件。翻译是根据报文标准、报文类型和版本，由 EDI 系统的贸易伙伴清单确定，或由服务机构提供的目录服务功能确定。在翻译之前需对平面文件做准备工作，包括对平面文件进行编辑、一致性检查和地址鉴别。

3. 通信软件

通信软件具有管理和维护贸易伙伴的电话号码系统、自动执行拨号等功能。它可以将 EDI 标准格式的文件外层加上通信信封，再送到 EDI 系统交换中心的邮箱，或从 EDI 系统交换中心将接收到的文件取回。

（三）EDI 通信网络

通信网络是实现 EDI 的手段。EDI 涉及很多部门和行业，如相关企业、银行、保险商检、海关和交通运输等。EDI 最早是在贸易伙伴之间建立专用网。由于各个贸易伙伴计算机系统动态硬件和软件环境的不同，加之采用点对点的通信方式，因此存在数据的异构转换问题，并且转换成本昂贵。为了克服这些问题，许多应用 EDI 的公司逐渐采用第三方网络与贸易伙伴进行通信，即增值网（VAN）方式。它类似于邮局，为发送者和接收者维护邮箱，并提供存储转送、记忆保管、通信协议转换、格式转换、安全管制等服务。因此，通过增值网传送 EDI 文件，可以大幅度降低相互传送资料的复杂程度和难度，大大提高 EDI 的效率。在 EDI 中可使用的增值网主要有电话网、分组数据交换网、数字数据网、综合业务数字网等。随着互联网的普及，EDI 通信网络已从使用增值网转向使用互联网。

三、EDI 的实现过程及应用范围

（一）EDI 的实现过程

EDI 的实现过程就是用户将相关数据从自己的计算机信息系统传送到有关交易方的计算机信息系统的过程。在有 EDI 增值服务的条件下，这个过程分为以下 6 个步骤，如图 2-16 所示。

（1）发送方将要发送的数据从信息系统数据库（MIS）中提取，转换成平面文件（也称中间文件）。

（2）将平面文件翻译成标准的 EDI 报文。

（3）发送 EDI 信件。

（4）接收方从 EDI 信箱中收取信件。

（5）拆开 EDI 信件并翻译成平面文件。

（6）将平面文件转换并送到接收方信息系统中进行处理。

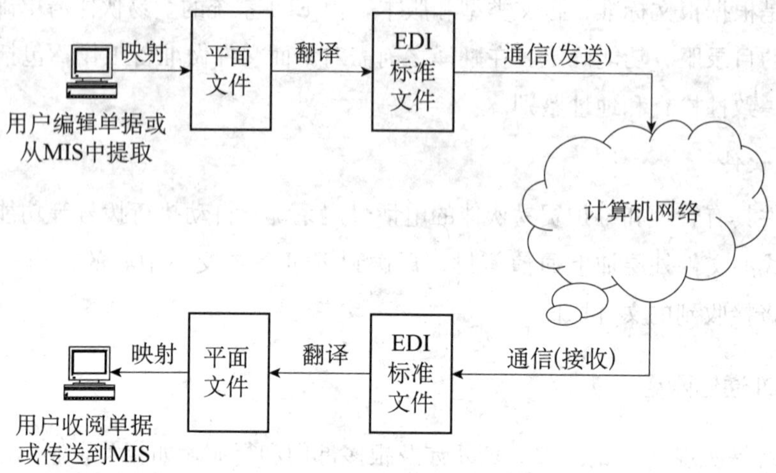

图 2-16　EDI 的实现过程

（二）EDI 的应用范围

以国际贸易为例，EDI 的应用范围如图 2-17 所示。参看宁波港 EDI 中心首页（见图 2-18）（http://www.npedi.com）和宁波港 EDI 中心业务信息（见图 2-19）。

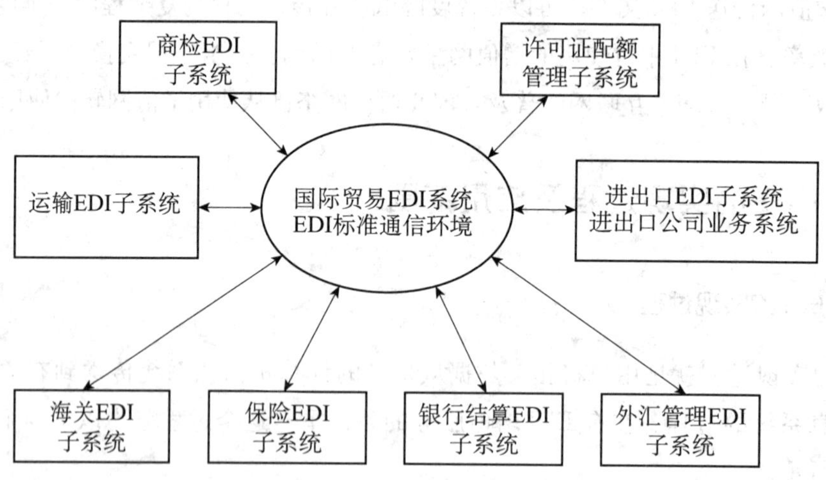

图 2-17　EDI 的应用范围

宁波港口 EDI 中心始建于 1995 年，是国家“九五”重点科技攻关项目“国际集装箱运输电子信息传输和运作系统及示范工程”的示范单位之一。EDI 中心的建成为宁波口岸的港口码头、船公司船代、集疏运场站、理货、货主及代理和监管职能部门提供了高效、便利、快捷、准确、经济的电子数据交换服务。EDI 应用覆盖了宁波口岸多个物流节点，网站查询、一站式服务和报文传输这三大主要服务也得到了充分的实践。宁波港口 EDI 中心是宁波港口物流信息化建设的重要组成部分，有效地改善了宁波口岸集装箱运作环境。

图 2-18　宁波港 EDI 中心首页

图 2-19　宁波港 EDI 中心业务信息

四、EDI 标准

(一) EDI 标准的两个体系

EDI 标准是国际上制定的一种用于在电子函件中书写商务报文的规范和国际标准。EDI 有两种标准体系：一种是流行于欧洲、亚洲的，由联合国欧洲经济委员会（UNECE）

制定的 UN/EDIFACT 标准；另一种是流行于北美地区的，由美国国家标准化委员会（ANSI）制定的 ANSI X.12 标准。

此外，现行的行业标准还有 CIDX（化工）、VICX（百货）、TDCC（运输业）等，它们专门应用于特定部门。

（二）UN/EDIFACT 标准的组成

UN/EDIFACT 标准包括 EDI 标准的三要素——数据元、数据段和标准报文格式，有如下 9 部分：

（1）应用语法规则（ISO 9735）。

（2）语法应用指南。

（3）报文设计指南。

（4）数据元目录（EDED）。

（5）复合数据元目录（EDCD）。

（6）代码表（EDCL）。

（7）段目录（EDSD）。

（8）标准报文格式（UNSM）。

（9）贸易数据交换格式构成总览（UNCID）。

（三）标准报文结构

标准报文的结构如图 2－20 所示。

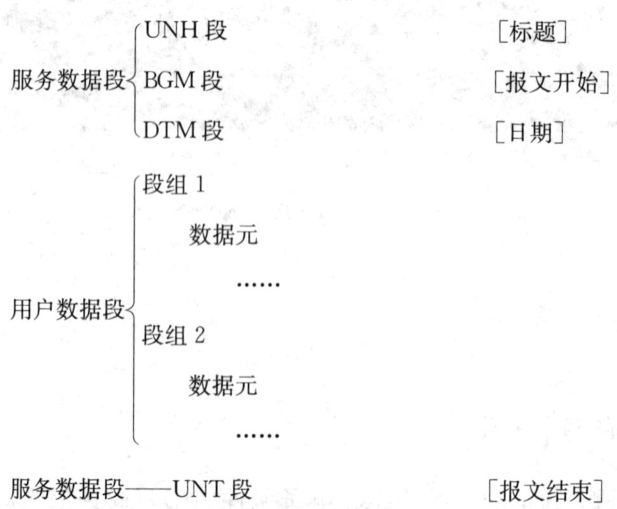

图 2－20　UN/EDIFACT 标准报文的结构

第六节　O2O 电子商务

一、O2O 电子商务模式概述

O2O 即 Online to Offline，是指将线下的商务机会与互联网结合，让互联网成为线下交易的前台，这个概念最早来源于美国。O2O 的概念非常广泛，只要产业链既涉及线上，又涉及线下，就可以通称为 O2O。

二、O2O 营销模式的核心

实现 O2O 营销模式的核心是在线支付。通过 O2O 模式，将线下商品及服务进行展示，并提供在线支付“预约消费”，这对于消费者来说，不仅拓宽了选择的余地，还可以通过线上对比选择最令人期待的服务，以及依照消费者的区域性享受商家提供的更适合的服务。另外，O2O 的商家也常会使用比线下支付更为优惠的手段来吸引客户进行在线支付。然而，线上的服务不能装箱运送，而快递本身也无法传递社交体验所带来的快乐。

三、O2O 模式的“三赢”特点

O2O 的优势在于把线上和线下的优势完美结合。通过网购导购机，把互联网与实体店完美对接，实现互联网落地，让消费者在享受线上优惠价格的同时，享受线下的服务。此外，O2O 模式还可以实现不同商家的联盟。

（1）O2O 模式充分利用了互联网跨地域、无边界、海量信息、海量用户的优势，同时充分挖掘线下资源，进而促成线上用户与线下商品或服务的交易，团购就是 O2O 的典型代表。

（2）O2O 模式通过对商家的营销效果进行直观的统计和追踪评估来规避传统营销模式推广效果的不可预测性。O2O 将线上订单和线下消费结合，所有的消费行为均可以准确统计，进而吸引更多的商家为消费者提供更多优质的商品或服务。

（3）O2O 模式将拓宽电子商务的发展方向，由规模化走向多元化。

（4）O2O 模式打通了线上和线下的信息与体验环节，让线下消费者避免了因信息不对称而遭受的“价格蒙蔽”，同时实现线上消费者的“售前体验”。

整体来看，运行 O2O 模式（见图 2－21）将会达到“三赢”的效果：

（1）对本地商家来说，O2O模式要求消费者网上支付，支付信息会成为商家了解消费者购物信息的渠道，方便商家搜集消费者购买数据，进而达到精准营销的目的，更好地维护并拓展客户。通过线上资源增加的客户并不会给商家增加太多的成本，反而会带来更多利润。此外，O2O模式在一定程度上降低了商家对店铺地理位置的依赖，减少了租金方面的支出。

（2）对消费者来说，O2O提供丰富、全面、及时的商家折扣信息，能够帮其快捷筛选并订购适宜的商品或服务，并且价格实惠。

（3）对服务提供商来说，O2O模式可以带来大规模、高黏度的消费者，进而争取到更多的商家资源。掌握庞大的消费者数据资源且本地化程度较高的垂直网站借助O2O模式，还能为商家提供其他增值服务。

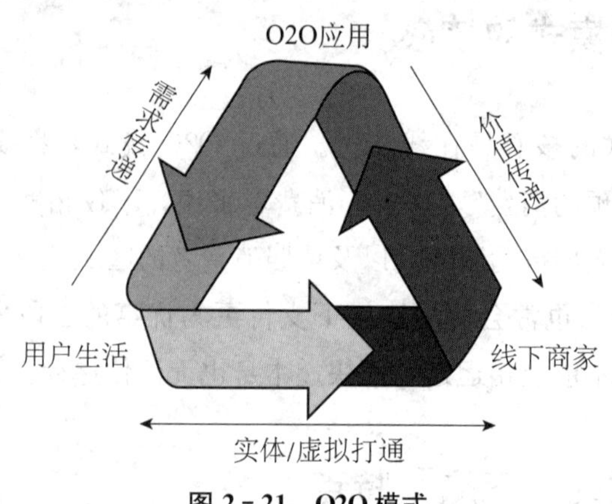

图2-21　O2O模式

四、O2O平台商业模式

与传统的消费者在商家直接消费的模式不同，在O2O平台商业模式中，整个O2O过程由线上和线下两部分构成。线上平台为消费者提供消费指南、优惠信息、便利服务（预订、在线支付、地图等）和分享平台，而线下商户则专注于提供服务。在O2O模式下，消费者的消费流程可以分解为五个阶段：

第一阶段：引流。

线上平台作为线下消费决策的入口，可以汇聚大量有消费需求的消费者，或者引发消费者的线下消费需求。常见的O2O平台引流入口包括：消费点评类网站，如大众点评网；电子地图，如百度地图、高德地图；社交类网站或应用，如微信、人人网。

第二阶段：转化。

线上平台向消费者提供商铺的详细信息、优惠（如团购、优惠券）、便利服务，方便消费者搜索、对比商铺，并最终帮助消费者选择线下商户、完成消费决策。

第三阶段：消费。

消费者利用线上获得的信息到线下商户接受服务、完成消费。

第四阶段：反馈。

消费者将自己的消费体验反馈到线上平台，有助于其他消费者做出消费决策。线上平台通过梳理和分析消费者的反馈，形成更加完整的本地商铺信息库，有利于吸引更多的消费者使用在线平台。

第五阶段：存留。

线上平台为消费者和本地商户建立沟通渠道，可以帮助本地商户维护与消费者的关系，使消费者重复消费，成为商家的回头客。

五、O2O 与 B2C 的区别与共同点

O2O 的核心是把线上的消费者带到现实的商店中去，也就是让消费者在线支付购买线下的商品或服务后，到线下去享受服务。O2O 应立足于实体店本身，线上和线下并重，线上和线下应该是一个有机融合的整体，你中有我、我中有你，信息互通资源共享、线上线下立体互动，而不是单纯的“从线上到线下”，也不是简单的“从线下到线上”。O2O 应服务于所有实体商家，而不仅仅局限于餐饮娱乐等少数类型；O2O 应涉及实体商家的主流商品，绝不仅仅是个别的特价商品。

O2O 与 B2C 都是一种服务形式。从消费零售服务的角度来分，最大范围是零售，其中包括各种传统的零售业态（如大型超市、标准超市、便利店、专卖店、品牌店、品类店，以及连锁店和购物中心等）；按早期的零售服务方式来分，包括店铺销售和无店铺销售（如电视、电话、互联网等）。

O2O 与 B2C 的主要区别：

（1）O2O 更侧重于服务性消费（包括餐饮、电影、美容、SPA、旅游、健身、租车、租房……）；B2C 更侧重于购物（实物商品，如电器、服饰等）。

（2）O2O 的消费者到现场获得服务，涉及客流；B2C 的消费者待在办公室或家里，等货上门，涉及物流。

（3）O2O 中库存是服务，B2C 中库存是商品。

O2O 与 B2C 的相同点：

（1）消费者与服务者第一交互面在网上（包括手机）。

（2）主流程是闭合的，并且都在网上，如网上支付、客户服务等。

（3）需求预测管理在后台，供需链管理是 O2O 和 B2C 成功的核心。

六、O2O存在的问题

(1) O2O分为垂直血缘行业链和水平优势产业链。其中，垂直模式可以分为两种：一种是以某个点作为突破口，然后建立从上游到下游的行业链；另一种也是以某一个点切入，然后建立闭环生态链，共享信息。O2O整体盈利模式未明，但小规模盈利还是可行的。

(2) 服务与体验的关系。如何真正从个人需求的角度出发，与消费者处理好平衡关系，是O2O要面临的一大问题。例如外卖，多长时间送，临走时需要说句什么话以让顾客再次选择你所提供的服务；又如上门洗衣，是否要答应顾客所有的要求。怎么调节服务与体验的关系，这是O2O在下一阶段将要面临的首要挑战。

七、O2O的商业价值

O2O服务业领域覆盖面广、企业数量庞大、地域性强，很难在电视、互联网门户（新浪、搜狐）做广告，而O2O电子商务模式完全可以满足这一市场需要。

对本地商家来说，通过网店往往传播得更快、更远、更广，不但可以瞬间聚集强大的消费能力，而且解决了团购商品在线营销不能常态化、实时化的问题。商家可以根据店面运营情况，实时发布最新的团购、打折、免费等优惠活动，来提高销售量。

对消费者来说，可以通过线上筛选服务、线下比较和体验有选择地进行消费。O2O提供了丰富、全面、及时的商家团购、折扣、免费信息，有助于消费者快速筛选并体验商品或服务，从而避免定制类实体商品与消费者的预期不符。

对服务提供商来说，O2O模式可带来大规模、高黏度的消费者，进而争取更多的商家资源。

第七节　内容电子商务

一、内容电子商务概述

内容电子商务（简称内容电商）就是以文字、图片或视频为表现形式，将产品的体验与文化传递给消费者的一种场景销售模式。内容电商最重要的不是以产品为中心，而是以内容为主导、以用户为中心，吸引用户消费。内容电商的出现其实是消费升级的一种必然

现象，现在大家购买商品已经不仅仅是考虑商品的价格、质量，而更多的是考虑这个商品使用之外的附加价值。内容电商可以让用户忘记价格，陷入一种长久的依赖，增强用户黏性。

例如：提供付费知识的罗辑思维；提供 UGC 晒物内容的小红书、北美省钱快报；主打直播的波罗蜜全球购；主打 PGC 导购内容的清单、优集品、Need、美丽说 HIGO；主打明星同款的 See；等等。同时，电商大平台也开始纷纷跟风做社区、做内容，例如：淘宝做了微淘和社区，京东做了发现，聚美优品在首页最中间的 tab 嵌入了一个完整的社区。可见，内容电商已经充斥着整个细分行业，竞争程度日益加大。

二、内容电子商务的优势

1. 单独评估与联合评估

在内容电商出现之前，可以称淘宝、京东上的电商交易为联合评估的消费。因为用户在淘宝上购物时还是依照传统的“货比三家”的形式进行的，用户不会只看了一家店便下单，往往会把有相同商品的店铺看完之后，再挑选其中最好的下单购买。这就是联合评估，繁杂的商品对比使用户产生价格对比的心理效应，会直接导致用户的不确定性增加，影响其最后的购买行为。

而单独评估，就是前面所说的内容电商，其含义就是：内容＋电商＝购买。当用户在内容电商中遇到了自己喜欢的内容，会直接下单购买，而不会存在其他商品对其造成影响的情况，所以最后的交易成功率也会大大增加。

相对来说，内容电商比交易型平台电商更具有场景化，使用户在浏览时的代入感更强，往往当用户看到一件商品被描述得很好且自己又需要时，他们就会直接购买，而不会与其他商品对比。

2. 感性消费与理性消费

在淘宝上购物时，消费者的购物情绪是一直保持理性的，大部分消费者不会只看一家店铺就进行交易，在购买一件商品时会把这件商品的价格、质量、评价等详细信息与其他店铺的同类商品进行对比，然后选出综合情况最好的进行交易。在内容电商中，用户的目的并不在于购物，其第一目的往往是阅读。在阅读的过程中，该商品的优点会被无限放大，眼球会被其吸引，并且容易忽略缺点的存在，这时就算用户最初并不想购物，到最后也会觉得：“哇！这款产品好厉害，我买了。”这就是感性消费与理性消费之间的区别。

3. 主动寻找与被动寻找

内容电商与交易型电商的最大区别在于用户是否主动去寻找商品。在交易型电商，也就是淘宝之类的电商模式中，用户往往在打开 App 之前就已经确定所要买的商品，所以他们用得最多的就是搜索功能。用户会直接搜索想要购买的商品，然后购买综合情况最好的商品。这种主动寻找型的最大弊端就是卖家很难将商品呈现在用户的面前，并且在诸如淘宝这样的巨大商品流中，很多店铺会被数量的“洪水”淹没。在内容电商中，用户主动寻找的是内容，而商品的寻找是被动的，用户容易因被内容吸引而对商品进行直接消费，转化率高且准。

三、内容电子商务案例

1. 小红书成立仅4年，估值高达10亿美元

小红书是在跨境电商风口兴起的明星企业，成立仅4年就成为名副其实的“独角兽”。2016年3月，小红书完成C轮融资，其中腾讯以1亿美元领投，Genesis Capital和Tiantu Capital跟投。此轮融资后，小红书的估值高达10亿美元，而前几轮融资，真格基金、金沙江创投、纪源资本都是其主要的投资人。

小红书是一家跨境电商平台。相较于每天新增10万条、总量达七八亿条的商品内容曝光而言，十多万的SKU（Stock Keeping Unit，库存量单位）显得有些单薄。小红书更重视内容社区业务。创始人瞿芳说：“小红书是一个生活方式的入口。”从社区到电商内容是小红书安身立命的技能，团队深知相对可靠、中立的UGC（User Generated Content，用户原创内容）信息是竞争壁垒。因此，小红书对内容的唯一标准就是“有用”。创业之初，小红书上的内容主要和出境游相关，第一个关于美国的旅游帖还是瞿芳亲自撰写的。从当时的时间点来看，聚焦出境游信息分享的平台不在少数，马蜂窝、穷游、携程都进入了这个领域。相较于购物信息，瞿芳认为旅游信息的更新更加低频，“法国旅游攻略永远都要有埃菲尔铁塔、香榭丽舍大街，但购物信息不一样，每天可以用不同的口红”。2013年底，瞿芳和毛文超来到香港中环的Apple旗舰店，随后在小红书上Mark了一下地址，下面很快出现很多留言，询问不同配置、不同颜色的Apple手机是否还有货。用户对购物信息有强大的需求。而之所以将美妆作为切入点，瞿芳认为是时间点使然。“像是京东从3C切入，然后做全品类一样，2013年，小红书面对的也是美妆护肤这个大趋势。”但是很长一段时间里，小红书只有一位内容编辑，没有签大V和红人，“小红书是大家把认为有用的信息发上来，而不是编辑自己生产内容”。

拥有一定的用户基础之后，如何完成商业模式的闭环？广告和电商是流量变现最常见的两种方式，但只有电商可以完善用户体验，形成商业闭环。2014年底，小红书的电商业务正式上线，两者的分工是“电商负责赚钱养家，内容负责貌美如花”。从内容到电商，真正的推动者是用户。App Store下面，很多用户评价小红书上的产品很好，但是不能购买。2014年中秋节后，小红书尝试了一次电商销售，销售额近百万元。

根据小红书后台的数据，一半以上的用户主要是逛，而不是搜索和购物，最好的购物场景是“逛着逛着就买了”，扩充SKU是小红书未来一段时间内的主要任务。目前，内容端每天曝光的商品数量为7亿～8亿件，但是电商平台的SKU只有15万，对于头部产品，小红书会采用自营的方式，但对于大量长尾商品，就会采用第三方的方式运营。目前，小红书自营的商品只有1万件左右，其余则是品牌商入驻。此外，小红书在郑州和深圳有两个仓，上海建有一般贸易仓，香港有海外仓，美国、韩国等地有中转仓。出于提高电商效率的考虑，小红书在提高头部商品覆盖率的同时，还建立了SKU淘汰制，主要针对一些商品的转化率。抛弃小而美的瞿芳和团队正在筹备一件事情，即邀请品牌商入驻小红书平台运营内容。长期以来，小红书尚未在内容和电商上与任何品牌商有过合作，而邀请品牌入驻是希望内容可以多样化。

很多大牌对线上开店的决策非常谨慎，内部决策流程也很长，有些只选择小红书和天猫两个平台。他们反馈，产品一旦在小红书上架，天猫店铺的流量就上涨。理论上两个不同的平台很难产生必然的逻辑关联，但背后的原因也不难理解，小红书活跃着一批年轻的用户买家，口碑传播很强，他们会把自己的喜好与选择扩大化，但最后通过天猫下单也从侧面说明小红书让用户产生购买的意愿不够强烈。“有时候这也是一个选择。你是选择先让他们成为平台的用户，逐步产生购买，还是直接在小红书下单。”

如果只拼电商运营，机会不见得只属于小红书。如果放到跨境和垂直电商的坐标系中，小红书既要面临天猫国际、京东国际等巨头的碾压，又要应对网易考拉、洋码头等新兴平台的凌厉攻势。如果把自己定位成垂直电商，就会不自觉地在美妆里面做大做强。“小红书是要做一个生活方式的入口，这样才不会纠结于美妆是否做得足够强大。”

2017年，小红书新增用户近一半是“95后”，这批用户的购买力在不断增强，抓住这个最年轻的群体，在很大程度上就等于抓住了未来。例如：小红书平台已经有大量关于服饰搭配的内容，但可能年轻姑娘仍然不会通过小红书学怎样穿衣搭配。原因有两个：其一，小红书的内容丰富度不够，个性化的解决方案也不够；其二，虽然新增的“95后”用户使用穿衣搭配的趋势在上升，但在他们心目中“小红书就等于时尚”这一概念并没有完全建立起来；等等。

2. 提升内容电商竞争力——品牌属性人格化

“健康必读”微信公众号在改变策略之前，每天推送的都是冷冰冰的与健康相关的文章，改版之后的每篇文章都有一个叫“营养师露露”的作者，用户读了文章，如果觉得还有什么健康类的问题，可以加营养师露露的个人微信号进行咨询。对用户来说，“健康必读”本来是一个冷冰冰的媒体，现在则变成了一个活生生的人，信任感大大增加。有了信任感之后，再销售产品就是水到渠成的事情，再加上他们卖的产品都是北美顶级的保健品，产品本身就具有很好的品牌效应，因而复购率非常高，就这样慢慢地发展，“健康必读”现在的月收入达到了100多万元。综上，媒体是冷冰冰的，而人是活生生的，将品牌人格化，可以快速解决信任问题。

“玩车教授”微信公众号目前已经是汽车行业的第一自媒体，上一轮融资估值7亿元。“玩车教授”从一开始就以品牌人格化的形象出现在大众的视野中，编辑团队所写文章全部以“玩车教授”的名义发出，并和用户互动交流。于是，很容易让读者产生信任感，从而获得非常大的商业价值。

从以上两个案例可以看出，品牌属性人格化的价值非常大，做内容电商的可以按照这个方法将自己的效益提升10倍。

第八节　社交电子商务

一、社交电子商务概述

社交电子商务（简称社交电商）是指将关注、分享、沟通、讨论、互动等社交化的元素应用于电子商务营销以及完成交易过程的一种电子商务模式。从消费者的角度来看，社交电商既体现在消费者购买前的店铺选择、商品比较上，体现在购物过程中通过即时通信工具、社交论坛等与电商平台、电商企业的交流与互动上，也体现在购买商品后消费者评价及购物分享上。从电商企业的角度来看，社交电商通过社交化工具的应用及与社交化媒体、网络的合作，完成企业营销、推广和商品的最终销售。

社交电商是基于人际关系网络，利用互联网社交工具，从事商品或服务销售的经营行为，是新型电子商务的重要表现形式之一。社交电商具备以下三个核心特征：

- 具有导购的作用。
- 用户之间或用户与企业之间有互动与分享，即具有社交化元素。
- 具备“社交化传播多级返利”机制，即“SNS”传播。

当前社交电商主要呈现两个特点：

一是社交电商平台呈下沉态势，趋于提供底层的服务。社交电商和微商既可以使用社交电商平台提供的功能完整的标准化交易服务，在社交电商平台的闭环内实现交易，也可以通过社交电商平台招募或微商雇佣的第三方开发者或服务商在社交工具提供的部分或全部交易服务接口进行定制化、深度化开发，创建个性化的交易环境，以实现社交电商平台的资源投入与用户需求的平衡。

二是社交电商和微商渠道需求旺盛，趋于突围社交平台闭环。随着发展壮大，社交电商和微商已明显不满足于在社交平台的闭环内经营，而趋于获取更多的流量。它们自建独立交易网站、入驻第三方交易平台或者通过第三方开发者或服务商在社交电商平台的基础上穿透社交平台闭环，以期多渠道获得用户流量。

目前，国内典型的三种实践方式为：第三方社交电子商务平台、基于社区的社交电子商务、基于电子商务网站构建社区。

我国商务部于 2017 年启动了《社交电商经营规范》起草工作，目前处于审核阶段。这一行业标准的出台，对于规范行业健康发展有着深远的意义和运营指导价值。该标准旨在进一步规范社交电商行业（含微商）发展，为政府制定相关指导意见提供有力的支撑，以保障行业健康、稳定、持续发展。与此同时，该行业标准为主流企业的发展保驾护航，为企业的长远发展指引方向，树立示范典型企业，推动品牌企业可持续发展。

二、社交电子商务的崛起

2013 年 2 月的一个深夜，化妆品公司俏十岁创始人武斌因为公司研发的面膜始终销路不畅而寝食难安。尽管努力尝试了各种方法，但渠道和消费者依然对这一新品牌不买账，库存压力越来越大。5 个月过后，奇迹发生了——俏十岁面膜一夜爆红。武斌点石成金的魔力来自微商，这源于他的“无心插柳”。因为库存太多，他将面膜送给朋友们使用。有些人觉得效果不错，产生了在朋友圈展示和销售的念头，并征得了武斌的同意。意外的是，没过几天，产品销量就从最初的几盒增加到上千盒，伴随着核裂变般的扩散，几个月后，俏十岁传遍了全国朋友圈。借势布局，一年之后，在没有一名正式销售员的情况下，俏十岁卖出了超过 4 亿元的面膜。

韩后、太太口服液、洋河、同仁堂等越来越多的品牌开始以不同模式切入，这其中：富士康卖起了手机，向百万员工招募分销商；海尔宣布招募 3 万名创客；国美则向旗下 30 万员工发出人人开微店的进击令，业绩与工资直接挂钩；甚至国企中粮也在朋友圈卖起了食品、保健品。社交电商大幕于 2015 年正式拉开。

由于几乎不需要任何门槛，社交电商催生了一批创业者，在缺少监管的情况下野蛮生长，在短短半年之内让社交电商乱象丛生：在朋友圈中打擦边球、浑水摸鱼者层出不穷；三无货、假货、A 货亦是泛滥不止；私下窜货、乱要价、售后问题频出。央视曝光微商销售含激素和荧光剂的毒面膜后，不仅大批面膜品牌遭遇滑铁卢，其他领域的草根品牌也没活过 5 个月。俏十岁几乎一夜之间痛失 80%的销量，后退出微商，转型实体店；破了微商销售纪录、光芒四射的云集和环球捕手因涉嫌传销被罚款千万元并被勒令整改……一时间，整个微商生态面临严重的信任危机。

两年后，零售画风再次突变。传统电商增长乏力，离天花板越来越近。2015 年，中国电商交易量增幅为 36.5%，此后连续两年大幅下滑至 19%。在互联网新增用户接近饱和状态下，引流成本越来越高，难度越来越大。

社交电商悄然蹿出两匹黑马——拼多多和贝店。拼多多是拼团砍价式第三方社交电商平台，消费者通过微信、微博等社交平台发送链接拼团采购，可获得超低的价格。拼多多上线后不满一年，单日成交额即突破1 000万元。截至2019年底，其月活跃用户数达4.8亿，直逼京东，其月流水高达400亿元，可谓成绩斐然。

贝店是贝贝网的移动端变体，上线于2017年8月，属于综合性社交电商平台，号称打造“社交版天猫”。其模式类似直销——用户达到一定消费门槛后即可成为店主，一边可以享受作为忠实消费者的折扣福利，一边可以通过推销产品获得利润回报。上线3个月，贝店日订单量突破百万，月活跃用户数环比增长133.37%，位列当月移动App月活增幅榜第一。

2017年，微信生态的电商交易总额已突破万亿元，相当于阿里巴巴全年交易额的1/3。2018年4月，拼多多、有赞、云集、礼物说等社交电商平台纷纷宣布融资，且融资金额全都过亿元。不可否认的是，社交电商必将是下一个重要的零售增长点。

为了继续保持原有的优势，淘宝推出了特价版App，对标拼多多的拼团模式；京东则在京东优选内新增了“天天拼购”模块，3～5人即可拼团获得2.7～6折的优惠；网易考拉上线了微商城；唯品会的微商计划也在紧锣密鼓地实施。社交电商火起来的原因无非有以下几个：

首先，在运营机制上，社交电商的确具备了传统电商无法比拟的优势——裂变。传统电商需要千方百计地引流。一个电商平台就像一个大集市，需要把四面八方的人群吸引到集市中消费，消费者之间很难相互传导。而随着平台间竞争加剧，市场增长放缓，引流的成本越来越高。

其次，社交电商不需要集中引流，它将大集市变成了无数个销售站点，每个站点都在赚取差价或售后分成的利益驱动下自动引流。或者说，社交电商将引流任务转嫁给了以个体为主的分销商或代理商。如果你注册成为其店主，就会获得双重身份——消费者和分销商，采购其商品时可以享受折扣优惠。当你通过微信向好友推荐自己店内的商品后，每成交一单便可得到一定折扣的利润。当销售额累积到规定条件，你便可以发展下一级分销商了，你的采购成本可以低至6.5折，并且你的下级卖出的每一件商品中，你都能得到0.5折的利润。这种由消费者到分销商的过程就是裂变。对于部分商品而言，这种模式建立在较高销售价格的基础之上，以给上级分销商留下足够的利润分配空间。在拼团模式中，裂变效应更为明显，消费者为拿到低价而自发组团，就是在为商家做免费的引流推广，不仅用户数量增长迅速，对于想要卖掉产品的品牌商来说，获客成本、运营成本要比传统电商低得多。

最后，传统电商发展至今，对三线以下城市的覆盖率一直不高，除了物流因素外，与这一消费群体对电商的认知度偏低有关。但这一群体却有另一个特点——更易受到熟人圈子的影响。他们的手机里可能没有淘宝、京东，但大都有微信。经过熟人推荐，在对话框

里就可完成购物过程，在他们看来要比传统电商更简单、便捷。他们也拥有更多的业余时间来适应低门槛的社交电商所提供的兼职舞台。这样，广阔的卖家队伍就给社交生意提供了充足的土壤。三线以下城市产生的交易量逐渐高于一二线城市。

三、社交电子商务的劣势

社交电商隐藏着不可忽视的三大劣势：

其一，管理难到位。做分销商、代理商的门槛不高，导致从业者良莠不齐、能力不一的现象颇为普遍。例如，运营已经趋于规范的拼多多和云集至今仍不断地接到各种投诉：有的消费者买到假货难以退货，有的消费者退款被扣押，还有些从业者为显示平台实力而进行虚假宣传。此前，云集 1.2 亿美元的 B 轮融资，被某些店主夸张说成 20 亿美元，让云集无辜背锅。

其二，个体从业者的收入水平决定了该模式的持续性。朋友圈里的微商们要么晒动辄几万元、几十万元的交易额截图，要么晒买车买房的照片，一边吹嘘自己够敬业，一边数落旁人不努力，图文并茂的方式让无数人心潮澎湃、禁不住诱惑，加入代理大军。殊不知，这背后都是满满的套路。有从业者爆料，这类截图大部分都是用专门的软件制作的，只为了击中大多数人渴望轻松发财的软肋，这招屡试不爽。微商的收入到底有多少，一直是业界的未解之谜。实际上，由于微商所售商品的种类有限，交易频次本身受限，再加上有限且不稳定的客流，导致大部分微商的实际收入并不稳定。在收入层次上，这个模式依旧呈金字塔形，越靠近顶端，收入越高，而下面的群体，则是“上位者”赚钱的渠道。某微商在知乎坦言，自己不作假、不夸大宣传、不拉代理，一年算下来连零花钱都没赚到。另一名兼职微商做了 1 年赚了不到 2 万元，而和她情况类似的朋友们做了一段时间后，不是换产品，就是彻底放弃。一位已经发展出 5 个分销商、月收入还不到 2 000 元的微商感慨道：“现在才知道，想靠做微商赚钱，太难了。”随着各家巨头的进一步扩张，价格战在所难免，从业者的利润或将进一步被压缩。在无利可图的情况下，还有多少人愿意自发成为裂变的一分子？

其三，对用户的过度骚扰。用户眼里的朋友圈，应该是清静的茶馆或咖啡厅，圈内好友晒着各自的心情，但各种格格不入的微商广告却打破了既有的环境，实在难以讨喜。借用俏十岁创始人武斌的话：“做微商就像洗澡，随时想洗都可以去洗。但是，一定要调好水温，过热了一定会被烫死。”

四、社交电子商务案例：贝店

贝店是贝贝集团基于“无社群不电商”的理念，在 2017 年 7 月底全新推出的手机开店 App，是中国领先的社交电商平台，提供母婴、食品、美妆、家居等全球好货，让每个人都可以轻松开店。作为全民手机开店App，贝店鼓励店主入驻。由贝店负责前期货品准备、发货和后期客服等各个环节，店主只需发发朋友圈完成产品推荐环节即可。2014年8月，贝店获得互秀电商、高榕资本、IDG等1.5亿人民币的共同注资。2015年1月，贝店宣布完成1亿美元C轮融资。此轮融资由今日资本、新天域资本领投，高榕资本、IDG资本等跟投。2016年6月，贝店完成了1亿美元的D轮融资，投资方为新天域资本、北极光创投、高榕资本、今日资本等知名投资机构，泰合资本担任财务顾问。2017年12月，贝店荣获“21世纪中国最佳商业模式奖”“2017最具创新商业模式奖”。2018年1月，贝店荣获“最快黑马App”。图2-22为贝店网站首页。

图2-22　贝店网站首页

第九节　移动电子商务

一、移动电子商务概述

2-4　移动电子商务实务概念

移动电子商务（M-Commerce）是由电子商务（E-Commerce）的概念衍生而来的。电子商务以PC为主要页面，是“有线的电子商务”；移动电子商务则是通过手机、PDA（个人数字助理）这些可以装在口袋里的终端，无论何时何地都可以开始。有人预言，移动电子商务不但将决定21世纪新企业的风貌，而且将改变生活与旧商业的地形地貌。

移动电子商务就是利用智能手机、掌上电脑及平板电脑等无线终端进行的B2B、B2C或C2C电子商务。它将互联网、移动通信技术、短距离通信技术及其他信息处理技术完美地结合，使人们可以在任何时间、任何地点进行各种商贸活动，实现随时随地、线上线下的购物与交易。

手机用户数量和用手机上网的用户数量攀升、智能手机及平板电脑的普及、上网速度的提升、上网资费的下调、传统电商的沉淀等都为移动电子商务的发展奠定了基础。随着4G的普及和5G的到来，移动电子商务成为各个产业链竞相争抢的“大蛋糕”。因其可以为用户随时随地提供所需的服务、应用、信息和娱乐，同时满足用户及商家从众、安全、社交、互动及自我实现的需求，而深受用户的欢迎。

二、移动电子商务的特点

与传统的电子商务活动相比，移动电子商务具有如下特点：

(1) 更具开放性、包容性。移动电子商务因其接入方式无线化，使得任何人都更容易进入网络世界，从而使网络范围延伸更广阔、更开放；同时，使网络虚拟功能更带有现实性，因而更具有包容性。

(2) 具有无处不在、随时随地的特点。移动电子商务的最大特点是“自由”和“个性化”，可以弥补传统电子商务的缺憾，让人们随时随地结账、订票或者购物，感受独特的商务体验。

(3) 潜在用户规模大。目前，我国的移动电话用户数量是全球之最。显然，从电脑和移动电话的普及程度来看，移动电话远远超过了电脑。而从用户群体来看，手机用户中基本包含消费能力强的中高端用户，而传统的上网用户中以缺乏支付能力的年轻人为主。由此不难看出，以移动电话为载体的移动电子商务不论在用户规模上，还是在用户消费能力上，都优于传统的电子商务。

(4) 能较好地确认用户身份。对传统的电子商务而言，用户的消费信用问题一直是影响其发展的一大因素，而移动电子商务在这方面显然拥有一定的优势。这是因为手机号码具有唯一性，手机SIM卡片上存储的用户信息可以确定一个用户的身份，而随着手机实名制的推行，这种身份确认越来越容易。对于移动商务而言，这就有了信用认证的基础。

(5) 定制化服务。由于移动电话具有比PC机更高的可连通性与可定位性，因此移动商务的生产者可以更好地发挥主动性，为不同客户提供定制化服务。例如：依赖于包含大量活跃客户和潜在客户信息的数据库，利用无线服务提供商提供的人口统计信息和基于移动用户当前位置的信息，商家可以通过具有个性化的短信息服务活动进行更有针对性的广告宣传，从而满足客户的需求。

(6) 移动电子商务易于推广使用。移动通信所具有的灵活、便捷的特点，决定了移动电子商务更适合大众化的个人消费领域，例如：自动支付系统，包括自动售货机、停车场计时器等；半自动支付系统，包括商店的收银机、出租车计费器等；日常费用收缴系统，包括水费、电费、煤气费等费用的收缴等；移动互联网接入支付系统，包括登录商家的WAP站点购物等。

（7）移动电子商务领域更易于技术创新。移动电子商务领域涉及IT、无线通信、无线接入等技术，并且商务方式更多元化、复杂化，因而在此领域内很容易产生新的技术。随着我国4G网络的普及，这些新兴技术将转化成更好的产品或服务。因此，移动电子商务领域将是下一个技术创新的高地。

三、移动电子商务提供的服务

目前，移动电子商务主要提供以下服务：

（1）银行业务。移动电子商务使用户能随时随地在网上安全地进行个人财务管理，进一步完善互联网银行体系。用户可以使用其移动终端核查其账户、支付账单、进行转账以及接收付款通知等。

（2）交易。移动电子商务具有即时性，因此非常适用于股票等交易应用。移动设备可用于接收实时财务新闻和信息，也可确认订单并安全地在线管理股票交易。

（3）订票。通过互联网预订机票、车票或入场券已经成为一项主要业务，其规模还在继续扩大。互联网有助于方便核查票证的有无，并进行购票和确认。移动电子商务使用者能在票价优惠或航班取消时立即得到通知，也可支付票费或在旅行途中临时更改航班或车次。借助移动设备，用户可以浏览电影剪辑、阅读评论，然后订购邻近电影院的电影票。

（4）购物。借助移动电子商务，用户能够通过其移动通信设备进行网上购物。即兴购物会是一大增长点，如订购鲜花、礼物、食品或快餐等。传统购物也可通过移动电子商务得到改进。例如：用户可以使用“无线电子钱包”等具有安全支付功能的移动设备，在商店里或自动售货机上进行购物。

（5）娱乐。移动电子商务将带来一系列娱乐服务。用户不仅可以从他们的移动设备上收听音乐，订购、下载或支付特定的曲目，还可以在网上与朋友们玩交互式游戏等。

（6）无线医疗。医疗产业的显著特点是每一秒钟对病人都非常关键，因此电子商务非常适用于这一行业。在紧急情况下，救护车可以作为进行治疗的场所，而借助无线技术，救护车可以在移动的情况下同医疗中心和病人家属建立快速、动态、实时的数据交换，这对每一秒钟都很宝贵的紧急情况来说至关重要。在无线医疗的商业模式中，病人、医生、保险公司都可以获益，也愿意为这项服务付费。这项服务又非常容易扩展到全国乃至全世界，存在巨大的商机。

（7）移动应用。一些行业需要经常派遣工程师或工人到现场作业。在这些行业中，移动MASP将会有巨大的应用空间。MASP结合定位服务技术、短信息服务、WAP技术以及Call Center技术，为用户提供及时的服务，进而提高用户的工作效率。

第十节　跨境电子商务

当前的中国正在迎来一个全新的消费时代，跨境电子商务（简称跨境电商）将中国经济和世界贸易紧密地结合起来了。作为一种新兴的商业模式，跨境电子商务对于提高商品的流通效率，重新组织全球优质商品资源及服务资源以满足国人需求、刺激消费，进一步确定中国在全球经济一体化中的位置，都起着至关重要的作用。对企业而言，跨境电子商务的发展拓宽了企业进入国际市场的路径，促进了多边资源的优化配置和跨国企业之间的互利共赢；对消费者而言，跨境电子商务能让他们非常便捷地获取世界各地价廉物美的商品。

一、跨境电商的定义及类型

从互联网的角度来看，跨境电商是利用计算机网络技术跨越国界、在国际上进行电子商务活动的行为，这实际上反映的是现代信息技术和网络技术所带来的国际商务活动过程的电子化。

从外贸的角度来看，跨境电商研究的是如何利用现代计算机和网络技术，以电子数据方式完成市场调研、建立贸易关系、磋商谈判、签订合同、备货、租船订舱、报关报检、保险、货物结算等全部交易过程。

综合来说，跨境电商是指交易当事人或参与者利用现代信息技术和计算机网络在全球范围内所进行的各类商业活动，包括货物贸易、服务贸易和知识产权贸易，分为 B2C 跨境电商和 B2B 跨境电商。B2C 跨境电商是指分属于不同关境的交易主体通过计算机进行支付结算，并采用快件、小包等行邮方式通过跨境物流将商品送达消费者手中的交易过程。B2B 跨境电商是指分属于不同关境的交易主体，通过电子商务的手段将传统进出口贸易中的展示、洽谈和成交环节电子化，并通过跨境物流送达商品、完成交易的一种国际商业活动。跨境电商必须满足三要素：1）买卖的双方要在不同的关境；2）必须在网上完成下单和支付；3）商品要通过国际物流，通过不同关境完成货物的运送。我国目前的跨境电子商务主要可以分为跨境 B2B 贸易服务和跨境 B2C 网络零售两大类。

二、跨境电商的主要模式

（一）直发、直运平台模式

这种模式是指电商平台将接收到的消费者订单信息发给批发商或厂商，后者则按照订单信息以零售的形式给消费者发送货物。它的供货商一般是品牌商、批发商或厂商。可以把这种模式视为第三方的B2C模式（如国内的天猫）。

（二）自营商对客（B2C）模式

在此模式下，大多数商品都需要平台自己备货。该模式具体可分为综合型自营和垂直型自营两类：前者的优势是跨境供应链管理能力强，有较为完善的跨境物流解决方案，但是业务发展会受到行业政策变动的显著影响；后者的供应商管理能力比前者稍弱，前期需要较大的资金支持。

（三）导购或返利平台模式

这种模式是一种轻电商模式，可以分成引流部分和商品交易部分。引流部分是指通过导购资讯、商品比价、海购社区论坛、海购博客以及用户返利来吸引用户流量。商品交易部分是指消费者通过站内链接向海外B2C电商或者海外代购者提交订单来实现跨境购物。

（四）自营与保税区结合模式

这种模式下，跨境电商企业直接参与采购、物流、仓储等海外商品的买卖流程，对物流监控、支付方式都有自己的一套体系。利用保税区建立可信赖的跨境电子商务平台，有助于提升供应链管理效率、解决仓储物流难题。

1. 保税备货模式

保税备货模式是指海外电商企业先将境外货物运至境内保税区存储，即境外仓库转为“境内关外”仓库，再根据订单分批销售给国内消费者的活动。这种方式在时间、质量、退换上更有优势，它的特点包括：1）货物进入保税区时尚无订单，一旦获得消费者订单，即在保税区内进行分包，填写消费者收件信息后以邮件形式出区，海关收取行邮税后予以放行。保税区中的货物以“化整为零”的方式进行销售。2）保税备货模式下，货物进入保税区以后往往不发生买卖关系，货物境外至境内运输仅是同一企业货物存放地点的转移，货物物权未发生实质性变化，属于先发货再下单。保税备货模式如图2-23所示。

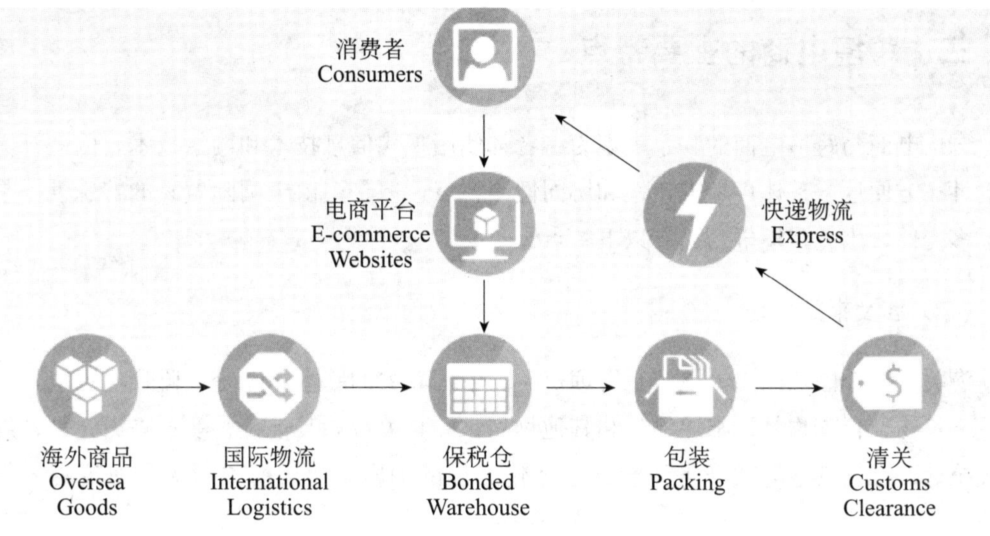

图 2-23　保税备货模式

2. 海外直邮模式

海外直邮模式如图 2-24 所示。

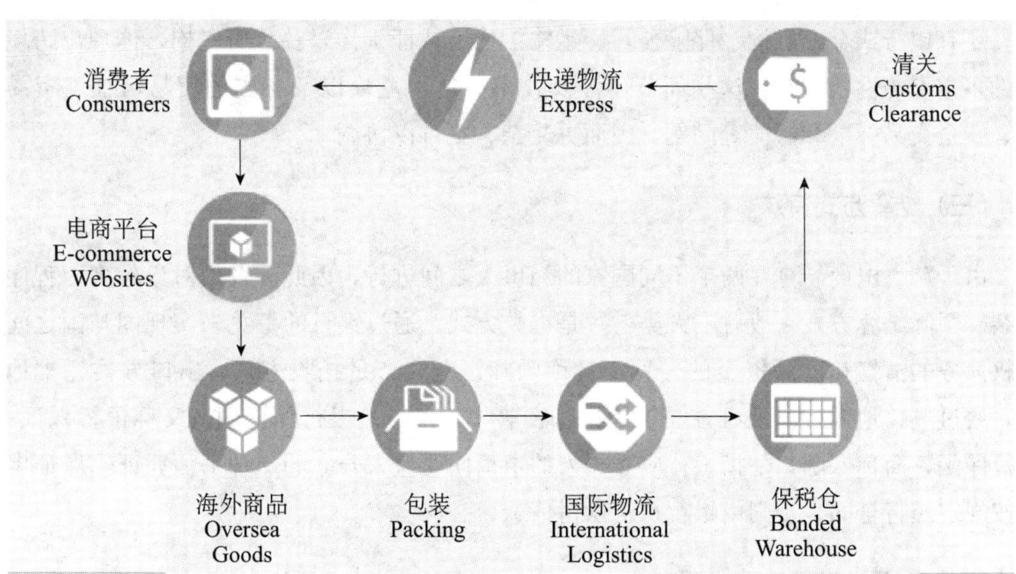

图 2-24　海外直邮模式

海外直邮模式的优势包括个性化、少量化、高价品、商家不压货、资金压力小等，属于先下单再发货。

三、跨境电商的主要特点

国内电商与跨境电商的联系表现为二者都使用现代信息技术和网络技术，因此都具有普遍性、方便性、整体性、安全性和协同性等特点。但是，由于国际贸易的特殊性、复杂性、多变性，因此跨境电商具有以下特点：

（一）涉及报关活动

海关是一个国家的出入境监督管理机关。中国海关的基本职能是：监管出入境的运输工具、货物、行李物品、邮递物品和其他物品；征收关税和其他税、费；查缉走私；编制海关统计；办理其他海关业务。经济全球化进程的加剧，要求海关通关作业流程方便且快捷。

（二）涉及国际贸易合同和单证

这些国际贸易合同和单证涉及运输、保险、结算等多个方面，使得跨境电商具有面临环节多、难度大、风险大的特点。与国内电商相比，跨境电商参与的主体不仅仅是买卖双方，还有银行或金融机构、保险公司、运输机构、认证机构以及政府机构，体现出跨境电商的多方参与性。同时，这些环节还涉及技术、货币兑换以及各国的贸易习惯、贸易壁垒、安全交易标准和法律等问题，因而更复杂、更难以协调。

（三）结算方式特殊

由于跨境电商结算在两个不同国家的当事人之间进行，因此涉及的对象较多、程序较复杂。国际结算方式一般有三大类：一是汇款方式，通过银行的汇兑来实现国与国之间的债权债务的清偿和国际资金的转移，又称国际汇兑；二是托收方式，出口方委托本地银行，通过进口地银行向进口方提示单据，收取货款；三是银行保证函，又称银行保证书、银行保函，简称保函，是指银行应委托人的申请向受益人开立的一种书面凭证，保证申请人按规定履行合同，否则由银行负责偿付债款。

（四）对风险管理的要求更高

有关机构进行的抽样调查显示，中国出口业务的坏账率高达5%，是发达国家平均水平的10～20倍。而另一项对中国1 000家外贸企业的调查显示，68%的企业曾因贸易对方信用缺失而利益受损，超过半数的企业遭遇过“应收账款延迟收付”事件。

四、跨境电商对国际贸易的影响

（一）国际贸易成本有效降低

与国内贸易相比，国际贸易的单证数量繁多、处理费用高昂。通过电子商务进行国际贸易，既可节省文件传输费用，又可缩短交单结汇的时间、加快资金周转，还可节省利息开支，成本优势十分明显。另外，传统的国际贸易有大量中间商参与，国外进口商的买价往往是国内生产企业交货价的 5～10 倍。通过电子商务直接在网上交易，可减少中间环节，这样双方都可得到实惠。

（二）交易效率显著提高

利用电子商务开展国际贸易，买卖双方可采用标准化、电子化的格式合同、提单、保险凭证、发票和汇票、信用证等，使各种相关单证在网上即可实现瞬间传递，不仅能大大节省单证的传输时间，而且能有效地减少因重复录入纸质单证中的数据所导致的各种错误，有利于提高交易效率。而在传统的国际贸易中，每一道程序包括签约、洽谈、报关、租船订仓、保险以及支付结算等都必须由人工参与，不但交易效率低、错误发生率高，而且受时间的限制大。现在，通过在线办理相关业务，可以最大限度地减少人工参与，且不受时间限制，不仅提高了业务处理的灵活性，还为客户带来了更多的便利。

（三）全天候提供服务

由于世界各地存在时差，因此进行国际商务谈判相当不便。对企业来讲，在传统条件下，提供每周 7 天、每天 24 小时的客户服务往往感到力不从心。而利用电子商务可以做到 7×24 的全天候服务，所有客户都可随时随地从网上得到相关企业的各种商务信息。如果得不到理想的答案，还可通过电子邮件的形式进行询问，待企业收到邮件并给予及时回复后访问者便可得到满意的答复。电子商务全天候、不间断运作可使全球范围内的客户随时得到所需的信息，为出口企业带来更多的订单，并且使交易的成功率大大提高。

（四）降低了对实物基础设施的依赖

与国内贸易相比，国际贸易对实物基础设施的依赖程度要高得多。若利用电子商务开展国际贸易业务，则在这方面的投入将缩减很多，而且对于信息产品而言，如报纸杂志的电子版、视听娱乐和电脑软件及信息咨询服务等，若产品本身可以在线成交和在线交付，则销售柜台、仓储设施等完全是多余的。整个销售环节，从研制开发、订货、付款到产品

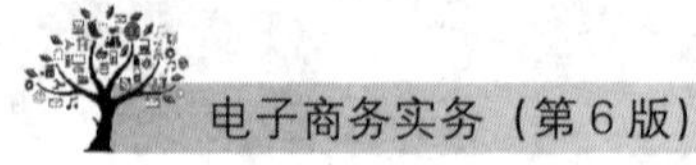

的交付都可以在网上实现。由于减轻或消除了对实物基础设施的依赖，企业可以将节省的开支大部分让渡给消费者。

五、电子商务模式下的国际贸易创新

与传统的国际商务模式相比，电子商务模式下的国际贸易在很多方面进行了创新，主要表现在以下几个方面：

（一）理论创新

传统的比较优势理论认为，各国比较优势的形成基础是资源、资本、劳动力和人力资源等方面的差异；而在电子商务条件下，信息成为最重要的生产要素和资源，即国与国之间对信息的生产、反馈与使用能力上的差异——信息比较优势，其在国际贸易中的地位越来越重要。“虚拟经营”这一跨国公司新型合作竞争方式，是信息社会公司组织及运作方式变革的序幕，打破了传统公司组织机构的层次和界限，使跨国公司成为一个开放系统。

（二）宏观管理创新

我国政府有关部门在运用电子商务开展国际贸易宏观管理、积极推行电子商务方面已取得了一定的成效，表现在：出口商品配额实行电子招标；实现网上申领、发放进出口许可证；运用电子商务进行海关管理和电子报关；运用电子商务进行进出口商品检验管理；实现外贸业务全过程管理的电子化。这些变化和创新使得对国际贸易的监管变得更加公开和透明，而更加公开和透明的监管环境也必将进一步推动国际贸易的发展。

（三）政策创新

电子商务模式下的国际贸易政策创新主要体现在世界贸易组织（WTO）通过了电子商务免、禁征关税协议。该协议的达成将对永久性禁止征收电子商务关税产生推动作用，在电子商务的发展史上树起了一个重要的里程碑。从全球范围来看，电子商务是未来 25 年内世界发展的最重要的驱动力之一，世界各国都十分重视信息产业和电子商务的发展。当前电子商务的发展还处于摇篮时期，给予免关税政策，有利于电子商务的普及和成熟。

（四）国际贸易运行机制创新

电子商务创造了一个网上虚拟市场，形成了新的国际贸易运行机制，促进了以信息为纽带的世界市场信息一体化进程。在这种网络贸易的环境下，各国间的经济贸易联系进一步加强，为进一步促进国际贸易创新奠定了基础。

（1）电子商务环境中便捷的信息流动，减少了国际贸易的不确定性，校正了世界市场发展的盲目性，为减少国际贸易决策的时滞和失误创造了条件。

（2）电子商务超越了时间和地域限制，解除了传统贸易活动中物质、时间、空间对交易双方的限制，改变了传统国际贸易运行机制下难以克服的区位劣势和竞争劣势。

（3）在电子商务环境中，产品和服务都表现为数字信号，有形贸易和无形贸易的界限变得越来越模糊。

（4）世界市场上的信息充分性进一步削弱。因不完全信息或信息不对称而产生的世界市场垄断进一步削弱，市场机制将在一定程度上更好地发挥作用，为世界市场中资源的有效配置提供充分而良好的信息服务，促进资源在全球范围内实现动态的优化配置。

（五）交易方式创新

在传统贸易方式下，国际贸易流程从买方准备一份购物清单到登记应收款账户冲抵需要经历 20 多个环节，而电子商务方式下却只需要 8 个环节就可完成。电子商务帮助国际贸易改革了国际贸易流程，实现了国际贸易管理的电子化、信息化、自动化、规模化，形成了新的有效率的国际贸易流程管理模式，推动了国际贸易方式的创新。

（六）营销创新

电子商务引起了市场营销的巨变，促进了国际贸易的营销创新，产生了新的市场营销形式——电子营销。电子营销是指通过电子信息网络进行市场营销。企业通过电子营销，借助互联网，可以进行生产、信息传递、广告、购物、支付和信息化产品等业务，双向交互信息可以交换资料文件、影像、声音等，可以进行一对一双向交互，甚至可以是一对无数和无数对无数的交互。

（七）运输方式创新

在 EDI 普及的情况下，国际贸易运输不是单一方式的运输，而是必须将仓储、运输等密切结合起来，形成电子商务下的国际贸易综合物流。运用信息网络对整个国际贸易运输过程进行综合管理，可以提高综合物流的每一个环节链的效率和服务水平，降低库存、联运等综合物流各环节的成本。网络的时空“零距离”要求加快国际贸易运输速度，现代消费者奉行个性化消费的理念又加大了国际贸易运输任务，这表明传统的国际运输已不能适应网络经济的要求，EDI 要求国际贸易运输进行变革。

六、跨境电商产品的选择

（1）产品应该是市场潜力巨大、利润率比较高的类目。跨境电商产品的利润率最起码应该达到50%以上，甚至高达100%。

（2）产品应该适合国际物流，产品应该体积比较小、重量比较轻，并且不容易破碎。

（3）产品应该容易上手操作，杜绝需要指导安装的产品在跨境电商中出现，其有可能带来的后续投诉和客户服务成本都非常高。

（4）最好选择售后服务简单或者基本上不需要售后服务的产品。

（5）产品应该具有自己的核心竞争力，做到自己的产品自己独立设计，具备产品研发、包装设计等一系列能力。

（6）产品不能违反平台、所在国、目的国的法律法规，尤其是盗版或者违禁品，这类产品千万不要进行跨境电商贸易，否则不仅赚不了钱，还有可能触犯法律。

七、跨境电商平台的比较和选择分析

（1）速卖通（AliExpress）作为阿里巴巴国际化的重要战略产品，自2009年9月9日正式上线以来，发展非常迅猛，已经成为目前全球最活跃的跨境电商平台之一。速卖通依靠阿里巴巴庞大的会员基础，已经成为目前全球产品品类最丰富的平台之一，其特点是价格比较敏感，尤其是低价策略比较明显。很多人现在做速卖通的策略就类似于前几年的淘宝店铺。速卖通市场的侧重点在于新兴市场，特别是俄罗斯和巴西。其整个页面操作中英文版简单、整洁，非常适合新人上手。阿里巴巴一直有非常好的社区和客户培训传统，通过社区和阿里巴巴的培训，跨境新人可以通过速卖通快速入门。

（2）亚马逊（Amazon）是美国最大的网络电子商务公司，总部位于华盛顿州的西雅图，是网络上最早开始经营电子商务的公司之一。亚马逊成立于1995年，一开始只经营网络的书籍销售业务，现在已成为全球商品品种最多的网络零售商和全球第二大互联网企业。选择亚马逊一般需要有一定的外贸基础和海外资源，尤其是可靠的海外供应商资源、美国本土的人脉资源，需要有稳定的资金长期投入。一般而言，做亚马逊可以说是长期投资，门槛较高，入驻手续复杂，客户相对高端。

（3）eBay（中文名为易贝、亿贝、电子湾）是一个可让全球民众上网买卖物品的线上拍卖及购物网站。eBay于1995年9月4日创立于美国加利福尼亚州圣荷西。eBay可以理解为中国的淘宝，它的核心市场在美国和欧洲，主要面向那些比较成熟的市场，其开店手续相对简单，但其交易规则倾向于消费者，产品一旦出现问题遭到投诉，会给商家带来很大的麻烦。此外，虽然eBay开店免费，但上架产品需要收费且审核周期较长。总之，eBay平台的目标市场在欧美，其操作简单、投入不大，但需要熬时间，适合那些有一定外贸资源的人做跨境电商。

（4）Wish是一个新兴的移动电商，其App上销售的产品物美价廉，包括非品牌服装、珠宝、智能手机、淋浴喷头等，大部分产品都直接从中国发货。与其他竞争平台相比，Wish 的优势在于售卖的都不是品牌产品，价格较低，且价格高的品牌真品库存数量有限，因而不会吸引大量售卖假冒品牌产品的商家。大部分情况下，Wish 通过自己的客服处理售后问题，并对买家采取"宽松容忍"原则：只要消费者提出退款，基本都通过。目前而言，该平台上的交易规则还不够成熟，卖家、买家、Wish 平台还不能处于一种相对公平、高效的沟通状态。在移动化的浪潮下，Wish 率先将智能推荐算法技术完全运用到电商中，既实现了自我颠覆，又完善了平台业务。

第十一节　直播电子商务

在移动互联网、新媒体发展的时代背景下，直播电子商务（简称直播电商）模式应运而生，它利用粉丝经济获取流量、博取关注度，借助精准的营销策略实现了巨大的商业价值，形成了实实在在的销量。直播电商以其即时的互动性、强大的社交性、广泛的关注度、强大的粉丝效应，成为电商行业最好的营销模式。

一、直播电子商务概述

一部智能手机加一根自拍杆搭建起一个简易的直播场景，直播电商就这么简单。

根据第 46 次《中国互联网络发展状况统计报告》的相关数据，截至 2020 年 6 月，中国网络直播用户规模达到 5.62 亿。网络直播涵盖游戏直播、秀场直播、生活类直播、电商直播等，观看直播已逐渐成为人们的上网习惯之一。庞大的直播用户体量是直播电商行业进行商业变现的前提之一。相关数据显示，2019 年，中国直播电商行业的总规模达到 4 338 亿元。艾媒咨询分析师认为，随着互联网技术的发展，以直播为代表的 KOL 带货模式给消费者带来更直观、生动的购物体验，转化率高，营销效果好，逐渐成为电商平台、内容平台的新增长动力。

早在 2016 年 3 月淘宝直播正式试运营，当年超过 1 000 个卖家在淘宝做过直播；2016 年被称为"网络直播元年"。到了 2016 年 12 月 12 日，相关数据显示，淘宝平台每天直播场次近 5 000 场，有超过 40%的消费者会在观看直播的过程中访问相关店铺；其中一半的观众为"90 后"，直播内容涵盖母婴、美妆、潮搭、美食、运动健身等多个品类。除了淘宝外，其他类似的综合电商平台、跨境电商平台、母婴电商平台也纷纷加入直播大潮，京东、蘑菇街、网易考拉等电商平台都纷纷推出了自己的电商直播功能。与直播结合以后，很多商家的业绩得到明显的提升，在各大节点的销售额基本呈倍数增长。

2016 年 6 月，张大奕以网红老板的身份在淘宝直播，为自己的网店代言新产品，2 小时内观看人数超过41万，点赞人数超过100万，同时创造了2 000万元的销售额。也是在2016年，网络红人papi酱获得了1 200万元风险投资，身价估值上亿元。“90后”网红“雪梨”被认为是微博平台上的顶级网红，从上大学时拿3 000元开设的一家淘宝店开始，到现在真正跻身电商行业并进行规模化运营的网红电商公司，她与合伙人所经营的淘宝网店每年的营业额以200%的速度增长，也创造过日销破亿元的纪录。

艾瑞咨询《2017年中国网红经济发展洞察报告》显示，2016年，中国泛娱乐直播市场规模达208.3亿元。2018年“双12”期间，淘宝直播一个晚上就帮助贫困县卖出农产品超千万元。2019年“6·18”购物节，淘宝直播带动成交超130亿元。2019年“双11”购物当天，该数字上升到约200亿元。2019年“双12”，10余家法院首次尝试以直播的方式进行司法拍卖。其中，浙江省宁波市中级人民法院的直播拍卖，仅一小时，现场成交额就突破亿元。2019年11月27日，拼多多首次试水直播，吸引了逾10万人观看。2019年，网络红人“口红一哥”李佳琦因一晚试涂189支口红成名，五个半小时带货达353万元，一句“oh my god”便可以让一款口红卖到全球断货。这些事件让直播形式和网红这个群体获得了更多的关注且备受资本市场的青睐。

淘宝在App上增加了“淘宝直播”功能，唯品会、聚美优品也纷纷启动直播模式来为自己的平台带流量，且成效显著。

二、网红与网红经济

网络直播催生了网络主播，其中的佼佼者就是粉丝眼里的“网红”。网红也就是网络红人，是通过某个事件或行为而被网民关注的人，或者是在网络上坚持输出专业知识而受到热捧的人。在移动互联网时代，网红是指在微信、微博、快手、映客等社交媒体上拥有一定的粉丝，具备快速变现能力的人。不同于传统明星，网红的互动性和主动性强，并摆脱了时间、地域、身份、地位的限制。一部智能手机加一根自拍杆搭建起一个简易的直播场景，直播网红就诞生了。

网红按身份的不同可以分为普通网红、明星网红、企业家网红等。

(1) 普通网红又可以分为以外貌吸引人的网红和以专业知识或某方面才华吸引人的网红。

(2) 明星网红一般由影视明星担任主播，其目的多半是与商家联合活动以宣传和引流。例如：吴尊在天猫直播卖奶粉，霍建华在美拍直播卖护肤品等，通过将明星的热度以及大量粉丝转化为销量，来使产品的销量得到大幅度提升。

(3) 企业家网红，如雷军、王思聪、罗振宇等，大部分是为自己的公司或产品做宣传。例如：雷军利用一台电脑、一部手机就完成了无人机的直播发布会，当时访问人数达到1 000万。王思聪通过晒他的爱犬获得了大量网友的关注，并一跃成为网红大V。柳岩

直播卖枣，枣夹核桃 1 小时卖了 2 万多件，相当于该平台一年的销量。

网红已经从现象升级为一种经济产业，直播与电商将成为网红经济的主要趋势之一。网红经济是网红的伴生物，网红追求变现，主要的变现途径有打赏、代言、广告等。同样，网红也需要一个商品销售的平台，很多网红在各大线上平台开设了自己的商店，电商强大的变现能力也促使网红经济的产生。

三、电商平台与直播平台的结合模式

目前，电商平台与直播平台结合的模式主要有三种：1）电商平台直播化；2）直播平台电商化；3）“直播＋电商”双平台深度合作。其中，网红在直播中为电商吸引流量提供了新的渠道。

1. 电商平台直播化

目前，电商平台直播化趋势明显，类似淘宝直播的电商平台比比皆是。电商购物的痛点之一就在于用户无法亲身看见和摸到商品，无法产生真实的用户体验，而直播这种方式可以实现对商品的 360 度全方位的演示与展现，有效地解决了用户体验上的痛点。

2016 年 6 月中旬的电商大促销中，苏宁易购大玩“粉丝营销”，邀请了十几位人气颇旺的“网红”代言。在苏宁易购主办的红人网购直播间里，斗鱼女主播冯提莫在直播中推荐的联想 ZUK Z2 手机，1 小时内预约量突破 10 万台；YY 红人沈曼推荐的百草味美味零食，在 20 个小时内取得了销量同比去年增长 5 倍的好成绩。2016 年 7 月 9 日，蘑菇街推出的“直播闺蜜搭”活动，共组织了 150 个主题直播间，由蘑菇街的红人主播展示服装、化妆、搭配技巧和个人的时尚理念，并直接在直播平台中进行售卖。蘑菇街的数据显示，在这场完全由在线直播形式完成的电商促销中，对成交的刺激更为明显，当天的总成交额较 6 月平均日成交额增长 189%，日成交单数同比增长 131.8%。当天 16 个小时的持续直播带来的成交额达到了平时的近 3 倍。

最早切入直播的淘宝直播更是尝到了“网红＋直播”带给电商平台的利好。Angelababy 在淘宝直播卖美宝莲口红，2 小时内卖出 1 万支，转化收入达 140 万元；淘宝直播推出百日之际，张大奕淘宝直播 4 小时，观看人数超过 41 万，点赞数超过 100 万，在未做促销打折的情况下，成交额约 2 000 万元，客单价近 400 元；在喜宝动力的策划和服务下，刘嘉玲直播燕之屋燕窝，手机天猫一屏推荐，高达 60 万人在线收看。电商平台直播化模式已经成为电商行业的一大标配。

2. 直播平台电商化

当前领先的直播平台和拥有高质量粉丝群的网红主播，都具有承载主流广告投放和引导实物电商的巨大潜力。目前，国内直播平台的类型主要有三类：

（1）秀场类直播，占比超过一半。这类直播大多由桌面PC秀场衍生而来。

（2）电竞类（游戏）直播，这类直播的专业性较强，对主播有较高要求，粉丝黏性较高。

（3）垂直（行业）领域直播，包括美妆类、旅游类，这类直播的背后有庞大的电商平台的支持。

无论是哪一种直播平台，直播最常用的策略就是引流，在直播过程中适时介绍所经营的淘宝店铺和所销售的商品。当网红获得了一定数量的铁杆粉丝，就会在淘宝等电商平台开立个人网店，销售符合粉丝偏好的商品。目前，大多数网络直播的参与者已经习惯了礼物和打赏模式，在这种成熟的模式外，网店也几乎是所有主播的标配。映客一位主播“小滴滴”用直播的方式与粉丝分享了她在武汉某理发店做造型的真实过程。这次“造型”直播吸引了众多观众收看。不断有观众询问理发店的名称和地址，通过这种方式，理发店做了一次成功的营销。

3. “直播+电商”双平台深度合作

电商平台与直播平台进行深度合作。以2016年“双11”为例，京东选择花椒、映客携手天猫纷纷亮相，这种战略合作的价值不仅在于在短时间内带来流量和成交量，而且是一次直播资源和电商资源的整合。拿映客和天猫来说，映客直播有着坚实的年轻受众基础，通过一直以来与明星之间的直播合作，也广受明星青睐，出众的网红所带来的流量更是具有高黏性，购买转化极强，这也正是电商所梦寐以求的完美流量，无疑是天猫需要打开的一个流量入口，而映客同时能从中获得许多自然流量，电商对于直播的商业反哺、客户资源的互相补充，也是二者继续深化合作的动力之一。当前，在电商平台，直播功能已经成为大多数卖家的标配，而在直播平台，电商功能已然成为大多数网络主播的标配。

四、直播电商的商业价值

直播电商行业的售卖逻辑实际上是“货找人”，相较于传统的“人找货”的售卖逻辑，“货找人”以红人为载体，以内容为介质，即商家提供的商品通过红人生产的内容触达用户，从而形成购买力。比起传统电商以单品、品类为主的呈现方式，内容电商则是基于人的需求，以人为核心，通过人格化的认同和信任促成商品销售。直播电商行业的主要环节如图2-25所示，内容型直播产业链路和价值简谱如图2-26所示。

1. 企业价值

（1）带来强大的流量。流量对于电商平台的重要性是不言而喻的，而直播可以利用网红的颜值经济迅速聚集粉丝群体，成为新的流量入口。

商家
PROYA
珀莱雅
ESTĒE LAUDER COMPANIES
Haier
BORGWARD
宝沃汽车
低价产品/佣金
订单/品牌知名度
网红/MCN
微念科技
内容投放
分成
内容投放
分成
平台
内容平台
跳转
电商平台
优惠价格/
优质内容
订单/留存/
意见反馈
消费者/用户
粉丝

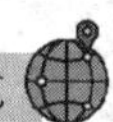

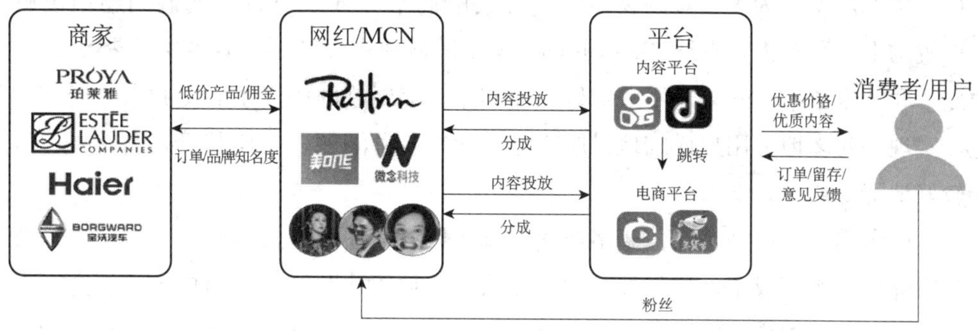

资料来源：艾媒咨询（iiMedia Research）.

图 2-25　直播电商行业的主要环节

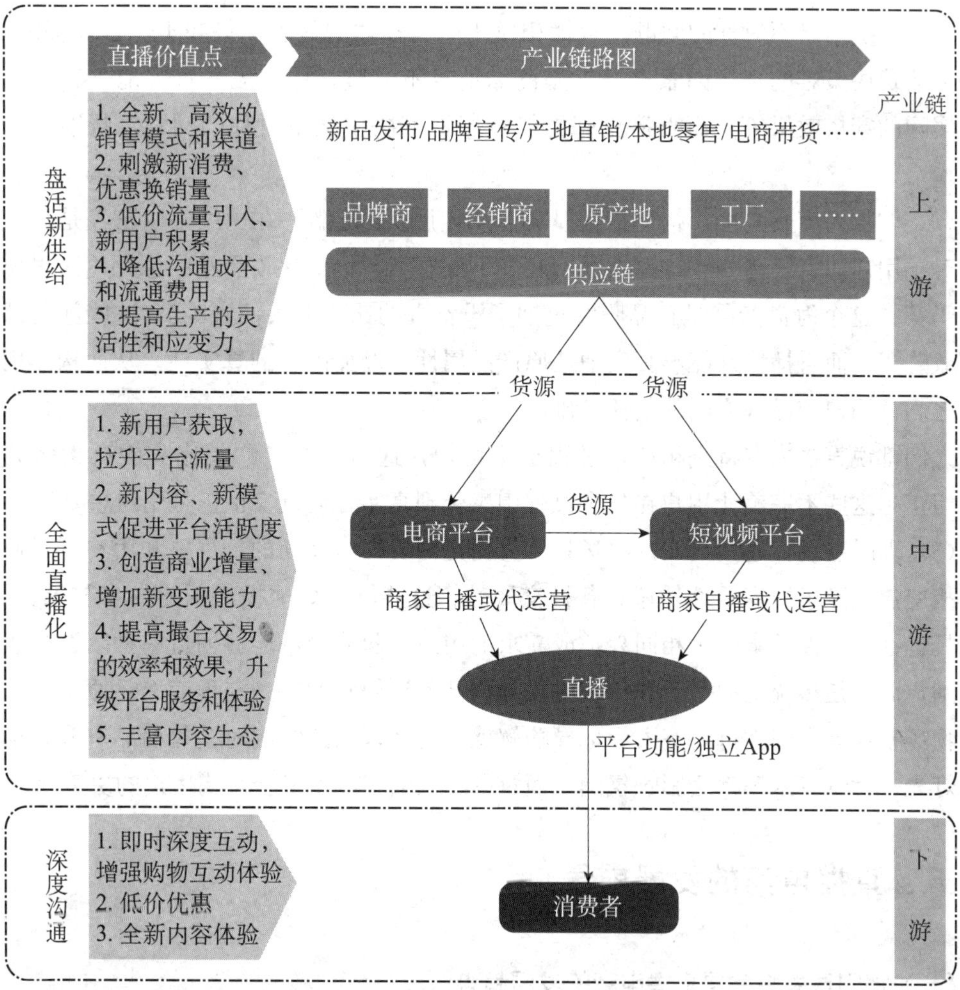

直播价值点
产业链路图
产业链
盘活新供给
1. 全新、高效的销售模式和渠道
2. 刺激新消费、优惠换销量
3. 低价流量引入、新用户积累
4. 降低沟通成本和流通费用
5. 提高生产的灵活性和应变力
新品发布/品牌宣传/产地直销/本地零售/电商带货……
品牌商
经销商
原产地
工厂
……
供应链
上游
货源
货源
全面直播化
1. 新用户获取，拉升平台流量
2. 新内容、新模式促进平台活跃度
3. 创造商业增量、增加新变现能力
4. 提高撮合交易的效率和效果，升级平台服务和体验
5. 丰富内容生态
货源
电商平台
短视频平台
商家自播或代运营
商家自播或代运营
直播
平台功能/独立App
中游
深度沟通
1. 即时深度互动，增强购物互动体验
2. 低价优惠
3. 全新内容体验
消费者
下游

资料来源：巨量算数：《2020 年 6 月抖音直播消费报告》.

图 2-26　内容型直播产业链路和价值简谱

（2）降低成本。为了改善购物体验，各大电商平台陆续对各种网购问题推出解决方案：设置网上导购达人，在线3D试衣间，VR增强现实设备……这些方案都面临一定的人力成本和技术成本，效果还不一定好。而利用直播网红则相当于颠覆原来一对一的导购角色，实现一对多地为用户详细地讲解产品、解答各种问题，对比其投入和效果，直播电商能较好地降低成本。

（3）刺激消费。一种是在信息多样化、真实性、信任感增强的情况下，用户没有了顾虑，从而降低了决策成本。另一种是网红作为“意见领袖”能够使用户改变心意，在某种环境和氛围下刺激用户短暂改变，可能是因为网红的颜值，可能是某句话打动了用户，所以网红的能力非常重要。

2. 用户价值

（1）解决信息不对称的问题。直播相较于图文描述的显著优势在于包含更多的信息，而用户消费决策难的主要因素之一就是商品信息不完整，用户无法直观地了解产品的好处、实际的穿搭效果等，而直播正好能够较好地解决信息不对称的问题，帮助用户做出决策。

（2）增加内容真实性，构建信任基础。“网上假货泛滥”在国民心中已经是不争的事实，对于用户而言，诸如“这件衣服到底好不好看？”“这个化妆品真的像评论区里说得那么好吗？”“这个海淘产品是正品吗？过期了没？真的比线下买便宜吗？”这些问题都让用户不敢购买，而直播恰好能够真实地还原产品属性，增加内容的真实性，从而构建用户与产品之间、用户与品牌之间的信任基础。

人们都说直播内容特别粗糙，过程也不可控，这与电视导购相比真的有太多的不完美，但正是这些不完美让用户在整个过程中感受到真实，而真实也正是用户想要的。

（3）即时互动，还原真实购物场景。直播是需要即时互动的，主播和用户可以通过弹幕互相交流，除了内容属性外还具备社交属性，这能够很好地提高用户的参与感。同时，直播具备社群属性，集中了相同兴趣或需求的用户一起购物，能够创造一种陪逛街或团购的氛围，而这是传统电商平台和传统电视导购都无法做到的，一定程度上还原了线下真实的购物场景：有人陪你逛，有人为你导购解惑。直播营销的氛围对销售商品有利，场景之下的灯光、背景音乐等都会影响氛围，而氛围在很大程度上又会影响用户的决策。

五、直播电商的发展前景

（一）档口直播将会是直播电商的发展趋势

艾媒咨询数据显示，27.21%的受访用户看好直播电商的未来发展，46.26%的受访用户对直播电商持中立/观望态度，26.53%的受访用户不看好直播电商。

此外，从未参与过直播购物的受访用户中，超过半数表示未来可能会参与直播购物，15.33%的用户表示一定会参加。虽然当前直播带货十分火爆，但直播电商是否是电商行业下一个风口，对此大部分人还是持观望态度。

对于专业批发市场来说，直播是增加销售、弥补线下渠道不足的新模式，并不能取代原有的模式。而档口直播的形式既可以保留传统批发市场原有的现场氛围，给线上用户营造一种高性价比的消费场景，同时具有增加店铺流量、提高转粉率、延长粉丝停留时长等优势。因此，档口直播将会是直播电商一个非常重要的发展趋势（见图2-27）。

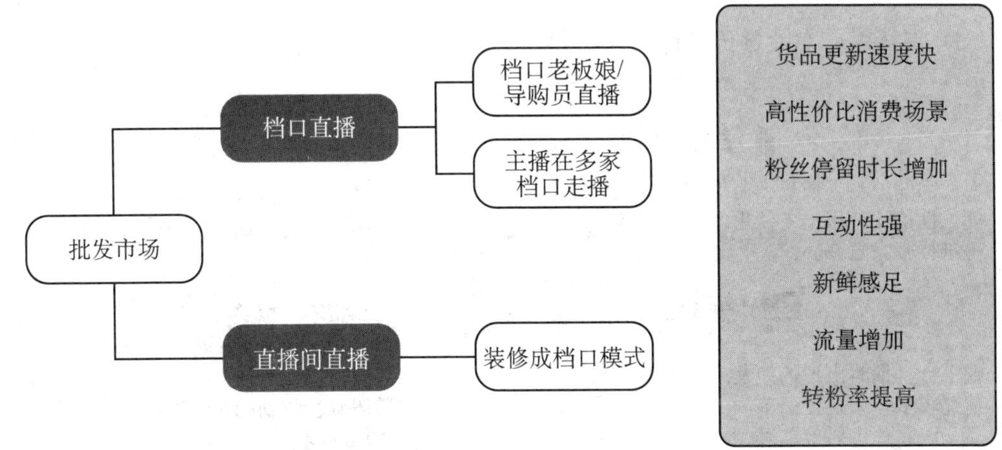

资料来源：艾媒咨询（iiMedia Research）.

图2-27　2020年直播电商的发展趋势

（二）直播电商发展的不足

直播电商本质上是一种营销方式，因此既不能纯娱乐化，也不能商业味过浓。在直播过程中，电商直播平台要促成用户对商品的了解、兴趣，同时要规范商家遵循公平买卖原则，最后促成交易。目前，直播电商发展中还存在以下问题：

（1）直播时间过长（29.20%）、内容同质性高（24.82%）、夸大宣传（21.90%）和产品丰富性欠缺（16.06%）等。

（2）品牌商在与主播团队的合作过程中存在博弈。与传统电视导购的主持人不同，主播团队的本质是买手团队，他们挑选商品、预估销量、进货、备库存、直播销售、发货，中间形成的是一道完整的商业闭环。主播团队推荐商品，但并不完全对品牌扩大影响力负责。主播团队运营的是粉丝，而不是品牌。举个例子，在价格上，薇娅和李佳琦两大头部主播都会在直播过程中强调自己销售的商品是全网最低价，给粉丝最大的“福利”，而这背后是经过多回合谈判确定的低于全网的打折价格。在扣除支付给直播团队的服务费后，品牌方几乎无利可图，因而大部分头部主播直播的品牌依然处于赔本赚吆喝的阶段。

（3）对供应链要求严格。电商直播销售对供应链要求较高，例如：如果品牌服装家纺企业背后的供应链厂商不能进行及时调整，达到电商直播销售下的快速反应，将对电商直播销售带来负面影响。

（4）行业竞争加剧。随着直播市场入局者的日益增加，新流量增幅减小，如果电商直播市场竞争进一步加剧，流量会被分散，商家进行直播的效果将难以达到预期。

（5）行业监管日益完善。随着电商直播日益活跃，行业内对于直播内容的监管也在进一步加码，如果主播的行为和直播内容不能满足政策监管的要求，商家的直播销售将难以进行。

（6）直播电商夸大宣传、虚假营销问题突出，如图2－28所示。

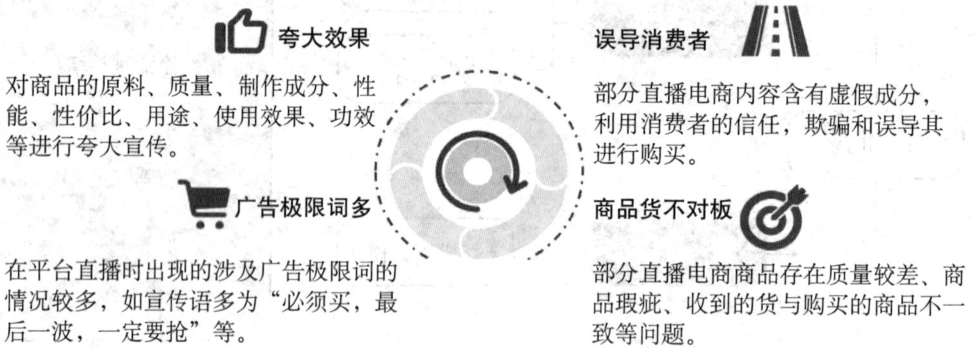

夸大效果

对商品的原料、质量、制作成分、性能、性价比、用途、使用效果、功效等进行夸大宣传。

误导消费者

部分直播电商内容含有虚假成分，利用消费者的信任，欺骗和误导其进行购买。

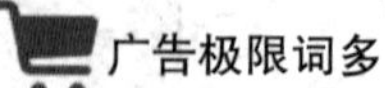

在平台直播时出现的涉及广告极限词的情况较多，如宣传语多为“必须买，最后一波，一定要抢”等。

商品货不对板

部分直播电商商品存在质量较差、商品瑕疵、收到的货与购买的商品不一致等问题。

资料来源：艾媒咨询（iiMedia Research）.

图2－28　直播电商夸大宣传、虚假营销问题突出

六、直播电商行业规范与立法工作

2020年6月24日，中国广告协会发布《网络直播营销行为规范》，对直播电商中的各类角色、行为都做了全面的定义和规范，规定了商家、主播、平台以及其他参与者等各方在直播电商活动中的权利、义务与责任。包括：网络直播营销主体不得利用刷单、炒信等流量造假方式虚构或篡改交易数据和用户评价；不得进行虚假或者引人误解的商业宣传，欺骗、误导消费者。在网络直播营销中发布商业广告的，应当严格遵守《中华人民共和国广告法》的各项规定。中国互联网络信息中心发布的第46次《中国互联网络发展状况统计报告》数据显示，截至2020年6月，中国网络直播用户规模已达5.62亿，占网民整体的59.8％。然而，在行业竞争和利益驱动下，一些直播平台乱象丛生，“名品”变赝品、“好货”变水货，规范电商直播带货的呼声也越来越高，期待监管部门出手遏制直播带货乱象。中国消费者协会发布的《直播电商购物消费者满意度在线调查报告》指出，近40％的受访消费者称在直播购物中遇到过消费问题。调查显示，近九成受访者有直播购物经历。受访者在参与直播购物时最关心商品质量和商品价格，其次是商品品牌、商品销量和主播人气。最担心的则是商品的质量问题，以及售后没有保证、虚假宣传和人气数据造假等问题。相关部门明确将探索实施网络直播分级分类规范以及网络直播打赏、网络直播带货管理规则。

直播电商作为一种新业态，对促进消费扩容提质、形成强大国内市场具有积极作用。但要想从根源上治理直播乱象，光靠阶段性的整改还不够，出台标准规范也只是一个新起点。随着相关政策法规的颁布落实、监管部门的重拳整治、直播平台的审核监管、商家主播的严格自律以及消费者维权意识的不断提升，有望促进直播电商这种新业态健康发展。

第十二节　短视频

从播客到微信、微博，再到短视频，人们不再局限于从图片和文字中获得信息，转向表现形式更为生动的视频行列。2018 年短视频崛起，在短视频的带动下直播大火。目前，短视频行业成为最火的信息传递方式及盈利变现方式。

一、短视频概述

短视频即短片视频，是一种互联网内容传播方式，一般是指在互联网新媒体上传播的时长在 1 分钟以内的视频传播内容，但现在短视频时长已增至 15 分钟。短视频平台主要有抖音、快手、火山、西瓜视频等。抖音是北京字节跳动网络技术有限公司的产品，是今日头条旗下的一款音乐创意短视频社交软件；快手是北京快手科技有限公司的产品，前身叫 GIF 快手，是视频转化为 GIF 格式图片的工具。

1. 抖音平台的特点

（1）用户分布：一二线城市。

（2）用户特性：女性多于男性，以 20～40 岁的用户居多。

（3）推荐机制：流量推荐。

（4）推荐视频的方式：最热视频总是在最前方。

（5）用户内容：时尚娱乐，新闻热点。

2. 快手平台的特点

（1）用户分布：三四线城市。

（2）用户特性：男性多于女性，以 15～30 岁的用户居多。

（3）推荐机制：推荐＋关注。

（4）推荐视频的方式：话题在最前方（普通人都可以获得流量）。

（5）用户内容：乡土人情，生活百态。

二、短视频的常见视频类型

短视频的常见视频类型有剧情类（故事短剧、段子）、口播类（出镜、不出镜）、换装类（属卡点类）、画面展示类（视频展示、图片展示）。

1. 有剧情类

（1）参考账号：

1）故事短剧型：我是子豪、叶公子、深夜食堂、孟婆十九。

2）段子型：祝晓晗、王宁、许君聪、钟婷、七喜、鑫森。

（2）优点：

- 引流量高。
- 娱乐性、趣味性强。
- 产品植入，观众接受度高。
- 兼容性强，与各行业都可融合。

（3）缺点：

- 脚本要求高。
- 演员表现力要求高。
- 拍摄设备要求较高。

2. 口播类

（1）参考账号：

1）出镜型：李佳琦、呗呗兔、跟蒋晖学电商、大王真的很正常等。

2）不出镜型：一直努力的静静、阿晶说电商。

（2）优点：

- 适合技术流，生活分享。
- 形式简单，更直观。
- 拍摄设备要求较低。

（3）缺点：

- 广告植入形式较硬。
- 镜头过于单调。
- 演员表现力要求较高。
- 视频细节要求较高。

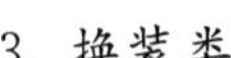

3. 换装类

（1）参考账号：刀小刀 sama、四爷、夫人不吃鱼。

（2）优点：

- 内容简单，节奏性强。
- 完播率高。
- 拍摄设备要求较低。
- 用户接受度高。

（3）缺点：

- 兼容性差，不易与其他领域融合。
- 演员形体及外貌要求高。

4. 画面展示类

（1）参考账号：海棠起名、柯大聊电商。

（2）优点：

- 形式简单。
- 剪辑方便。
- 拍摄设备要求较低。

（3）缺点：

- 用户接受度较低。
- 纯图片拼接，平台推荐力度小。
- 能展现的信息较少。

三、账号建立及注意事项

1. 注册认证

（1）注册与认证：根据软件要求注册即可。

（2）昵称：既可与内容方向有关，也可无关。

（3）头像：最好是真人头像。

（4）背景图：可以是人物头像，性格鲜明。

（5）简介：简短，突出人物性格，说明人设与定位。

2. 拍摄的注意事项

（1）拍摄清晰度要高，分辨率设置为 1 080p，30 帧或 60 帧。

（2）拍摄光线要好，避免强光与逆光。

（3）拍摄背景要干净简洁，整洁度要高。

（4）景别选择包括全景、中景、近景、特写。

（5）录音要保证拍摄主体的声音足够清晰，减少噪声。

（6）拍摄角度正面，眼睛直视摄像头。

（7）Vlog类别视频都采用横屏拍摄。

（8）以人物上半身为主，以背景为辅，演员在拍摄时保持自然、放松即可。

3. 拍摄内容编辑的注意事项

（1）遵循三秒原则，开场抓人心。

（2）把握视频节奏。

（3）违禁词：不可使用敏感词或危险词。

（4）违规：不可进行私下交易（视频中显示微信号），不可做出在人行横道拍视频等危险动作，不可抽烟喝酒，不可展示二维码及条形码，不可用无指向性的不文明语侮辱或诽谤他人，不可进行地域攻击或特定群体攻击（明星、网红、粉丝间互骂）。

（5）作品违规：保证作品的原创性，不可将别人的视频发到自己的账号里，不可使用他人的封面，不可转录他人的内容或做拼接。

4. 视频剪辑的注意事项

（1）横版视频，上下有空余，上部标题，下部字幕。

（2）不可做标题党、封面党（如：这样吃瘦十斤、想得知真相点个关注等）。

（3）视频字幕的字号要大一些，最多一行20字，字幕根据语音决定，语音停，字幕停。

（4）封面尽量采用竖屏，也可横屏（横屏封面要求鲜亮），封面风格统一，封面标题不可以出框，精简提炼关键字。

（5）封面不可以重复使用。

（6）视频背景音乐不可盖过原声。

（7）视频剪辑工具：剪映、快影等。

四、短视频脚本文案的撰写技巧

（一）脚本的概念

脚本是我们拍摄视频的依据，包括在什么时间、地点、画面中出现什么，镜头应该怎么运用，景别是什么样的，服化道的准备，等等。如果没有脚本作为视频拍摄、剪辑的依据，在拍摄时就会出现各种各样的问题，例如：

- 拍到一半，发现场景不对，只能花大量的时间临时重新找场所；

- 拍到一半，发现道具不齐全，演员没有道具辅助，不知道怎么在镜头前表现。
- 拍摄结束，剪辑师不知道视频需要呈现什么效果，剪辑无从下手。

（二）脚本的作用

对于短视频特别是带货视频来说，脚本最主要的作用有两个：

（1）提高视频拍摄效率。脚本其实就是短视频的拍摄提纲和框架。有了这个提纲和框架，就相当于给后续的拍摄、剪辑、道具准备等做了流程指导。就像写文章一样，老师会建议我们写文章之前先列一个提纲，然后根据提纲去拓展创作，这样写起来思路更清晰，效率也更高。

（2）提高视频拍摄质量。由于带货短视频大多都在 15 秒左右，最长也不会超过 30 秒，因此要想基础流量高、转化率高，必须精雕细琢视频里出现的每一个细节，包括景别、场景布置，服化道准备，台词、表情设计，音乐的配合，以及最终剪辑效果的呈现，等等。

（三）短视频脚本的写法

脚本分类很多，但短视频常用的脚本以分镜头脚本居多，具体从两大方面入手：

1. 脚本的前期准备

在编写短视频拍摄脚本前，需要构思短视频的整体内容，并确定拍摄流程。主要包括以下几个方面：

（1）拍摄定位。在拍摄前，我们就要定位内容的表达形式。例如确定是美食制作、服装穿搭还是小剧情。

（2）拍摄主题。在拍摄前，我们要明确具体的拍摄主题。例如服装穿搭系列，拍摄一组连衣裙的单色搭配，这就是具体的拍摄主题。

（3）拍摄时间。确定拍摄时间有两个目的：一是提前和摄影师约定时间，以免影响拍摄进度；二是确定拍摄时间，制订可落实的拍摄方案，以免出现拖拉等现象。

（4）拍摄地点。明确拍摄地点非常重要。首先要明确拍的是室内场景还是室外场景。例如：野生美食就要选在青山绿水的地方，菜肴烹饪就要选择室内的厨房或餐厅。

（5）拍摄参照。有时，我们想要的拍摄效果和最终出来的效果是存在差异的，我们可以找到同类的样品和摄影师进行沟通，如哪些场景和镜头的表达是你想要的，这样，摄影师才能根据你的需求进行内容制作。

（6）背景 BGM。BGM 是短视频拍摄的必要构成部分，配合场景选择合适的音乐非常关键。例如：拍摄帅哥美女型网红，就要选择流行和快节奏的音乐；拍摄中国风则要选择节奏偏慢的唯美的 Vlog 音乐；拍摄运动风格的视频，就要选择节奏鼓点清晰的节奏型音乐；拍摄育儿和家庭剧，可以选择轻音乐。在这方面需要多多积累，学习别人是怎么选择BGM的。

2. 脚本的制作方法

拍摄脚本要对每一个镜头进行细致的设计：

（1）镜头。镜头景别选择如图2－29所示。

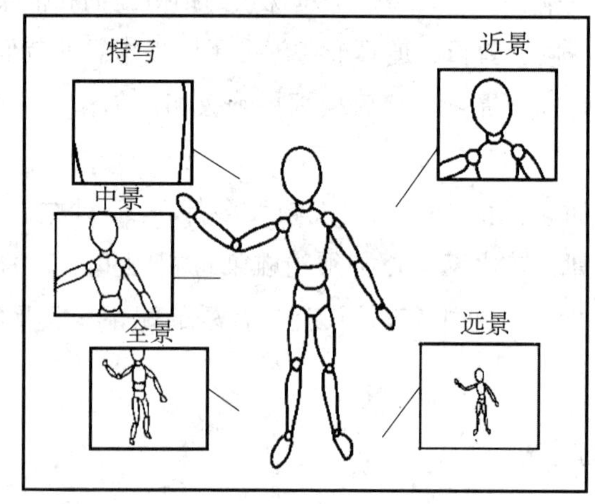

图2－29　镜头景别示意图

拿拍摄人物来说：

● 远景就是把整个人和环境都囊括在画面里，常用来展示事件发生的时间、环境、规模和气氛，如一些战争场景。

● 全景比远景近一点，把人物的身体整个展示在画面里，用来表现人物的全身动作或者人物之间的关系。

● 中景是指拍摄人物膝盖至头顶的部分，不仅能够让观众看清人物的表情，而且有利于表现人物的形体动作。

● 近景是指拍摄人物胸部以上至头部的部位，非常有利于表现人物的面部及其表情、神态，甚至是某些细微的动作。

● 特写是指对人物的眼睛、鼻子、嘴、手指、脚趾等这样的细节进行拍摄，适合用来表现需要突出的细节。

（2）内容。我们要通过各种场景方式来呈现所要表达的内容。具体来讲，就是拆分剧本，把内容拆分在每一个镜头里。

（3）台词。台词是为了镜头表达准备的，起画龙点睛的作用。以60秒的短视频为例，不要超过180个字，不然会让人听起来觉得特别累。

（4）时长。时长是指单个镜头的时长，要提前标注清楚，以便在剪辑时找到重点，提高剪辑的工作效率。

(5) 运镜。运镜是指镜头的运动方式，如从近到远、平移推进、旋转推进等。下面详细讲解短视频拍摄中经常用到的一些运镜技巧。

1) 环绕运镜。拍摄环绕镜头需要保持相机位置不变，以被摄体为中心，手持稳定器进行旋转移动。环绕运镜能够突出主体、渲染情绪，让整个画面更有张力。

2) 低角度运镜。低角度运镜通过模拟宠物视角，使镜头以低角度甚至是贴近地面的角度进行拍摄，越贴近地面，所呈现的空间感越强烈。低角度拍摄能够更加聚焦于某一部位，最常见的莫过于腿部行走。

其实，运镜方法有很多，能够熟练使用稳定器后，就可以在基础的运镜动作上加上其他元素，使镜头看起来更加酷炫，更具有动感。

(6) 道具。可以选择的道具有很多种，玩法也非常多，但需要注意的是，道具起的是画龙点睛的作用，不能画蛇添足，别让它抢了主体的风采。总的来说，撰写短视频脚本要遵循的规则就是：在形式上化繁为简，在内容上尽量丰富、完整。要根据短视频的特性，创造出适合自己的短视频脚本。

第十三节　电子商务的其他商业模式

一、B2M

B2M 是相对于 B2B、B2C、C2C 的电子商务模式而言的，是一种全新的电子商务模式，与此三种电子商务模式有着本质的不同，其根本区别在于目标客户群的性质不同。B2M 针对的客户群是企业或者产品的销售者及为其工作者，而不是最终消费者。企业通过网络平台发布该企业的产品或者服务信息，职业经理人通过网络获取该企业的产品或者服务信息并且为该企业提供产品销售或者提供企业服务，企业通过经理人达到销售产品或者获得服务的目的。职业经理人通过为企业提供服务来获取佣金。

B2M 具有一个更大的优势，即电子商务的线下发展。B2M 模式能将线上的商品和服务信息完全转到线下，企业发布信息，职业经理人获得商业信息并且将商品或者服务提供给所有的消费者，不论是线上还是线下。

二、B2A

B2A（Business to Administration）是指企业与政府机构之间进行的电子商务活动。例如：政府将采购的细节在国际互联网上公布，通过网上竞价方式进行招标，企业也要通

过电子的方式进行投标。目前，这种方式发展很快，因为政府可以通过这种方式树立政府形象，通过示范作用促进电子商务的发展。此外，政府还可以通过这类电子商务实施对企业的行政事务管理，如政府采用电子商务方式发放进出口许可证、开展统计工作，企业可以在网上办理缴税和退税业务等。

三、C2A

C2A（Consumer to Administration）是指个人与政府之间的电子商务活动。这类电子商务活动目前还没有真正形成，然而，在个别发达国家，如在澳大利亚，政府的税务机构已经通过指定私营税务机构或会计师事务所采用电子商务方式来为个人报税。这类活动虽然还没有达到真正的报税电子化，但是已经具备了消费者对行政机构电子商务的雏形。

随着商业机构对消费者、商业机构对行政机构的电子商务的发展，政府将会向社会成员提供更为全面的电子化服务，如社会福利金的支付等。

四、IBS

IBS（Internet＋Business＋Service，互联网＋商业＋服务）是将电子商务与传统商业无缝对接并有机融合，是互联网信息技术在传统商业中的具体应用。新兴的 IBS 商业模式融入了 B2C 和 C2C 的概念，是对现有商业模式的一次升级。如好乐买（www. okbuy. com）是一个将传统商业与电子商务相结合的第三方技术平台。该平台致力于通过整合传统商业，实现传统商业的升级，以及传统商业与电子商务两者的有机结合。

五、BSC

BSC（Business＋Service＋Consumer）是由浙江电脑商会 6 家核心企业出资组建的 IT 数码商城非常 OK 网（www. veryok. cn）所首创，致力于通过总部客服、校园客服、区域客服、友情客服等大量的非常 OK 网合作伙伴来完善产品咨询服务系统、技术服务系统等，建立一个健全、完整的“立体型”服务体系，帮助商家完成商品的销售，帮助消费者完成商品的服务咨询。

六、X2C

X2C 是百度“有啊”提出的电子商务概念。X 代表的是一个多方位的供应商群体，可以是企业，可以是个人，也可以是品牌赞助。X2C 更注重后端消费者的体验，更专注于

“2C”部分，而对于“X”部分，不管是企业（B）还是个人（C），在百度看来并不重要，重要的是为其提供最优质的服务。百度“有啊”将服务核心锁定在提供丰富的导购信息、降低网民挑选商品的成本、建立消费者对于网购的信心和信任感上。

七、B2T

B2T（Business To Team）即企业对团队，是指一个团队向商家采购，B 是通常意义上的商家，而 T 则是指团队。B2T 就是互不认识的消费者借助互联网来聚集资金，加大与商家的谈判能力，以求得最优的价格。B2T 模式主要包括自发团购模式、商业团购模式和网络营销团购模式三类。

思考题

1. 电子商务系统的主要功能有哪些？
2. B2B 电子商务模式主要有哪几种？
3. B2C 电子商务模式主要有哪几种？
4. 请说说 EDI 商务模式的构成、特点和方法。
5. 什么是内容电子商务？有何特点？
6. 什么是社交电子商务？有何特点？
7. 设想未来电子商务会有哪些新的模式。
8. 什么是 O2O？有哪些形式？
9. 什么是跨境电子商务？它和国内电子商务有何联系和区别？
10. 请上网搜集跨境电子商务销售产品类目，对适合跨境销售的产品的品类进行总结。
11. 试比较敦煌网和速卖通网站，具体对比其网站定位、销售品类、市场规模等。如果你要进行跨境电子商务创业，你会选择哪个平台？为什么？
12. 你是怎么看待直播电商的？直播电商的商业价值有哪些？
13. 什么叫短视频？短视频的常见类型有哪些？各自有什么优缺点？
14. 什么叫脚本？如何编写短视频脚本？拍摄短视频有哪些注意事项？

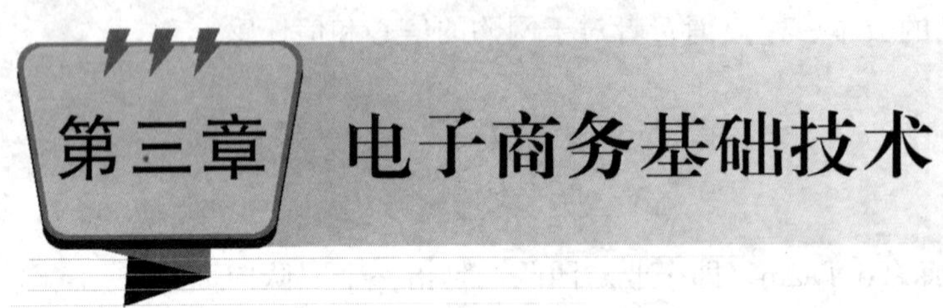

第三章　电子商务基础技术

知识要点

(1) 了解电子商务主要的安全技术。

(2) 掌握防火墙技术。

(3) 掌握常用的密码技术。

(4) 掌握数字签名、CA 认证技术。

(5) 掌握 QR 二维码的特点、应用和特征。

(6) 了解大数据的概念，掌握大数据单位。

(7) 掌握 Internet 的主要功能。

第一节　计算机网络技术

一、计算机网络概述

(一) 计算机网络的定义

计算机网络就是将两台以上具有独立功能的计算机，通过通信设备和线路连接起来，以实现资源共享的系统。它具有如下特点：

(1) 联网的计算机是可以独立运行的。

(2) 计算机之间通过通信线路实现信息交换。

(3) 联网的目的是实现资源共享。

（二）计算机网络的分类

按分布区域的大小，可将计算机网络分为局域网（LAN）、广域网（WAN）和城域网（MAN）。局域网的分布距离一般为数千米，其基本特征是由某一个单位团体建立与管理；广域网的地理分布距离大，一般为数万米，其通信线路一般由通信部门提供；城域网是介于局域网和广域网之间的一种区域性网络，其分布距离小于广域网，但速率较广域网要高。

二、计算机网络的结构与组成

（一）计算机网络的一般结构

计算机网络的一般结构如图 3－1 所示。一般可将计算机网络分为资源子网和通信子网两个部分。资源子网负责网络数据处理，由主计算机、终端及有关软件组成。通信子网负责网络通信，由节点交换机、集中器、网络连接器和通信线路等组成。

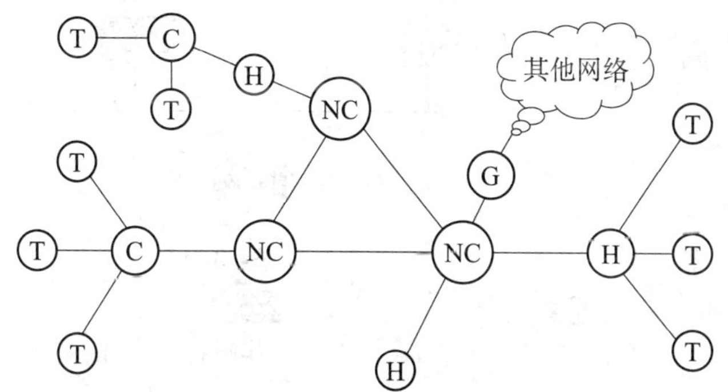

H——主计算机；T——终端；C——集中器；NC——节点交换机；G——网络连接器

图 3－1 计算机网络的一般结构

（二）计算机网络各组成部分的作用

（1）主计算机（Host）。主计算机（简称主机）负责数据处理和网络控制，其在网络中的角色可以是服务器或工作站。

（2）终端（Terminal）。终端是网络用户进行网络操作、实现人机对话的工具。

（3）节点交换机（Node Computer）。节点交换机负责网络中的信息传输控制。

（4）集中器（Concentrator）。集中器将多个终端集中起来，再通过远程通信线路与节点交换机或主机连接，以提高通信效率、降低费用。

（5）网络连接器（Gateway）。网络连接器用于连接其他网络，可实现不同网络信息格式、通信协议、寻址方式等的转换。

(6) 网络传输线路。可以采用有线通信线路（双绞线、同轴电缆、光导纤维电缆）或无线通信线路（无线电、微波、通信卫星等）进行网络传输。

(三) 局域网的基本组成

局域网的基本组成如图 3-2 所示。

(1) 网络服务器。

(2) 工作站。

(3) 网卡。

(4) 传输介质。包括双绞线（见图 3-3）、同轴电缆（见图 3-4）和光导纤维电缆（见图 3-5）。

(5) 网络操作系统软件。

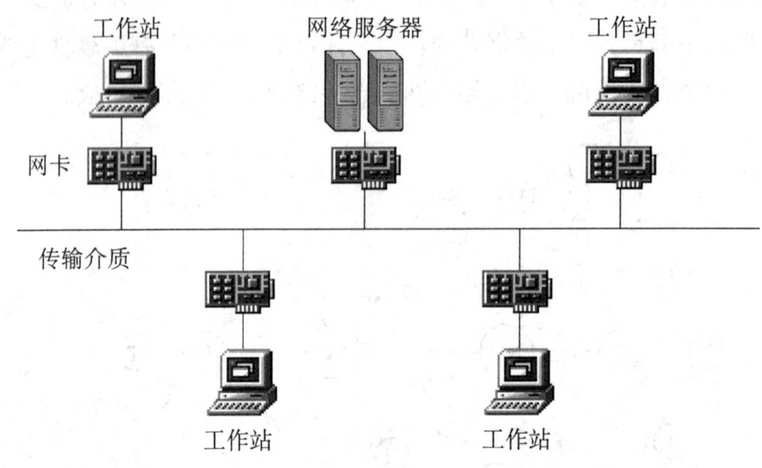

图 3-2　局域网的基本组成

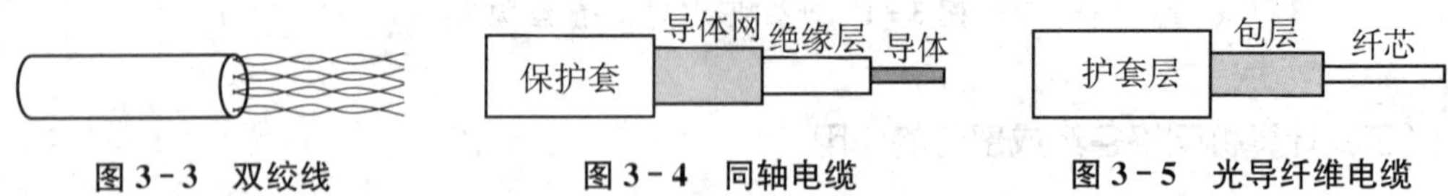

图 3-3　双绞线　　**图 3-4　同轴电缆**　　**图 3-5　光导纤维电缆**

三、计算机网络通信协议

(一) 计算机网络的分层体系结构

网络技术将复杂的问题划分为若干个彼此相关的功能层次模块来处理，每个层次模块负责处理相对简单的功能，并向下一层提出服务请求。另外，还完成上一层提出的服务请

求。这就是所谓的“分层体系结构”。

（二）国际标准化组织的 OSI 参考模型

国际标准化组织（ISO）在 1984 年公布的《开放系统互联（OSI）》国际标准已成为网络体系结构的标准。OSI 参考模型采用了如图 3－6 所示的七层体系结构。

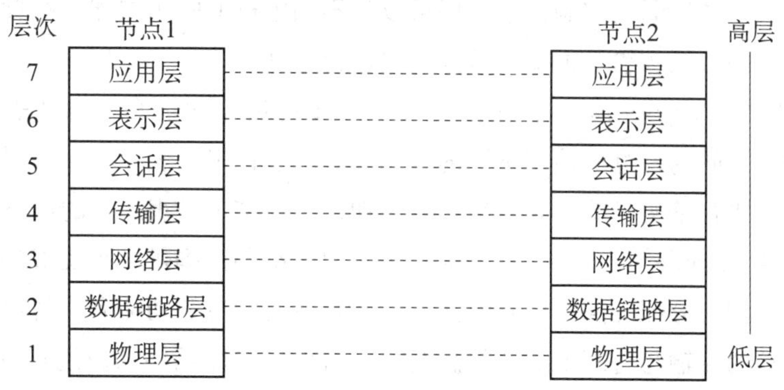

图 3－6　OSI 参考模型

OSI 参考模型由低层至高层分别称为物理层、数据链路层、网络层、传输层、会话层、表示层、应用层。各层的功能如下：

(1) 物理层（Physical Layer）。物理层定义硬件接口的电气特性、机械特性、应具备功能等，如多高的电压代表“1”和“0”，电缆如何与网卡连接、如何传输数据等。物理层负责提供并维护线路，检测处理争用冲突。这一层关注的问题大多是机械接口、电气接口、过程接口以及物理层以下的物理传输介质。它的任务就是为上层（数据链路层）提供一个物理连接。

(2) 数据链路层（Data Link Layer）。数据链路层负责在两个相邻节点之间的线路上无差错地传送以帧为单位的数据。帧为数据的逻辑单位，每一帧包括数据和一些必要的控制信息（包括同步信息、地址信息、差错控制，以及流量控制信息等）。数据链路层把上一层送来的数据按照一定的格式分割成数据帧，然后将帧按顺序送出，等待由接收端送回的应答帧。数据链路层主要解决数据帧的破坏、遗失和重复发送与接收等问题。这样，数据链路层就把一条可能出错的链路转变成一条让网络层看起来不会出差错的理想链路。

(3) 网络层（Network Layer）。数据的传送单位是分组或包，网络层的任务就是要选择合适的路由器，使发送站的传输层所传下来的分组能够正确无误地按照地址找到目的站，并交给目的站的传输层。网络层具有寻址功能。通过计算机网络通信的两台计算机之间可能要经过许多节点和链路，或者要经过若干个通信子网。网络层的任务就是保证分组在源节点与目的节点之间正确传送。为了完成这一任务，网络层最主要的工作是选择合适的路由器及处理好流量控制。

(4) 传输层（Transport Layer）。信息的传送单位是报文。传输层的任务是根据通信子网的特性最佳地利用网络资源，并以可靠的方式在两个端系统（即源站和目的站）的会话层之间建立一条传输连接，透明地传送报文。或者说，传输层向上一层（会话层）提供一种可靠的端到端的服务。

(5) 会话层（Session Layer）。会话层在两个互相通信的应用进程之间，建立、组织和协调其交互，进行高层通信控制。会话层可以让不同主机上的用户建立彼此间的“会话”。这一层虽不再参与数据传输，但要对数据传输进行管理。

(6) 表示层（Presentation Layer）。表示层主要解决用户信息的语法表示以及数据格式的转换问题。不同的计算机使用不同的编码来表示字符串，表示层所提供的服务是以一致的标准将数据进行编码。此外，对传送信息加密、解密也是表示层的任务之一。

(7) 应用层（Application Layer）。应用层主要是给用户提供一个良好的应用环境，不必担心网络资源如何分配等问题。它定义了某些软件所具备的功能和注意事项，如远程登录的方式、文件的传输与管理方法、信息交换的协议等。应用层为应用实体提供访问 OSI 环境的手段。在七层协议中，应用层包含的协议是最多的，且大有增长之势。如文件传送协议（FTP）、电子邮件协议等，均属于应用层协议。

第二节　Internet 技术

一、Internet 基础知识

(一) TCP/IP 协议标准

TCP/IP（Transmission Control Protocol/Internet Protocol）协议即传输控制协议/网际协议，它是 1969 年由美国国防部高级研究所计划署（ARPA）开发的，最初是在分布于全美各地的主机之间建立高速通信连接，实现资源共享，后来成为 Internet 的通信协议。它是最常用的一种协议，同时是最复杂、最庞大的一种协议。它是世界标准的协议组，是为跨越局域网和广域网环境的大规模互联网络而设计的。TCP/IP 完全撇开了网络的物理特性，把任何一个能传输数据分组的通信系统都视为网络，这些网络可以是 WAN，也可以是 LAN，甚至可以是点到点的连接。这种网络的对等性（Peer to Peer）大大简化了网络互联技术的实现。TCP/IP 实际上是由许多协议组成的协议簇，但是其核心是 IP 协议。IP 协议提供主机之间的数据传送功能，其他协议提供 IP 协议的辅助功能。TCP 协议提供高可靠性的数据传送服务，主要用于一次传送大量报文。利用 TCP/IP 可以方便地实现不同硬件结构、不同软件系统的计算机之间相互通信，如 NetWare、UNIX、Windows

NT，大型主机、小型机和微机等。TCP/IP 协议最早用于 UNIX 系统中，现在是 Internet 的基础协议。

TCP/IP 通信协议具有灵活性，支持任何规模的网络，几乎可连接所有的服务器和工作站。其灵活性也造成了复杂性，需要对不同网络进行不同设置，且每个节点至少需要一个 IP 地址、一个子网掩码、一个默认网关和一个主机名。但是在局域网中，微软为了简化 TCP/IP 协议的设置，在 Windows NT 中配置了一个动态主机配置协议（DHCP），可在客户端自动分配一个 IP 地址，以避免出错。

目前 Internet 上使用的 TCP/IP 协议已成为事实上的国际标准，与标准化 OSI 模型不同，TCP/IP 不是作为标准制定的，而是产生于网间网研究和应用实践中的。TCP/IP 模型由四个层次组成：

1. 应用层

应用层向用户提供一组常用的应用程序，如文件传输访问、电子邮件等。严格来说，TCP/IP 网间网协议只包含下三层（不含硬件），应用程序不能算 TCP/IP 的一部分。但就上面提到的常用应用程序，TCP/IP 制定了相应的协议标准，因此，也把它们作为 TCP/IP 的内容。

2. 传输层

传输层提供程序间（即端到端）的通信。其功能包括：1）格式化信息流；2）提供可靠传输。为实现可靠传输，传输层协议规定接收端必须发回确认，并且假如分组丢失，必须重新发送。

传输层还有两个传输协议：

（1）传输控制协议（TCP）为应用程序提供可靠的通信连接，适用于一次传输大批数据的情况，并适用于要求得到响应的应用程序。

（2）用户数据报协议（UDP）提供了无连接通信，且不对传送数据进行可靠保证，适用于一次传输少量数据，可靠性则由应用层来负责。

3. 网间网层

网间网层负责相邻计算机之间的通信。其功能包括：

（1）处理来自传输层的分组发送请求，收到请求后，将分组装入 IP 数据报，填充报头选择去往信宿机的路径，然后将数据报发往适当的网络接口。

（2）处理输入数据报：首先检查其合法性，然后进行寻址。假如该数据报已到达信宿地（本机），则转发该数据报。

（3）处理报文路径、流量、拥塞等问题。互联协议将数据包封装成 Internet 数据报，并运行必要的路由算法。这里有四个互联协议：1）网际协议（IP），负责在主机和网络之间寻址和路由数据包；2）地址解析协议（ARP），获得同一物理网络中的硬件主机地址；

3）网际控制消息协议（ICMP），发送消息，并报告有关数据包的传送错误；4）互联组管理协议（IGMP），被IP主机拿来向本地多路广播路由器报告主机组成员。

4. 网络接口层

网络接口层负责接收数据报并通过网络发送，或者从网络上接收物理帧。帧是独立的网络信息传输单元。网络接口层将帧放在网上，或从网上把帧取下来，抽出IP数据报，交给IP层。

（二）IP地址和域名

1. IP地址

IP地址是一种标识符，用于标识系统中的某个对象的位置。在Internet中，每一台主机必须有一个IP地址，而这个IP地址在整个网络中必须是唯一的。

每个IP地址由网络地址（NetID）和主机地址（HostID）两部分组成。网络地址的长度决定了整个网间能包含多少个网络，主机地址的长度决定了每个网络能容纳多少台主机。

每个IP地址由32个二进制位构成，分4组，每组8个二进制位。实际表示中，每组以十进制数字0～255表示，每个组间以“.”隔开，称为点分十进制编址，例如：

202.44.102.13

102.33.2.3

19.29.50.1

常用的IP地址有A类、B类和C类，所以有的资料上称IP地址有类。它们的二进制位分布如图3-7所示。从图3-7中可以看出，A、B、C三类地址的区别之处在第一组二进制位。

0	NetID	HostID

1	0	NetID	HostID

1	1	0	NetID	HostID

图3-7 IP地址的二进制位分布

A类地址第一组数字的首位一定为0。IP地址规定第一组数字不能为0，第一组数字中不能使用127（十进制）。故A类地址的范围是1～126（00000001～01111110），所以全世界范围内只有126个A类网络。在A类网络中，每个网络能容纳16 777 214台主机。B类地址的范围是128～191（10000000～10111111），即第一组数字的第一位一定为1，第二位一定为0。每个B类网络所能容纳的主机数量为65 534台。C类地址第一组数字的第一位一定为 1，第二位一定为 1，第三位一定为 0，所以 C 类地址的范围是 192～223（11000000～11011111），每个 C 类网络所能容纳的主机数为 254 台。使用点分十进制编址很容易识别 IP 地址属于哪一类，方法是查看第一组数字。例如：193.141.15.163 是一个 C 类地址，184.12.15.6 是一个 B 类地址，23.34.23.1 是一个 A 类地址。

2. 域名

在 Internet 上，所有主机都有一个“名字—地址”及“地址—名字”的映射，完成这一映射的系统称为域名系统（Domain Name System，DNS）。

完成“名字—地址”映射的过程称为正向解析，完成“地址—名字”映射的过程称为反向解析。

域名系统对名字结构做了定义：名字从左到右结构，表示的范围从小到大。这与 IP 地址表示的顺序正好相反。

一个域名由若干部分组成，各部分用“.”分隔，最后一部分是一级域名，也称顶级域名。例如：在 www.sbs.edu.cn 中，www 表示服务器，sbs 表示上海商学院，edu 表示教育机构，cn 表示中国。

二、Internet 的主要服务

（一）远程登录

Telnet 协议是 TCP/IP 协议的一部分，它定义了远程登录客户机与远程登录服务器之间的交互过程。Telnet 是一个独立的程序，文件名为 Telnet.exe，可以在本地运行 Telnet 访问远程计算机。在远程计算机上登录执行命令，如同在本地登录执行命令一样，感觉不到与远程计算机间隔了很远的距离。

远程登录有两种形式：第一种形式是远程主机有自己的账号，可以用自己的账号和口令访问远程主机；第二种形式是匿名登录，一般 Internet 上的主机都为公众提供一个公共账号，不设口令，大多数计算机仅需输入 guest 即可登录远程计算机，但这种形式在使用权限上受到一定的限制。

（二）文件传输

文件传输协议（File Transfer Protocol，FTP）是 Internet 上最广泛的应用之一，是专门为简化网络计算机之间的文件存取而设计的。借助 FTP，可以在远程计算机的目录之间移动，查看目录中的内容，从远程计算机上取回文件，也可以将文件放到远程计算机上。这一点与 Telnet 不同，Telnet 只能取回文件，一般不具备上传文件的功能。FTP 非常适用于传输大量文件的情况，如地质、天文、气象文件等。

FTP 服务器是一个很大的免费软件仓库。FTP 的使用与 Telnet 一样，有两种方式：第一种是在远程主机上有账号和口令，在这种情况下享受的待遇是比较丰厚的；另一种情况是匿名登录，利用公共账号 guest 登录。

（三）WWW

WWW（World Wide Web）简称 3W，中文译名为万维网、环球信息网等。WWW 由欧洲核物理研究中心（ERN）研制，其目的是让全球范围内的科学家方便地利用 Internet 进行通信、信息交流和信息查询服务。WWW 提供页面友好的信息查询接口，用户只需提出查询要求，至于到什么地方查询、如何查询，则由 WWW 自动完成。因此，WWW 为用户带来的是世界范围内的超文本服务。用户只要操纵鼠标，就可以通过 Internet 从全世界任何地方调来所需的文本、图像、声音等信息。WWW 使得非常复杂的 Internet 使用起来异常简单，一个不熟悉网络的用户也可以很快成为应用 Internet 的行家。

（四）电子邮件

电子邮件（E-mail）是 Internet 上最频繁的应用之一，采用简单邮件传输协议（Simple Mail Transfer Protocol，SMTP）。电子邮件具有价格低、速度快、可传送多媒体信息等特点。

一个完整的电子邮件地址由用户账号和电子邮件域名两部分组成，中间使用“@”把两部分相连，如 yuebo9000@126. com。用来收发电子邮件的软件工具很多，在功能、页面等方面各有特点。

（五）新闻组和 BBS

新闻组是一种非常丰富的网上资源，虽然不像网页那样图、文、声、像并茂，但它是一个全交互式超级电子论坛，是网络用户可以参与的系统，集中了各个领域的大批专家，受到很多人的欢迎。BBS 即电子公告牌，是一种极受欢迎的个人和团体远程通信工具。

第三节　电子商务网站开发技术

一、关于 Web 的几个基本概念

（一）超级链接和超文本

超级链接（Hyperlink）是文件中一些特殊的文字和图形，用鼠标单击这些文字和图形时，会从一个文本跳到到另一个文本。

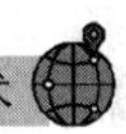

含有超级链接的文本称为超文本（Hypertext）。超文本形式上仍然是 ASCII 文件，可以用一般的文字处理软件进行编辑、处理。

（二）HTML 与网页

HTML 是用于编写超文本文件的语言。用 HTML 编写的超文本文件称为 HTML 文件，以 .htm 或 .html 为文件扩展名。

网页（Web）是在 WWW 服务器上发布的 HTML 文件，网站的首页称为主页（Home Page）。

（三）URL 地址

URL（统一资源定位器）地址的格式为：

协议://服务器主机名.域名/目录名/…/html 文件名

（四）HTML 语言

1. HTML 文件的基本结构

HTML 文件的基本结构如下：

〈html〉

〈head〉

〈title〉 HTML 文件标题 〈/title〉

〈/head〉

〈body〉 HTML 文件内容 〈/body〉

〈/html〉

HTML 文件以〈html〉开头，以〈/html〉结束，主要包括两个部分，即头部和主体。

2. 常用的 HTML 标记

段落标记〈p〉和〈/p〉；字体变换标记〈font〉和〈/font〉；超级链接标记〈a href〉和〈/a〉；插入图片标记〈img〉和〈/img〉。

（五）Java 和 Java Applet

Java 应用于网页中的程序称为 Java Applet，嵌入 HTML 中的 Applet 在 Web 服务器端被编译成字节代码，通过网络传送到客户端；在客户端，浏览器除了要支持 HTML 外，还要附加一个 Java 字节码的解释器，以解释执行包含 Java 字节码的 HTML 文件。

JavaScript 是一种解释性编程语言，可由浏览器直接解释执行；JavaScript 还是一种脚本语言，用 JavaScript 编写网页程序，不需要有很深的编程经验。

VBScript也是一种脚本语言，不过，VBScript只能用于微软的IE浏览器和IIS服务器端，其他服务器和浏览器不一定支持VBScript。

（六）CSS

CSS（Cascading Style Sheets，层叠样式表）跟HTML一样，也是一种标记语言，甚至很多属性都是来源于HTML。利用CSS技术，可以有效地对页面的布局、字体、颜色、背景和其他效果实现更加精确的控制。

将样式表加入HTML文件中的方法有很多，最简单的方法是使用HTML的STYLE标记，将样式表放置于文件的Head部分。

（七）HTML5

HTML5是HTML标记语言的第五次重大修改版。2014年10月29日，万维网联盟宣布，经过近8年的艰辛努力，HTML5标准规范终于制定完成了，并已公开发布。HTML5的设计目的是在移动设备上支持多媒体。新的语法特征被引进以支持这一点，如video、audio和canvas标记。HTML5还引进了新的功能，可以真正改变用户与文档的交互方式。HTML5是开放Web标准的基石，是一个完整的编程环境，适用于跨平台应用程序、视频和动画、游戏和其他数字内容发布工具等。支持HTML5的浏览器包括国外的Firefox（火狐浏览器）、IE9及其更高版本、Chrome（谷歌浏览器）、Safari、Opera等，国内的傲游浏览器（Maxthon）、360浏览器、搜狗浏览器、QQ浏览器、猎豹浏览器等。

二、企业电子商务网站技术

（一）企业电子商务网站的体系结构

企业电子商务网站是企业开展电子商务的基础设施和信息平台，是实施企业或商家与服务对象之间的交互页面，是电子商务系统运转的承担者和表现者。其体系结构如图3-8所示。

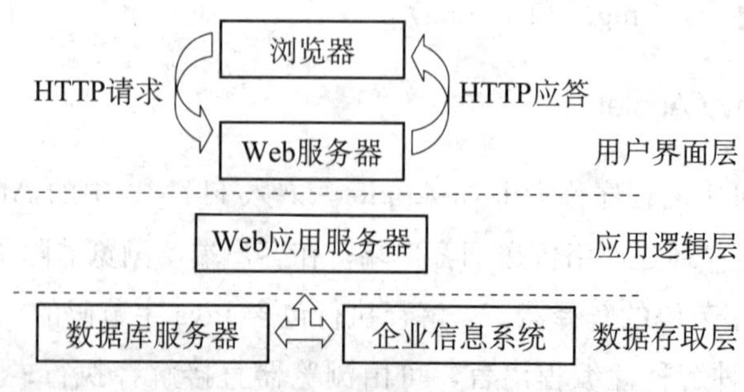

图3-8　企业电子商务网站的体系结构

（二）客户端与服务器端技术

客户端技术包括以下技术语言与标准：HTML 技术、JavaScript 技术、CSS 技术、XML 技术、WAP 与 WML 技术。服务器端技术包括以下技术语言与标准：ASP 技术、PHP 技术、JSP 技术、CFM 技术。

（三）动态网页技术

1. ASP

ASP（Active Server Pages）是微软开发的一套服务器端脚本环境，通过 ASP 可以结合 HTML 网页、ASP 指令和 ActiveX 元件，建立动态、交互且高效的 Web 服务器应用程序。有了 ASP 就不必担心客户的浏览器能否运行所编写的代码，因为所有的程序都将在服务器端执行，包括所有嵌入普通 HTML 中的脚本程序。当程序执行完毕后，服务器仅将执行的结果返回给客户浏览器，这样也就减轻了客户端浏览器的负担，大大提高了交互的速度。

2. PHP

PHP（Hypertext Preprocessor，超文本预处理器）是一种被广泛应用的开放源代码的多用途脚本语言，它可嵌入 HTML 中，尤其适合 Web 开发。PHP 具有如下特点：易学易用、运行速度快、跨多个平台、完全免费以及拥有强大的数据库支持功能、先进的扩展功能等。

三、Web 与数据库连接技术

（一）数据库知识

（1）数据：对事物、事件、活动、交易等的基本描述，可被记录、分类和存储。形式上可以是数字、文字、图形、声音和图像。

（2）信息：对接受者有意义和价值的数据，通过解释可以从中获得结果和提示。数据是信息的载体，信息是数据的语义解释，知识需表达成数据进行处理和传播。

（3）数据管理：数据的收集、整理、组织、存储、维护、检索和传送等操作。

（4）数据库（DB）：统一管理的相关数据。

（5）数据库管理系统（DBMS）：管理和控制数据库访问的软件系统。提供数据库的建立、查询、更新和各种数据控制，可分为层次型、网状型、关系型、面向对象型。

（二）SQL Server

SQL Server 是微软公司开发的一个关系数据库管理系统，以 Transact-SQL 作为它的

数据库查询和编程语言。Transact-SQL是结构化查询语言SQL的一种，支持ANSI SQL-92标准。

（三）数据库与Web集成的方法

一般的数据库应用包括四部分内容：数据库、事务逻辑、应用逻辑、用户页面。

1. 客户端/服务器(C/S)结构

在基于网络的数据处理中，客户端/服务器（Client/Server，C/S）二层计算模式具有里程碑的意义，其基本结构如图3-9所示。客户端提供用户界面、运行逻辑处理应用，数据库服务器接受客户端SQL语句并对数据库进行查询，然后返回查询结果。用一个形象的比喻来描述就是：服务器端像一个仓库，主要功能是存储原材料和成品，但并不进行加工，而客户端就像最后的加工车间，完成从原料到成品的整个制造过程，然后将成品存储到仓库。由于业务的处理逻辑主要在客户端执行，因此这种结构也称胖客户端（Fat Client）结构，其优点是：结构简单，开发和运行的环境简单。

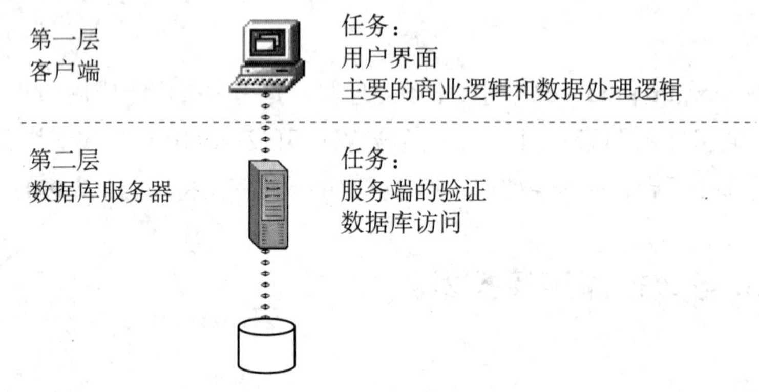

图3-9　客户端/服务器的两层结构

2. 浏览器/服务器(B/S)结构

因为在系统拓展性、维护成本、数据安全性和应用间通信功能障碍等方面存在原生性问题，传统的二层数据处理结构在应用中已是捉襟见肘、力不从心。在这样的背景下，三层数据计算结构应运而生。目前普遍采用的是以浏览器作为瘦客户端（Thin Client）的三层结构，如图3-10所示。

三层结构在传统的二层结构的基础上增加了应用服务器，将应用逻辑单独进行处理，从而使得用户页面与应用逻辑位于不同的平台上，两者之间的通信协议由系统自行定义。通过这样的结构设计，应用逻辑被所有用户共享，这是两层结构应用软件与三层结构应用软件之间最大的区别。

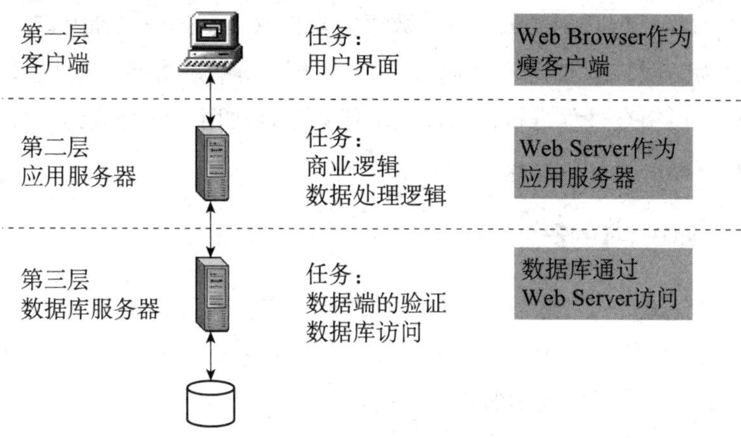

图 3-10 浏览器/服务器的三层结构

如图 3-11 所示，Web Server 对数据库的访问是通过 CGI 程序或脚本语言来实现的，CGI 定义了 CGI 程序与 Web Server 传递信息的方式，即将 Web 和 DBMS 连接的问题转换成 CGI 脚本程序与 DBMS 相连的问题。

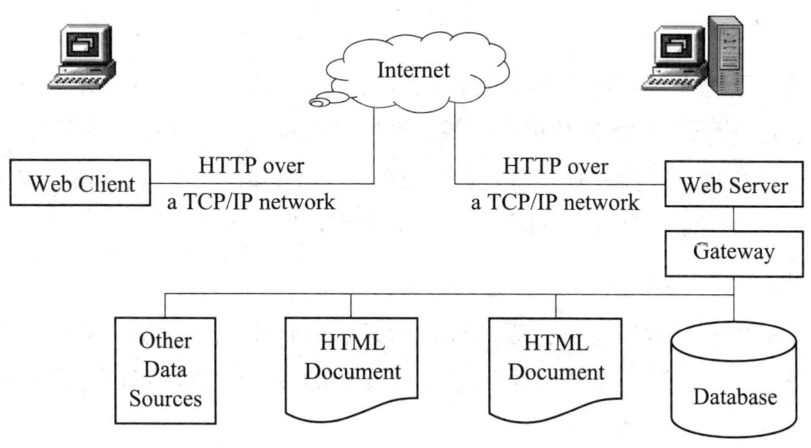

图 3-11 通过 CGI 实现 Web 和 DBMS 的集成

第四节 电子商务安全技术

一、电子商务系统安全概述

(一) 信息安全技术概述

信息安全技术主要保护数据免受未授权的泄露、篡改和损坏，主要包含数据保密性

(Secrecy)、数据真实性（Authenticity)、数据完整性（Integrity）等内容。确保信息安全的技术措施可分为访问控制技术和密码技术两大类。其中，访问控制技术是对访问的申请、批准、执行、撤销全过程进行控制，以确保只有合法用户的合法访问才给予批准，而且被批准的用户也只能进行已授权的活动。

（二）电子商务中存在的安全威胁

(1) 非法入侵者的侵入，造成商务信息被篡改、盗窃或丢失。

(2) 商业机密在传输过程中被第三方获悉，甚至被恶意窃取、篡改或破坏。

(3) 虚假身份的交易对象及虚假订单、合同。

(4) 贸易对象的抵赖。

(5) 由于计算机系统故障对交易过程和商业信息安全所造成的破坏。

（三）电子商务系统安全所涉及的因素

电子商务系统安全包括实体安全、运行安全、信息安全和人员安全四个方面的内容。

1. 实体安全

在电子商务系统中，计算机及相关设备、设施（含网络）统称为电子商务系统的“实体”。实体安全是指保护计算机及相关设备、设施（含网络）和其他媒体免遭地震、水灾、火灾、有害气体和其他环境事故（如电磁污染等）破坏的措施、过程。实体安全包括环境安全、设备安全和媒体安全三个方面。

2. 运行安全

电子商务系统的运行安全包括系统风险管理、审计跟踪、备份与恢复、应急四个方面。电子商务系统的运行安全是电子商务系统安全的重要环节，其目标是保证系统能连续、正常地运行。

3. 信息安全

电子商务系统的信息安全是指防止信息财产被故意或偶然非法授权、泄露、更改、破坏或被非法系统辨识、控制，即确保信息的保密性、完整性、可用性、可控性。针对电子商务系统中信息的存在形式和运行特点，信息安全可以包括操作系统安全、数据库安全、网络安全、病毒防护、访问控制、加密和鉴别七个方面。

4. 人员安全

人员安全主要是指计算机内部使用人员的安全意识、法律意识、安全技能等。现阶段推动电子商务面临的最大问题是如何保障电子商务过程中的安全性。交易的安全是网上贸易的基础和保障，也是电子商务技术的难点。近年来，国际上已采取了一系列措施来解决网上交易的安全性问题。

（四）电子商务的安全性需求

1. 信息保密性

交易中的商务信息有保密的要求。例如：信用卡的账号和用户名被人知悉就可能被盗用，订货和付款的信息被竞争对手获悉就可能失去商机。因此，在电子商务的信息传播中一般都有加密的要求。

2. 身份确定性

网上交易的双方很可能素昧平生，相隔千里。要使交易成功，先要确认对方的身份，对商家而言，要判断客户是不是骗子，而客户也会担心网上商店会不会是一个弄虚作假的黑店。因此，能方便而可靠地确认对方的身份是交易的前提。

3. 不可否认性

由于商情的千变万化，交易一旦达成是不能被否认的，否则必然会损害一方的利益。

4. 不可修改性

交易的文件是不可被修改的，如果其能改动文件内容，那么交易本身便是不可靠的，客户或商家可能会因此而蒙受损失。电子交易文件要做到不可修改，以保障交易的严肃性和公正性。

保证网络安全的四大要素，即信息传输的保密性、数据交换的完整性、发送信息的不可否认性、交易者身份的确定性，主要靠数字证书来实现。

要确保电子商务的安全，使电子交易安全、稳妥，必须综合采取各种措施，除法律、行政、教育及管理等措施外，最重要的是要采用技术保护措施。

二、防火墙技术

（一）防火墙的概念

防火墙（Firewall）是一种获取安全性方法的形象说法。它是一种计算机硬件和软件的结合，使互联网（Internet）与内部网（Intranet）之间建立起一个安全网关（Security Gateway），从而保护内部网免受非法用户的侵入，如图 3-12 所示。

防火墙是在内部网和外部网之间构造的一道屏障，用以保护内部网的数据、资源等不受侵害。从本质上来说，防火墙是一种保护装置，一方面最大限度地让内部用户方便地访问外部网；另一方面尽可能地防止外部网对内部网的非法入侵，达到保护系统安全的目的。防火墙通常是运行于一台单独计算机之上的特别服务软件，从组成上来说，防火墙由硬件和软件两部分组成。

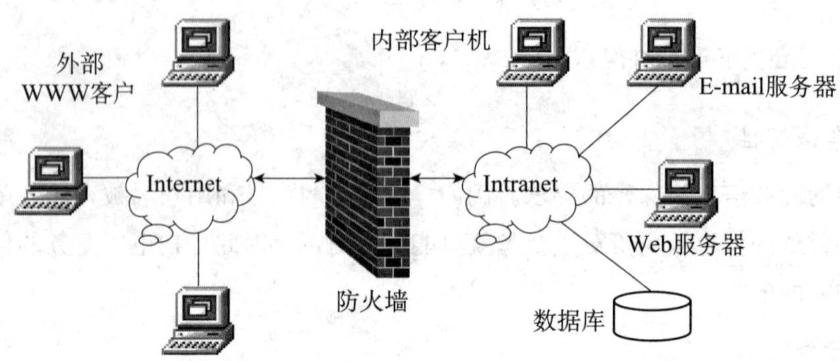

图 3-12　防火墙

(二) 防火墙的主要功能

(1) 保护内部网安全。

(2) 对可疑操作进行审查跟踪。

(3) 防止内部网信息泄露。

(三) 防火墙的局限性

(1) 无法防范内部用户的攻击。

(2) 无法防范不通过它的连接。

(3) 限制了有用的网络访问。

(4) 很难防范病毒。

(5) 不能防备新的网络安全问题。

(6) 不能防止数据驱动式攻击。

(四) 防火墙的类型

根据使用的技术、原理，防火墙可以分为很多种类型，主要分为两类：一类基于包过滤（Packet Filter），如包过滤路由器和应用层网关；另一类基于代理服务（Proxy Service），如应用层代理服务器。两者的区别在于：基于包过滤的防火墙通常直接转发报文，对用户完全透明，速度较快；基于代理服务的防火墙则是通过代理服务器来建立连接，可以有更强的身份认证（Authentication）和日志（Log）功能。

三、数据加密技术

(一) 密码技术

密码技术的基本思想是伪装信息和隐藏信息的真实内容，以使未授权者不能理解信息

的真正含义，起到保密的作用，也就是对信息进行一组可逆的数学变换。

3-1　密码技术

（1）伪装前的信息称为明文（Plaintext）。

（2）伪装后的信息称为密文（Ciphertext）。

（3）将信息伪装的过程称为加密（Encryption）。

（4）加密在加密密钥（Key）的控制下进行。

用于对数据加密的一组数学变换称为加密算法（Encryption Algorithm）。发信者将明文数据加密成密文，然后将密文传递。被授权的接收者收到密文后，进行与加密变换相逆的逆变换，即加密的逆过程，将密文再还原为明文，这一过程称为解密（Decryption）。解密是在解密密钥（Key）的控制下进行的，用于解密的这组数学变换称为解密算法（Decryption Algorithm），如图3-13所示。

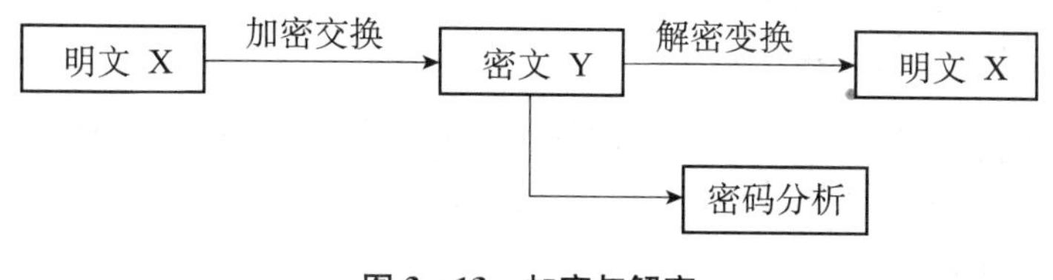

图3-13　加密与解密

（二）常见的数据加密方法

（1）替换（Substitution）加密算法。它是一种比较传统的加密算法，加密时每一个字母都被替换成另一个字母，例如：

明文：a b c d e f g h i j k l m n o p q r s t u v w x y z

密文：q w e r t y u i o p a s d f g h j k l z x c v b n m

这样，attack就被加密成qzzqea。

上述例子中，密钥长度是26。如果单就密钥而言，加密强度是比较强的，因为密钥共有26!个组合。但是这种方法实际上是十分容易破译的（只要密文长度适当），破译方法采用自然语言的统计特性，在英语中每一个字母有一定的出现频率，破译时只要对密文的每一个字母进行频率统计，对照自然语言的字母频率，就可以十分方便地进行破译。

（2）变换（Transposition）加密算法。它是一种传统的加密算法，在这种算法中，字母并没有被替换成另一个字母，而是把字母出现的位置进行变换。

下例中，密钥是megabuck，对“pleasetransferonemilliondollarstomyswissbankaccountsixtwotwo”进行加密，加密过程如下（一行不满时用abcde等填写）：

megabuck74512836pleasetransferonemilliondollarstomyswissbankaccountsixtwotwoabcd

加密时按列书写，次序按字母顺序。上述明文加密后的密文为：

afllsksoselawaiatoossctclnmomantesilyntwrnntsowdpaedobuoeriricxb

变换加密算法的破译也不难，有兴趣的同学可以自己查找资料研究一下。

(3) 古老的加密算法。这种加密就是将明文字母向后移位形成密文。例如：当密钥为3时，明密文对应关系如图3-14所示。

A	B	C	D	E	F	G	H	I	J	K	L	M	N	O	P	Q	R	S	T	U	V	W	X	Y	Z
D	E	F	G	H	I	J	K	L	M	N	O	P	Q	R	S	T	U	V	W	X	Y	Z	A	B	C

图3-14　明文与密文对应关系

例如：

明文：I　L　O　V　E　Y　O　U

密文：L　O　R　Y　H　B　R　X

加密算法是将明文字母后移3位，解密就是将密文字母前移3位，3就是加、解密的密钥，由它控制加、解密的进行。

（三）密码体制

1. 密码体制的构成

密码体制（Crytosystem）也称密码系统，是指一个加密系统所采用的基本工作方式。密码体制由五个部分组成：

(1) 明文空间。它是全体明文的集合。

(2) 密文空间。它是全体密文的集合。

(3) 密钥空间。它是全体密钥的集合。

(4) 加密算法。用到的加密变换。

(5) 解密算法。用到的解密变换。

2. 密码体制的分类

根据密钥可以将密码体制分为单密钥密码体制（One-key System，也称对称密码体制或传统密码体制）和双密钥密码体制（Two-key System，也称非对称密码体制或公开密钥密码体制）。

(1) 单密钥密码体制。单密钥密码体制的加密密钥和解密密钥相同，或者虽然不相同，但是由其中一个可以很容易地推导出另一个。对数据进行加密的单密钥系统如图3-15所示。在这种体制中，由于信息拥有者和被授权者（接收者）拥有的是相同或可互推的密钥，因此必须基于共同保守秘密来实现系统的保密。若一方泄露了密钥就必须停止该密钥的使用。典型的对称加密算法有数据加密标准（Data Encryption Standard，DES）和国际数据加密算法（International Data Encryption Algorithm，IDEA）。

单密钥密码体制具有加、解密速度快和安全强度高等优点。对称加密算法存在的弊端

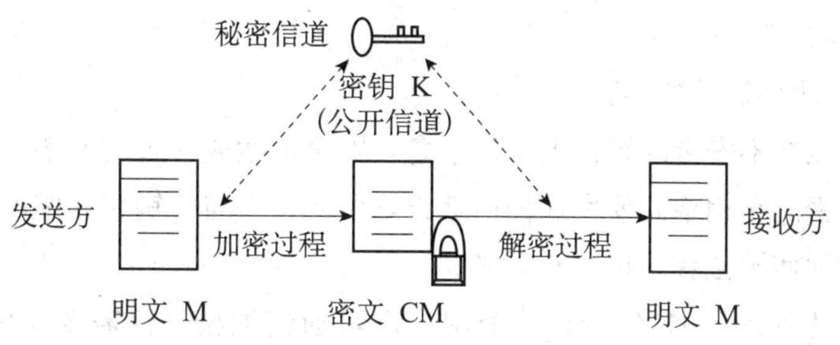

图 3-15　单密钥系统

主要有：

1）要求提供一条安全的秘密渠道使交易双方在首次通信时协商一个共同的密钥，这样一来，秘密渠道的安全性就是相对的。

2）对称加密系统最大的问题是密钥的分发和管理非常复杂，代价高昂。

3）对称密钥的管理和分发对安全可靠性的要求很高，潜在的隐患也很大。

4）对称加密算法无法实现数字签名。

（2）双密钥密码体制。双密钥密码体制是在试图解决对称加密面临的两个最突出的问题时诞生的，即密钥分配和数字签名。双密钥密码体制中，用户掌握两个不同的密钥：一个是可以公开的，作为加密密钥（常称公钥）；另一个是秘密的，作为解密密钥（常称私钥）。公开的密钥可以作为公用信息发布出来，供任何希望与该用户通信的实体取得。因此，这种密码体制又称公开密钥密码体制（简称公钥密码体制）。

在双密钥密码体制中，用户 A 若想和用户 B 进行保密通信，就可以将其要保密的信息用用户 B 的公开密钥对信息进行加密，再将加密好的信息传递给 B，用户 B 用自己的解密密钥将信息解密，得到明文，如图 3-16 所示。

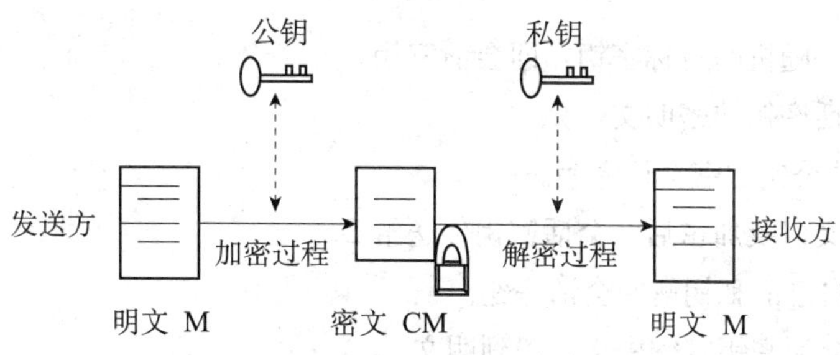

图 3-16　双密钥系统

1）典型的双密钥密码体制算法。

● RSA 公钥密码算法。RSA 体制被认为是当前理论上最为成熟的一种公钥密码体制，是目前应用最为广泛的公钥系统。

● ECC 加密密钥算法。ECC 主要基于离散对数的计算困难性。

● PGP 公钥加密算法。PGP 是 Internet 上应用最为广泛的一种基于 RSA 公钥加密体制的混合加密算法。

2）双密钥密码体制的特点。

通信双方可以在不安全的媒体上交换信息，安全地达成一致的密钥，不需要共享通用的密钥，用于解密的私钥不需要发往任何地方，由于没有与公钥相匹配的私钥，公钥在传递与发布过程中即使被截获，也没有意义。

简化了密钥的管理，网络中有 N 个用户进行通信加密，仅需要使用 N 对密钥就可以了。

公钥加密的缺点在于加密算法复杂，加密和解密的速度比较慢。

（四）数字信封原理

数字信封原理如图 3－17 所示。

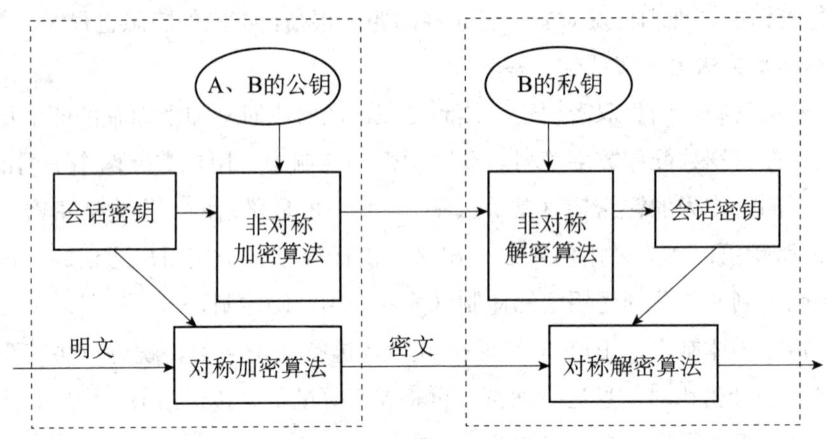

图 3－17　数字信封原理

（1）A 生成一随机的对称密钥，即会话密钥。

（2）A 用会话密钥加密明文。

（3）A、B 的公钥加密会话密钥。

（4）A 将密文以及加密后的会话密钥传送给 B。

（5）B 使用自己的私钥解密会话密钥。

（6）B 使用会话密钥解密密文，得到明文。

（五）DES 算法

DES（Data Encryption Standard）是美国国家标准局（NBS）于 1977 年颁布的数据加密标准算法，是一种分组密码技术，是对称密码体制的优秀算法。

分组密码属于对称密码体制，即其加密密钥和解密密钥相同或可以互推。分组密码技术的工作方法是将要加密的明文分为固定长度的组，如 64 位为一组，然后按照同一密钥和算法对每一个明文组进行加密得到密文组，密文组组合成为密文。解密时将密文组和密钥通过解密算法，还原成明文组，组合得到明文。分组密码原理如图 3-18 所示。

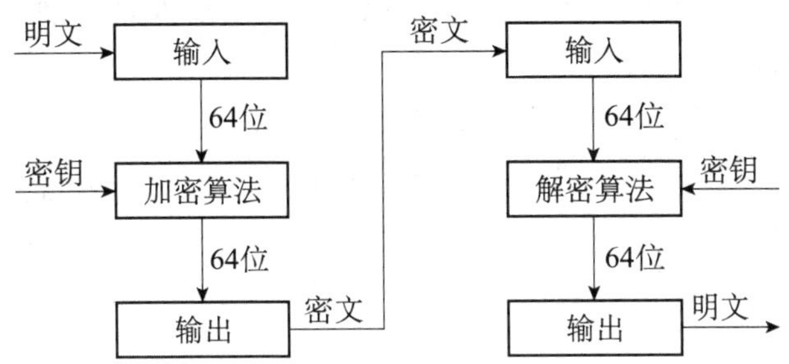

图 3-18 分组密码原理

分组密码中最著名的两个分组密码算法是 DES 数据加密标准和 IDEA 国际数据加密算法。

（六）RSA 算法

1976 年，美国斯坦福大学的两位研究人员提出了一种全新密码体制。这个体制中，加密密钥和解密密钥不同，而且解密密钥不能从加密密钥获得。假设明文为 P，加密法为 E（包括密钥），解密法为 D（包括密钥），要求满足以下三个条件：

(1) D［E (P)］=P。

(2) 从 E 推导 D 是极困难的。

(3) E 不能通过部分明文来破解。

在这三个条件下，没有理由便不能公开加密密钥。

最著名的算法是 1978 年由麻省理工学院的一个研究小组发明的，该算法以这个研究小组成员名字（Rivest、Shamir、Adleman）的首字母命名，称为 RSA 算法，其基础是数论的一些原则。RSA 密码基于数论中的大数因子分解这个数学难题的算法，应用的基本原理是：两个大的素数（质数）相乘之后得到一个大数，在不知两个素数的情况下分解这个大数非常困难，至今也没有有效的算法可以解决。

密钥对的生成可以通过先生成私钥（素数），再由其得到公钥（大数）的方法。这样，在知道公钥的情况下，由于大数分解是数学难题，因此无法算出私钥，保证了私钥的保密性，也就保证了用公钥加密的信息的保密性。RSA 的安全性基于大数因了分解，也就是说，虽然公开了加密密钥（公钥），但要想由它求得解密密钥（私钥），必须对大数进行因子分解，只要大数足够大，那么分解是非常困难的，而且大数越大，被破译的可能性就越低，这样就保证了信息的保密性。大数长度应大于 512 位，商用的一般为 1 024 位。一般 RSA 只用于少量数据的加密。在实际应用中，通常不采用 RSA 算法对信息量大的信息（如大的 EDI 交易）进行加密，对于加密量大的应用，公开密钥加密算法通常用于对称加

密方法密钥的加密，然后由对称密钥对数据加密（数字信封原理）。

（1）RSA 算法的实现原理。节点 B 随机生成密钥 e 作为公钥，再由 e 计算出另一密钥 d 作为私钥。对于巨大的质数 p 和 q，计算乘积 n＝p×q 虽非常简便，但逆运算则是难之又难，如图 3-19 所示。

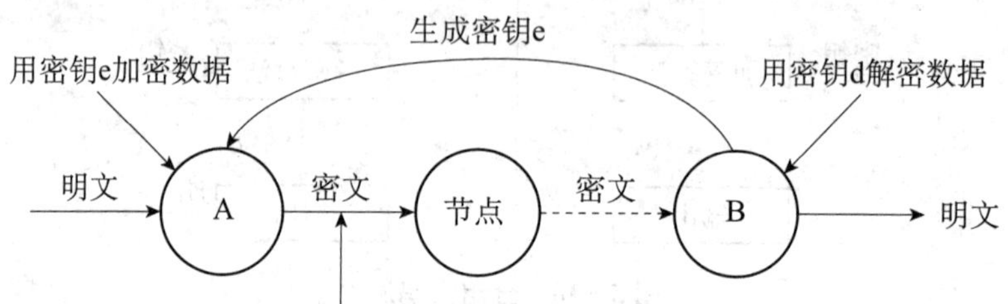

图 3-19　RSA 的实现原理

（2）RSA 密钥的生成体制。

生成两个大素数 p 和 q，计算 n＝p×q。

计算 z＝(p－1)×(q－1)，并找出一个与 z 互质的数 e。

利用欧拉函数计算出 e 的逆，使其满足：e×d mod（p－1）（q－1）＝1，mod 为模运算；de＝1 mod z。

公钥为：PK＝（n，e），用于加密，可以公开。

私钥为：SK＝（n，d），用于解密，必须保密。

加密：设 m 为要传送的明文，利用公钥（n，e）加密，c 为加密后的密文，则加密公式为：$c = m^e \bmod n\ (0 \leqslant c < n)$。

解密：利用私钥（n，d）解密，则解密公式为：$m = c^d \bmod n\ (0 \leqslant m < n)$。

（3）举例。

例 1：

选取 p＝11，q＝13，则 n＝p×q＝143，z＝（p－1）×（q－1）＝10×12＝120。

选取 e＝17（大于 p 和 q 的质数），计算其逆，$d = 17^{142} \bmod 143 = 113$。

那么，公钥 PK 为（143，17），私钥 SK 为（143，113）。

例 2：

1）选两个质数：p＝47，q＝71（为了计算方便，只选取十位数，实际加密时应该选取 100 位以上十进数的质数）。

2）计算：n＝p×q＝47×71＝3 337，z＝（47－1）×（71－1）＝3 220。

3）e 必须与 z 互质，选 e＝79。

4）计算：e×d＝1 mod z＝1 mod (3 220)，得出 d＝1 019，这是因为 1 019×79＝3 220×25＋1。

然后将 e=79 和 n=3 337 公布，d=1 019 保密，p、q 销毁即可。

如有一明文 m=6882326879666683，加密过程如下：

先将 m 分割成多块：$m_1=688$，$m_2=232$，$m_3=687$，$m_4=966$，$m_5=668$，$m_6=3$，将第 1 块 m_1 加密后得密文 $C_1=m_1^e$（mod 3 337）$=688^{79}$（mod 3 337）=1 570，依次对各区块加密后得密文 C=15702756271422762423158。

解密过程如下：

对 C_1 解密得 m_1：$m_1=C_1^d$（mod 3 337）$=1\ 570^{1019}$（mod 3 337）=688。

依次解密得原文 m。

例 3：

设用户 A 需要将明文信息“HI”通过 RSA 加密传递给用户 B，其操作过程如下：

1）设计密钥（e，r）和（d，r）。

令：p=5，q=11，取 e=3；

计算：r = p×q = 5×11 = 55；

求得：z =（p−1）×（q−1）=（5−1）×（11−1）= 40；

计算：由 e×d = 1（mod z），即 3×d = 1（mod 40），可得 d = 27。

至此，得到公钥（e，r）为（3，55），私钥（d，r）为（27，55）。

2）加密处理。将明文信息数字化，并按每块两个数字进行分组。假定明文编码为：空格=00，A=01，…，Z=26，则数字化后的明文信息为 08、09。

用加密密码（3，55）将明文加密。由 C=me（mod r）得：

$C_1=m_1^e$（mod r）=$(08)^3$（mod 55）=17。

$C_2=m_2^e$（mod r）=$(09)^3$（mod 55）=14。

因此，得到的密文信息为 17，14。

3）恢复明文。用户 B 收到密文后，对其进行解密处理：m=Cd（mod r），即：

$m_1=C_1^d$（mod r）$=17^{27}$（mod 55）=08。

$m_2=C_2^d$（mod r）$=14^{27}$（mod 55）=09。

用户 B 得到的明文信息为 08、09，将其转化为源码即为“HI”。

很难由公钥（e，r）推导出私钥 d，如果能够将 r 分解为 p 和 q，那么就能得到私钥 d。因此，整个 RSA 的安全性建立在大数分解很难这一假设的基础之上。

（4）RSA 的实用性。RSA 的安全性及运算量，寻求有效的因数分解的算法是击破 RSA 公开密钥密码系统的关键。因此，选取大数 n 是保障 RSA 算法的一种有效办法。RSA 实验室认为 512 位的 n 已不够安全，个人应用需要用 768 位的 n，其运算量远大于对称算法。

（5）RSA 的缺点。密钥生成受到素数产生技术的限制，因而难以做到一次一密。安全性有欠缺没有从理论上证明破译 RSA 的难度与大数分解难度等价。另外，目前人们正在积极寻找攻击RSA的方法。如攻击者将某一信息进行伪装，让拥有私钥的实体签署，然后经过计算就可得到他所想要的信息。RSA的另外一个缺点是速度较慢，而且能处理的数据最多只能有其密钥的模数大小。

（6）重要概念。

1）互质：对两个整数a和b，若两个数的最大公因子只有1，就称a和b互质。

例如：数6和11互质，数7和142互质。

2）mod：求出两数相除的余数。

格式：mod（number，divisor）。number代表被除数，divisor代表除数。

例如：mod（13，4）=1。

3）模p乘法逆元（费马小定理）：对于整数a、p，如果存在整数b，满足（a×b）mod p=1，则说，b是a的模p乘法逆元，$b=a^{p-1} \bmod p$。其中$a^{p-1} \bmod p$是a的模p乘法逆元。

例如：整数a=7，b=?，p=120，则$b=7^{119} \bmod 120 = 103$，是a的逆元。

四、数字签名与数字时间戳

3-2
数字签名的应用

（一）数字签名的定义

数字签名也称电子签名，是指使用密码算法，对发送的数据进行加密处理，生成一段数据摘要信息附在原文上一起发送，这段信息类似于现实中的签名或印章，接收方收到签名后进行验证，判定原文的真伪（是否由真实发送方发送）。数字签名应该具有如下功能：

（1）签名者事后不可否认自己的签名。

（2）任何其他人不能伪造签名。

（3）若当事双方出现争执，可以由公正的第三方通过验证确认签名的真伪。

（二）用公钥算法实现数字签名

用公钥密码体制实现数字签名的原理非常简单，如果A要发送一篇需要数字签名的文件给B，只需如下步骤：A用其私钥对要进行签名的数据加密，这就是签名；将信息传送给B；B从公钥库中得到A的公钥，用公钥将A发来的信息解密，若可读且符合一定要求，B便可据此确认该信息由A发出并有效。

数字签名根据加密信息的不同分为两种：一种是对信息整体的签名，另一种是对摘要信息的签名。

（1）对信息整体的数字签名。将要发送的信息用私钥加密得到数字签名，然后将原文

与数字签名一起发给接收方，接收方收到信息后，用发送方的公钥将签名信息解密并与原文比较，若签名可解密并且与发来的原文一致即可证明该发送方的身份和数据的可靠性，如图 3-20 所示。这种方法多用于短小信息的签名。

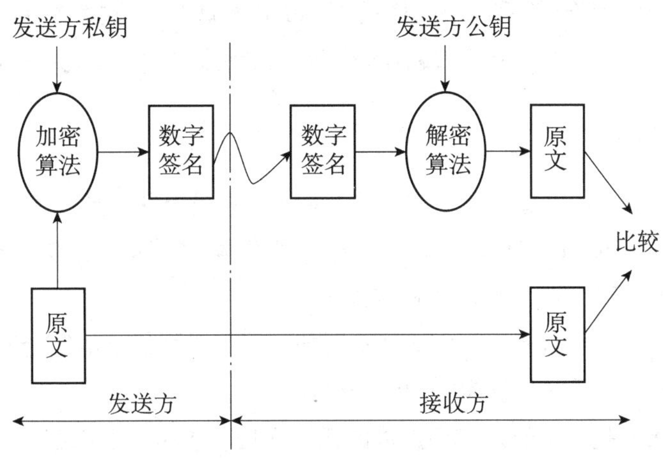

图 3-20　对整体信息的数字签名

(2) 对摘要信息的签名。对摘要信息（也称压缩信息）进行签名的方法是先根据算法对原文信息进行加密压缩形成数据摘要，然后用发送方私钥对数据摘要加密形成签名，发送给接收方，接收方收到信息后，对签名信息解密，同时使用发送方压缩摘要的算法对收到的原文进行重新压缩，将压缩结果与签名解密的结果对比，若一致则可证明该发送方的身份和数据的可靠性，如图 3-21 所示。具体的压缩算法常用 Hash 单向函数，生成 128 位散列值（也称报文摘要）。

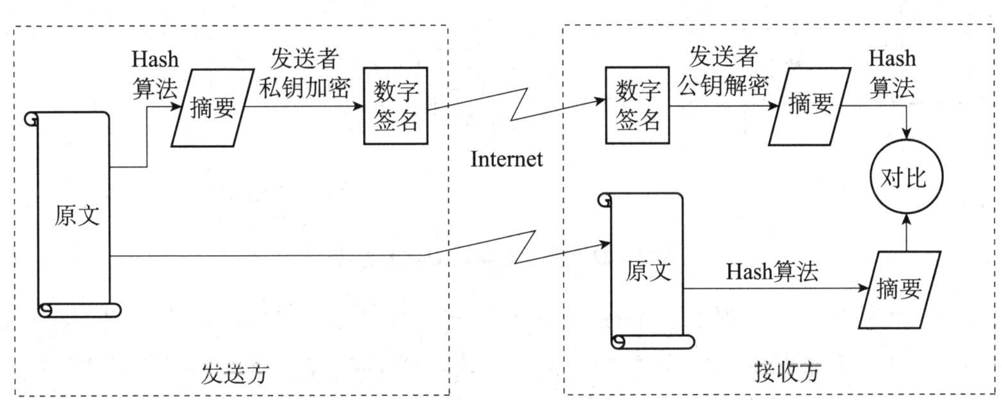

图 3-21　对摘要信息的数字签名

对摘要信息的签名的具体做法是：

1) 将报文按双方约定的 Hash 算法计算得到一个固定位数的报文摘要。在数学上保证，只要改动报文中任何一位，重新计算出的报文摘要值就会与原先的值不相符。这样就

保证了报文的不可更改性。

2）将该报文摘要值用发送者的私钥加密，然后连同原报文一起发送给接收者，所产生的报文即数字签名。

3）接收方收到数字签名后，用同样的 Hash 算法计算报文摘要值，然后用发送者的公钥进行解密，与解开的报文摘要值相比较，如相等则说明报文确实来自所称的发送者。

（三）数字时间戳

在电子商务交易中，需要对交易文件的日期和时间信息采取安全措施，而数字时间戳（Digital Time-stamp Service，DTS）就是为电子文件发表时间所提供的安全保护和证明。DTS 是网上安全服务项目，由专门的机构提供。

（1）DTS 解决了电子商务交易中文件签署的日期和时间信息的安全问题。

（2）DTS 提供了电子文件发表时间的安全保护。

（3）Time-stamp 是一个经加密后形成的凭证文档，包括如下内容：

1）需加 Time-stamp 的文件的摘要。

2）DTS 收到文件的日期和时间。

3）DTS 的数字签名。

获得数字时间戳的过程如图 3－22 所示。

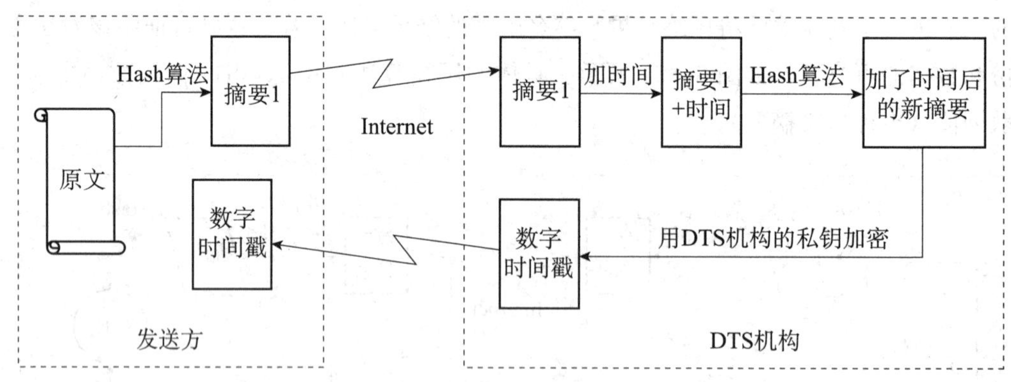

图 3－22　获得数字时间戳的过程

数字时间戳的产生过程是这样的：用户首先将需要加数字时间戳的文件用 Hash 编码加密形成摘要，然后将这个摘要发送到 DTS 机构，DTS 机构在加入了收到文件摘要的日期和时间信息后，再对这个文件加密（数字签名）并送回给用户。书面文件的时间是由签署人自己写上的，而数字时间戳则不然，它是由认证单位 DTS 机构来加的，以 DTS 机构收到文件的时间为依据。

五、数字证书与 CA 认证

（一）数字证书的定义

数字证书（Digital Certificate 或 Digital ID）又称数字凭证，是指用电子手段来证实一个实体的身份及其公钥的合法性，并将实体身份与公钥绑定。它是一个数字标识，可以实现身份的鉴别认证、完整性、保密性和不可抵赖等安全要求，是公钥的管理媒介，公钥的分发、传送等都是靠数字证书来完成的。目前，数字证书的格式一般采用 X. 509 国际标准，它是由权威机构——CA 机构发行的。

数字证书采用公钥密码体制，每个用户拥有一把仅为本人所掌握的私钥，用它进行信息解密和数字签名；同时拥有一把公钥，并可以对外公开，用于信息加密和签名验证。数字证书可用于：发送安全电子邮件、访问安全站点、网上证券交易、网上采购招标、网上办公、网上保险、网上税务、网上签约和网上银行等安全电子事务处理和安全电子交易活动。最简单的证书包含一个公开密钥、名称以及证书授权中心的数字签名。

（二）数字证书的内容

一般情况下，证书中还包括密钥的有效时间、发证机关（证书授权中心）的名称、该证书的序列号等信息，证书的格式遵循 X. 509 国际标准。一个标准的 X. 509 数字证书包含以下内容，如图 3－23 所示。

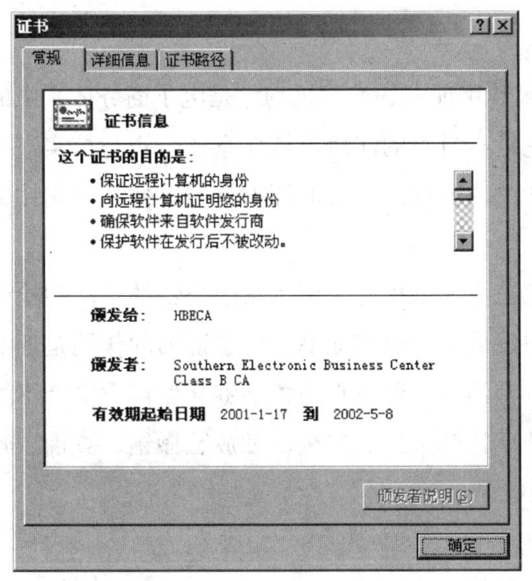

(a)

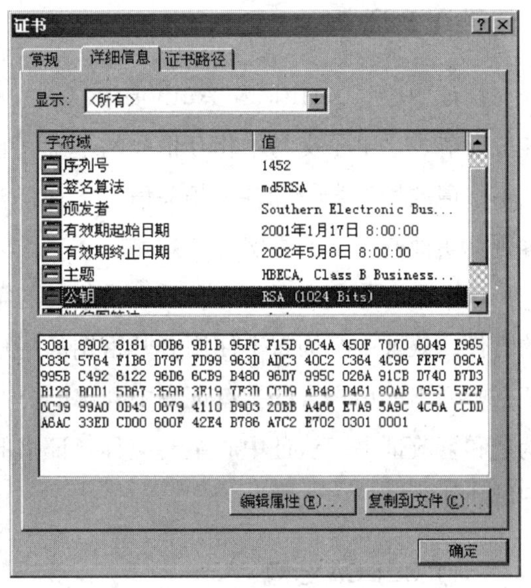

(b)

图 3－23 查看证书内容

（1）证书的版本信息。

（2）证书的序列号，每个用户都有唯一的证书序列号。

（3）证书所使用的签名算法。

（4）证书的发行机构名称，命名规则一般采用 X.400 格式。

（5）证书的有效期，现在通用的证书一般采用 UTC 时间格式，它的计时范围为 1950～2049。

（6）证书所有人的名称，命名规则一般采用 X.400 格式。

（7）证书所有人的公开密钥。

（8）证书发行者对证书的签名。

此外，X.509 证书格式还预留了扩展，用户可以根据自己的需要进行扩展。基于 X.509 证书的认证实际上是将人与人之间的信任转化为个人对组织机构的信任，因此这种认证系统需要有认证中心的支持。

（三）数字证书的类型

数字证书主要有如下类型：

（1）个人数字证书。

（2）单位数字证书。

（3）软件数字证书。

（4）设备数字证书。

（四）认证中心

认证中心（Certificate Authority，CA）是数字证书的签发机构，是电子商务体系中的核心环节，是电子交易中相互信赖的基础。它通过自身的注册审核体系，检查与核实进行证书申请的用户身份和各项相关信息，并将相关内容列入发放的证书域内，使用户属性的客观真实性与证书的真实性一致。

认证中心作为电子商务交易中受信任的第三方，承担着公钥体系中公钥的合法性检验的责任。认证中心为每个使用公开密钥的用户发放一个数字证书，数字证书的作用是证明证书中列出的用户合法拥有证书中列出的公开密钥。认证中心的数字签名使得攻击者不能伪造和篡改证书。认证中心主要应具备证书的登记、审批、产生、发放、撤销、查询、管理等功能。

（五）SET CA 结构

SET（安全电子交易）体系是为在网上购物时用银行卡来进行结算类业务而建立的，

如图 3 - 24 所示。

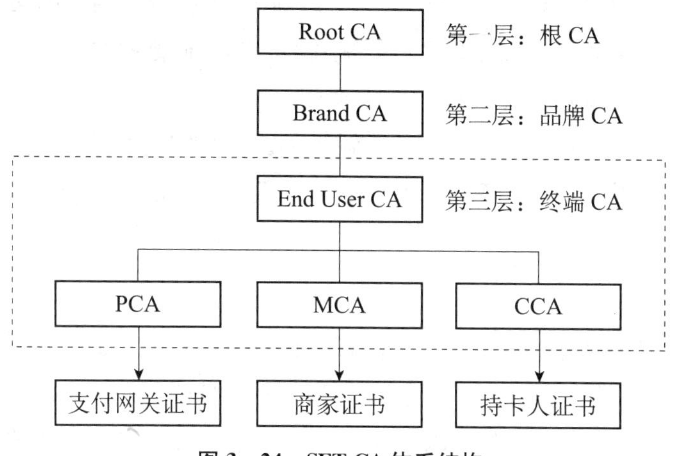

图 3 - 24　SET CA 体系结构

这种结构分为如下三层：

第一层为根 CA，即 Root CA（RCA）。它负责制定和审批 CA 的总政策，签发并管理第二级 CA 证书，与其他的 RCA 进行交叉认证。

第二层为品牌 CA，即 Brand CA（BCA）。它为各个商业银行所发放的不同信用卡品牌发放证书。它的职责是根据 RCA 的各种规定和总政策，制定具体的政策、管理制度和运行规范。安装 RCA 为其签发的证书，并为下一级 CA 签发证书，管理证书及证书撤销列表。

第三层为终端用户 CA，即 End User CA（ECA）。它为 SET 电子商务参与各实体颁发证书，即为支付网关（Payment Gateway）、商家（Merchant）及持卡人（Cardholder）签发证书，签发的这三种证书对应的 CA 分别为 PCA、MCA、CCA。

第五节　条码与二维码技术

一、条码技术及其应用

1. 条码技术简介

条码是由一组不同宽度的条和空组成的标记。“条”是指对光线反射率较低的部分，“空”是指对光线反射率较高的部分。这些条和空组成的数据表达一定的信息，并能够用特定的设备识别，转换成与计算机兼容的二进制或十进制信息。

在应用中，符号被一种红外线或可见光源照射：条吸收光，空则将光反射回扫描器中。扫描器将光波转译成模仿条码中的条与空的电子脉冲，一个解码器用数学程序将电子脉冲译成一种二进制码并将译码后的资料信息传到个人计算机、控制器或计算机主机中。基于数据库中已建立的条码与商品信息的对应关系，当条码数据传到计算机上，由计算机上的应用程序对条码数据进行转换操作和处理。

条码技术是为实现对信息的自动扫描而设计的。它是实现快速、准确且可靠地采集数据的有效手段。条码技术的应用解决了数据录入和数据采集的“瓶颈”问题，为供应链管理提供了有力的技术支持。

2. 条码编码规则

（1）唯一性。唯一性是指商品项目与其标识代码一一对应，即一个商品项目只有一个代码，一个代码只标识同一商品项目。商品项目代码一旦确定，永不改变。

（2）无含义性。无含义性是指代码数字本身及其位置不表示商品的任何特定信息。商品编码仅仅是一种识别商品的手段，而不是商品分类的手段。无含义性使商品编码具有简单、灵活、可靠、充分利用容量、生命力强等优点，这种编码方法尤其适合较大的商品系统。

（3）永久性。产品代码一经分配，就不再更改，是终生的。即使商品停止生产、停止供应，在一段时间内（有些国家规定为3年）也不得将该代码转给其他商品项目，只能搁置。

3. 一维条码

（1）ENA-13码。ENA-13码为国际物品编码协会规定的国际通用商品代码格式，如图3-25所示。

ENA-13码由13位数字构成，其结构为P1/P2/P3+M1/M2/M3/M4+I1/I2/I3/I4/I5+C。P1～P3为前缀码，是国际物品编码协会分配给其成员的标识代码，实际上就是国家或地区代码，如我国香港特别行政区的代码为“489”。M1～M4为厂商代码，由4位阿拉伯数字组成。我国的厂商代码是由中国物品编码中心来分配的。I1～I5为商品代码，由5位阿拉伯数字构成，用以标识具体的商品项目，即相同价格和包装的同一种商品。“C”为校验码，由1位阿拉伯数字组成，用以校验编码的正误，以提高条码的可靠性。

（2）UPC码。UPC码意为统一产品代码，是一种长度固定的、连续的条形码，主要在美国与加拿大使用。共有UPC-A、UPC-B、UPC-C、UPC-D、UPC-E 5种版本。其中，UPC-A应用于通用商品，UPC-E是商品短码，如图3-26、图3-27所示。

图3-25 ENA-13条码图示

图3-26 UPC-A条码图示

左侧空白	起始符	系统符 1位	左侧数据 5位	中间符	右侧数据 5位	校验码 1位	终止符	右侧空白

图 3-27 UPC-A 条码的基本构成

(3) ITF-14 码。ITF-14 码意为储运单元条码，是一种连续、定长、具有自校验功能，并且条和空都表示信息的双向条码。ITF-14 条码的字符集、条码字符的组成与交叉25 码相同，如图 3-28 所示。

(4) UCC/EAN-128 码。UCC/EAN-128 码意为贸易单元 128 条码，如图 3-29 所示。UCC/EAN-128 码是一种可变长度的连续型条码，字符集包括全部 ASCII 字符，通过应用标识符可标识所有物流的信息。

图 3-28 ITF-14 条码图示

图 3-29 UCC/EAN-128 条码图示

(5) 39 码。39 码能用字母、数字和其他字符表示，具有全 ASCII 码特性，可将 128 个字符全部编码，同时具有自检功能。条码长度是可变化的，通常用双引号作为起始/终止符，每个字符由 5 条 4 空组成。

(6) 库德巴码。库德巴码可用数字 0～9，字符＄、＋、－表示，还有只能用作起始/终止符的 a、b、c、d 四个字符，长度可变，没有校检位，为非连续性条码，每个字符由 4 条 3 空组成。

4. 常用的条码扫描器

(1) 光笔条形码扫描器。

(2) 手持式枪型条形码扫描器。

(3) 台式条形码自动扫描器。

(4) 激光自动扫描器。

(5) 卡式条形码阅读器。

(6) 便携式条形码阅读器。

5. 常用的条码网

常用的条码网主要有中国条码网、条码采购网、物流条码网、E-条码网。

二、二维码技术

(一) 二维码概述

20 世纪 90 年代，日本某公司发明了二维码，它具有信息量大、可靠性高、保密性强、防伪性强等优点。常见的二维码标准有 PDF417、Code 49、Code 16K、Data Matrix、Maxi Code 等，如图 3－30 所示。这些二维码的信息密度都比传统的一维码有了较大提高，如 PDF417 的信息密度是一维码 Code 39 的二十多倍。二维码作为一种新的信息存储和传递技术，现已应用在国防、公共安全、交通运输、医疗保健、工业、商业、金融、海关及政府管理等多个领域。二维码可分为堆积式或层排式二维码（Started Bar Code）和棋盘式或矩阵式二维码（Dot Matrix Bar Code）两种类型。

3－3
二维码及 QR Code

（1）PDF417码

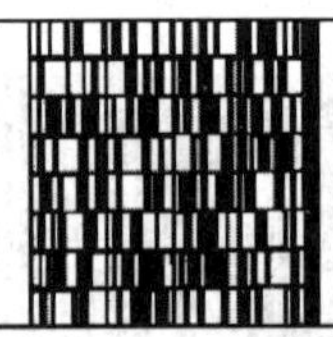
（2）Code 49码

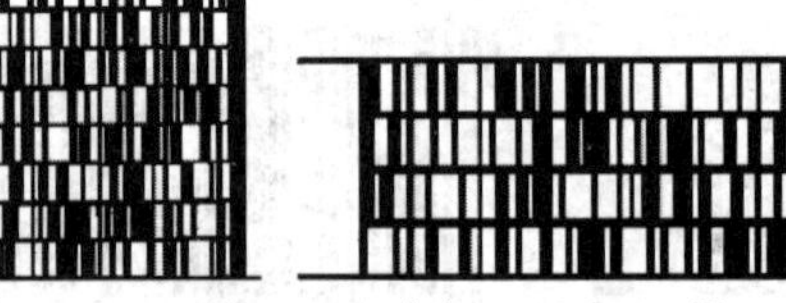
（3）Code 16K码

（4）Data Matrix码

（5）Maxi Code码

图 3－30　二维码

二维码是按一定规律在平面上（二维方向上）分布黑白相间的图形以记录数据符号信息的；在代码编制上巧妙地利用构成计算机内部逻辑基础的“0”“1”比特流的概念，使用若干个与二进制相对应的几何形体来表示文字数值信息，通过图像输入设备或光电扫描设备自动识读以实现信息自动处理。它具有条码技术的一些共性，每种码制有其特定的字符集，每个字符占有一定的宽度，具有一定的校验功能等。此外，还具有对不同行的信息自动识别及处理图形旋转变化点的功能。

国际自动识别制造商协会（AIM）、美国标准化协会（ANSI）已制定了 PDF417、QR Code、Code 49、Code 16K、Code One 等码制的符号标准。国际标准技术委员会和国际电工委员会还成立了条码自动识别技术委员会（ISO/IEC/JTC1/SC31），已制定了 QR Code 的国际标准（ISO/IEC 18004：2000，即《自动识别与数据采集技术：条码符号技术规范——QR 码》），起草了 PDF417、Code 16K、Data Matrix、Maxi Code 等二维码的 ISO/IEC 标准草案。

我国对二维码技术的研究始于 1993 年。中国物品编码中心对几种常用的二维码 PDF417、QR Code、Data Matrix、Maxi Code、Code 49、Code 16K、Code One 的技术规范进行了翻译和跟踪研究。中国物品编码中心在原国家质量技术监督局和国家有关部门的大力支持下，对二维码技术的研究不断深入。制定了两个二维码的国家标准：二维码网格矩阵码（SJ/T 11349—2006）和二维码紧密矩阵码（SJ/T 11350—2006），从而大大促进了我国具有自主知识产权技术的二维码的研发。

（二）二维码的功能

二维码的功能主要有以下几项：

（1）信息获取（名片、地图、Wi-Fi 密码、资料）；

（2）网站跳转（跳转到微博、手机网站）；

（3）广告推送（用户扫码，直接浏览商家推送的视频、音频广告）；

（4）手机电商（用户扫码，手机直接购物下单）；

（5）防伪溯源（用户扫码，即可查看生产地，同时后台可以获取最终消费地）；

（6）优惠促销（用户扫码，下载电子优惠券，抽奖）；

（7）会员管理（用户在手机上获取商家电子会员资格、VIP 服务）；

（8）手机支付（扫描商品二维码，通过银行或第三方支付平台提供的手机端通道完成支付）。

三、二维码的分类

（一）按原理分类

二维码是一种比一维码更高级的条码格式。一维码只能在一个方向（一般是水平方向）上表达信息，而二维码在水平和垂直方向都可以存储信息。一维码只能由数字和字母组成，而二维码能存储汉字、数字和图片等信息，因此二维码的应用领域要广得多。

二维码可以分为堆叠式/行排式二维码和矩阵式二维码（见图 3-31）。堆叠式/行排式二维码在形态上是由多行短截的一维条码堆叠而成；矩阵式二维码以矩阵的形式组成，在矩阵相应元素位置上用“点”表示二进制中的“1”，用“空”表示二进制中的“0”，以“点”和“空”的排列组成代码。

a. 推叠式/行排式二维码

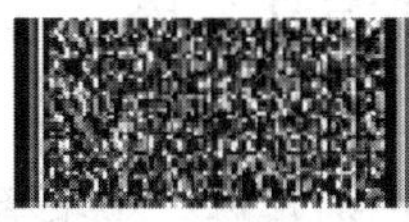
PDF417

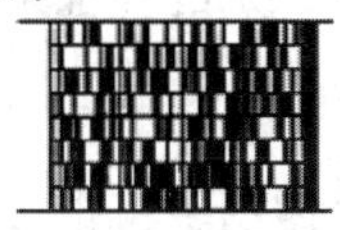
Code 49

Code 16k

b. 矩阵式二维码

QR Code

Date Matrix

Code one

图 3-31　二维码的两种类型

1. 堆叠式/行排式二维码

堆叠式/行排式二维码又称堆积式二维码或层排式二维码，其编码原理建立在一维条码的基础之上，按需要堆叠成两行或多行。它在编码设计、校验原理、识读方式等方面继承了一维条码的一些特点，识读设备与条码印刷与一维条码技术兼容。但由于行数的增加，需要对行进行判定，其译码算法与软件也不完全与一维条码相同。有代表性的堆叠式/行排式二维码有：PDF417、Code 49、Code 16K、MicroPDF417 等。

2. 矩阵式二维码

矩阵式二维码又称棋盘式二维码，它在一个矩形空间通过黑、白像素在矩阵中的不同分布进行编码。在矩阵相应元素位置上，用点（方点、圆点或其他形状）的出现表示二进制中的“1”，点的不出现表示二进制中的“0”，点的排列组合确定了矩阵式二维码所代表的意义。矩阵式二维码是建立在计算机图像处理技术、组合编码原理等基础上的一种新型图形符号自动识读处理码制。具有代表性的矩阵式二维码有 Code One、Maxi Code、QR Code、Data Matrix、Han Xin Code、Grid Matrix 等，如图 3－32 所示。

Maxi Code

QR Code

Data Matrix

Aztec Code

Vericode

图 3－32　矩阵式二维条码种类

（二）按业务分类

二维码应用根据业务形态不同可分为被读类和主读类两大类。

1. 被读类业务

应用方将业务信息加密、编制成二维码图像后，通过短信或彩信的方式将二维码发送至用户的移动终端上，用户使用时通过设在服务网点的专用识读设备对移动终端上的二维码图像进行识读认证，作为交易或身份识别的凭证来支撑各种应用。

2. 主读类业务

用户在手机上安装二维码客户端，使用手机拍摄并识别媒体、报纸等上面印刷的二维码图像，获取二维码所存储内容并触发相关应用。用户利用手机拍摄包含特定信息的二维码图像，通过手机客户端软件进行解码后触发手机上网、名片识读、拨打电话等多种关联操作，以此为用户提供各类信息服务。

四、QR Code

QR Code（Quick Response Code）是由日本 Denso Wave 公司于 1994 年 9 月研制的一种矩阵二维码符号，它具有一维条码及其他二维码所具有的信息容量大、可靠性高、可表示汉字及图像等多种信息、保密防伪性强等优点。

1. QR Code 的主要特点

（1）符号规格从版本 1（21 模块×21 模块）到版本 40（177 模块×177 模块），每提高一个版本，每边增加 4 个模块。

（2）数据类型与容量参照最大规格符号版本 40-L 级。

（3）数字数据：7 089 个字符；字母数据：4 296 个字符；8 位字节数据：2 953 个字符；汉字数据：1 817 个字符。

（4）数据表示方法：深色模块表示二进制“1”，浅色模块表示二进制“0”。

（5）超高速识读特点：用 CCD 二维码识读设备，每秒可识读 30 个含有 100 个字符的 QR Code 符号。

（6）QR Code 具有全方位（360°）识读特点。

（7）能够有效地表示汉字。由于 QR Code 用特定的数据压缩模式表示汉字，用 13 bit 可表示一个汉字，在用字节模式表示汉字时，需用 16 bit（2 个字节）表示一个汉字，因此 QR Code 比其他二维码表示汉字的效率提高了 20%。

（8）纠错能力：

- L 级：约可纠错 7%的数据码字。
- M 级：约可纠错 15%的数据码字。
- Q 级：约可纠错 25%的数据码字。
- H 级：约可纠错 30%的数据码字。

2. QR Code 的符号结构

QR Code 共有 40 种规格，分别为版本 1、版本 2……版本 40。版本 1 的规格为 21 模块×21 模块，版本 2 为 25 模块×25 模块，以此类推，每一版本符号比前一版本每边增加 4 个模块，直到版本 40，规格为 177 模块×177 模块。QR Code 的符号结构及不同版本如图 3－33 至 3－36 所示。

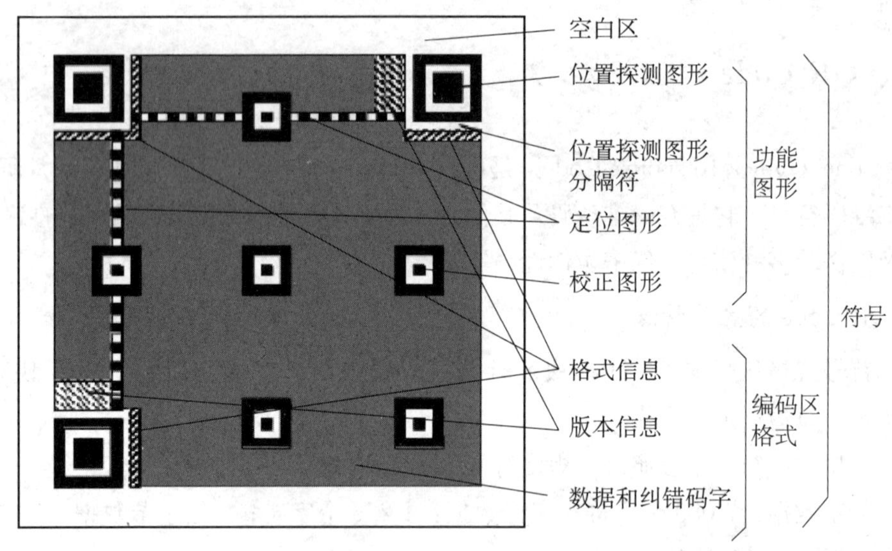

图3-33　QR Code的结构

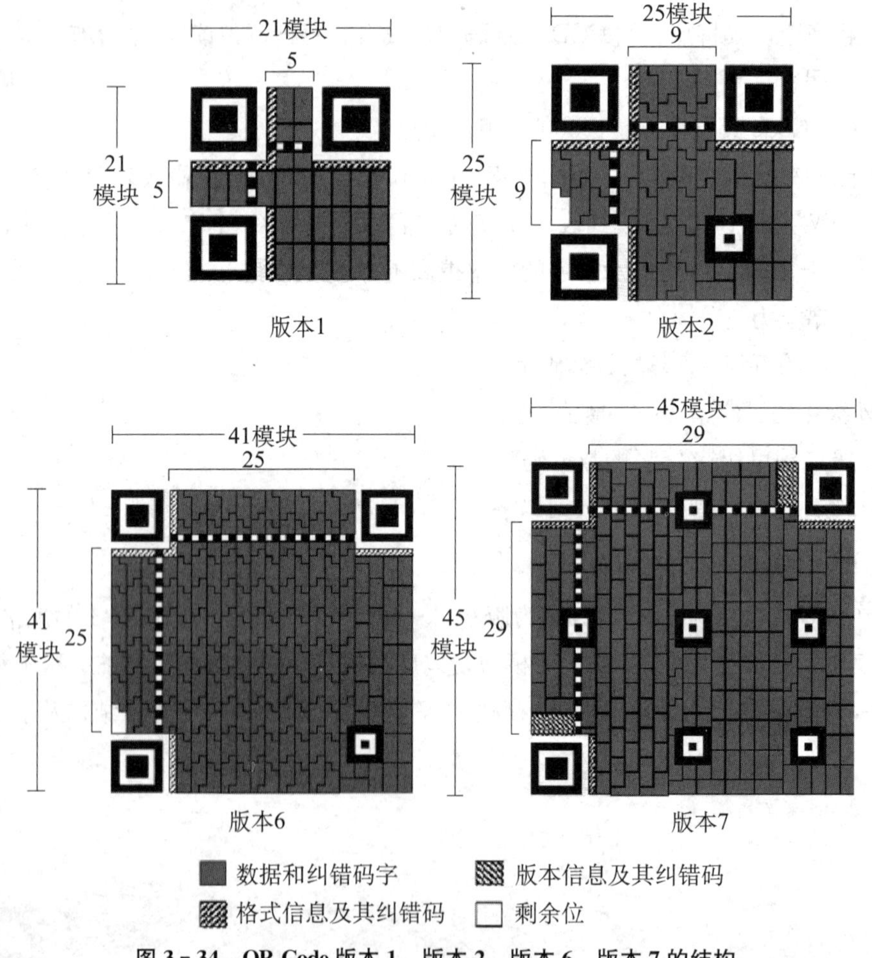

图3-34　QR Code版本1、版本2、版本6、版本7的结构

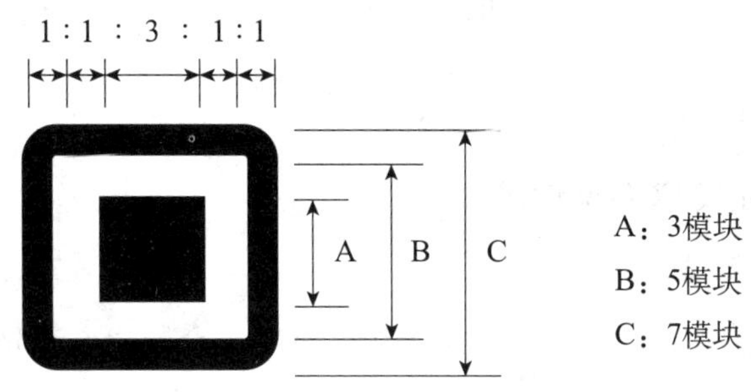

图 3－35　QR Code 位置探测图形结构

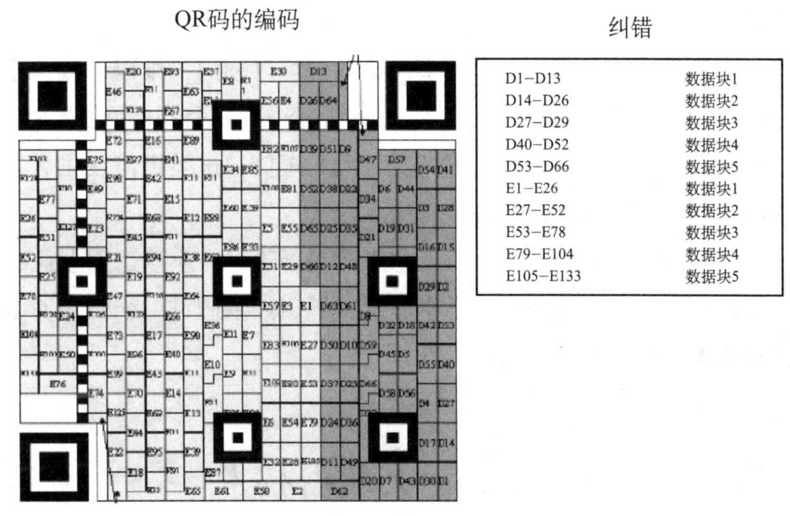

图 3－36　QR Code 版本 7 的符号字符布置

五、二维码的主要优点与缺点

二维码将成为连接现实与虚拟最得力的工具之一。

1. 二维码的主要优点

（1）高密度编码，信息容量大。可容纳多达 1 850 个大写字母、2 710 个数字、1 108 个字节或 500 多个汉字，比普通条码的信息容量大几十倍。

（2）编码范围广。可以把图片、声音、文字、签字、指纹等以数字化的信息进行编码，用条码表示出来；可以表示多种语言文字；可以表示图像数据。

（3）容错能力强，具有纠错功能。这使得二维码因穿孔、污损等引起局部损坏时，照样可以正确得到识读，损毁面积达 50%仍可恢复信息。

（4）译码可靠性高。它比普通条码译码错误率（百万分之二）要低得多，误码率不超过千万分之一。

（5）可引入加密措施，保密性、防伪性好。

（6）成本低，易制作，持久耐用。

（7）条码符号形状、尺寸大小比例可变。

（8）可以使用激光或CCD阅读器识读。

2. 二维码的主要缺点

二维码的主要缺点是安全问题。扫描二维码有时候会刷出一条链接，提示下载软件，而有的软件可能藏有病毒。其中一部分病毒在被下载安装后会对手机、平板电脑造成影响；还有部分病毒则是犯罪分子伪装成应用的吸费木马，一旦下载就会导致手机自动发送信息并扣取大量话费。

虽然二维码本身不会携带病毒，但很多病毒软件可以利用二维码下载，犯罪分子正是利用这一特点骗取用户手机话费的。一旦用户下载了这样的病毒软件，它就会“霸占”用户手机的短信发送接口，在用户不知道的情况下发送短信。这类短信往往会扣除金额不等的话费，用户的手机话费就会快速流失。

用户扫描二维码前，应先判断二维码发布来源是否正当。应该选用专业的加入了监测功能的扫码工具，一旦扫到可疑网址，会有安全提醒。如果通过二维码来安装软件，安装好以后，最好先用杀毒软件查杀一遍再打开。

第六节　大数据技术

2015年9月，国务院印发《促进大数据发展行动纲要》（以下简称《纲要》），系统部署大数据发展工作。《纲要》部署三方面主要任务：一要加快政府数据开放共享，推动资源整合，提升治理能力；二要推动产业创新发展，培育新兴业态，助力经济转型；三要强化安全保障，提高管理水平，促进健康发展。

一、大数据的概念

大数据是指无法在可承受的时间范围内用常规软件工具进行捕捉、管理和处理的数据集合，是需要新处理模式才能具有更强的决策力、洞察力和流程优化能力的海量、高增长率和多样化的信息资产。在维克托·迈尔-舍恩伯格及肯尼斯·库克耶编写的《大数据时代》中，大数据不走随机分析法（抽样调查）这样的捷径，而是对所有数据进行分析处理。大数据具有“5V”特点（IBM提出）：Volume（大量）、Velocity（高速）、Variety（多样）、Value（价值）、Veracity（真实性）。麦肯锡全球研究所对大数据给出的定义是：

一种规模大到在获取、存储、管理、分析方面大大超出了传统数据库软件工具能力范围的数据集合，具有数据规模海量、数据流转快速、数据类型多样、价值密度低四大特征。大数据技术的战略意义不在于掌握庞大的数据信息，而在于对这些含有意义的数据进行专业化处理。如果把大数据比作一种产业，那么这种产业实现盈利的关键在于提高对数据的“加工”能力，通过“加工”实现数据的“增值”。从技术上看，大数据与云计算的关系就像一枚硬币的正反面一样密不可分。大数据必然无法用单台计算机进行处理，必须采用分布式架构。它的特色在于对海量数据进行分布式数据挖掘，但它必须依托云计算的分布式处理、分布式数据库和云存储、虚拟化技术。适用于大数据的技术包括：大规模并行处理（MPP）数据库、数据挖掘电网、分布式文件系统、分布式数据库、云计算平台、互联网和可扩展的存储系统。

二、大数据单位

数据最小的基本单位是 bit，按顺序给出所有单位：bit、Byte、KB、MB、GB、TB、PB、EB、ZB、YB、BB、NB、DB。其对应关系如下：

1 KB=1 024 Bytes=8 192 bit

1 MB=1 024 KB=1 048 576 Bytes

1 GB=1 024 MB=1 048 576 KB

1 TB=1 024 GB=1 048 576 MB

1 PB=1 024 TB=1 048 576 GB

1 EB=1 024 PB=1 048 576 TB

1 ZB=1 024 EB=1 048 576 PB

1 YB=1 024 ZB=1 048 576 EB

1 BB=1 024 YB=1 048 576 ZB

1 NB=1 024 BB=1 048 576 YB

1 DB=1 024 NB=1 048 576 BB

三、大数据特征与价值体现

1. 大数据的特征

大数据的特征体现在以下方面：

（1）容量（Volume）：数据的大小决定所考虑的数据的价值和潜在的信息。

（2）种类（Variety）：数据类型具有多样性。

（3）速度（Velocity）：获得数据的速度。

（4）可变性（Variability）：妨碍了处理和有效地管理数据的过程。

（5）真实性（Veracity）：数据的质量。

（6）复杂性（Complexity）：数据量巨大，来源多渠道。

2. 大数据的价值

有人把数据比作蕴藏能量的煤矿。大数据的价值体现在以下方面：

（1）向大量消费者提供产品或服务的企业可以利用大数据进行“精准营销”。

（2）做小而美模式的中长尾企业可以利用大数据做“服务转型”。

（3）在互联网压力之下必须转型的传统企业需要与时俱进地充分利用大数据的价值。

对大数据，可以从理论层面、技术层面、实践层面三个方面来理解：

第一层面是理论，从大数据的特征定义理解行业对大数据的整体描绘和定性；从对大数据价值的探讨来深入解析大数据的珍贵所在；洞悉大数据的发展趋势；从大数据隐私这个特别且重要的视角审视人和数据之间的长久博弈。

第二层面是技术，技术是大数据价值体现的手段和前进的基石。从云计算、分布式处理技术、存储技术和感知技术的发展来说明大数据从采集、处理、存储到形成结果的整个过程。

第三层面是实践，实践是大数据的最终价值体现。从互联网的大数据、政府的大数据、企业的大数据和个人的大数据四个方面来描绘大数据已经展现的美好景象及即将实现的蓝图。

四、大数据应用案例

1. 大数据应用案例之能源行业

智能电网现在欧洲已经做到了终端，也就是所谓的智能电表。在德国，为了鼓励大众利用太阳能并在家中安装太阳能设备，除了卖电给客户，当客户的太阳能设备有多余的电时，还可以回收。通过电网可以每隔5分钟或10分钟收集一次数据，收集来的这些数据可以用来预测客户的用电习惯等，从而推断出在未来2～3个月时间里，整个电网大概需要多少电。有了这个预测后，客户就可以向供电企业购买一定数量的电，因为电有点像期货一样，如果提前买就会比较便宜，买现货就比较贵。凭借这个预测，可以有效降低电的采购成本。

2. 大数据应用案例之总统竞选

奥巴马的总统竞选运动也得益于使用了社交网络的各种数据功能，他们不仅通过社交网络寻找支持者，而且通过社交网络召集了一批志愿军。

早在2006年，Facebook联合创始人克里斯·休斯就建议扎克伯格在网站上推出相关服务，帮助总统候选人在Facebook上建立个人主页，以便他们进行形象推广。2006年9月，Facebook全面开放，用户数量爆炸式增长，在当年年底达到了1 200万。这一过程恰好有力地提升了奥巴马的知名度。此后，在克里斯的辅佐下，奥巴马掀起了一系列的网络活动，在Facebook、MySpace等社交网站上发表公开演讲、推广施政理念，赢得了大量网民的支持，募集到5亿多美元的竞选经费。最终，“黑人平民”战胜了实力雄厚的对手，成为美国历史上第一位黑人总统，之后，在第二次的选举中更获得连任。此次选举被认为是美国民主的巨大进步，而互联网则提供了前所未有的实施手段，其中尤以Facebook代表的社交网站最为突出，以至于有人戏称之为“Facebook之选”。

思考题

1. 电子商务对安全控制有哪些方面的要求？
2. 数字证书有什么作用？
3. 请阐述一下数字签名的过程。
4. 什么是二维码？与一维条码有什么区别？
5. 什么是QR Code？有哪些版本？如何设计个性化的QR Code？
6. 什么是大数据？具有什么特征？其价值体现在哪些方面？

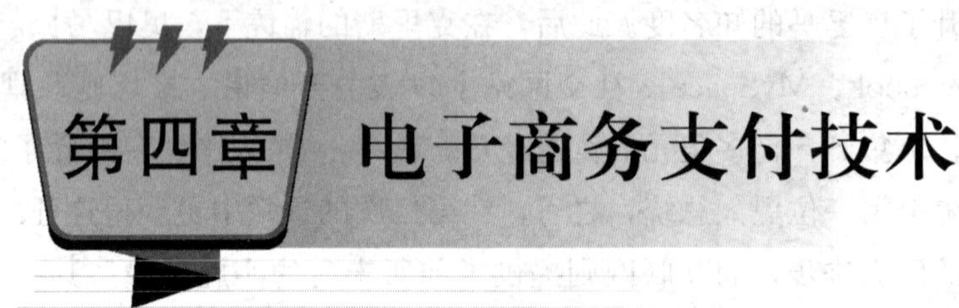

第四章 电子商务支付技术

知识要点

(1) 了解电子支付的概念和发展情况。

(2) 掌握电子货币与电子支付的应用技术。

(3) 了解网上交易的模型及安全认证。

(4) 掌握网上银行的概念、功能及特点。

(5) 掌握第三方支付的理论与方法。

(6) 掌握移动的概念和主要支付方式。

第一节 电子支付

一、电子货币

电子货币是一种以电子脉冲代替纸张进行资金传输和存储的信用货币。电子货币作为新的货币形式，自20世纪70年代产生以来，其应用越来越广泛。电子货币主要具有以下功能：

(1) 转账结算功能：代替现金，直接消费和转账。

(2) 储蓄功能：使用电子货币存款和取款。

(3) 兑现功能：异地使用货币时，进行货币汇兑。

(4) 消费贷款功能：先向银行贷款，提前使用货币。

二、电子支付的定义

电子支付是指电子交易的当事人（包括消费者、厂商和金融机构）以商用电子化设备和各类交易卡为媒介，以计算机技术和通信技术为手段，以二进制为存储形式，通过计算机网络系统进行的货币支付或资金流转。

与传统的支付方式相比，电子支付具有如下特征：

(1) 电子支付是采用先进的技术通过数字流转来完成信息传输的，其各种支付方式都是通过数字化的方式进行款项支付的；而传统的支付方式则是通过现金的流转、票据的转让及银行的汇兑等物理实体来完成款项支付的。

(2) 电子支付的工作环境是一个开放的系统平台（即互联网），而传统支付则在较为封闭的系统中运作。

(3) 电子支付使用的是最先进的通信手段，而传统支付使用的是传统的通信媒介。电子支付是跨时空的电子化支付，能够真正实现全球 7 天×24 小时的服务。

(4) 电子支付具有方便、快捷、高效、经济的优势。用户只需拥有一台联网的个人电脑，便可足不出户，在很短的时间内完成整个支付过程。支付费用仅相当于传统支付的几十分之一，甚至为零。电子支付有助于降低交易成本，最终为消费者带来更低的价格。

电子支付方式可以分为三大类：第一类是电子货币类，如电子现金、电子钱包等；第二类是电子信用卡类，包括智能卡、借记卡等；第三类是电子支票类，如电子支票、电子汇款等。这些方式各有其特点和运作模式，适用于不同的交易过程。

三、电子商务支付协议

电子商务发展的核心问题是交易的安全性问题，要构筑一个安全的电子交易模式，应达到以下五个方面的标准：1) 数据保密：防止信息被截获或非法存取而泄密。2) 对象认证：通信双方对各自通信对象的合法性、真实性进行确认，以防第三者假冒。3) 数据完整性：阻止非法实体对交换数据的修改、插入、删除，防止数据丢失。4) 防止抵赖：用于证实已发生过的操作，防止交易双方对已发生的行为抵赖。5) 访问控制：防止非授权用户非法使用系统资源。

电子交易安全的主要协议标准有：1) 安全超文本传输协议；2) 安全套接层协议；3) 安全电子交易协议。

主要的安全技术有虚拟专用网、数字认证、加密技术、电子商务认证中心。认证中心的基本功能是核发证书、管理证书、搜索证书、验证证书。信息加密技术包括对称密钥密码体制和非对称密钥密码体制。信息认证技术的整个认证机制包含数字证书和证书授权机构。

目前有两种安全在线支付协议被广泛采用，即SSL协议和SET协议，两者均是成熟和实用的安全协议。

（一）SSL协议

SSL（Secure Socket Layer，安全套接层）协议是Netscape Communication公司推出的在网络传输层之上提供的一种基于RSA和保密密钥的用于浏览器和Web服务器之间的安全连接技术。它是国际上最早应用于电子商务的一种由消费者和商家双方参与的信用卡/借记卡支付协议。

1. SSL协议提供的主要服务

（1）认证用户和服务器，确保数据发送到正确的客户端和服务器。

（2）加密数据以防止数据中途被窃取。

（3）维护数据的完整性，确保数据在传输过程中不被改变。

2. SSL协议的工作流程

（1）服务器认证阶段：1）客户端向服务器发送开始信息"Hello"，以便开始一个新的会话连接；2）服务器根据客户的信息确定是否需要生成新的主密钥，如需要则服务器在响应客户的"Hello"信息时将包含生成主密钥所需的信息；3）客户根据收到的服务器响应信息，产生一个主密钥，并用服务器的公钥加密后传给服务器；4）服务器恢复该主密钥，并将用主密钥认证的信息返回给客户，以此让客户认证服务器。

（2）客户认证阶段：在此之前，服务器已经通过了客户认证，这一阶段主要完成对客户的认证。经认证的服务器发送一个提问给客户，客户则返回（数字）签名后的提问和其公钥，从而向服务器提供认证。

在SSL 3.0中，通过数字签名和数字证书可实现浏览器和Web服务器双方的身份验证。但是SSL协议仍存在一些问题，比如：只能提供交易中客户与服务器间的双方认证，在涉及多方的电子交易中，SSL协议并不能协调各方间的安全传输和信任关系。在这种情况下，VISA和MasterCard两大信用卡组织制定了SET协议，为网上信用卡支付提供了全球性的标准。

（二）SET协议

SET（Secure Electronic Transaction，安全电子交易）协议是美国VISA和MasterCard两大信用卡组织联合于1997年5月31日推出的用于电子商务的行业规范，其实质是一种应用在Internet上、以信用卡为基础的电子付款系统规范，目的是保证网络交易的安全。SET妥善地解决了信用卡在电子商务交易中的交易协议、信息保密、资料完整以及身份认证等问题。SET已获得IETF标准的认可，是电子商务的发展方向。

1. SET 支付系统的组成

SET 支付系统主要由持卡人（Card Holder）、商家（Merchant）、发卡银行（Issuing Bank）、收单银行（Acquiring Bank）、支付网关（Payment Gateway）、认证中心（Certificate Authority）六个部分组成。相应地，基于 SET 协议的网上购物系统至少包括电子钱包软件、商家软件、支付网关软件和签发证书软件。参与 SET 协议的交易对象的关系如图 4-1 所示。

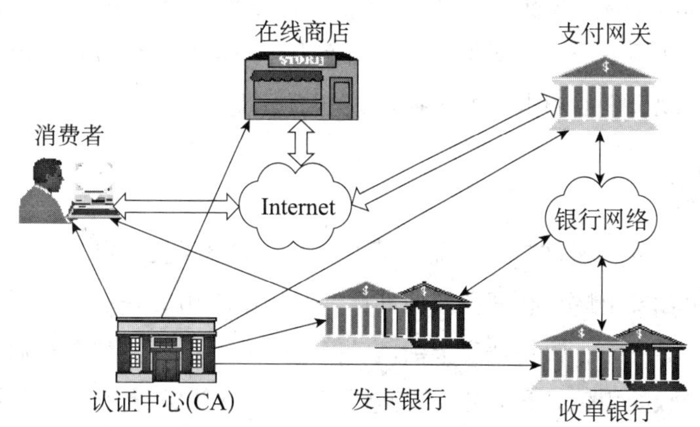

图 4-1　参与 SET 协议的交易对象之间的关系

2. SET 协议的工作流程

(1) 消费者利用自己的 PC，通过互联网选定所要购买的物品，并在计算机上输入订单，订单上需包括在线商店、购买物品名称及数量、交货时间及地点等相关信息。

(2) 通过电子商务服务器与有关在线商店联系，在线商店做出应答，告诉消费者所填订单的货物单价、应付款额、交货方式等信息是否准确，是否有变化。

(3) 消费者选择付款方式，确认订单，签发付款指令。此时 SET 开始介入。

(4) 在 SET 中，消费者必须对订单和付款指令进行数字签名，同时利用双重签名技术保证商家看不到消费者的账号信息。

(5) 在线商店接受订单后，向消费者所在银行请求支付认可。信息通过支付网关到收单银行，再到电子货币发行公司确认。批准交易后，返回确认信息给在线商店。

(6) 在线商店发送订单确认信息给消费者。消费者终端软件可记录交易日志，以备将来查询。

(7) 在线商店发送货物或提供服务并通知收单银行将钱从消费者的账号转移到商店账号，或者通知发卡银行请求支付。在认证操作和支付操作中间一般会有一个时间间隔，如在每天下班前请求银行结一天的账。

从步骤（3）SET 起作用开始，一直到步骤（6），在处理过程中，SET 对通信协议、请求信息的格式、数据类型的定义等都有明确的规定。在操作的每一步，消费者、在线商店、支付网关都通过认证中心来验证通信主体的身份，以确保通信的对方不是冒名顶替，所以也可以简单地认为SET协议充分发挥了认证中心的作用，以维护在任何开放网络上的电子商务参与者所提供信息的真实性和保密性。

四、电子支付工具

电子支付又称电子资金划拨（EFT）。电子支付是指电子交易的当事人（包括消费者、厂商和金融机构）使用安全电子支付，通过网络进行的货币支付或资金流转。常见的网上支付工具有：电子现金、信用卡、电子钱包、电子支票等。

（一）电子现金

电子现金（E-Cash）又称数字现金，是纸币现金的电子化，可以用来表示现实中各种金额的币值。它包含安全性、私密性及便利性，改进了纸币的缺点，其可变通性更开启了新市场与应用方面的用途。银行把现金数值转换成一系列加密序列数，通过这些序列数来表示现实中各种金额的币值，用户在开展电子现金业务的银行开设账户并在账户内存钱后，就可以在接受电子现金的商店购物了。

1. 电子现金的基本特性

电子现金在经济领域起着与普通现金同样的作用，具有方便、费用低（或者没有交易费用）、防伪性、不记名等特性。与其他电子支付手段相比，电子现金还具有如下特性：

（1）货币价值。电子现金必须有一定的现金、银行授权的信用或银行证明的现金支票作为支持。

（2）可交换性。电子现金可以与纸币、商品/服务、信用卡、银行账户存储金额、支票或负债等进行互换。

（3）可存储性。可存储性是指用户在家庭、办公室或途中对存储在一台计算机的外存、IC卡，或者其他更易于传输的标准或特殊用途的设备中的电子现金进行存储和检索。电子现金的存储是从银行账户中提取一定数量的电子现金，存入上述设备中。这种设备应该有一个友好的用户页面以顺利通过密码或其他方式进行身份验证，以及查询卡内信息。

（4）不可重复性。必须防止电子现金的复制和重复使用。因为客户可能用同一个电子现金在不同国家、地区的网上商店同时购物，这就会造成电子现金的重复使用。

（5）独立性。电子现金不依赖于所用的计算机系统。电子现金的优势在于完全脱离了实物载体，使用户在支付过程中更加方便，但必须通过电子现金自身使用的各项密码技术来保证电子现金的安全。

（6）匿名性。匿名性表现为：电子现金可以隐藏用户的购买历史，即便银行和商家相互勾结，也不能跟踪电子现金的使用。

(7) 不可伪造性。用户不能造假币，包括两种情况：一是用户不能凭空制造有效的电子现金；二是用户从银行提取 N 个有效的电子现金后，也不能根据提取和支付这 N 个电子现金的信息制造出有效的电子现金。

(8) 可传递性。电子现金能像普通现金一样在用户之间任意转让，且不能被跟踪。

(9) 可分性。现实生活中，现金有多种面值，消费现金的数量由不同面值的现金组成。同样，电子现金不仅能作为整体使用，还能像普通现金一样被分为更小的部分多次使用，只要各部分的面额之和与原电子现金面额相等，就可以进行任意金额的支付。

2. 电子现金的支付流程

电子现金（E-Cash）的支付方式如图 4-2 所示。

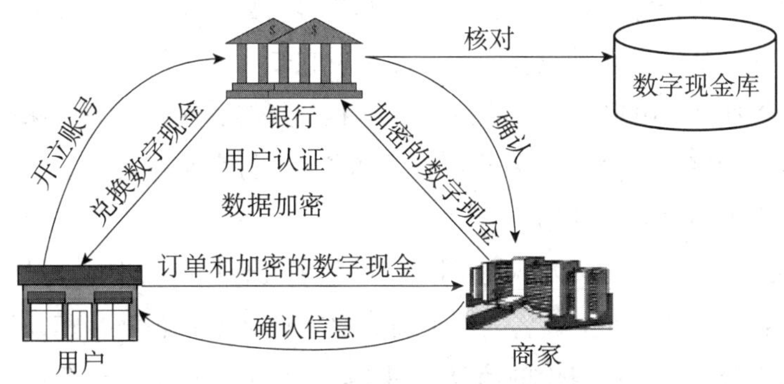

图 4-2 电子现金的支付方式

E-Cash 的使用过程：购买 E-Cash→存储 E-Cash→用 E-Cash 购买商品或服务→资金清算→确认订单。采用电子现金支付方式实现电子商务的流程如下：

(1) 用户为了获得电子现金，要求其开户行将其存款转到电子货币发行机构，电子货币发行机构根据用户存款额向用户兑换等值的电子现金，所兑换的电子现金需经其签字。

(2) 用户开户行从用户的账户向电子货币发行机构转账。

(3) 电子货币发行机构给用户发放电子现金，用户将电子现金存入其计算机或智能卡（IC 卡）中。

(4) 用户浏览商家的站点，选购合适的商品或服务，并把电子现金发送给商家。商家验证电子现金的真假后，向用户提供商品或服务。

(5) 商家将电子现金发送给电子货币发行机构，要求兑换现金。

(6) 电子货币发行机构把钱发送给商家的开户行，商家的开户行为商家入账。

3. 电子现金的系统

电子现金系统最简单的形式包括三个主体（商家、客户、银行）和四个安全协议（初始化协议、提款协议、支付协议、存款协议）。电子现金在其生命周期中要经过提取、支付和存款三个过程，涉及客户、商家和银行三方。

（1）电子现金的基本流通模式（以E-Cash数字现金为例）包括：

1）用户在电子现金发布银行开立E-Cash账号并购买E-Cash。要在网上的货币服务器或银行购买数字现金，首先要在银行建立一个账户，将足够的资金存入该账户以支持今后的支付。

2）使用计算机E-Cash终端软件从E-Cash银行取出一定数量的E-Cash存在硬盘上。一旦账户建立，用户就可以使用数字现金软件产生一个随机数，它是银行使用私钥进行数字签名的随机数。

3）用户向接受E-Cash的商家订货，并用商家的公钥加密E-Cash后，传给商家。

4）接受E-Cash的商家与E-Cash发行银行进行清算，在交易中，数字现金被发给商家，商家再把它直接发给E-Cash发行银行，由其检验货币的有效性。像纸币一样，数字现金通过一个序列号进行标识，银行将从商家处获得的数字现金与已经使用的数字现金数据库进行比对，并确认它没有被重复使用，然后将它转入商家账户。

（2）电子现金协议。用户从自己的银行账户上提取数字现金，为了保证用户在匿名的前提下获得带有银行签名的合法数字现金，用户将与银行交互执行盲签名协议，同时银行必须确认数字现金上包含必要的用户身份。

1）支付协议（Payment Protocol）。用户使用数字现金从商店中购买货物，通常也应该分为两个子协议：验证数字现金签名（用于确认数字现金是否合法）和知识泄露协议（买方将向卖方泄露部分有关自己身份的信息，用于防止买方滥用电子现金）。

2）存款协议（Deposit Protocol）。用户及商家将数字现金存入自己的银行账户。在这一步中银行将检查存入的数字现金是否被合法使用，如果发现有非法使用的情况发生，银行将使用重用检测协议跟踪非法用户的身份，对其进行惩罚。

4. 电子现金的安全保障

电子现金以数字签名的密码系统为基础。数字签名安全可靠，与手写签名相比，不容易被仿造。电子现金在保密性上包括：其一是交易内容的保密性，通过对所有在协议执行过程中传递的敏感数据进行加密，可实现支付保密性；其二是不可跟踪性。不可跟踪性包括两个方面的内容：一方面，通过强有力的密码学技术，银行不但可以检测到电子现金的任何非法性插入，而且能追踪到应对欺诈行为负责的一方；另一方面，给那些诚实账户所有者提供强有力的支付保密性功能。

5. Mondex电子现金支付系统

Mondex是一种特定的智能卡，是由英格兰的国民西敏寺银行（National Westminster Bank）和米德兰银行（Midland Bank）为主开发和倡议使用的电子货币系统。Mondex卡不同于普通信用卡，用它付账时，既不需要在收据单上签字，也不需要等待用计算机或电话来核准支付金额，用户可以很方便地把存放在卡里的电子现金从一张卡转到另一张卡，

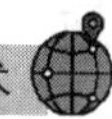

从一个账户转到另一个账户。

持卡人可以使用5种不同的货币，但使用Mondex卡需要一套电子设备，包括一部Mondex兼容电话和一台可随身携带的微型显示器。Mondex兼容电话有一个专门插入卡片的接口。显示器用来显示Mondex卡内电子现金的存储数额。持卡人存款时首先要把Mondex卡插入规定的电话接口，然后拨通本人开户银行的电话，输入卡片密码和要存入卡中的现金数额。

（二）信用卡

1. 信用卡的概念

信用卡是商业银行向个人和单位发行的，凭以向特约单位购物、消费和向银行存取现金，具有消费信用的特制载体卡片。其形式是一张正面印有发卡银行名称、有效期、号码、持卡人姓名等内容，背面有磁条、签名条的卡片。信用卡按是否向发卡银行交存备用金分为贷记卡、准贷记卡两类。贷记卡是发卡银行给予持卡人一定的信用额度，持卡人可在信用额度内先消费、后还款的信用卡；准贷记卡则是先按发卡银行要求交存一定金额的备用金的信用卡。信用卡一般单指贷记卡。

信用卡的种类繁多，按不同的标准划分，可分为如下几大类：

(1) 按发行机构划分，可分为银行卡（金融卡）和非银行卡。

(2) 按发行对象划分，可分为公司卡和个人卡。

(3) 按流通范围划分，可分为国际卡和地区卡。

(4) 按从属关系划分，可分为主卡和附属卡。

(5) 按资信状况划分，可分为金卡和普通卡。

信用卡的功能主要有ID功能、结算功能、信息记录功能。附加功能包括消费信用、消费信贷、吸收储蓄、转账结算、通存通兑、自动取款、代发工资、代理收费、信誉标志。

信用卡应用的基本特点是：特约商店不需要太多投入即能使用；无论何时均能使用；能受理信用卡的商店在全世界数量很多；法律和制度方面的问题较少。

2. 信用卡使用需要注意的问题

(1) 单位账户的资金一律从基本存款账户转账存入，不得交存现金，不得将销货收入的款项存入其账户。

(2) 信用卡仅限于合法持卡人本人使用，持卡人不得出租或转借信用卡。

(3) 单位信用卡不得用于10万元以上的商品交易、劳务供应款项的结算。

(4) 持卡人带卡购物，消费时需将信用卡和身份证一并交特约单位并在签购单上签名确认。

(5) 特约单位不得通过压卡、签单和退货等方式支付持卡人现金。

(6) 单位卡一律不得支取现金。

(7) 信用卡透支额有一定的额度限制和期限要求。

(8) 持卡人不得恶意透支。恶意透支是指持卡人超过规定限额或规定期限，并经发卡银行催收无效的透支行为。

(9) 持卡人不需要继续使用信用卡的，应持信用卡主动到发卡银行办理销户。销户时，单位卡账户余额转入其基本存款账户，不得提取现金。

(10) 信用卡丢失后，持卡人应立即持本人身份证件或其他有效证明，向发卡银行或代办银行申请挂失。

3. 信用卡结算的特点

信用卡结算具有如下特点：

(1) 方便。可以凭卡在全国各地大中城市的有关银行提取存入现金或在同城、异地的商店、饭店、宾馆消费。

(2) 通用。可用于支取现金，进行现金结算，还可以办理同城、异地的转账业务，代替支票、汇票等结算工具，具有银行户头的功能。

(3) 透支。信用卡的持卡人取现或消费以卡内存款余额为限度，当存款余额减少到一定限度时，应及时补充存款，一般不透支，如急需，允许在规定限额内小额善意透支，并计付透支利息。

4. SET信用卡支付

SET是在Internet上实现安全电子产品交易的协议标准，最初是由VISA和MasterCard合作开发完成的。

(1) SET信用卡支付流程。SET信用卡支付流程与实际的购物流程非常接近，只是它的一切操作都是通过Internet完成的，如图4-3所示。

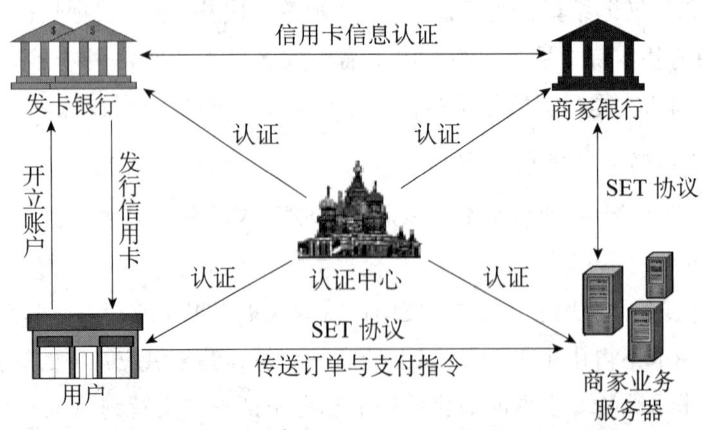

图4-3　SET信用卡支付流程

其流程如下：

1）用户在银行开立信用卡账户，获得信用卡。

2）用户在商家的 Web 主页上查看商品目录，选择所需商品。

3）用户填写订单并通过网络传递给商家，同时附上付款指令。订单和付款指令要有用户的数字签名并加密，使商家无法看到用户的账户信息。

4）商家收到订单后，向发卡行请求支付许可。

5）发卡行确认后，批准交易，并向商家返回确认信息。

6）商家发送订单确认信息给用户，并发货给用户。

7）商家请求银行支付货款，银行将货款由用户的账户转移到商家的账户。

（2）参与 SET 交易的成员及其关系。

1）用户。持有信用卡的购买货物的人。

2）发卡行。用户开立信用卡账户、获得信用卡的银行机构。在交易过程中，发卡行会先查验用户的信用卡数据，只有查验无误，整个交易才算结束。

3）商家银行。接受来自商家端送来的交易付款数据，待发卡行验证无误后，取得信用卡付款授权以供商家清算。

4）认证中心。专门验证交易双方身份的权威机构，主要接受用户、商家银行以及商家业务服务器的电子证书申请，并管理电子证书的相关事宜。

5）商家业务服务器。主要在商家的服务器上运行，处理支付卡交易与认证等。

（3）SET 协议技术。

1）共享密钥加密。用同一个密钥加密和解密数据。常用的算法包括 DES 等，共享密钥加密是 SET 加密协议的基础。

2）公开密钥加密。常用的算法是 RSA 等。公开密钥技术解决了密钥发布和管理问题，商家可以公开其公钥，而保留私钥。购物者可以用人人皆知的公钥对发送信息加密，安全送至商家后，用商家的私钥解密。

3）电子数字签名。将报文与签名同时发送作为凭证。利用公开密钥加密技术将一定的报文摘要加密成电子签名，以起到凭证作用。

4）电子安全证书。解决身份验证的问题。方案是采用第三方认证 CA，在核实网上某一实体的真实身份后，向实体发送一份签名文件，其中包括实体名称和实体的公钥。该文件称为“电子证书”，以后该实体在网上的发文都将附上该“电子证书”，以做验证。

（4）SET 标准的安全措施。

1）加密技术。同时使用私钥与公钥加密法加密。

2）数字签名技术。

3）进行电子认证。在电子交易过程中，必须确认用户、商家及其他相关机构身份的合法性，这就要求建立专门的电子认证机构。

4）使用电子信封。为了保证信息传输的安全性，交易所使用的密钥必须经常更换，SET使用电子信封的方式是更换密钥。方法是由发送方自动生成专用密钥，用它产生机密明文，再将生成的密文同密钥一起用公钥的手段加密传出去。收信人用公钥方法解密后，得到专用密钥，再次解密。

（三）电子钱包

1. 电子钱包的概念

电子钱包（Electronic Wallet，E-Wallet）是用户在电子商务购物活动中常用的一种支付工具。电子钱包有两种概念：一是纯粹的软件，主要用于网上消费、账户管理，这类软件通常与银行账户连接在一起；二是小额支付的智能储值卡，持卡人预先在卡中存入一定的金额，交易时直接从储值账户中扣除交易金额。

电子钱包是用户在小额购物或购买小商品时常用的新式钱包。使用电子钱包购物，通常需要在电子钱包服务系统中进行。电子商务活动中的电子钱包软件通常都是免费提供的，可以直接使用与自己银行账号相连接的电子商务系统服务器上的电子钱包软件，也可以从Internet上调出来，采用各种保密方式利用Internet上的电子钱包软件。目前世界上有VISA Cash和Mondex两大电子钱包服务系统，其他电子钱包服务系统还有MasterCard Cash、EuroPay的Clip和比利时的Proton等。

在电子钱包内只能装电子货币，即装入电子现金、电子零钱、安全零钱、电子信用卡、在线货币、数字货币等。这些电子支付工具都可以支持点击支付的方式。

2. 电子钱包的功能

（1）电子安全证书的管理。包括电子安全证书的申请、存储、删除等。

（2）安全电子交易。进行SET交易时辨认用户的身份并发送交易信息。

（3）交易记录的保存。保存每一笔交易记录以备日后查询。持卡人在进行网上购物时，账户信息（如账号和到期日期）及支付指令可以通过电子钱包软件进行加密传送和有效性验证。

（4）设置相关选项和更改口令。

（5）实现自动支付流程。

3. 使用电子钱包购物的步骤

（1）用户通过Internet登录电子商务网站，进行信息的搜寻，选择想购买的物品。

（2）用户在计算机上输入订单，包括从哪个销售商店购买什么商品、购买多少、在什么时间送到什么地方以及交给何人等信息。

（3）通过电子商务服务器与有关商店联系并立即得到应答，告诉用户所购货物的单价、应付款额、交货时间等信息。

(4) 用户确认后，下载电子钱包软件并将电子钱包装入系统，单击电子钱包的相应项目或电子钱包图标，立即打开电子钱包，输入保密口令，在确认是自己的电子钱包后，从电子钱包中取出其中的一张电子信用卡来付款。

(5) 电子商务服务器对此信用卡号码采用某种保密算法计算并加密后，发送到相应的银行，同时销售商店也收到了经过加密的购货账单，销售商店将自己的用户编码加入电子购货账单后，再传送到电子商务服务器上。

(6) 如果经商业银行确认后拒绝并且不予授权，则说明用户的这张信用卡上的钱不够用了或者是没有钱了，甚至是已经透支。遭到商业银行拒绝后，用户可以单击电子钱包的相应项再打开电子钱包，取出另一张电子信用卡，重复上述操作。

(7) 如果商业银行证明这张信用卡有效并授权，销售商店就可发货。与此同时，销售商店留下整个交易过程中发生往来的财务数据，并且出示一份电子收据发送给用户。

(8) 上述交易成交后，销售商店就按照用户提供的电子订单将货物发送给电子订单中指明的收货人。

(四) 电子支票

1. 电子支票的概念

电子支票（Electronic Check）是由 FSTC 倡导的一种基于纸质支票的电子替代品。电子支票具有纸质支票的所有特征。电子支票与纸质支票的一个重要的不同是，支票的签发者可以通过银行的公钥加密自己的账户号码以防止被欺诈。

电子支票是网络银行常用的一种电子支付工具。将传统支票改变为带有数字签名的电子报文，或者利用其他数字电文代替传统支票的全部信息，就是电子支票。利用电子支票，可以使支票的支付业务和支付过程电子化。网络银行和大多数银行金融机构通过建立电子支票支付系统，在各个银行之间发出和接收电子支票，向用户提供电子支付服务。

电子支票涉及三个实体，即购买方、销售方以及金融机构。当购买方与销售方完成一次交易处理后，购买方从金融机构那里获得唯一的付款证明（相当于一张支票），这个电子形式的付款证明表示购买方账户欠金融机构钱，购买方在购买时把这个付款证明交给销售方，销售方再转交给金融机构。整个事务处理过程就像传统的支票查证过程。当它作为电子方式进行时，付款证明是一个由金融机构出示证明的电子流。更重要的是，付款证明的传递和传输，以及账户的负债和信用几乎是同时发生的。如果购买方和销售方没有使用同一家金融机构，通常将由国家中央银行或国际金融组织协同控制。电子支票方式的付款可以脱离现金和纸张进行，购买者通过计算机或 POS 机获得电子支票付款证明，而不是寄张支票或直接在柜台前付款。电子支票传输系统目前一般是专用网络系统，国际金融机构通过自己的专用网络、设备、软件及一套完整的用户识别、标准报文、数据验证等规范化协议完成数据传输，从而控制其安全性。电子支票支付的主要特点如下：

(1) 电子支票的使用方式与传统支票的使用方式相同，使用简单，易于被人们理解和接受。

(2) 加密的电子支票使它们比基于公钥加密的电子现金更易于流通。

(3) 就商业界而言，电子支票能给第三方金融机构带来效益。

(4) 电子支票市场广阔。

(5) 交易中的财务风险将由第三方金融服务者负担，因而提高了销售方接受电子支票的程度。

2. 电子支票的支付流程

电子支票支付分为六步，支付流程如图 4-4 所示。

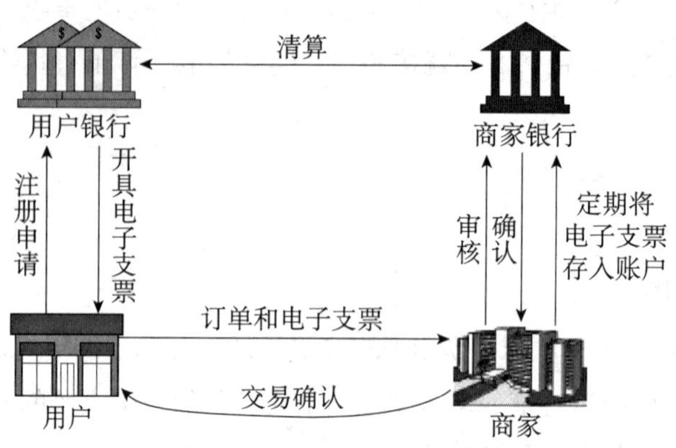

图 4-4 电子支票支付流程

(1) 用户向提供电子支票服务的银行注册申请，银行开具电子支票，且该支票应具有数字签名。

(2) 注册成功后，用户利用安全 E-mail 或其他传递方式把电子支票传送给商家，进行支付。

(3) 商家收到该电子支票之后，以用户的公钥来验证商家的数字签名并背书支票，写一份存款单，并签署该存款单。

(4) 商家银行验证用户的数字签名和商家的数字签名，贷记商家账号，用于后面的支票清算。

(5) 用户银行验证用户的数字签名，并借记用户账号。

(6) 用户银行和商家银行通过传统银行网络进行清算，并将清算结果反馈给用户和商家。

商家的开户银行和用户的开户银行之间对有关支票内容数据的合法性进行确认，在确认无误的情况下，进行支票的兑现处理，即用户的开户行从用户的活期存款账户支出相应的金额，而商家的开户银行则往商家的活期存款账户存入相应金额。

3. 电子支票的安全方案

(1) 电子支票的认证。电子支票是用户用其私钥所签署的一个文件。接收者使用支付者的公钥来解密用户的签名，这样使接收者相信发送者的确签署过这一支票。同时，用户的签名也提供了不可否认性，因为支票是由用户的私钥签署的，用户对发出的支票不能否认。此外，电子支票还可能要求用户的开户行进行数字签名。这样使接收者相信接收到的支票是根据用户在银行的有效账目填写的。接收者使用用户开户行的公钥对其签名加以验证。

(2) 公钥的发送。用户及其开户行必须向接收者提供自己的公钥。提供方法是将X. 509证书附加在电子支票上。

(3) 私钥的存储。为了防止欺诈，用户的私钥需要被安全存储并能被方便使用。可向用户提供一张智能卡，以实现对私钥的安全存储。

(4) 银行本票。银行本票由银行按以下方式发行：发行银行首先产生支票，用其私钥对其签字，并将其证书附加到支票上。接收银行使用发行银行的公钥来解密数字签名。通过这种方式使接收银行相信，它所接收到的支票的确是由支票上所描述的银行发出的。而且通过这种方式也提供了不可否认性，因为银行本票是由发行银行签署的，发行银行对其发出的银行本票不能否认。

4. 电子支票发展中存在的问题

(1) 技术问题。一项针对网上支付的调查表明，用户对网上支付最为关心的是其安全性。电子交易涉及的金额一般较大，交易的安全性更为突出。数字签名系统和加密体系的建设是实现网上支付的安全保证。中国金融认证中心的建立在很大程度上解决了数字签名、数字证书的问题，而加密体系还需要在今后不断地加强和完善。

(2) 统一性的问题。如何统一技术标准，不再重蹈银行卡的覆辙已是一个很紧迫的问题。中央银行应按“统一规划、统一标准”的原则来指导网上支付体系的建设。

(3) 电子支票的监管问题。电子支票因其交易的虚拟性而很容易被当成洗钱的工具。中央银行应加强对电子支票的研究，加大对网上支付欺诈现象的打击力度。随着科学技术的发展，一些中介性的技术服务机构正发挥支付结算和资金清算的职能，而我国的现有法律规定只有银行和特许机构才能从事支付结算和资金清算。如何规范网上交易，也是中央银行所面临的一大课题。

第二节　网上银行

一、网上银行的含义

比尔·盖茨曾经预言：“如果传统商业银行不对电子化做出迅速反应，它会成为21世纪即将灭绝的恐龙。银行业是必需的，但网络科技使银行本身变得不那么必要了。”

电子银行（Electronic Banking）通常是指银行依托先进的计算机、通信和网络技术，向客户提供各类便捷、高效、优质、安全的银行服务。它包括多种形态，如ATM、自助银行、家居银行、电话银行、手机银行和网上银行等。目前，世界各国的商业银行纷纷加大对客户自助渠道的建设投资，电子银行的服务形态正日益发展，传统的网点式银行经营服务模式将逐渐为新型的电子银行服务所取代。

网上银行是在Internet上的虚拟银行柜台，利用Internet和Intranet技术，为客户提供综合、统一、安全、实时的银行服务，包括提供对私、对公的各种零售和批发的全方位银行业务，还可以为客户提供跨国支付与清算等其他贸易或非贸易银行业务服务。

二、网上银行的特点和优势

（一）网上银行的特点

（1）突破了银行传统的业务操作模式，摒弃了银行由店堂前台接柜开始的传统服务流程，把银行的业务直接放在互联网上。

（2）不受时间和空间的约束，网上银行依托迅猛发展的计算机网络与通信技术，将银行服务渗透到全球每个角落。

（3）网上银行实现交易无纸化、业务无纸化和办公无纸化。所有以前传统银行使用的票据和单据全面电子化，如电子支票、电子汇票和电子收据等。

（4）实现了银行机构网络化。网上银行实际上就是一种无边界银行，它突破了营业网点约束对银行业务扩张的限制，使金融服务从有形的物理世界延伸到无形的数字世界。

（5）个人用户不仅可以通过网上银行查询存折账户、信用卡账户中的余额及交易情况，还可以通过网络自动定期缴纳各种社会服务项目的费用，进行网上购物。

（6）企业集团用户不仅可以查询本公司和集团子公司账户的余额、汇款、交易信息，还可以在网上进行电子贸易。

（7）网上银行还提供网上支票报失、查询服务，维护金融秩序，最大限度地减少国

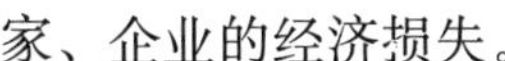

家、企业的经济损失。

(8) 网上银行服务采用了多种先进技术来保证交易的安全，不仅用户、商户和银行三者的利益能够得到保障，随着银行业务的网络化，商业罪犯也将更难找到可乘之机。

(二) 网上银行的优势

网上银行与传统的商业银行相比，有许多竞争方面的优势，突出体现在两个方面，即对成本的替代效应和对服务品种的互补效应。

(1) 广泛吸引更多的优质客户，满足客户个性化需求。

(2) 提供全方位、多元化的银行服务。

(3) 降低银行、客户交易成本。

(4) 为客户提供更及时、有效的银行服务。

(5) 使银行管理更高效、更科学。

三、网上银行的系统组成、金融服务内容和业务功能

(一) 网上银行的系统组成

(1) 办公自动化系统。

(2) 客户服务支持系统。

(3) 业务处理系统。

(4) 信息发布系统。

(5) 支付系统。

(6) 网上银行系统。

(二) 网上银行的金融服务内容

网上银行的金融服务内容如图 4-5 所示。

- 金融服务
  - 基础网上服务
    - 银行电子化
      - 银行零售业务
      - 银行批发业务
      - 银行同业清算转账
    - 网上支付系统
  - 增值网上服务
    - 各类信息
    - 在线交易
    - 新型服务

图 4-5　网上银行的金融服务内容

（三）网上银行的业务功能

(1) 银行业务项目：个人银行服务、网上信用卡业务、对公业务、其他付款方式、国际业务、信贷、特色服务。

(2) 商务服务：投资理财、资本市场、政府服务。

(3) 信息发布：国际市场外汇行情、兑换利率、储蓄利率、汇率、国际金融信息、证券行情、银行信息等。

四、网上银行分类

网上银行的运行机制有两种。一种是完全依赖于 Internet 发展起来的全新电子银行；另一种是指传统商业银行运用 Internet 开展传统的银行业务，通过其发展家庭银行、企业银行等服务。

网上银行的业务模式有三种。第一种模式是把网上银行所针对的客户群设定为零售客户，把网上银行作为银行零售业务柜台的延伸，提供 24 小时不间断服务，节省银行的成本；第二种模式是网上银行以批发业务为主，即在网上处理银行间的交易和银行间的资金往来；第三种模式是前两种的结合，即网上银行包括零售和批发两个方面的业务。

目前，国内网上银行的基本组织形式有两种。一种是由一家银行的总行统一提供一个网址，所有交易均由总行的服务器来完成，分支机构只是负责接受现场开户申请及发放有关软硬件的工作；另一种是以各分行为单位设立网址并互相连接，客户交易均由当地服务器完成，数据通过银行内部网络连接到总行，总行再将有关数据传送到其他分支机构服务器，完成交易过程。第一种模式以中国工商银行、中国银行和中信实业银行为代表；第二种模式则为中国建设银行、招商银行所采用。

第三节　第三方支付

一、第三方支付概述

一个典型的电子商务交易由三个阶段组成，分别是信息搜寻、支付以及物流配送。第三方安全支付平台流程如图 4-6 所示。

目前，有名的第三方安全支付平台有阿里巴巴的支付宝、易趣的安付通以及微信支付等。支付宝拥有独立账户，是保障付款安全的第三方平台，安全、快捷、简单。安付通是

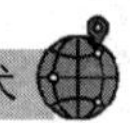

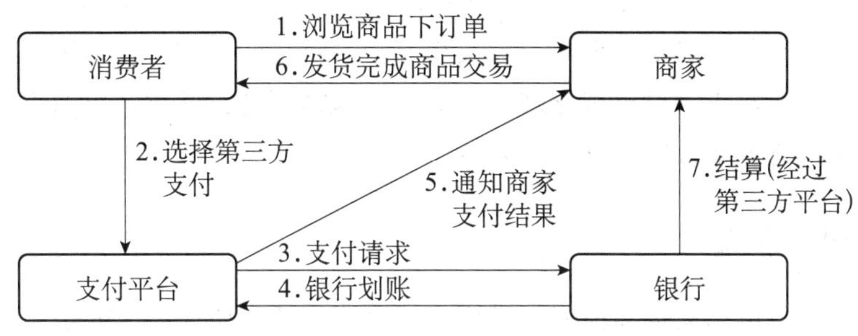

图 4-6　第三方安全支付平台流程

单纯的第三方保障，无独立账号。另外，腾讯的财付通是完全按照支付宝的模式来做的。这里重点介绍阿里巴巴的支付宝。

二、支付宝

(一) 支付宝的概念

支付宝是支付宝公司针对网上交易而特别推出的安全付款服务。其运作的实质是以支付宝为信用中介，在买家确认收到商品前，由支付宝替买卖双方暂时保管货款的一种增值服务。

电子支付使用者通过电子终端，借助网络实现资金转移的行为，主要通过信用卡、电子支票、数字现金、智能卡等方式来实现。支付宝服务自 2003 年 10 月 18 日在淘宝网推出以来，深受淘宝会员的喜爱，引起业界高度的关注。支付宝的交易流程如图 4-7 所示。

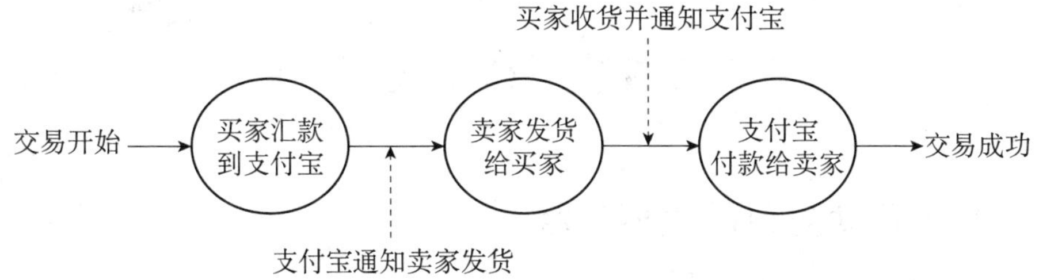

图 4-7　支付宝的安全交易流程

(二) 支付宝的安全保障措施

在认证方面，个人或公司必须凭有效身份证件和营业执照进行注册和认证。

在买卖过程中，买家必须将货款通过转账的形式支付到支付宝中。卖家发货并承担相应义务后，如无正当理由，支付宝将会在买家确认下将货款划拨到卖家账户中。如果买家不作明确指示，既不作收货确认，也不作退货处理，或未表明未收到货物，支付宝仍将在

规定时间内将货款划拨到卖家账户中，以确保卖家利益。如果买家未收到货物，或认为卖家未尽所承诺的义务，可以申请退货，买卖双方同意解除交易的，支付宝将货款返还给买家；如果在此问题上双方意见出现分歧，可提交网站客服进行调解，以双方达成一致意见为准，确认货款处置方法，以确保买家利益。

（三）支付宝的充值

开通网银后，就可以通过充值入口进行支付宝账户的充值操作。充值后没有进行过购买行为的资金不能申请提现，如果急需提取，可申请退回到充值账户中。

（四）使用支付宝的好处

1. 买家使用支付宝的好处

（1）货款先支付给支付宝，收货满意后才付钱给卖家，安全放心。

（2）不必跑银行汇款，在线支付，方便简单。

（3）付款成功后，即时到账，卖家可以立刻发货，快速高效。

（4）在线支付，交易手续费全免。

2. 卖家使用支付宝的好处

（1）无须去银行查账。支付宝会告诉卖家买家是否已付款，可谓省心、省力、省时。

（2）账目分明。交易管理帮卖家清晰地记录每一笔交易的交易状态，即使有多个买家汇入同样的金额也能区分清楚。

（3）支付宝认证是卖家信誉的保证。

第四节　移动支付

一、我国移动支付的发展现状

随着以支付宝、微信支付为代表的第三方移动平台的崛起，中国移动支付蓬勃发展，在世界上也可谓一枝独秀。根据中国人民银行发布的数据，2019 年，非银行支付机构处理网络支付业务共 7 199.98 亿笔，金额达 249.88 万亿元，同比分别增长 35.69％和 20.10％。2019 年，银行共处理电子支付业务 2 233.88 亿笔，金额达 2 607.04 万亿元。其中，网上支付业务 781.85 亿笔，金额达 2 134.84 万亿元，同比分别增长 37.14％和 0.40％；移动支付业务 1 014.31 亿笔，金额达 347.11 万亿元，同比分别增长 67.57％和 25.13％。

 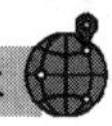

根据 Forrester 报告，2016 年美国移动支付规模仅 1 120 亿美元，中国移动支付规模是美国的 90 倍。联合国环境署下的无现金联盟（Better Than Cash Alliance）2017 年发布了一份名为《中国社交和电子商务平台和中国数字支付生态的成长》（Social Networks, e-Commerce Platforms, and the Growth of Digital Payment Ecosystems in China）的报告，该报告认为，中国在移动支付领域明显领先于全世界，普及率也最高。报告高度赞赏了中国的支付宝和微信支付在推动无现金支付方面取得的成效，并将两家公司的成功经验总结下来，建议全球政府和机构吸取并推广。2013—2017 年中国移动支付金额规模及其增长速度如图 4-8 所示。

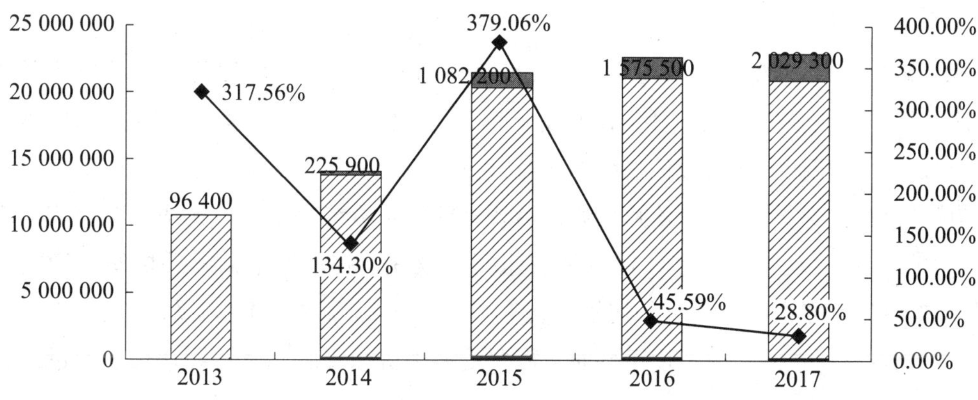

图 4-8 移动支付金额规模及其增长速度

二、我国移动支付的发展历程

1. 短信移动支付

中国最早的移动支付可以追溯到 1998 年左右国内一些银行推出的短信银行，即用短信传输资金操作指令来完成相应的支付指令、转移货币资金的服务。短信银行要求用户拥有一个手机号码，手机号码绑定一个银行卡账户。用户使用手机根据相应的银行操作代码，发送短信到银行指定的接收号码来实现相应的移动支付操作。短信银行功能很简单，在当时是一个巨人的支付创新，用户通过手机就可以完成支付操作。当然，短信银行也存在诸多弱点：一是短信银行只能远程支付，无法近场支付；二是短信银行受到当时技术条件的限制，使得操作步骤烦琐且需要牢记指令；三是成本较高，发送短信需要 0.1 元左右的成本。因此，短信银行并没有在普通老百姓之中普及。

2. WAP 移动支付

2000 年，随着无线应用协议（Wireless Application Protocol，WAP）的成熟，Internet 的丰富信息及先进的业务也可以引入当时的非智能手机等无线终端。2001 年，中国移动推出“移动梦网”业务，只要手机能上 WAP，于是银行马上推出了 WAP 银行，即移动互联网的网上银行。

WAP 仍然没有流行起来，其主要原因有：一是当时不是所有手机都能上 WAP，即使能上 WAP，由于当时的流量费用非常昂贵，普通老百姓也无法承受这么高昂的使用成本；二是当时的主流手机没有触摸屏功能，界面虽友好，但操作起来还是非常不方便；三是移动互联网技术是一种全新的技术，在普通老百姓中远没有普及，因此 WAP 银行也没有流行起来。

3. 芯片移动支付

短信银行也好，WAP 银行也罢，都无法实现近场支付。我国银行与移动通信公司合作是常用路径，就是把银行卡 IC 卡集成至 SIM 卡之中。比如：浦发银行推出的 RDIF-SIM 银行，用户把拥有无线通信功能的银行卡 IC 贴片与 SIM 卡保持近距离以实现近场支付的功能。然而，一是由于各种芯片银行的技术标准并不统一，用户无法相互兼容，必然极大地影响用户规模；二是芯片银行涉及银行、银联、移动通信商、手机制造商、技术（专利）提供商多方主体，利益分配极其复杂，参与方都想成为移动支付的主导者；三是用户使用成本太高，要使用芯片银行通常需要更换手机和安装芯片，办理烦琐，最终无法受到用户的青睐。

4. App 移动支付

App 移动支付是以智能手机使用 App 应用程序为主流支付手段的支付模式。App 移动支付分为第三方 App 移动支付和银行 App 移动支付。

（1）第三方支付机构的账户支付。第三方 App 移动支付是非银行支付机构提供的 App 移动支付服务，典型的服务主体有支付宝和微信支付。第三方 App 移动支付主导了普通老百姓的日常移动支付。其中重要的原因是第三方支付将银行账户支付模式引入自身系统内。

（2）第三方支付机构的扫码支付。2014 年左右，第三方移动支付开始通过扫码支付创新，正式向线下支付王者中国银联宣战。2016 年 8 月，央行下发《条码支付业务规范（征求意见稿）》，二维码支付正式解禁，从而让线下小额支付模式进入全新时代。由于二维码收款成本低廉且便利，从大型商超到餐厅、便利店乃至小贩几乎都能够使用二维码，生活中一些高频支付场景都可以采用扫码支付方式，如公交、地铁、高速站收费等。线下移动支付的普及忽如一夜春风来，使中国的手机支付比例在 2016 年攀升至世界第一，达到 77%。移动支付的发源国日本也只有 27%，西方发达国家美国和德国也只有 48%。

（3）银行机构 App 移动支付。央行在 2015 年 7 月出台了《非银行支付机构网络支付业务管理办法（征求意见稿）》，允许尝试创新手段，到 2016 年 8 月央行解禁扫码支付后，

银行机构才大力发展扫码支付，由于使用场景、生态和使用习惯等各种因素，效果非常有限，因此没有哪家银行的扫码支付成为移动支付的主流。

（4）银行机构的云闪付。在 2015 年前后，银行和银联联手推出了基于 NFC-HCE（安卓系统）和 NFC-SE（苹果系统）技术的移动支付产品，以下称为 NFC 支付。其原理是利用 HCE 和 SE 技术，在手机银行 App 中模拟了一张银行卡，然后刷手机支付时，HCE 和 SE 服务在相应的系统后台运行，在不必打开支付 App 的情况下就相当于刷了那张银行卡，用户只需在 POS 机上输入银行卡密码（如果用户设置了小额免密支付，就不需要这个步骤）即可完成支付，整个使用过程确实非常方便。银联为了能更快速、更广泛地推广云闪付，还联合了苹果、三星等移动终端巨头。

NFC 云闪付的推出，解决了银行卡近场移动支付的软肋，用户可以将所有支持云闪付的银行卡都绑定手机进行云闪付，但从目前来看，使用云闪付的用户和频率都远低于支付宝、微信支付等支付工具。主要原因有：一是并不是所有的手机都支持 NFC；二是收款终端都要升级为支持云闪付的 POS 机；三是应用场景远没有支付宝、微信那么高频和丰富，NFC 应用生态也比较单一。

（5）银行机构的扫码支付。虽然国内多数银行都参与了以银联为主导的云闪移动支付，云闪付也给银行带来了一定的支付市场和数据，但凭借扫码支付，用户可在任何时间、任何地点、使用任何智能手机完成支付，这种轻量、快速、低成本支付优势是云闪付所不具备的。在 2016 年 8 月央行解禁扫码支付后，各大银行机构开始不遗余力地布局自己的扫码支付以获得更多的交易数据、更强的用户黏性、更高的中间业务收入。例如：中国工商银行、中国建设银行等大银行在 2017 年左右不但推出了自己的扫码支付功能，也与支付宝、微信支付、银联等合作推出聚合支付扫码，与合作的第三方支付机构的二维码互认互扫。

思考题

1. 电子货币是什么？
2. 什么是电子钱包？其通常的使用步骤有哪些？
3. 在信用卡的使用过程中，要注意的问题有哪些？
4. 什么是电子现金？电子现金的基本特征有哪些？
5. 什么是电子支票？电子支票具有哪些优势？
6. 电子支票在使用过程中存在哪些问题？其对策是什么？
7. 什么叫移动支付？它有什么特点？
8. 移动支付的分类有哪些？
9. 什么是云闪付？它有什么特点？

第五章 网络营销

知识要点

(1) 掌握网络营销的产生和概念。

(2) 了解各种网络营销组合理论和职能。

(3) 掌握网络营销的产品、价格和渠道策略。

(4) 掌握网络广告的特点和类型。

(5) 掌握二维码营销的方法。

(6) 掌握软文营销类型及其方法。

第一节 网络营销概述

网络营销（E-Marketing）作为信息时代的全新的营销方式正在全球范围内悄然兴起，使市场营销的手段和内容正在发生史无前例的变革，并将成为21世纪市场营销发展的大趋势。网络营销的发展有其可行性和独特的优越性，对企业传统经营方式将产生巨大的影响。

5-1
认识网络营销

一、网络营销的产生背景

（一）互联网的发展

互联网是一种集通信技术、信息技术、时间技术于一身的网络系统。其形式并非来源于全球性的系统规划，它之所以有今天的规模，得益于其本身的特点——开放、分享与价

格低廉。企业利用互联网开展经营活动，显示出越来越多的区别于传统营销模式的优势。

（二）消费观念的改变

满足消费者的需求是市场营销的核心。随着科技的发展、社会的进步、文明程度的提高，消费者的观念也在不断地变化，这为网络营销提供了普及的可能。这些观念变化可概括如下：

(1) 个性消费的回归。消费者以个人心理愿望为基础挑选和购买商品或服务，心理上的认同感是做出购买决策的先决条件，以商品供应千姿百态为基础的单独享有成为社会时尚。

(2) 消费主动性的增强。由于商品生产的日益细化和专业化，消费者购买的风险感随选择的增多而上升。消费者会主动通过各种途径获取与商品有关的信息，并进行分析比较，以减少购买失误的可能。

(3) 对购物方便性的追求。由于现代人工作负荷较重，消费者希望购物方便、时间和精力支出尽量节省，特别是对某些品牌已经形成固定偏好的消费者，这一需要尤为重要。

(4) 对购物乐趣的追求。现代人的生活丰富多彩，购物活动不仅是消费需要，也是心理需要，很多消费者以购物为休闲方式，从中获得享受。

(5) 价格仍然是影响购买的重要因素。虽然现代市场营销倾向于以各种策略来削减消费者对价格的敏感度，避免恶性价格竞争，但价格始终对消费者有重要的影响。一旦价格削减的幅度超过消费者的心理预期，难免会影响消费者既定的购物原则。

（三）激烈的市场竞争

当今的市场竞争日趋激烈，企业为了取得竞争优势想方设法吸引客户，传统的营销已经很难有新颖独特的方法来帮助企业在竞争中出奇制胜了。企业开展网络营销可以节约昂贵的店面租金，可以减少库存商品的资金占用，可以使经营规模不受场地限制，可以方便地采集客户信息，等等。这些长处使得企业经营的成本和费用降低、运作周期变短，从根本上提高了企业的竞争力。

二、网络营销的含义

网络营销是以互联网为传播手段，利用数字化的信息和网络媒体的交互性来辅助营销目标实现的一种新型的市场营销方式。从“营销”的角度出发，我们认为：网络营销是企业整体营销战略的一个组成部分，是建立在互联网基础之上、借助互联网来更有效地满足客户的需求和欲望，从而实现企业营销目标的一种手段。

5-2
网络营销三步骤

显然，网络营销不只是网上销售。网上销售是网络营销发展到一定阶段产生的结果，网络营销是为实现网上销售目的而进行的一项基本活动。网络营销本身并不等于网上销售，这是因为网络营销的效果可能表现在多个方面，如企业品牌价值的提升、加强与客户之间的沟通。作为一种对外发布信息的工具，网络营销活动并不一定能实现网上直接销售的目的，但是很可能有利于增加总销量。此外，网上销售的推广手段也不仅仅靠网络营销，往往还要采取许多传统的方式，如投放传统媒体广告、发布新闻、印发宣传册等。

网络营销作为新的营销方式和营销手段，其内容是非常丰富的。一方面，网络营销要为企业提供有关网络消费者的特征和个性化需求的信息；另一方面，网络营销要在网上开展营销活动以实现企业的目标。它的主要内容可以概括如下：

(1) 网上市场调查。网上市场调查是指利用互联网交互式的信息沟通渠道搜集信息的过程。其调查的内容包括对消费者、竞争对手以及整个市场情况的及时报道和准确分析。在互联网环境和技术的支持下，营销调研成本低，信息量大，从而可以进一步了解消费者的现实和潜在需求，深化个性营销的观念和规则，并且对传统的细分市场做进一步细分。

(2) 网上产品和服务的策略。在网上进行营销，必须结合网络的特点重新考虑产品的设计、开发、包装和品牌策略，低价位和快速反应有可能成为网上产品和服务的策略。

(3) 网络公共关系。网络公关的目的是通过营销传播媒介从第三方立场的评论来树立企业和产品的形象，提高企业和产品的知名度，以增强产品对客户的吸引力。

(4) 网络广告。网络广告最大的特点是交互性和直接性，沟通双方可以突破时空限制直接进行交流，简单、高效、费用低廉。

三、网络营销的特点

网络营销的实质是着眼于信息流、通过计算机网络传输信息的市场营销。这种全新的营销方式在经营环境、范围、手段、运作形式，以及供求双方的沟通等方面，有着其他营销方式所不可比拟的优势。

（一）无限的运作时空

以无时间和空间约束的互联网为依托的网络营销，没有时间、空间、地域、国别的限制，减少了市场壁垒和市场扩展的障碍。企业通过网络可以随时传递企业的形象、经营情况和产品等信息，直接面对全球大市场开展营销活动。从客户角度来说，通过网络可以实时快捷地查询、浏览所需的各种产品和服务信息，并将自己的响应及时发送给企业。

（二）公平自由的竞争环境

互联网为企业提供了一个真正平等、自由竞争的市场环境，过去由知名企业、跨国公司

所形成的市场垄断局面、中小型企业进入国际市场的障碍都将不复存在。互联网环境中的企业无论大小，面对的都将是同一个覆盖全球的大市场。中小型企业不再受经营规模不大、发展历史不长等因素的制约，可以无所顾忌地与跨国大公司展开公平的市场竞争。此外，由于不受场地、地域的限制，网络营销有利于企业扩大市场和经营规模，从根本上增强企业的竞争优势。

（三）便捷有效的沟通渠道

市场营销中最重要的是企业与客户之间的信息传播与交流。传统营销中那种“一对多”、单向式的信息沟通方式，被网络营销中“一对一”、双向交互式的沟通方式取代。消费者可以主动地在网上选择感兴趣的信息、产品或服务，或向企业提出各种消费意愿。而企业也可根据其反馈的需求信息，定制、改进或开发新产品。这种交互式的沟通方式以消费者为主导，是非强迫性的，它使企业与消费者间的沟通更直接、更迅速、更方便、更友好、更有效。

（四）营销目标定位准确

网络营销顺应了当今社会消费需求个性化、多样化的发展趋势，从大规模无差异性向个性化集中营销转化。它更准确、更详尽地细分了目标市场，使企业可以从每一个消费者身上寻找商机，为其提供称心如意的产品和服务。同时，网上的促销效果是可以统计的，消费者的各种消费意愿也是可以搜集到的。

（五）经营成本降低

网络营销将互联网作为营销环境，减少了销售环节，简化了信息传播过程。网站和网页分别成为营销的场所和页面，一方面可以节省大量的店面资金和人工成本，减少库存商品的资金占用，降低在整个商品供应链上的费用；另一方面可以减少由于多次迂回交换带来的损耗，使产品在网络流通中增值。

（六）供应链缩短，经营效率提高

网络营销减少了许多营销环节，缩短了传统的供应链，使传统的迂回模式变为直接模式，绕开了各种中间环节，节省了大量时间，提高了运作效率。如企业生产出的产品可以立即上网销售，实现零库存、无分销商的高效运作。潜在客户也不必等待销售人员的回复，可自行主动地通过网页来寻找商品信息，提出和实现自己的购买需求。

（七）营销形式丰富多样

网络营销可以充分发挥计算机及多媒体技术的优势，实现丰富多彩的营销形式。目前互联网上访问人数最多的那些热门网站，都是以提供丰富的信息为基础的。在商务网站上除图文、音频、视频并茂的产品信息外，一般还提供大量知识性、趣味性、参与性的信息，各种广告形式、促销活动、公关手段（电子公关）都可以在网页上实现，且具有更丰富的内涵（如动态广告、虚拟现实等）。这是其他营销方式所做不到的。

（八）高技术条件支撑的营销手段

网络营销是建立在计算机及现代通信等高新技术支撑的网络环境中的，企业实施网络营销必须有一定的技术投入和技术支持，经营决策、市场运作更加依赖于科技手段。

四、网络营销的方法体系与职能

5-3
网络营销推广

（一）网络营销的方法体系

网络营销的方法按照有无站点可分为两种，即基于站点的网络营销方法和无站点的网络营销方法。其营销体系如图 5-1 所示。

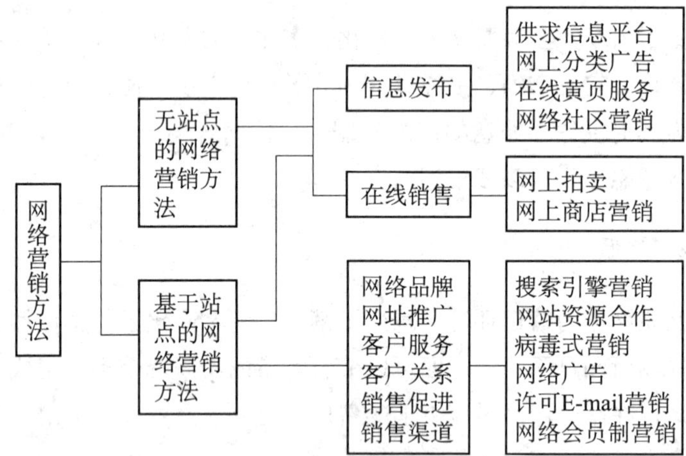

图 5-1　网络营销的方法体系

（二）网络营销的职能

网络营销可以在网络品牌、网址推广、信息发布、销售促进、销售渠道、客户服务、客户关系、网上市场调研八个方面发挥作用。这八种作用也就是网络营销的八大职能，网络营销策略的制定和各种网络营销手段的实施也以发挥这些职能为目的。网络营销的实验模型如图 5-2 所示。网络营销的层次及其主要活动如图 5-3 所示。

1. 网络品牌

网络营销的重要任务之一就是在互联网上建立并推广企业品牌，知名企业线下品牌可

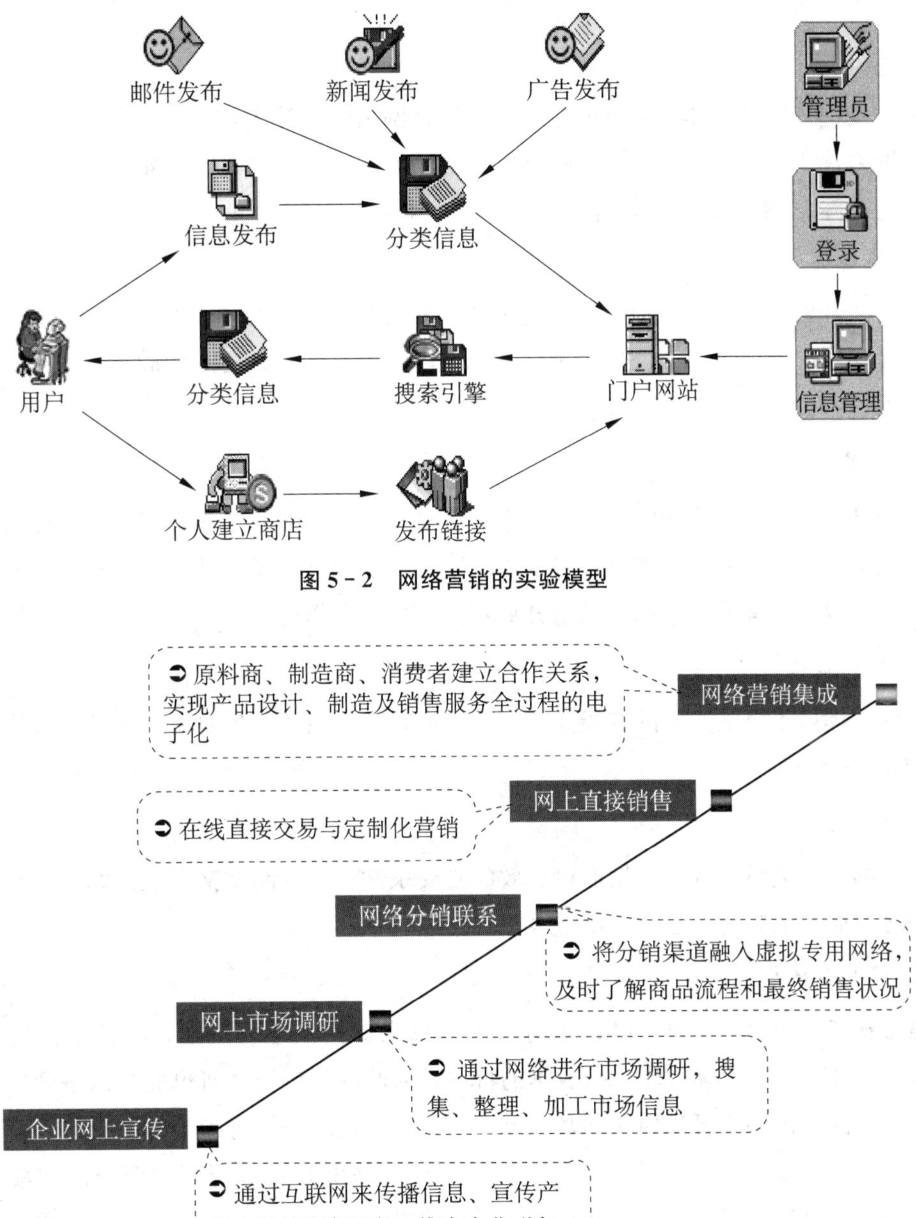

图 5－2　网络营销的实验模型

图 5－3　网络营销的层次及其主要活动

以在线上得以延伸，一般企业则可以通过互联网快速树立品牌形象，并提升企业的整体形象。网络品牌建设是以企业网站建设为基础，通过一系列推广措施，让公众认识和认可企业。在某种程度上说，网络品牌价值甚至高于通过网络获得的直接收益。

2. 网址推广

网站所有功能的发挥都要以一定的访问量为基础，所以网址推广是网络营销的核心职能之一。

3. 信息发布

网站是一种信息载体，通过网站发布信息是网络营销的主要方法之一，同时，信息发布也是网络营销的基本职能，无论哪种网络营销方式，结果都是将一定的信息传递给目标人群，包括客户/潜在客户、媒体、合作伙伴、竞争者等。

4. 销售促进

营销的基本目的是为增加销售提供帮助，网络营销也不例外，大部分网络营销方法都与直接或间接促进销售有关，但促进销售并不限于促进网上销售。实际上，网络营销在很多情况下对于促进线下销售十分有价值。

5. 销售渠道

一个具备网上交易功能的企业网站本身就是一个网上交易场所，网上销售是企业销售渠道在网上的延伸，网上销售渠道建设也不限于网站本身，还包括综合电子商务平台上的网上商店，以及与其他电子商务网站开展不同形式的合作等。

6. 客户服务

互联网提供了更加方便的在线客户服务手段，客户服务质量对于网络营销效果具有重要影响。

7. 客户关系

良好的客户关系是网络营销取得成效的必要条件，通过网站交互性、客户参与等方式在开展客户服务的同时，也可以增进客户关系。

8. 网上市场调研

通过在线调查表或者电子邮件等方式，可以完成网上市场调研，相较于传统市场调研，网上市场调研具有高效率、低成本的特点，因此网上市场调研也成为网络营销的主要职能之一。网上市场调研是指在互联网上针对特定营销环境进行简单调查设计、搜集资料和初步分析的活动。它有两种方式：一种是利用互联网直接进行问卷调查来搜集一手资料，称为网上直接调研；另一种是利用互联网的媒体功能，通过互联网搜集二手资料，一般称为网上间接调研。

第二节　网络营销策略

一个企业的生存和发展，关键在于它所生产的产品能否满足消费者的需求。任何企业制定策略都必须适应消费者的需求及其发展的趋势。本节主要讲解在网络营销环境下如何

制定产品策略、价格策略、渠道策略和促销策略。

一、网络营销的产品策略

当企业制定了目标市场策略后，要进一步制定市场营销组合策略，即企业以何产品、价格、渠道、促销手段去满足目标客户的需求。其中，产品是企业市场营销组合中的重要因素。产品策略直接影响和决定其他市场营销组合因素的策略，对企业市场营销的成败关系重大。

5－4
认识网络营销产品

（一）网络营销产品的含义

产品是市场营销组合中最重要的因素。产品是向市场提供的能满足人们某种需求的任何东西，包括有形物品和无形服务。产品的这个广义概念具有两方面的特点：一方面，并不是具有物质实体的才是产品，能满足人们某种需要的劳务也是产品，如运输服务、存储服务、安装修配服务、咨询服务、保险服务、金融服务等；另一方面，对工业企业来说，其产品不仅包括具有一定形状和用途的实体本身，也包括随实物出售的相应服务。

网络营销产品的内涵与传统产品的内涵有一定的差异性，主要是网络产品的层次比传统营销产品的层次大大扩展了。网络产品需求层次如图 5－4 所示。

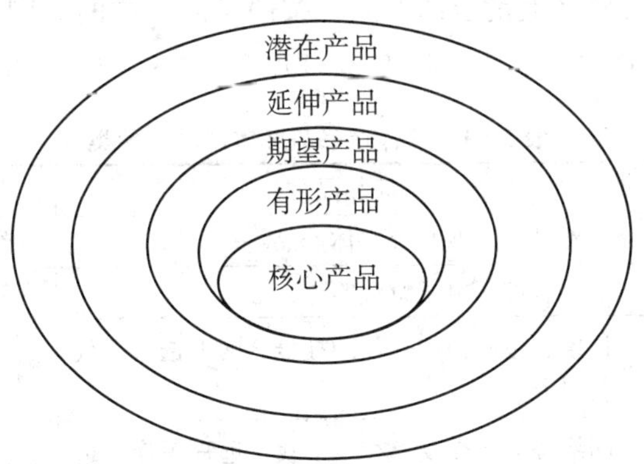

图 5－4　网络产品需求层次

1. 核心产品层次

这是产品最基本的层次，是满足客户需要的核心内容，是客户要购买的实质性东西。

2. 有形产品层次

这是产品在市场上出现时的具体物质形态，企业的生产和设计人员将核心产品通过一定的载体，转为有形的物体而表现出来。它包括产品的质量水平、功能、款式、特色、品牌和包装等。

3. 期望产品层次

在网络营销中，消费需求呈现个性化的特征，不同的消费者可以根据自己的爱好对产品提出不同的要求，因此产品的设计和开发必须满足客户的个性化消费需求。客户在购买产品前对可购产品的质量、使用方便程度、特点等方面的期望值，就是期望产品。现代社会已由传统的企业设计开发、客户被动接受的时代，进入了以客户为中心，企业按照客户提出的要求辅助其设计和开发产品，从而满足客户个性需求的新时代。

4. 延伸产品层次

这是指客户在购买产品时所得到的附加的服务或利益，主要是为了帮助客户更好地使用核心利益和服务，如提供信贷、质量保证、免费送货及售后服务等。

5. 潜在产品层次

这是在延伸产品层次之外，由企业提供的能满足客户潜在需求的产品层次。它是产品的一种增值服务。

（二）网络适销产品

5-5
网络营销产品选择

利用网络沟通的广泛性、便利性，可以更主动地向更多人展示创意独特的新产品的别致之处，从而满足那些品位独特、需求特殊的客户“先睹为快”的心理。在网络上销售的产品，按照产品性质的不同，可以分为实体产品和虚体产品两大类（见表5-1）。

表5-1 实体产品与虚体产品的种类

商品形态	类别	商品品种	营销方式
实体产品	普通	消费品、工业品等实体产品	在线浏览购物
虚体产品	软件	电脑软件、电子游戏等	在线销售
	在线服务	订票、旅游预约、预约挂号、网上选号、代购服务	网络预约服务
		网络援助、交友、在线游戏、远程医疗、远程教育	互助（互动）服务
		咨询、中介服务、股市行情分析、数据库检索、电子新闻、研究报告	信息咨询服务

1. 实体产品

将网上销售的产品分为实体和虚体两大类，主要是根据产品的形态来区分的。实体产品是指具体物理形状的物质产品。在网络上销售实体产品的过程与传统的购物方式有所不同。在这里已没有传统的面对面的买卖方式，网络上的交互式交流成为买卖双方交流的主

要形式。消费者或客户通过卖方的主页了解其产品，在线提交订单；而卖方则将面对面的交货改为快递送货上门。因此，网络销售也是直销方式的一种。

2. 虚体产品

虚体产品一般是无形的，即使表现出一定的形态也是通过其载体体现出来的，但产品本身的性质和性能必须通过其他方式才能表现出来。在网络上销售的虚体产品可以分为软件和在线服务。软件包括计算机系统软件和应用软件。网上软件销售商常常可以提供一段时间的试用期，允许用户尝试使用并提出意见。好的软件能够很快吸引客户，使他们爱不释手并为此慷慨解囊。

在线服务可以分为普通服务和信息咨询服务两大类：普通服务包括远程医疗、在线订票、餐饮旅游服务预约、医院预约挂号、网络交友、在线游戏等；信息咨询服务包括法律咨询、医药咨询、股市行情分析、金融咨询、资料库检索、电子新闻、电子报刊等。

对于信息咨询服务来说，网络是最好的媒体选择。用户上网的最大诉求就是寻求对自己有用的信息，信息服务正好提供了满足这种需求的机会。通过互联网，用户可以得到包括法律咨询、医药咨询、金融咨询、股市行情分析在内的咨询服务和包括资料库检索、电子新闻、电子报刊在内的信息服务。

在开发新产品时必须首先研究在电子商务时代消费者的消费行为与消费要求的特点，进而确定网络营销新产品的定位和新产品的开发。

（三）网上品牌内涵

1. 网上品牌的含义

在现代西方营销领域，品牌是一种企业资产、一种信誉，由产品品质、商标、企业标志、广告口号、公共关系等混合交织形成。

2. 网上品牌的特征

网上品牌与传统品牌有很大的不同，传统优势品牌不一定是网上优势品牌，网上优势品牌的创立需要重新进行规划和投资。美国著名咨询公司 Forrester Research 公司在 1999 年 11 月发表了题为 *Branding For A Net Generation* 的调查报告。该报告指出："品牌知名度与网站访问量之间没有必然的联系。""通过对年龄为 16～22 岁的青年人的品牌选择倾向和他们的上网行为进行比较，研究人员发现了一个似是而非的现象。尽管可口可乐、耐克等品牌仍然受到广大青少年的青睐，但是这些公司网站的访问量却并不高。既然知名品牌与网站访问量之间没有必然的联系，那么公司到底要不要建设网站就是一个值得考虑的问题。从另一角度看，这个结果也意味着公司要在网上取得成功，绝不能指望依赖传统的品牌优势。"

3. 企业域名品牌内涵

域名是企业站点联系地址，是企业被识别和选择的对象，因此提高域名的知名度，也就是提高企业站点的知名度以及企业被识别和选择的概率。域名在互联网上可以说是企业形象的化身，是在虚拟网上市场环境中商业活动的标识。因此，必须将域名作为一种商业资源来管理和使用。

域名具有商标特性，某些域名已具有潜在的商标价值。如以 IBM 作为域名，使用者很自然会联想到 IBM 公司，联想到该站点提供的服务或产品同样具有 IBM 公司一贯承诺的品质和价值。一旦被他人抢先注册，注册者就可以很自然地利用该域名所附带的一些属性和价值，这会令受害企业不但丧失商业利润，还要承担品牌形象受到无形损害的风险。

由于国际域名在全世界是统一注册的，因此在全世界范围内，如果一个域名已被注册，其他任何机构都无权再注册和使用此域名。国际互联网上的检索信息显示，我国大量的知名企业、驰名商标和其他具有特定意义和称谓的域名已被他人抢先注册了，然而还有相当多的企业没有认识到自己企业域名的珍贵性，本应属于自己的域名却被别人捷足先登，这不能不说是一个损失。

（四）网络营销服务

营销大师菲利普·科特勒将服务定义为：服务是一方能够向另一方提供的基本上是无形的任何功效或礼仪，并且不导致任何所有权的产生，它的产生可能与某种有形产品密切联系在一起，也可能毫无联系。网络营销服务也具有同样的内涵，只是网络营销服务是通过互联网来实现服务的。

服务是企业围绕用户需求提供的功效或礼仪，网络营销服务的本质也就是让用户满意，用户是否满意是网络营销服务质量的唯一标准。要让用户满意就要满足用户的需求，用户的需求一般是有层次性的，企业提供的服务越能满足用户的需求，用户的满意度就越高。网络营销服务利用互联网的特性可以更好地满足用户不同层次的需求。

企业要实现个性化服务，就需要改造企业的业务流程，改造成按照用户需求来进行产品的设计、制造、销售、配送和服务的业务流程。用户了解和参与整个过程意味着企业与用户需要建立一种“一对一”的关系。互联网可以帮助企业更好地改造业务流程以适应对用户的“一对一”营销服务。

二、网络营销的价格策略

定价就是一个公司怎样把它提供给消费者的利益转变成它可得到的利润。任何企业都不能只凭直觉随意定价，而必须借助科学且行之有效的定价方法。

(一) 网络营销定价方法

在网络市场中，企业重点研究如何满足客户的需要，以成本为导向来确定产品价格将逐渐被淡化，而以需求为导向来确定价格将成为企业确定价格的主要方法。同时，竞争导向定价法中的招投标定价法和拍卖定价法将不断被强化。

1. 需求导向定价法

在网络环境下，价值法和区分需求定价法得到了充分的应用。价值法的关键问题，即如何准确地进行价值评估，在网络市场中得到了很好的解决。企业可以利用网络的互动性和快捷性的特点，及时、准确地掌握和了解消费者或用户的预期价格，从而比较正确地确定商品的价格，避免估价过高或偏低现象的发生。

2. 竞争导向定价法

在网络市场中，同样存在竞争，而且这种竞争并不逊色于传统市场的竞争。在网络市场中，目前以竞争为导向进行定价的方法主要有招投标定价法和拍卖定价法。

（1）招投标定价法。招投标定价法是招标单位通过网络发布招标公告，由投标单位进行投标而择优成交的一种定价方法。它是买方引导卖方通过竞争成交的一种方法，通常用于建筑包工、大型设备制造、政府大宗采购、劳务贸易等。一般是由买方公开招标，卖方竞标、密封递价，买方按物美价廉的原则择优录取，到期公开开标，中标者与买方签约成交。对于招标单位来说，这种定价法扩大了招标单位对投标单位的选择范围，从而使企业能在较大范围内以较优的价格选择投标单位；对于投标单位来说，这种定价法不仅增加了投标的营销机会，而且使企业能获得较为公平的竞争环境，为企业的发展创造良机。

（2）拍卖定价法。拍卖定价法是市场经济中常用的一种定价法，是指拍卖行受出售者委托在特定场所公开叫卖，引导买方报价，利用买方竞争求购的心理，从中选择最高价格的一种定价方法。目前，许多拍卖行在网上进行有益的尝试，使拍卖定价法在网络营销中得到了较快的发展。例如，日本的AUC网在网上实施旧车拍卖，并取得了明显效果。相信在不远的将来，拍卖定价法将会在网络市场中得到广泛的应用。拍卖价格与投标价格的形成有所不同，其区别在于前者是买方公开竞价，后者是卖方密封递价。

(二) 网络营销定价策略

前述定价方法是依据成本、需求和竞争等因素决定产品基础价格的方法，尚未考虑顾客心理、运费、折扣、产品组合等因素。因此，企业还需考虑或利用灵活多变的定价策略，修正用上述定价方法确定的价格，以利于销售。

1. 新产品定价策略

新产品定价是指处于介绍期的产品价格。新产品的定价是否合理，关系到新产品的开发与推广。在确定新产品的价格时，最重要的是充分考虑用户愿意支付的价格。在较多情况下，企业可能没有利润，甚至发生亏损。只有当产品打开市场销路，不断扩大生产批量，使成本显著下降时，才能取得利润。目前，国内外关于新产品的定价策略主要有如下几种：

（1）撇脂定价策略。这种策略也称偏高定价策略，主要是指新产品上市之初，将新产品的价格定得较高，在短期内获取高额利润，尽快收回投资。其适用条件是：新产品上市初期，在市场上奇货可居且有大量的消费者；需求价格弹性较小，短期内没有类似的替代品；高价刺激竞争出现的可能性不大。

（2）渗透定价策略。这种策略也称偏低定价策略，主要是指新产品上市之初，将新产品的价格定得较低，甚至可能低于产品成本，利用物美价廉迅速占领市场，取得较高的市场占有率。实际上，它是一种薄利多销的策略。其适用条件是：新产品的需求价格弹性较大；新产品存在规模经济效益；产品市场规模较大，存在普遍的竞争。

（3）满意定价策略。这种策略又称温和定价策略或君子定价策略。在新产品上市之初，通常采用对买卖双方都有利的温和策略。撇脂定价策略定价较高，对消费者不利，既容易引起消费者的不满和抵制，又容易引起市场竞争，具有一定的风险；渗透定价策略定价过低，虽然对消费者有利，但企业在新产品上市初期收入甚微，投资回收期长。满意定价策略居于两者之间，既可避免撇脂定价策略因价高而具有的市场风险，又可避免渗透定价策略因价低而带来的困难，既有利于企业自身的利益，又有利于消费者。

2. 地区定价策略

企业在制定价格策略时，针对不同地区的消费者，采用不同的价格策略。特别是运费在变动成本中占较大比重时，更不可忽视。主要的地区定价策略如下：

（1）产地定价。产地定价是指以产地价格或出厂价格为标准，运杂费和运输损失等费用全部由买方承担。这对于卖主是最省事、最方便的定价。一般适用于市场供应较为紧张的商品和地区的买主，对于路途较远、运费较高和风险较大的买主是不利的。

（2）统一运输定价。统一运输定价也称邮票定价法，是指对所有的买主，不论路程远近，由卖主将货物运往买主所在地，收取同样的运费。这种定价策略适用于商品价值高而运杂费占成本比重小的商品，使买主感觉运送是免费的附加服务，有利于扩大和巩固买主，开拓市场。

（3）津贴运送定价。对于路途较远的中间商，定价太高，不利于销售和竞争，也不易调动中间商进货的积极性，企业补贴一部分甚至不收运费的方法，就是津贴运费定价，它可弥补产地定价法的缺点。

（4）基点定价。基点定价是指卖方选定一些中心城市为定价基点，按基点到客户所在地的距离收取运费。采用这一定价策略对中小客户具有很大的吸引力，能够迅速提高市场占有率、扩大销售。这种定价策略适用于产品笨重、运费成本比例较高、生产分布较广、市场范围较大、需求弹性较小的产品。

(5) 区域定价。区域定价是指卖方把销售市场划分为多个区域，不同的区域间实行不同的价格，同区域内实行统一价格。

3. 心理定价策略

心理定价策略是企业根据消费者购买商品时的心理动机相应采取的定价策略。具体又可分为如下两种：

(1) 尾数定价。经济学家的调查证明：价格尾数的微小差别，往往会产生不同的效果。尾数定价还能使消费者产生定价认真的感觉，认为有尾数的价格是经过认真的成本核算才产生的价格，使消费者对定价产生信任感。尾数定价不适用于名牌高档商品的定价，由于价格尾数的存在，也会给计价收款增加许多不便。

(2) 整数定价。价格不仅是商品的价值符号，也是商品质量的指示器。对价格较高的产品，如高档商品或礼品，或者是消费者不太了解的商品，则可采取整数定价策略，以迎合消费者“一分价钱一分货”“便宜无好货，好货不便宜”的心理，鼓励消费者购买。例如：对古董或艺术品等高档商品，宁标 1 000 元而不标 996 元，以提高商品形象。

4. 声望定价策略

这种定价策略适用于两种情况。第一种情况，在消费者心中有声望的名牌企业、名牌商店、名牌商品，即使在市场上有同质同类的商品，消费者也会愿意支付较高的价格购买它们的商品。质量不易鉴别的商品最适合采用此法，因为消费者有崇尚名牌的心理，往往以价格判断质量，认为高价代表高质量。第二种情况，为了适应某些消费者，特别是高收入阶层的虚荣心理，把某些实际价值不大的商品价格定得很高，如首饰、化妆品和古玩等，定价太低反而卖不出去，但也不能高得离谱，使一些消费者不能接受。

5. 招徕定价策略

零售商利用部分消费者求廉的心理，特意将某几种商品的价格定得较低以吸引消费者。某些商店随机推出降价商品，每天、每时都有 1～2 种商品降价出售，吸引消费者经常来采购廉价商品，同时选购其他正常价格的商品。有的零售商则利用节假日或换季时机举行“节日大酬宾”“换季大减价”等活动，把部分商品降价出售以吸引消费者。

6. 免费价格策略

5-6
网络营销免费策略

在网络营销中，免费价格不仅是一种促销策略，还是一种非常有效的产品和服务定价策略。具体来说，免费价格策略就是将企业的产品和服务以零价格形式提供给消费者使用，满足消费者的需求。免费价格的形式有以下几类：第一类是产品和服务完全免费，即产品和服务从购买、使用到售后服务所有环节都实行免费；第二类对产品和服务实行限制免费，即产品和服务可以被有限次使用，超过一定期限或者次数后，取消这种免费服务；第三类是对产品和服务实行部分免费，如一些著名研究公司的网站公布部分研究成果，如果要获取全部成果必须付款成为公司客户；第四类是对产品和服务实行捆绑式免费，即购买某产品和服务时赠送其他产品和服务。

7. 折扣与让利定价策略

企业要想有效地促进产品在网上销售，就必须针对网上市场制定有效的价格策略。由于网上信息的公开性和消费者易于搜索的特点，网上的价格信息对消费者的购买起着重要作用。消费者选择网上购物，一方面是由于网上购物比较方便；另一方面是因为从网上可以获取大量的产品信息，以便择优选购。网络定价的策略很多，本部分主要根据网络营销的特点着重阐述折扣定价策略。

企业为了调动各类中间商和其他用户购买商品的积极性，对某些产品的销售采取减价、降价、附赠品或给予一定的津贴等，以鼓励消费者的积极性，或吸引消费者长期购买。折扣与让利定价策略的具体形式很多，常用的有如下几种：

（1）现金折扣。企业对现金交易的消费者或按约定日期提前以现金支付货款的消费者，给予一定折扣。在分期供货的交易中常采用这种折扣方式，目的在于鼓励消费者提前付款，以加速企业资金周转。现金折扣的大小，一般应比银行存款利率稍高一些，比贷款利率稍低一些，这样对企业和消费者双方都有好处。

（2）数量折扣。数量折扣是指按购买数量的多少，分别给予不同的折扣，购买数量越多，折扣越大，鼓励大量购买或集中购买。数量折扣实质上是将大量购买时所节约费用的一部分返回给购买者。数量折扣分为累计折扣和非累计折扣。

（3）功能折扣。功能折扣又称交易折扣，是根据各类中间商在市场营销中的作用和功能差异，分别给予不同的折扣。折扣的大小主要依据中间商所承担工作的风险而定。一般给予批发商的折扣较大，给予零售商的折扣较小。通常的做法是先定好零售价格，然后按不同的差价率顺序相加，依次制定各级批发价和零售价。

（4）季节折扣。经营季节性商品的企业，对在销售淡季购买产品的消费者，给予折扣优惠，鼓励中间商及消费者提早购买，以减轻企业的仓储压力，加速资金周转，调节淡、旺季之间的销售不均衡。

（5）推广让价。推广让价是指生产企业为了鼓励中间商开展各种促销活动，给予某种程度的报酬，或以补贴形式、让价形式推广。

（三）网络营销定价应注意的问题

1. 全球化与本地化相互结合

网络营销市场面对的是开放的、全球化的市场，消费者可以在世界各地直接通过网站

进行购买，而不用考虑网站属于哪一个国家或地区。目标市场从过去受地理位置限制的局部市场，一下子拓展到范围广泛的全球性市场，因而企业在给网络营销产品定价时必须考虑目标市场范围的变化给定价带来的影响。企业不能以统一的市场策略来面对差异性极大的全球性市场，必须采用全球化与本地区特点相结合的原则。

2. 以低位定价打开市场

因为互联网使用者的主导观念是网上的信息产品是免费的、开放的、自由的，所以在早期互联网的商业应用中，许多网站都想直接从互联网中盈利，结果证明这样做是失败的。随着互联网商用推广的发展，网上消费者逐步接受了网上产品不是免费的观念，但仍有一种互联网上的信息和产品相对低廉的心理期望，因此，在现阶段，网络营销产品的定价特别是消费品应以低价位进入市场。

3. 以消费者需求为主导进行产品定价

在网络营销时代，根据产品成本进行定价逐步被淡化，逐渐发展为以消费者的需求为导向进行定价。互联网的发展使需求由过去的被动选择转变为主动选择，消费者的需求引导着企业的生产，消费者可以根据市场信息来选择购买或定制令自己满意的产品或服务。

三、网络营销的渠道策略

渠道又称销售渠道、分销渠道或营销网络，是指产品从企业向消费者转移时所经过的路线。在现代社会的大多数情况下，这种转移活动是借助一系列中间商转卖、辅助活动进行的，因此，渠道又可定义为促使产品或服务顺利地被使用或消费的一整套相互依存的组织。网络经济条件下的企业制定网络营销策略时，除了要对产品策略、促销策略进行考察外，还需根据企业的整体战略以及所具有的各类条件制定相应的渠道策略。

5－7
网络营销渠道设计

与传统营销渠道一样，以互联网作为支撑的网络营销渠道也应具备传统营销渠道的功能。网上销售渠道就是借助互联网将产品从生产者转移到消费者的中间环节。

（一）网络营销渠道的特点

（1）每一条网上分销渠道和传统的分销渠道一样，起点是制造商，终点是最后的消费者或用户。

（2）传统的分销渠道由参加商品流通过程的各种机构组成，而网络营销渠道的中介模式为电子交易市场。电子交易市场即在线中间商，完全承担起为买卖双方收集信息的作用，同时利用其在各地的分支机构，承担起批发商和零售商的作用。

（3）商品在由生产者转移到最后消费者或用户的流通过程中，最少要转移一次商品的所有权，即生产者→中间商→消费者。只是此时的中间商与传统的中间商相比，其内容发生了一些变化。人们一般认为，网上销售就是直销，这是不对的。网络虽然缩短了人与人的沟通距离，但并没有缩短人与商品的物理距离，开展电子商务后，虽然服务方式、方法发生了改变，但中间渠道的作用还是必要的。

（二）网络营销渠道的功能

营销渠道是指与提供产品或服务以及使用或消费这一过程有关的一整套相互依存的机构，它涉及信息沟通、资金转移和产品转移等。因此，一个完善的网上销售渠道应有订货功能、结算功能和配送功能。

订货系统要能为消费者提供产品信息，同时要便于厂家获得消费者的需求信息，以求达到供求平衡。一个完善的订货系统可以最大限度地降低库存，减少销售费用。联想电脑在其开通网上订货系统当天，订货额就高达 8 500 万元。可见，网上订货系统发展潜力很大。

消费者购买商品后，可以运用多种方式付款，那么厂家（商家）也应相应有多种结算方式。目前流行的结算方式主要有信用卡、电子货币、网上支付等。其中以支付宝、微信支付为代表的网上支付结算方式广为流行，甚至有整合银行业务的趋势。网上支付的便利化优化了网络销售渠道的结算功能。

物流是指计划、执行与控制原材料和最终产品从产地到使用地点的实际流程，并在盈利的基础上满足消费者的需求。产品一般分为有形产品和无形产品。无形产品如服务、软件、音乐等产品可以直接在网上配送，现在许多软件都可以直接从网上购买和下载。配送系统主要研究、解决有形产品的配送问题，涉及运输和仓储。

（三）网络营销分销策略

由于购买者习惯、网络的局限性，在很长时期内，企业将以传统分销渠道为主，网络分销渠道为辅。企业可以利用互联网，实现产品销售，积极抢占市场。

网络营销渠道分为直接分销渠道和间接分销渠道。网络营销渠道模式如图 5-5 所示。下面简单地介绍在现实生活中存在的网络营销渠道的类型。

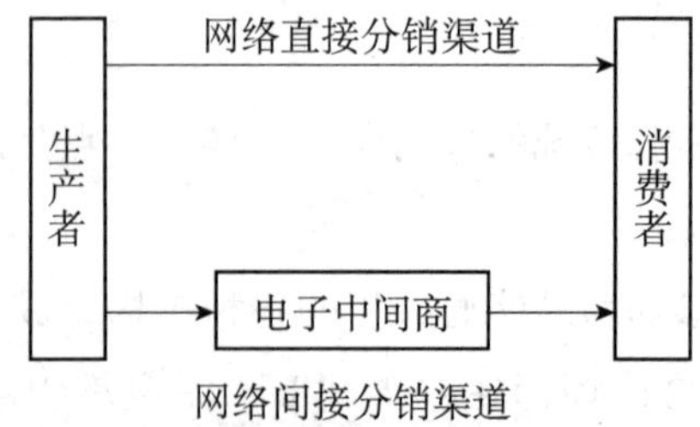

图 5-5　网络营销渠道模式

1. 网络直接分销

网络直接分销（简称网络直销）渠道与传统直销渠道一样，都没有营销中间商，商品直接从生产者转移给消费者或使用者。网络直销渠道也有订货功能、支付功能和配送功能。在网络直销中，生产企业可以通过建设网络营销站点，使客户直接从网站进行订货；可以通过与一些电子商务服务机构的合作，如网上银行等，直接提供支付结算功能，解决资金流转问题；还可以利用互联网技术，通过与一些专业物流公司进行合作，建立有效的物资体系。网络直销渠道一般适用于大型商品及生产资料的交易。

2. 网络间接分销

网络间接分销是通过融入互联网技术后的中间商提供网络间接营销渠道，是指把商品由中间商销售给消费者或使用者的营销渠道。传统间接分销渠道可能有多个中间环节；由于互联网技术的运用，网络间接分销渠道只需要新型电子中间商这一中间环节即可。间接营销渠道一般适用于小批量商品及生活资料的交易。

直接分销渠道和间接分销渠道构成了网络营销渠道的两种基本类型。但应注意的是，有人认为随着网络营销的发展，直接分销渠道将会完全代替间接分销渠道，这种认识是片面的。因为从商品流通的构成来看，网络营销是由信息流、资金流、物流三个方面构成的，在网络技术比较发达的情况下，信息流和资金流可直接通过网络来完成，但物流也就是商品实体运动必须通过存储和运输来完成。

3. 双道法

在西方众多企业的网络营销活动中，双道法是最常见的方法，是企业网络营销渠道的最佳策略。所谓双道法，是指企业同时使用网络直接分销渠道和网络间接分销渠道，以达到销售量最大的目的。在买方市场条件下，通过两条渠道销售产品比通过一条渠道更容易实现“市场渗透”。

四、网络营销的促销策略

网络营销是在网上市场开展的促销活动，其形式有网络广告、站点推广、销售促进和关系营销。其中，网络广告和站点推广是网络营销促销的主要形式。

网络广告类型很多，按形式的不同可以分为旗帜广告、电子邮件广告、电子杂志广告、新闻组广告、公告栏广告等。

站点推广就是利用网络营销策略扩大站点的知名度，吸引网民访问网站，起到宣传和推广企业以及企业产品的效果。站点推广主要有两类方法：一类是通过改进网站内容和服务，吸引消费者访问，起到推广效果；另一类是通过网络广告宣传、推广站点。前一类方法费用较低，但推广速度比较慢；后一类方法可以在短时间内扩大站点知名度，但费用较高。

销售促进就是企业利用可以直接销售的网络营销站点，采用一些销售促进方法如价格折扣、有奖销售、拍卖销售等方式，宣传和推广产品。

关系营销是通过借助互联网的交互功能吸引消费者与企业保持密切关系，培养消费者的忠诚度。

（一）网络促销的实施

根据国内外网络促销的大量实践，网络促销的实施步骤如下：

（1）确定网络促销对象。网络促销对象是针对可能在网络虚拟市场上产生购买行为的消费者群体提出来的。随着网络的迅速普及，这一群体也在不断膨胀。这一群体主要包括产品的使用者、产品购买的决策者、产品购买的影响者。

（2）设计网络促销内容。网络促销的最终目标是希望引起购买。这个最终目标要通过设计具体的信息内容来实现。消费者的购买过程是一个复杂的、多阶段的过程，促销内容应当根据消费者目前所处的购买决策过程的不同阶段和产品所处的生命周期的不同阶段来决定。

（3）决定网络促销组合方式。网络促销活动主要通过网络广告促销和网络站点促销两种促销方法展开。由于企业的产品种类不同、销售对象不同，因此促销方法与产品种类和销售对象之间将会产生多种网络促销的组合方式。企业应当根据网络广告促销、网络站点促销两种方法各自的特点和优势，以及自己产品的市场情况和消费者情况，扬长避短，合理组合，以达到最佳的促销效果。

网络广告促销主要实施“推战略”，如图5-6所示，其主要功能是将企业的产品推向市场，获得广大消费者的认可。网络站点促销主要实施“拉战略”，如图5-7所示，其主要功能是将消费者牢牢地吸引过来，保持稳定的市场份额。

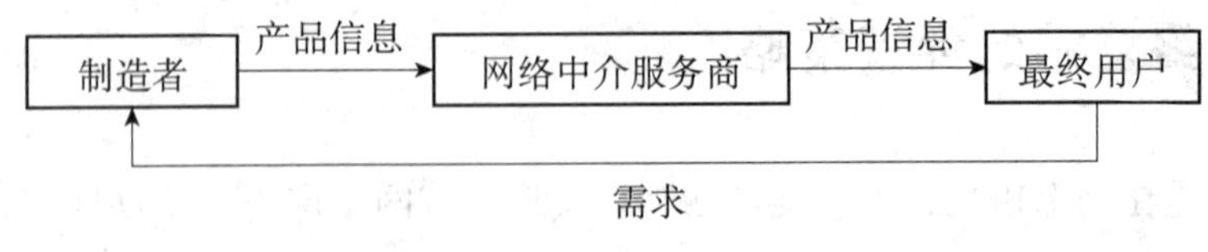

图5-6　网络广告促销“推战略”

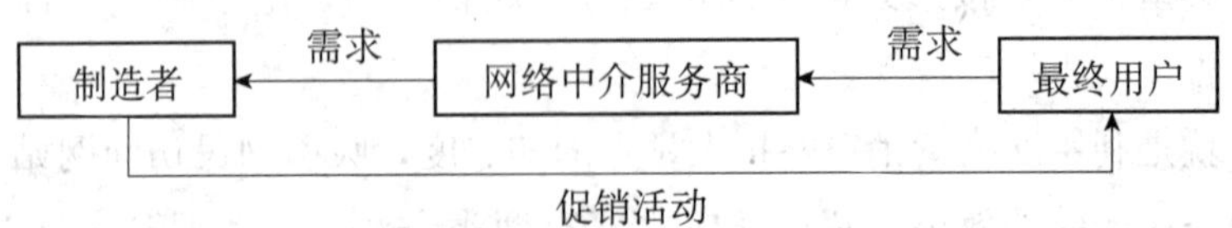

图5-7　网络站点促销“拉战略”

(4) 制订网络促销预算方案。在网络促销实施过程中，使企业感到最困难的是预算方案的制订。在互联网上促销，对于任何人来说都是一个新问题。所有的价格、条件都需要在实践中不断学习、比较和体会，不断地总结经验。只有这样，才可能用有限的精力和资金收到尽可能好的效果，做到事半功倍。首先，必须明确网上促销的方法及组合的办法。其次，需要确定网络促销的目标。最后，需要明确希望影响的是哪个群体、哪个阶层，是国外的还是国内的。

(5) 衡量网络促销效果。网络促销的实施过程到了这一阶段，必须对已经执行的促销内容进行评价，衡量促销的实际效果是否达到了预期的促销目标。

(6) 加强网络促销过程的综合管理。

(二) 站点推广

5-8
网站访问统计分析

网络站点作为企业在网上市场进行营销活动的阵地，能否吸引大批流量是企业开展网络营销成败的关键，也是网络营销的基础。站点推广与传统的产品推广一样，需要进行系统安排和计划。网上推广手段很多，不同方式可以吸引不同的网民，因此必须综合采用多种渠道以吸引更多网民访问网站。

(1) 搜索引擎注册。调查显示，网民寻找新网站主要是通过搜索引擎来实现的，因而在著名的搜索引擎进行注册是非常必要的，在搜索引擎进行注册一般都是免费的。

(2) 建立链接。与不同站点建立链接，可以缩短网页间的距离，提高站点的被访问概率。一般建立链接有如下几种方式：

1) 在行业站点上申请链接。如果站点属于某些不同的商务组织，而这些组织建有会员站点，应及时向这些会员站点申请一个链接。

2) 申请交互链接。寻找具有互补性的站点，向它们提出进行交互链接的要求。为通向其他站点的链接设立一个单独的页面，这样就不会使刚刚从前门请进来的顾客，转眼间就从后门溜去别人的站点。

3) 在商务链接站点申请链接。特别是当站点提供免费服务的时候，可以向网络上的许多小型商务链接站点申请链接。只要站点能提供免费的东西，就可以吸引许多站点建立链接。寻找链接伙伴时，通过搜索寻找可能为站点提供链接的地方，然后向该站点的所有者或主管发送电子邮件，告诉他们可以链接的站点名称、网址以及 200 字以内的简短描述。

(3) 发送电子邮件。电子邮件的发送费用非常低，许多网站都利用电子邮件来宣传站点。利用电子邮件来宣传站点时，首要任务是收集电子邮件地址。为防止发送一些令人反感的电子邮件，收集电子邮件地址时要非常注意。一般可以利用站点的反馈功能记录愿意接收电子邮件的用户的电子邮件地址。另外一种方式是租用一些愿意接收电子邮件信息的通信列表，这些通信列表一般是由提供免费服务的公司收集的。

(4) 发布新闻。及时掌握新闻性事件（如新业务的开通），并定期把这样的新闻发送到你的行业站点和印刷品媒介上。将站点在公告栏和新闻组上加以推广。互联网使得具有相同专业兴趣的人们组成成千上万的具备很强针对性的公告栏和新闻组。比较好的做法是加入这些讨论，让邮件末尾的“签名档”发挥推广的作用。

(5) 提供免费服务。提供免费资源在时间和精力上的代价都是昂贵的，但其在增加站点流量上的功效可以作为回报。应当注意，所提供的免费服务应是与所销售的产品密切相关的，这样所吸引来的访问者同时就可以成为良好的业务对象。也可以在站点上开展有奖竞赛或抽奖活动，这样有助于产生很大的访问量。

(6) 发布网络广告。利用网络广告推销站点是一种比较有效的方式。比较廉价的做法是加入广告交换组织，广告交换组织通过不同站点的加盟，在不同站点交换显示广告，起到相互促进的作用。另外一种方式是在适当的站点上购买广告栏，发布网络广告。

(7) 使用传统的促销媒介。使用传统的促销媒介来吸引访问站点也是一种常用方法，如一些著名的网络公司纷纷在传统媒介上发布广告。这些媒介包括直接信函、分类展示广告等。对小型工业企业来说，这种方法更为有效。应当确保各种卡片、文化用品、小册子和文艺作品上包含公司的网址。

第三节　网络营销方法与技术

网络营销的方法很多，技术不断创新，工具软件丰富多彩，在应用上灵活多变，新方法、新技术、新手段层出不穷。下面就常见的网络营销方法与技术做一个简单的介绍。

5-9　搜索引擎营销

一、搜索引擎营销

（一）搜索引擎概述

搜索引擎是指根据一定的策略、运用特定的计算机程序搜集互联网上的信息，在对信息进行组织和处理后，为用户提供检索服务的系统。从使用者的角度看，搜索引擎提供一个包含搜索框的页面，在搜索框内输入关键词，通过浏览器提交给搜索引擎后，搜索引擎就会返回与用户输入内容相关的信息列表。互联网发展早期，以雅虎为代表的网站分类目录查询非常流行。网站分类目录由人工整理维护，精选互联网上的优秀网站并简要描述，分类放置到不同目录下。用户查询时，通过一层层的点击来查找自己想找的网站。也有人把这种基于目录的检索服务网站称为搜索引擎，但从严格意义上讲，它并不是搜索引擎。

搜索引擎并不真正搜索互联网，它搜索的实际上是预先整理好的网页索引数据库。搜索引擎按其工作方式主要可分为四种，分别是全文搜索引擎、目录索引类搜索引擎、元搜索引擎、集成搜索引擎。

1. 全文搜索引擎

全文搜索引擎的"网络机器人"或"网络蜘蛛"是一种网络上的软件，它遍历网页空间，能够扫描一定 IP 地址范围内的网站，并沿着网络上的链接从一个网页到另一个网页、从一个网站到另一个网站采集网页资料。为保证采集的资料最新，还会回访已抓取过的网页。网络机器人或网络蜘蛛采集的网页，还要有其他程序进行分析，根据一定的相关度算法进行大量的计算，建立网页索引，才能添加到索引数据库中。搜索引擎不同，网页索引数据库不同，排名规则也不尽相同，因此，同一关键词用不同的搜索引擎查询时，搜索结果也不尽相同。

2. 目录索引类搜索引擎

分类目录则是通过人工的方式收集整理网站资料形成数据库的，比如雅虎中国以及国内的搜狐、新浪、网易分类目录。另外，在网上的一些导航站点，也可以归属为原始的分类目录，比如"网址之家"。分类目录的整个工作过程也同样分为搜集信息、分析信息和查询信息三部分，只不过分类目录的收集、信息分析主要依靠人工完成。

分类目录一般都有专门的编辑人员，负责搜集网站的信息。随着收录站点的增多，现在一般都是由站点管理者递交自己的网站信息给分类目录，然后由分类目录的编辑人员审核递交的网站，以决定是否收录该站点。如果该站点审核通过，分类目录的编辑人员还需要分析该站点的内容，并将该站点放在相应的类别和目录中。所有这些收录的站点同样被存放在一个索引数据库中。用户在查询信息时，可以选择按照关键词搜索，也可按分类目录逐层查找。若以关键词搜索，则返回的结果跟全文搜索引擎一样，也是根据信息关联程度排列网站。

全文搜索引擎和分类目录在使用上各有长短。全文搜索引擎依靠软件进行，虽然数据库的容量非常庞大，但是它的查询结果往往不够准确；分类目录依靠人工搜集和整理网站，虽然能够提供更为准确的查询结果，但搜集的内容却非常有限。为了取长补短，现在的很多搜索引擎，都同时提供这两类查询，一般对全文搜索引擎的查询称为搜索"所有网站"或"全部网站"，如谷歌的全文搜索；对分类目录的查询称为搜索"分类目录"或搜索"分类网站"，如新浪搜索和雅虎中国搜索。

3. 元搜索引擎

这类搜索引擎一般都没有自己的网络机器人及数据库，它们的搜索结果是通过调用、控制和优化其他多个独立搜索引擎的搜索结果并以统一的格式在同一页面集中显示。元搜索引擎虽没有网络机器人或网络蜘蛛，也无独立的索引数据库，但在检索请求提交、检索接口代理和检索结果显示等方面，均有自己研发的特色元搜索技术。比如“MetaFisher 元搜索引擎”，它就调用和整合了谷歌、雅虎、AllTheWeb、百度和 OpenFind 等多家搜索引擎的数据。

4. 集成搜索引擎

集成搜索引擎是通过网络技术，在一个网页上链接若干个独立搜索引擎，查询时，点选或指定搜索引擎，一次输入，多个搜索引擎同时查询，搜索结果由各搜索引擎分别以不同页面显示。

（二）搜索引擎的原理

搜索引擎的原理可以分成三步：从互联网上抓取网页→建立索引数据库→在索引数据库中搜索排序。

1. 从互联网上抓取网页

利用能够从互联网上自动搜集网页的 Spider 系统程序自动访问互联网，并沿着任何网页中的所有网址链接其他网页，重复这一过程，并把链接过的所有网页搜集回来。

2. 建立索引数据库

由分析索引系统程序对搜集回来的网页进行分析，提取相关网页信息（包括网页所在网址、编码类型、页面内容包含的关键词、关键词位置、生成时间、大小、与其他网页的链接关系等），根据一定的相关度算法进行大量复杂计算，得到每一个网页针对页面内容以及超链中每一个关键词的相关度（或重要性），然后用这些相关信息建立网页索引数据库。

3. 在索引数据库中搜索排序

在索引数据库中搜索排序，相关度越高，排名越靠前。当用户输入关键词搜索后，由搜索系统程序从网页索引数据库中找到符合该关键词的所有相关网页。因为所有相关网页针对该关键词的相关度早已算好，所以只需按照现成的相关度数值排序，相关度越高，排名越靠前。最后，由页面生成系统将搜索结果的链接地址和页面内容摘要等内容组织起来返回给用户。

搜索引擎的 Spider 一般要定期重新访问所有网页（各搜索引擎的周期不同，可能是几天、几周或几个月，也可能对不同重要性的网页有不同的更新频率），更新网页索引数据库，以反映网页内容的更新情况，增加新的网页信息，去除无效链接，并根据网页内容和链接关系的变化重新排序。这样，网页的具体内容和变化情况就会反映在用户查询的结果中。

归纳起来，搜索引擎通常由搜索器、索引器、检索器、用户接口组成。

（1）搜索器。搜索器的功能是在互联网上发现和搜集信息。

（2）索引器。索引器的功能是在搜索器搜索所得的信息中抽取出索引项，用以表示文档及生成文档库的索引表。索引器通常使用集中式索引算法或分布式索引算法。

（3）检索器。检索器的功能是根据用户查询在索引库中检索出文档，进行文档与查询的相关度评价，对将要输出的结果进行排序，并实现一定的用户相关性反馈机制。

（4）用户接口。用户接口的作用是输入用户查询内容、显示查询结果、保证用户相关性反馈机制，主要的目的是使用户在使用搜索引擎时能够高效、方便地从搜索引擎中得到所需信息。

（三）搜索引擎营销的含义

搜索引擎营销就是基于搜索引擎的网络营销，利用用户对搜索引擎的依赖和使用习惯，将营销信息精准且定向传递给目标用户。根据用户使用搜索引擎的方式，利用用户检索信息的机会尽可能将营销信息传递给目标用户。

搜索引擎营销思想就是确保被搜索引擎收录，同时尽量在搜索结果中排名靠前。基本思想是让用户发现信息，并通过点击打开网站或网页进一步了解其所需要的信息。从目前的实际情况来看，仅仅做到被搜索引擎收录并且在搜索结果中排名靠前还不够，因为取得这样的效果实际上并不一定能增加点击率，更不能保证将访问者转化为用户或者潜在用户，二者只能说是搜索引擎营销策略中两个最基本的目标。

搜索引擎营销原理是用关键词来锁定不同人群，通过相关搜索结果页和网站上有针对性的信息与搜索引擎用户进行互动来达到营销的目的。搜索引擎营销的常用手段是竞价排名、购买关键词广告、引擎优化、PPC广告。

利用搜索引擎工具可以实现四个层次的营销目标，如图5-8所示。

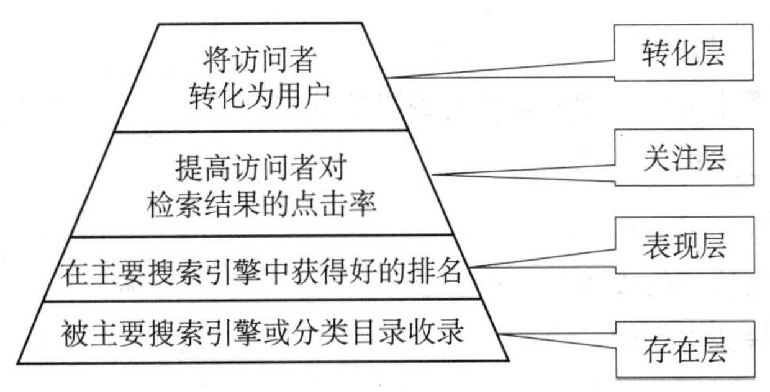

图5-8　搜索引擎工具可以实现四个层次的营销目标

（四）网站优化与搜索引擎优化

网站优化包含三层含义，即对用户优化、对网络环境（搜索引擎等）优化、对网站维护优化。网站优化设计的原则坚持用户导向而不是搜索引擎导向。网站基本要素的优化是网站优化的基础，搜索引擎优化是网站优化的组成部分。对搜索引擎优化与对用户优化的基本出发点是一致的，网站优化必然要考虑对搜索引擎的优化，网站优化是网络营销策略的重要内容之一。

网站优化是从网络营销总体策略高度进行的一项系统性工作，主要通过对网站结构、内容等基本要素的优化设计，为用户获取网站信息提供方便。网站优化要考虑全局性、系统性、效果持久性，注重网站内部基本要素的优化，以帮助用户获取有效信息为基本出发点。而搜索引擎排名则注重网站链接等外部因素，属于局部性的工作，并且仅仅关注少数重要关键词的排名位置，而忽略用户检索行为的需求特征。网站优化可以达到搜索排名的效果，搜索排名无法替代全面的网站优化。

搜索引擎优化的基本工作内容：让网站有合理的结构和层次；为每个网页设置一个相关的标题；尽量使用静态网页，动态网页要做优化处理；网页内容包含具有丰富关键词的文字信息；重视外部网站链接的数量和质量；为搜索引擎访问网站提供方便；保持一定的网站更新频率。

搜索引擎优化的基本步骤：网站优化状况诊断→网站核心关键词设计→竞争环境分析→网站栏目结构优化设计→网站内容发布优化设计→网站内容策略→相关网站链接→网站优化状况跟踪管理。

（五）搜索引擎广告

搜索引擎广告形式包括谷歌关键词广告、百度竞价排名等。关键词广告即在搜索结果页面显示广告内容，实现高级定位投放，用户可以根据需要更换关键词，相当于在不同页面轮换投放广告。

1. 搜索引擎广告的优点

（1）是对网站搜索引擎自然检索的有效补充。

（2）广告投放方式更加灵活。

（3）关键词覆盖面更广泛。

（4）便于抵御竞争者的搜索引擎推广。

（5）方便对广告效果做跟踪分析。

2. 搜索引擎广告的热点问题

（1）热门关键词随着点击率升高，价格上涨。

（2）如何才能获得好的广告位置。

（3）搜索引擎竞价广告中的点击欺诈。

（4）用户的无意点击造成广告客户的资金浪费。

(5) 搜索引擎广告的投资收益率评估。

二、病毒式营销

(一) 病毒式营销概述

病毒式营销（Viral Marketing）是一种常用的网络营销方法，常用于网站推广、品牌推广等。病毒式营销利用的是用户口碑传播的原理，在互联网上，这种口碑传播更为方便，可以像病毒一样迅速蔓延，因此病毒式营销成为一种高效的信息传播方式。并且，由于这种传播是用户之间自发进行的，因此它几乎是一种不需要费用的网络营销手段。其常用的工具包括免费电子书、免费软件、免费 Flash 作品、免费贺卡、免费邮箱、免费即时聊天工具等，可以为用户获取信息、使用网络服务、娱乐等提供方便。病毒式营销不等于传播病毒。

美国电子商务顾问 Ralph F. Wilson 博士将有效的病毒式营销战略的基本要素归纳为六个方面：

(1) 提供有价值的产品或服务。

(2) 提供不需要努力便可向他人传递信息的方式。

(3) 信息传递范围很容易从小规模向大规模扩展。

(4) 利用公众的积极性和行为。

(5) 利用现有的通信网络。

(6) 利用别人的资源进行信息传播。

病毒式营销具有接收高效率、传播速度呈几何级、更新速度快等特点。

实施病毒式营销包括制造“病毒”、选准方法、找准“低免疫力”人群、激活“病毒”、更新“病毒”、腹地扩散六个步骤。

病毒式营销传播载体包括 Flash 短片、网络电影、电子书、免费应用软件、各类营销活动等。

(二) 病毒式营销的客观规律

大众媒体发布广告的营销方式是“一点对多点”的辐射状传播，实际上无法确定广告信息是否真正到达了目标受众。病毒式营销是自发的、扩张性的信息推广，并非均衡地、同时地、无分别地传递给每一个人，而是通过类似于人际传播和群体传播的渠道，产品和品牌信息被消费者传递给那些与他们有着某种联系的个体。例如：目标受众看到一则有趣的短片，他的第一反应或许就是将这一短片转发给好友、同事，无数“转发大军”就构成了呈几何级传播的主力。

病毒式营销的传播过程：在开始时很慢，当其扩大至受众的一半时速度加快，而接近最大饱和点时又慢下来。针对病毒式营销传播力的衰减，一定要在受众对信息产生免疫力之前，将传播力转化为购买力，方可达到最佳的销售效果。

病毒式营销具有以下五个客观规律：

（1）病毒式营销的“病毒”有一定的界限。

（2）成功的病毒式营销离不开六个基本要素。

（3）病毒式营销并不是轻易能够做好的，需要遵循一定的步骤和流程。

（4）病毒式营销的实施过程通常是不需要费用的，但病毒式营销的方案设计是需要成本的。

（5）网络营销信息不会自动传播，需要进行一定的推广。

以网络文学为例，网络文学的病毒式营销的传播能力是惊人的，一些流行小说在网络上的阅读量达到数亿甚至更多，即使只有百万分之一，也是一个很大的消费量。

网络文学影响消费者，不是靠灌输，而是靠渗透。灌输需要企业付出大量成本，包括时间成本、财务成本和诚信成本，而且这种灌输因为接收者是被动的，所以往往吃力不讨好，甚至会引起接收者的反感。今天很多群体对广告的反感正是最客观的写照。渗透则是“润物细无声”，是巧妙且没有固定格式的，可以是小说、信息、图片、短片，是一种和接收者亲密接触的方式，在讲故事的过程中使接收者自己主动思考，进而产生兴趣和关注。

人们在获得利益的同时，病毒式营销不知不觉地宣传了商家的在线生意。信息传播者往往是信息受益者。商家生意信息的传播是通过第三者“传染”给他人而非商家自己，而通常人们更愿意相信他人的介绍而非商家自己的介绍。我们经常看到的免费邮箱、免费空间、免费域名、网上即时交流软件等，都采取了病毒式营销方式。

（三）病毒式营销的案例

2008年3月24日，可口可乐公司推出了“火炬在线传递”活动（见图5-9）。活动的具体内容是：网民在争取到火炬在线传递的资格后可获得“火炬大使”的称号，本人的QQ头像处也将出现一枚未点亮的图标。如果在10分钟内该网民可以成功邀请其他用户参加活动，图标将被成功点亮，同时将获取“可口可乐火炬在线传递活动”专属QQ皮肤的使用权。而受邀请参加活动的好友就可以继续邀请下一个好友进行火炬在线传递，以此类推。

根据活动方提供的数据，在短短40天之内，该活动就“拉拢”了4 000万人参与其中。网民们以成为在线火炬传递手为荣，“病毒式”的链式反应一发不可收。不得不承认，这一活动的确是神来之笔。

图 5－9 可口可乐火炬在线传递

总而言之，为保证媒介的主动传播，病毒式推广的各个设计环节必须环环相扣。病毒式推广如果在初期进行助力，效果会更好。媒介传播的信息必须是真实的，媒介不会主动传播不确定或者可能会给自己带来负面影响的信息。

三、网络广告营销

5－10 网络广告

（一）网络广告概述

广告作为一种有偿的信息传播形式，与媒体的发展是紧密相关的。从广告发展的历史来看，在所有与品牌推广有关的网络营销手段中，网络广告的作用最为直接，同时网络广告也常用来促销产品、推广网站，它已成为网络营销中最重要的营销促进手段。

1. 网络广告的特点

网络广告是指利用互联网这一载体，通过图文、多媒体形式发送的旨在推广产品、服务或站点的信息传播活动。它是一种由广告主自行或者委托他人设计、制作，在网络上发布或向目标消费者传送的非人员推广形式的有偿信息传播。

随着科学技术和网络营销的发展，网络广告的形式越来越广泛。从营销活动的信息传播角度看，主页、电子邮件、论坛、新闻组、专业网站数据库、公共黄页、聊天室、网络传真等都可能因为承载了广告信息而被列入网络广告的范围。

凭借互联网具有的不同于传统媒体的交互、多媒体和高效率的特性，网络广告在以下方面呈现出不同于传统媒体广告的特点。

（1）传播范围广泛。网络广告的传播范围极其广泛，不受时间和空间的限制。互联网已覆盖了全世界绝大多数国家和地区，通过互联网可以把网络广告传播到它所涉及的所有地域。网络广告突破了传统广告只能局限于一个地区、一个时间段的不足，不但可以把广告信息24小时不间断地传播到世界各地，而且可以随时发布在任何地点的互联网网站上，受众可于任何时间在其连接互联网的地点浏览广告。

（2）交互性强。在网络上，广告的受众对某一广告发生兴趣时，可以通过点击进入该广告的主页，进一步详细了解有关信息，甚至可以直接与商家进行咨询和交易洽谈，它是一对一的直接沟通，而商家也可以随时得到宝贵的用户反馈信息。网络广告不但根据个人需求提供信息，而且根据个人不同的兴趣来展现详略不同的信息，在广告面前，受众具有更大的自主性。网络广告改变了传统广告传播中信息单向流通、相互隔离及有时差的缺点，形成了广告发布者和接收者的即时互动关系。

（3）灵活快捷。在传统广告媒体上，从策划、制作到发布广告需要经过很多环节的配合，广告一旦发布，信息内容很难改变，且改动费用昂贵，因而难以实现广告信息的及时调整。而在互联网上做广告，能很容易地按照需要及时变更广告信息，更正广告中的错误。这使企业经营决策的变化可以灵活地实施和推广。同时，网络广告的信息反馈也非常快捷，消费者可以直接与商家交流，商家也可以从网络广告的统计情况中了解网络广告的效果。

（4）拉动与推动相结合。网络的交互性使得网络广告改变了传统广告单纯的推动方式，由受众主动向企业索要特定的信息、广告主的强势推广，转变为顺势拉动，形成了推动与拉动相结合的模式。典型的情况是，用户可以通过关键词来查看广告，不用“搭配”阅读自己不感兴趣的内容。从网络广告的各种形式来看，网址、企业网站、旗帜广告、活动页面、赞助内容及下载按钮都需要引发消费者的兴趣才能吸引他们进入，这属于拉动式的情况；而插入式广告、电子邮件广告等则属于推动模式了。消费者的主动性并不意味着广告主从此处于被动寻找的地位，广告主一方面被动地等待消费者自己找上门来，另一方面积极搜集客户资料，建立数据库，伺机而动，把信息推到消费者面前。

（5）广告成本低。作为新兴的媒体，网络媒体的收费低于传统媒体。网络广告的费用目前大约是报纸的1/5、电视的1/8。这是由于网络广告有自动化的软件工具进行创作和管理，能以低廉费用按照需要及时变更广告内容。如果能直接利用网络广告进行产品的销售，则可节省更多的销售费用。

（6）受众针对性明确。网络广告可以锁定目标消费者，针对具体受众，提供有针对性的内容环境；可以实现在适当的时间把适当的信息发送给适当的人。由于点阅信息者即为有兴趣的用户，因此网络广告可以直接命中潜在购买者。尤其是对于电子商务站点，浏览用户大都是企业界人士，网络广告在受众范围上就更具有针对性了。

（7）传播效果易于控制。在传统媒体上做广告，很难准确地知道有多少人看到了广告

信息，对广告效果的评价与控制比较困难，而网络广告可通过有关的访问量统计系统很容易地、及时精确地统计出每个广告被多少个用户看过，以及这些用户查阅的时间分布、地域分布和反馈情况等。广告主和广告经营者可以对广告效果进行评价，审定广告策略的合理性并进行相应调整，从而避免传统广告的失控性和无效性。

2. 网络广告的类型

网络广告的表现形式丰富多彩，目前在国内外的网站页面上常见的网络广告大致有如下十几种：

(1) 巨幅广告。巨幅广告是新闻内容页面中出现的大尺寸图片广告，用户在认真阅读新闻的同时会对广告投以更多的关注。

(2) 旗帜广告。旗帜广告位于页面的最上方，具有较强的视觉冲击力。网络媒体在自己网站的页面中分割出一个一定大小的画面（视各媒体的版面规划而定）发布广告，因其像一面旗帜，又称“旗帜广告”。其最常用的广告尺寸是486像素×60（或80）像素，以GIF、JPG等格式建立的图像文件，定位在网页中，大多用来表现广告内容，同时可使用Java等语言使其产生交互性，用Shockwave等插件工具增强表现力。它通常有四种形式：全幅，尺寸为468像素×60像素；全幅加直式导航条，尺寸为392像素×72像素；半幅，尺寸为234像素×60像素；直幅，尺寸为120像素×240像素。

(3) 通栏广告。通栏广告是占据主要页面宽度的图片广告，具有极强的视觉效果。

(4) 弹出广告。弹出广告可以是图片，也可以是图文介绍，是在页面下载的同时弹出的第二个迷你窗口。

(5) 按钮广告。按钮广告是动态的图片推广方式，尺寸从88像素×31像素到120像素×60像素不等。这是网络广告最早的和最常见的形式。它显示的只是公司、产品或品牌的标志，点击它可以链接到广告主的主页或站点。按钮广告通常有4种形式，即125像素×125像素（方形按钮）、120像素×90像素、120像素×60像素、88像素×31像素（小按钮）。按钮广告的不足在于其被动性和有限性，它要求浏览者主动点选，方能了解到有关企业或产品的更为详尽的信息，并且由于尺寸偏小，表现手法较简单。

(6) 分类广告。分类广告是一种极具成本效益的推广方式，精彩的文字创意同样会收到意想不到的效果。它类似于报纸杂志中的分类广告，通过一种专门提供广告信息的站点来发布广告。在站点中提供按照产品目录或企业名录可以分类检索的深度广告信息。这种类型的广告对于那些想查找广告信息的访问者来说，无疑是一种快捷而有效的途径。

(7) 摩天楼广告。摩天楼广告是指出现在文章页面的两侧、竖型的广告幅面。

(8) 主页广告。主页广告是指将广告主所要发布的信息内容分门别类地制作成主页，放置在网络服务商的站点或企业自己建立的站点上。这种广告可以详细地介绍广告主的各种信息，如企业营销发展规划、主要产品与技术特点、商品订单、年度财务报告、企业联盟、主要经营业绩、售后服务措施、联系办法等，从而使用户全方位地了解企业及其产品与服务。

(9) 文字广告。文字广告采用文字标识的方式，往往放置在热门站点的网页上，一般是企业的名称，点击后链接到广告主的主页上。它一般出现在网站的分类栏目中，其标题显示相关的查询字，所以也可称为商业服务专栏目录广告。这种广告非常适合中小型企业，因为它既能产生不错的宣传效果，又花费不多。它可以直接访问其他站点的链接，通过对热门站点的访问，吸引一部分流量到链接的站点上去。

(10) 邮件列表广告。邮件列表广告又名直邮广告，它是利用网站电子刊物服务中的电子邮件列表，将广告加在读者所订阅的刊物中，发放给相应的邮箱所属人。其广告形式多种多样，有旗帜、按钮、文字等。文字格式的广告是一段文字叙述，在其下面有网址链接到该广告网页或产品网站。直邮广告的优点是传输速度快，各种电子邮件软件都能接收；其缺点是表现方式较为单调。这种广告形式还可以将广告主的广告内容连同网站服务商每日更新的信息，一起准确地送到网站注册会员的电子信箱中。

(11) 墙纸式广告。墙纸式广告是指把企业所要表现的广告内容体现在墙纸上，并安排在具有墙纸内容的网站上，以供感兴趣的人下载。

(12) 赞助式广告。赞助式广告分为内容赞助、节目赞助、节日赞助三种形式。赞助式广告形式多样，企业可根据自己所感兴趣的网站内容或网站节目进行赞助。网站节目特指时效性网站，如世界杯网站。另外，节日赞助是指网站在特别节日所推出的网站推广活动。

(13) 竞赛和推广式广告。企业可以与网站一起合办它们认为大众感兴趣的网上竞赛或网上推广活动。

(14) 插页式广告。插页式广告又名弹跳广告，企业可选择自己喜欢的网站或栏目，在该网站或栏目出现之前插入一个新窗口显示广告。

(15) 互动游戏式广告。在一段页面游戏开始、中间、结束的时候，广告都可随时出现。也可以根据企业的产品要求为之量身定做一个专属企业产品的互动游戏广告，如圣诞节的互动游戏贺卡，在欣赏完整个贺卡之后，广告会作为整个游戏贺卡的结束页面。

除了以上介绍的十几种广告类型外，还存在流媒体广告、全屏广告、视频广告、对联广告、翻卷广告等诸多广告形式。

（二）网络广告的发布

1. 旗帜广告的交换与发布

(1) 旗帜广告交换。旗帜广告交换就是两个不同的站点为扩大知名度，协商同意互相交换旗帜广告位放置对方的旗帜广告，以达到零费用的双方互惠互利。目前，旗帜广告交换有两种方式：一种是以广告联盟组织作为中介，对广告联盟内的组织成员进行相互交互，目前这种方式用得比较多，许多个人主页和小型站点都通过这种方式进行旗帜广告交换，交换时一般要遵循中介的规定和管理，同时在旗帜广告上放置广告联盟中介的标志；另一种方式是愿意交换旗帜广告的双方直接进行交换，该方式直接方便，但交换的面比较窄。

（2）旗帜广告媒体选择。旗帜广告媒体选择与传统广告媒体选择基本类似。第一要考虑广告费用。第二要考虑广告收益，比如广告发布后访问量、销售收入是否增加了等。第三要考虑广告的效率，即广告接收者是不是你想接触到的。第四要考虑媒体的形象是否与广告的推广形象吻合。第五要考虑媒体能否给出详细的广告效果统计分析数据，这是网络媒体与传统媒体的最大区别所在。

2. 电子邮件广告的发布

电子邮件广告就是利用电子邮件发布广告信息。由于电子邮件的发送非常简单，且费用非常低廉，因此能吸引许多企业利用电子邮件来发布广告。发布电子邮件广告应注意下面几个问题：

（1）搜集电子邮件地址。发布电子邮件广告，首先要确定发布对象，也就是搜集发布对象的电子邮件。搜集方法主要有三种。第一种是发布网站建立访问者反馈功能，让访问者与站点主持人保持联系，比如利用表单搜集电子邮件地址。第二种是从别人手中购买。第三种是最直接的主动搜集方法，就是制造某种网上特殊事件让客户参与进来。用这种方式来有意识地营造自己的网上客户群，不断地用电子邮件来维系与他们之间的关系。

（2）确定电子邮件广告内容。制作电子邮件广告时需注意，开篇词要符合读者追求的品位，唤起读者的兴趣。在写信件时要注意语气亲切，对有可能收到的不太礼貌的回信，要平心静气地回信。在信件的结尾要求客户订购，再次重申产品的优点以及如何订购等。为提高电子邮件广告的效果，在制作电子邮件广告时要注意签名的正确性，包括公司名称、网址、电子邮件地址、口号及简单的描述。

（3）发布电子邮件广告。电子邮件广告可以利用批量发送邮件进行发送。为了提高效率、减少读者的麻烦，每份电子邮件广告在发布前要反复测试；不要向未经过分析和过滤的地址发送电子邮件。为提高电子邮件的广告效果，可以提供一些免费的产品或服务来吸引接收者进行信息反馈。对可能对其造成侵害的接收者，应采用友好语气恳请其原谅，并且提供可以自动取消接收电子邮件广告的功能。

3. 电子杂志广告的发布

电子杂志广告和我们通常所指的电子邮件广告有着本质的区别。电子邮件广告是指商家通过从各处搜集来的电子邮件地址向人们发送大量自己公司、产品的信息。如果人们不情愿接受的话，很容易遭到人们的普遍反感和抵触，这种做法被称为 SPAM（Stupid

People's Advertising Method）和垃圾邮件。这种形式的广告一旦弄巧成拙，反而会严重影响企业的形象和宣传效果。电子杂志则不同，它是由国内著名的 ICP 提供，有着内容和信誉的充分保障，由专业人员精心编辑制作，具有很强的时效性、可读性和交互性，而且不受地域和时间的限制，无论用户在什么地方，电子杂志都可以带给其最新、最全的信息。由于电子杂志是由用户根据兴趣与需要主动订阅的，因此此类广告更能准确而有效地面向潜在客户。

4. 新闻组广告的发布

新闻组就是一个基于网络的计算机组合，这些计算机可以交换以一个或多个可识别标签标识的文章（或称为消息），一般称为 Usenet 或 Newsgroup。新闻组已经成为互联网的一个重要组成部分，每天都吸引着全球众多的访问者，其中包含的各种不同类别的主题几乎涵盖了人类社会所能涉及的所有内容。

（三）网络广告的计价模式

（1）CPM，即广告显示 1 000 次所应付的费用。它所反映的定价原则是按显示次数给广告定价，这种定价思路与传统广告中的定价思路源出一脉。

（2）CPC，即点击率计费。在这种模式下广告主仅为用户点击广告的行为付费，而不再为广告的显示次数付费。

（3）CPA，即交易成功率计费。按照用户的每一交互行为收费。

目前，中国互联网广告是以广告在网站中出现的位置、时间段和广告形式为基础向广告主征收固定费用。这种计费模式是与广告发布位置、时间和广告形式挂钩的，而不是与显示次数和访客行为挂钩的。在这一模式下，发布商是按照自己所需来制定广告收费标准的。

四、博客与博客营销

（一）博客与博客营销的含义

博客（Blog，即网络日记）可按时间、主题分类，通常具备 RSS 订阅功能。博客是个人在网络平台上的日记、感想、看法、情感的表达，还可以作为与朋友、客户交流的平台，更重要的是可以引导潜在客户成为自己的产品或服务的消费者。博客营销就是通过原创的、专业化的内容吸引读者，培养一批忠实的读者，在读者群中建立信任、权威，形成个人品牌，进而影响读者的思维和购买决定。企业可以付费聘请其他博客写手撰写博客帖子，评论企业产品。

（二）博客营销的特点

（1）博客营销的目标更为精确，能够针对目标客户进行精准的营销。

（2）博客营销与传统营销相比，营销成本更低，通过网络媒介可以节省更多的人力、物力、财力。

（3）博客广告具有交互性，可以通过博客进行互动交流，并能得到即时的问题反馈。

（4）博客是一种信息发布和传递的工具，能够更快、更便捷地发布公司最新动态、产品信息。

（5）与企业网站相比，博客文章的内容题材和发布方式更为灵活。

（6）与门户网站发布广告和新闻相比，博客传播具有更大的自主性，博主有更大的自由发挥空间。

（7）与供求信息平台的信息发布方式相比，博客的信息量更大，并能及时更新。

（8）与论坛营销的信息发布方式相比，博客文章显得更正式、可信度更高。

（三）博客营销的商业价值

博客营销的商业价值主要体现以下几个方面：

（1）博客可以直接带来潜在客户。

（2）博客可以降低网站推广费用。

（3）博客文章内容为用户通过搜索引擎获取信息提供了机会。

（4）博客文章可以方便地增加企业网站的链接数量。

（5）博客营销可以对读者行为进行研究。

（6）博客是建立权威网站品牌效应的理想途径之一。

（7）博客减少了企业被竞争者超越的潜在损失。

（8）博客让营销人员从被动的媒体依赖转向主动的信息发布。

（四）企业博客营销

（1）企业博客应由专人负责，坚持写作。一开始就必须明确谁负责、写作题目范围、写作频率等。大型企业可以由不同部门轮换写作不同内容的帖子，中小型企业可由专人负责。一般企业博客都由企业负责人或者行业权威人士撰写。企业博客不是个人博客，不能写写停停。

（2）确立博客目标。企业博客是企业营销的一部分，必须有明确的目标及衡量标准。博客的本质决定了博客营销的目标不同于一般的营销手段。企业博客目标不适合确定为帮助企业产生多少销售额、博客广告链接等数字。企业博客目标更适合确定为能体现信息传达率和受众群范围的指标，如 RSS 订阅总数、博客流量、参考帖子被引用次数、被转载次数等。

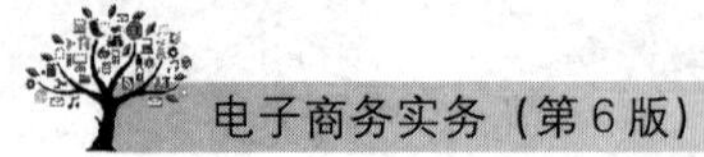

（3）明确个人观点与企业立场。企业博客也需要展现个人风格。在不伤及客户利益或者透露商业机密的基础上，企业博客应允许和鼓励作者发表个人观点。对一些敏感话题，博客可强调帖子内容是个人观点，不是企业立场。

（4）沟通和反馈。博客是企业高层与客户沟通的最好场所，大大改善了传统沟通渠道（客户座谈会）的不畅，能为企业提供有价值的产品意见。

（5）谨慎处理负面评论。企业博客不能轻易删除负面评论，否则只会激怒读者和客户。对客户的问题应坦然回复、说明情况，是企业自身问题的就道歉，需要解决问题的就提出解决的方案并马上执行。

（6）博客平台的选择和优化。

1）选择提供免费博客托管服务的网站，如：Bokee. com，Blogcn. com，Blog. sina. com. cn，Blog. hexun. com，Blog. sohu. com，Blog. china. alibaba. com，Blogbus. com。

2）帮助推广。选择免费、安全、稳定的博客平台。建议博客营销者建立主博客和其他平台博客。

3）独立域名博客。

4）安装免费的博客软件，在自己的独立域名上使用博客，如：Wordpress、Movable type。

（7）推广企业博客。

1）更新。定时更新，不宜过多更新。

2）在其他博客上留言。通过高质量的留言推广自己，吸引别人注意。

3）友情链接。交换链接不一定是有求必应，取决于博客质量，加一些权威博客是对自己的一种提升。

4）讨论其他人的博客。在自己博客中引用别人博客的文章加以评论，容易引起别人的注意。

5）专家访谈。寻找真正的专家，了解对方的喜好，勇于尝试，不要怕被拒绝。

6）客座博客。邀请别人到自己博客里来写文章。

7）撰写教程。实用性强的教程容易被人转载和引用。

8）社交。通过线下社交圈推广。

五、微博与微博营销

（一）微博概述

微博是一个基于用户关系的信息分享、传播以及获取的平台，允许用户通过 Web、Wap、Mail、App、IM、SMS 以及各种客户端，以简短的文本进行更新和发布消息。这些消息可以用很多方式传送，也可以发布多媒体，如图片、影音。微博的起源是美国的

“Twitter”，这个词原意是“鸟的叽叽喳喳”。顾名思义，Twitter是给用户“吐口水”的地方，用户可以在这个小小的平台上即时发表自己的想法、心情或感悟等。Twitter的大红大紫让国内一些人士看到了一条新路。到2009年8月，新浪网推出了“新浪微博”内测版，微博才开始正式进入人们的视野。2010年，微博正式进入高速发展期，国内的四大门户网站（新浪、搜狐、腾讯和网易）纷纷推出了自己的微博。新浪微博由于抢占了先机并利用了名人效应，很快便成为最具人气的微博平台。

“微博是地球的脉搏”，美国《时代》周刊如此评价微博强大的信息传播功能。而在企业层面，微博公关与营销作为网络营销的新配工具之一，愈加受到重视。公开数据显示，2019年12月的微博月活跃用户数为16亿，较上年同期净增约5 400万。微博月活跃用户数中约94%为移动端用户。

（二）微博营销

微博营销是近来推出的一个网络营销方式，有以下特点：

（1）立体化。微博营销可以借助先进多媒体技术手段，用文字、图片、视频等展现形式对产品进行描述，从而使潜在消费者更形象、更直接地接收信息。

（2）高速度。微博最显著的特征之一就是其传播迅速。一条关注度较高的微博在互联网及与之关联的手机WAP平台上发出后，短时间内的互动性转发就可以抵达微博世界的每一个角落，达到短时间内最多的受众数。

（3）便捷性。微博营销优于传统的广告行业，发布信息的主体无须经过繁复的行政审批，从而节约了大量的时间和成本。

（4）广泛性。以粉丝关注的形式进行病毒式传播，影响面非常广泛。同时，名人效应能够使事件的传播量呈几何级放大。

（三）智能微博营销工具

智能微博营销工具模拟微博用户正常操作过程，无须人工手动互动。企业可以根据自己的需求培养人格化、性格化、地域化、行业化、背景化的微博账号，对微博互动的粉丝限制地区、行业地位、性格特点、互动内容。

（1）专注于定向微博营销。通过发布微博转发评论任务，填写每条评论的内容。微博工具会自动按照规定的内容，通过不同的微博账号转发评论。

（2）人格化培养微博账号。发布的微博任务，可以限制地区、行业地位、性格特点。微博工具会自动按照规定匹配微博账号完成任务。

（3）符合自然的效果概念。所发布的微博任务不仅可以限制固定的时间间隔，而且可以根据不同时段单独设置。微博工具会自动按照时限，适时执行任务。

（4）全自动全网挂机。提供更多元化的客户端接口，不同账号用不同的客户端访问微

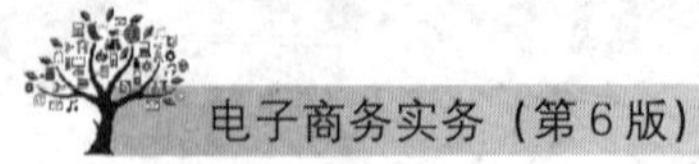

博。微博工具会自动根据微博账号的惯性进行访问和切换。

六、企业网站营销

（一）企业网站营销概述

企业电子商务网站的构成要素包括网站的域名及地点、网站的页面、商品目录、购物车、收款台、商品配送、计数器、留言板、会员管理、商品库存管理。企业网站的主要功能包括企业形象宣传、产品和服务项目展示、商品和服务订购、转账与支付、信息搜索与查询、客户信息管理、销售业务信息管理、新闻发布、供求信息发布等。

网络营销平台的关键要素：第一，是否体现了以客户为中心的理念；第二，是否凸显了营销导向的建设原则；第三，是否拥有强大的后台支持系统。

企业电子商务网站系统的组成如图 5－10 所示。

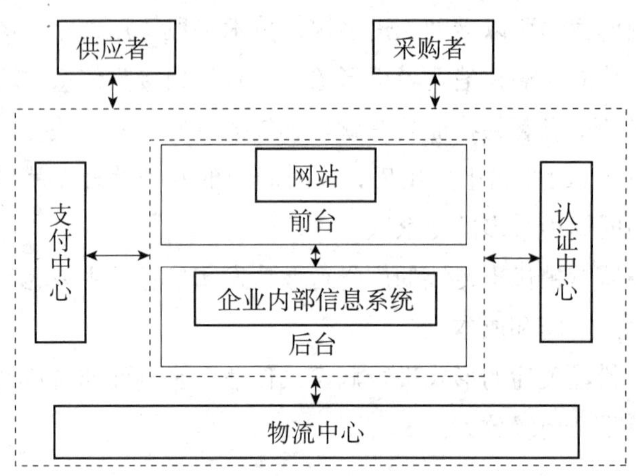

图 5－10　企业电子商务网站系统的组成

企业网站一般由前台和后台组成，网络营销平台的主要功能如图 5－11 所示。

企业的网站可分为信息型网站、服务型网站、销售型网站、综合型网站。企业可根据规模实力和发展阶段选择网站类型。

第一阶段：信息型网站——品牌宣传、产品展示、业务介绍、客户沟通。

第二阶段：服务型网站——会员管理、业务查询、技术支持、售后服务。

第三阶段：销售型网站——购物车、订单管理、支付管理。

第四阶段：综合型网站——内部信息和外部信息的结合，功能全面。

企业网络营销平台的构建方式包括企业自建网站和第三方平台商铺。两者的优势和劣势如表 5－2 所示。

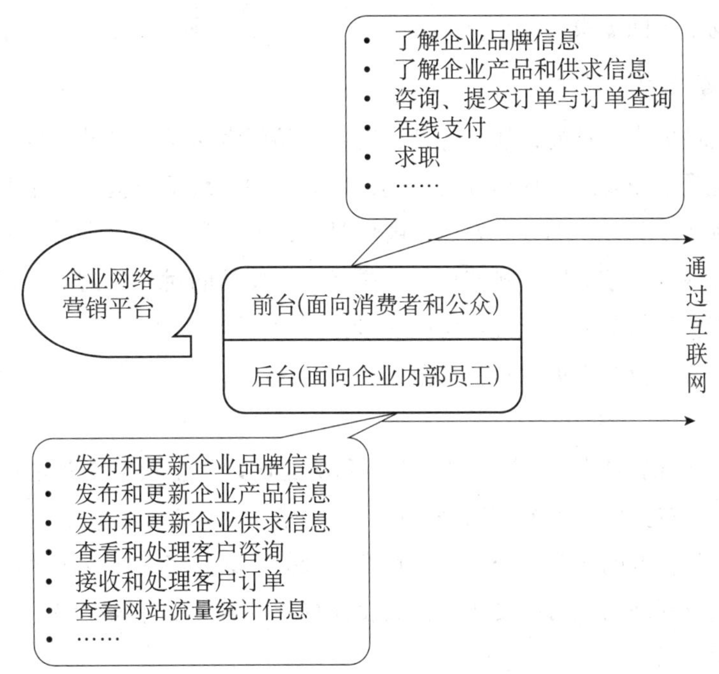

图 5-11　网络营销平台的主要功能

表 5-2　企业网络营销平台的构建方式

类型	优势	劣势
企业自建网站	1. 网站式样多样化，有利于企业品牌的展示和企业文化的表达。 2. 网站功能个性化，企业可以灵活选择。 3. 可以和企业内部信息管理系统良好对接。	1. 建设费用高，一般企业难以承受。 2. 后期管理与维护难度大。 3. 要求企业有专门的技术人员。 4. 推广费用高，难度大。
第三方平台商铺	1. 可借助第三方平台良好的人气，有利于企业的宣传。 2. 获取成本低廉。 3. 后期维护成本低。	1. 商铺样式单一，难以展示企业个性化特色。 2. 商铺功能受到限制，企业选择性弱。 3. 大企业使用可能会降低企业在公众心中的品牌地位。

(二) 企业营销网站设计

1. 设计并注册企业域名

如何设计企业域名？一般可以选择与企业名称一致，或者与企业的产品注册商标一致，或者与企业广告语一致的中英文内容，其原则是尽量简单易记。

2. 规划企业网站用户和需求

企业网站的访问对象主要有消费者（会员）、合作者、社会公众、国外客户。应分析访问对象对网站的不同需求。

3. 网站内容与功能模块设计

（1）筛选网站内容和功能模块。包括：网站的访问者希望从网站获取哪些信息？哪些信息对他们来说是最需要的？如何和网站的访问者实现在线即时沟通？企业网站内容哪些是最重要的？哪些是必要但不太重要的？哪些是辅助的？哪些是可有可无的？哪些是画蛇添足的？网站的内容应该放置在哪些位置才更适合主要访问对象的访问习惯？网站内容之间如何确定链接？如何链接才能使得访问者最方便地获取信息？

（2）设计网站栏目。常见栏目包括公司概况、产品介绍、服务窗口、销售信息、联系方式等。

（3）规划企业网站的首页。首页中的内容和功能设计是企业网络营销功能定位和目标对象定位的体现。首页中的内容应该是企业网络营销最需要展示的内容，也是企业客户通过企业网站最希望获取的内容。企业应该将客户最关心的内容放在企业网站的首页。

（4）规划企业网站的风格。要注重首页设计技巧，内页设计风格保持一致，讲究色彩搭配，重视版面布局。

（5）设计网站的客户体验。

1）设计网站客户咨询（如QQ、阿里旺旺在线服务等）。

2）设计网站的FQA。在网站建设过程中，要充分站在客户的角度，分析在网站访问过程中可能对企业网站操作或者企业业务存在的疑问，并为这些疑问设计详细的说明资料。

3）设计网站导航（见图5-12）。

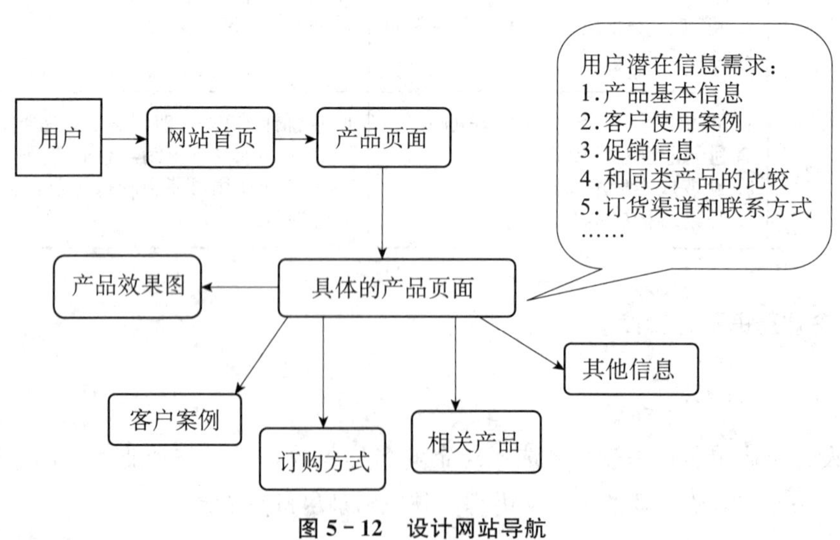

图5-12 设计网站导航

（6）规划网站的后台管理。

1）信息发布管理系统：用于发布与企业有关的新闻报道、促销信息、加盟合作信息和供求信息。

2）产品管理系统：用于发布和更新企业产品信息。

3）客户咨询管理系统：用于在线客户咨询和客户留言处理。

4）网站流量统计系统：用于监控网站访问者信息。

（7）安装网站流量统计软件。基本统计包括列出当天的全部访问用户、对每个访问者的访问次数进行分析排序、记录访问网站的每一个 IP 的来路情况、记录每一个时段访问网站的情况。

（8）测试网站的效果。主要是测试网站的访问速度和链接的有效性。

（三）企业网站推广

企业网站推广也称站点宣传，其目的是通过对企业网络营销站点的宣传吸引用户访问，起到宣传和推广企业及其产品的效果。因此，营销站点是企业在网上市场开展营销活动的阵地，网站的访问量是实现网络促销目标的关键。常用的方法如下：

（1）搜索引擎登记。可以在百度、谷歌、搜狗等搜索引擎登记。

（2）交换友情链接。与合作单位、重要部门网站交换友情链接。

（3）发送电子邮件。发送电子邮件的费用是非常低的，许多网站都利用电子邮件来进行自我宣传。定期发送电子邮件能保持与客户的联系，增进信任，增强沟通，为企业未来的业务发展奠定基础。

（4）发布新闻。及时掌握具有新闻性的事件，并定期把这样的新闻发布到企业网站上，以提高网站知名度，增加访问量。

（5）通过免费服务。通过产品免费试用、新产品免费派送、一元秒杀等活动来吸引消费者。

（6）发布广告。利用网络广告和在传统媒体上发布广告宣传网站。比较廉价的做法是加入广告交换组织，在不同站点交换显示广告，起到相互促进的作用。此外，也可以在适当的站点上购买空间发布网络广告。

七、微信营销

（一）微信营销概述

1. 定义

简单来说，微信营销就是通过微信的方式来宣传自己的产品，进行营销活动。微信不

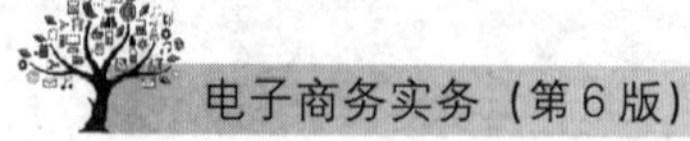

存在距离的限制，用户注册微信后可与周围同样注册的“朋友”形成一种联系。它是一种由用户订阅自己所需信息、商家通过向用户提供其需要的信息来推广自己产品的点对点营销方式。

2. 优点

(1) 营销成本低。传统营销一般需要借助大众媒体或开展落地活动，营销推广成本高；而微信本身是免费使用的，团队组建、运营、监控管理的成本都较低。

(2) 高到达率，高曝光率。到达率和曝光率是衡量营销效果很重要的两个指标。手机短信和邮件群发容易被屏蔽，而微信公众号群发的每一条内容都能100%到达所有用户。与微博相比，微信信息具有更高的曝光率。

(3) 用户黏性强。微信建立在信任的基础上，微信好友多半是自己的朋友，故推送的内容更容易被接受，推广效果更好，且便于忠诚用户向他人推荐分享，传播性高。即便是微信公众平台，那也是用户主动添加的，因而用户黏性强、流失率低。

(4) 高精准度。用户在关注微信时，商家就可以获取用户的性别、年龄、区域等信息，这样就能够根据用户属性投放内容；建立在许可式主动订阅的基础上，每一个用户都是商家的潜在客户，推送的内容易被接受。

(5) 客户关系管理（CRM）便利。目前，微信公众号分为订阅号、服务号和企业号。其中，服务号适合做CRM。通过微信平台可以获得很多用户资料，便于进行客户关系管理，可以为后续的营销推广做好准备。

3. 缺点

(1) 用户隐私问题。微信是一种基于用户位置信息的社交软件，作为一个社交平台，其安全隐患还是比较明显的。用户在使用微信的过程中，稍不注意可能就会泄露个人信息，这给用户带来了困扰。

(2) 用户安全问题。二维码是移动互联网的入口，随着网络和智能手机硬件的普及，二维码技术更是成为手机病毒、钓鱼网站传播的新渠道。如果没有规范的管理措施跟进，作为用户的身份与消费凭证的二维码一旦被不法分子利用，不法分子就可以轻松地进行网络诈骗以及在相关消费场所浑水摸鱼。

(3) 微信平台的使用缺陷问题。微信不显示用户是否在线，不像QQ那样显示对方是否在线，因此很多个人用户在使用时无法及时与对方沟通。

（二）微信营销的常见形式

1. 漂流瓶

方式：把信息放进瓶子里，用户主动捞起来得到信息并传播出去。

实质：采用随机方式来推送消息。

优点：简单，易用。

不足：针对性不强，又因为用户使用漂流瓶的目的是排遣无聊之情，所以在这里做营销如果方式不正确，极容易产生反作用，使得用户对企业品牌及产品产生厌恶之情。此外，每个用户每天只有20次捡漂流瓶的机会，捡到瓶子的概率是比较小的。

适用产品：已经拥有较大知名度的品牌或者产品，做漂流瓶推广来扩大品牌的影响力。

案例：招商银行的“爱心漂流瓶”用户互动活动案例。

活动期间，微信用户用“漂流瓶”功能捡到招商银行漂流瓶，回复之后招商银行便会通过“小积分，微慈善”平台为自闭症儿童提供帮助。根据观察，在招商银行开展活动期间，每捡10次漂流瓶便基本上有一次会捡到招商银行的爱心漂流瓶。不过，漂流瓶内容重复，如果可提供更加多样化的灵活信息，则用户的参与度会更高。

案例分析：微信官方对漂流瓶的参数进行更改，使得合作商家推广的活动在某一时间段内抛出的“漂流瓶”数量增大，普通用户“捞”到的概率也会增加。但是，如果采用这种方式，信息的呈现一定要灵活，不能总说一样的话或套话，要想办法提高用户的有效回复率。

2. 位置签名

方式：在签名档上放广告或者促销的消息，用户查找附近的人的时候或者摇一摇的时候会看见。

实质：类似高速公路的路牌广告，强制收看。

优点：有效地拉拢附近的用户，在方式得当的情况下，转化率比较高。

不足：覆盖人群可能不够多。

适用产品：诸如肯德基这种位置决定生意的店铺。

案例：K5便利店微信签名档营销。

K5便利店新店开张时，利用微信“附近的人”和“打招呼”这两个功能，成功地把开业酬宾信息推送给附近的潜在客户。K5便利店此次利用微信签名栏营销对新店进行推广，活动相当成功。

案例分析：很多位置不佳的店铺其实可以使用“附近的人”这个功能，吸引附近的用户进入自家的店铺进行消费。

3. 二维码

方式：用户扫描二维码，添加好友，以便进行互动。

实质：表面是用户添加，实质是得到忠实用户。

优点：因为是用户主动扫码的，至少证明用户对你的产品还是感兴趣的，所以可以有针对性地诱导用户产生消费行为。

不足：必须用户主动扫码。

适用产品：与用户关联比较紧密的产品。

案例：三人行骨头王火锅。

案例分析：“扫描二维码”这个功能原本是“参考”另一款国外社交工具“LINE”，用来扫描识别另一位用户的二维码身份从而添加朋友。但是二维码发展至今，其商业用途越来越多，因而微信也就顺应潮流结合O2O展开商业活动。这种推广方式可以吸引部分贪小便宜的用户前来消费。

4. 开放平台

方式：把网站内容分享到微信，或者把微信内容分享到网站。

实质：类似于各种分享。

优点：由于微信用户彼此间具有某种更加亲密的关系，因此当产品中的商品被某个用户分享给其他好友后，相当于完成了一次有效到达的口碑营销。

不足：产品扩散比较困难。

适用产品：适合做口碑营销的产品。

案例：美丽说登录微信开放平台。

案例分析：用户通常愿意与朋友分享自己看到的有价值的东西，因此，只要产品真的有价值，用户往往愿意去分享。

5. 朋友圈

方式：可以将手机应用、PC客户端、网站中的精彩内容快速分享到朋友圈中，支持以网页链接方式打开。

实质：模仿国外产品Path，属于私密社交范畴。

优点：交流比较封闭，口碑营销会更具效果。

不足：开展营销活动比较困难。

适用产品：口碑类产品或者私密性小产品。

案例：乐阅电子书平台。

案例分析：用户可以进行免费阅读，并且将阅读的书籍分享至朋友圈，支持写写功能。

6. 公众平台

方式：微信认证账号，品牌主页。

实质：专属的推送信息渠道。

优点：推送的对象是关注你的用户，到达率为100%。

不足：如果用户关注了20个品牌，每个品牌每天向用户推送信息，那么这些信息就显得有些扰民了。

适用产品：企业、各类媒体。

案例：凯迪拉克汽车。

案例分析：凯迪拉克在推广“发现心中的66号公路”活动期间，微信公众号每天会发一组最美的旅行图片给用户，以引起共鸣。其他的内容则基本以车型美图为主，如海外车展等。凯迪拉克也利用微信公众号发布实时内容，如发布暴雨橙色警报以及安全出行提醒。

八、社群营销

目前，在线沟通平台主要有腾讯QQ、网易泡泡、百度Hi、阿里旺旺、慧聪发发、腾讯微信、YY语音等，每天都有数量巨大的用户活跃在这些平台上从事办公、娱乐、商贸和休闲等各种活动，从时空上改变了人们的活动方式，并正在重构人们的工作模式、教育模式、商业模式与生活模式。这种基于“群”的社群营销发展迅猛，其有着黏合度高、趣味性强、期盼愿望强等特点，各式各样的“群”应运而生。

开展社群营销，首先需要知道有哪些群、怎样获取群、有哪些获取群的渠道，以及如何搭建“群”。

（一）社群营销岗位（角色）

（1）群主：负责制定群规划，招募群成员，进行人事安排，发起活动。

（2）管理员：负责邀请群成员、验证群成员、开展活动、屏蔽发言、物色优质群成员。

（3）营销策划师：负责垂直细分市场调研，策划营销活动。

（4）文案美工编辑：负责信息搜索、整理与加工，文案撰写，图文制作，宣传片制作。

（5）内容推送员：适时推送知识信息内容，跟进所推送信息的阅读、反馈情况。

（6）群（公众号）运营：群营销数据分析，活动策划。

（7）产品开发经理：负责营销产品开发、引进。

（8）公关活动：负责友情链接，洽谈合作。

（二）社群营销的主要工作任务

（1）招募群成员：制定群规，同类群拉人、活动拉人，更改群名片，踢人。

（2）话题导聊：根据话题引导群聊，调动气氛，分享推送信息。

（3）信息搜索：搜索与产品或服务相关的信息，并进行梳理和加工。

（4）文案撰写：善于捕捉信息，挖掘和提炼特色，具有一定的文字组织与原创撰写能力，熟悉文字规范。

（5）图文美编：对信息进行图文并茂的加工，懂一定的文字规范，具有文字编辑能力、计算机图文编撰能力，熟悉拍摄、PS、H5等技术。

（6）运营策划：负责群运营策划工作。

（7）内容推送：适时推送群搜索并整理的有价值的内容（如天气预报、3分钟早读新闻），推送群原创内容。

（8）数据分析：对群营销效果进行评估。

（9）产品开发：垂直市场分析，适时研发产品或提供服务。

（三）社群营销的主要指标

（1）群容积率＝群成员数/群容量。例如：某群容量为2 000人，实际进群1 800人，则群容积率＝1 800/2 000＝0.9。

（2）活跃度＝活跃群成员数/群成员数。例如：某群群成员数为1 800人，活跃群成员为300人，则活跃度＝300/1 800＝16.7%。

（3）跳出率＝已退出数/群成员数。

（4）踢出率＝已踢出数/群成员数。

（5）隐身率＝隐身数/群成员数。

（6）移动端率＝移动端数/群成员数。例如：某群群成员为1 800人，使用移动设备的群成员数为1 500人，则移动端率＝1 500/1 800＝83.3%。

（7）PC端率＝PC端数/群成员数。

（8）屏蔽群信息率＝设置屏蔽群信息群成员数/群成员数。

（9）管理员率＝实际管理员数与群主之和/群管理容量与群主之和。例如：某群拥有10个管理员名额，实际管理员为3个，则管理员率＝(3＋1)/(11＋1)＝33.3%。

（10）实名率＝实名群成员数/群成员数。

（11）月活动量＝每月发起活动的数量。

（12）日话题量＝每日发起话题的数量。

（13）邀请率＝群成员邀请的群成员数/群成员数。例如：某群有1 300人，通过群成员的邀请进群的群成员有120人，则邀请率＝120/1 300＝9.2%。

（14）群拥有量，即企业或个人拥有群的数量。

（15）群平台排名，即群在平台的总排名。

（16）群平台行业排名，即群在平台行业中的排名。

（17）百人成本（CPH），即每百名群成员成本。

（18）群价值（GV）＝容积率×活跃度×管理员率×实名率×邀请率×活动量×话题量/跳出率×隐身率×群平台排名×群平台行业排名×百人成本。例如：某群容积率为0.82、活跃度为0.46、管理员率为0.52、邀请率为0.27、月活动量为16、日话题量为5、跳出率为0.004、隐身率为0.36、群平台排名2 800、群平台行业排名190、百人成本1 000，那么群价值为5.5。

九、二维码营销

二维码具有快捷、别致、易于传达的特点，与智能手机的结合使其在支付、购物等方面得到了广泛的使用。近一半的智能手机用户在实体店购物时使用手机，其中40%的用户使用二维码进行支付。二维码信息容量大，比普通条码信息容量高约几十倍。同时，二维码误码率不超过千万分之一，比普通条码低很多。二维码编码范围广，可把图片、声音、文字、签字、指纹等可数字化的信息进行编码，易制作，成本低，持久耐用。

（一）二维码营销的应用领域

二维码的应用可以分为主读和被读。被读类应用是以手机等存储二维码作为电子交易或支付的凭证，可用于电子商务、消费打折等。主读类应用是以安装识读二维码软件的手持工具（包括手机），识读各种载体上的二维码，可用于防伪溯源、执法检查等。下面只是二维码常见的几种应用模式。

1. 网上购物，一扫即得

通过扫描二维码购物，产品的二维码直接标示了产品的身份信息，扫描后调出的产品真实有效，保障了购物安全。二维码加上O2O，实体店将变成网购体验店。

2. 消费打折，有码为证

凭二维码可享受消费打折是目前业内应用最广泛的方式。例如：海南蕉农在香蕉滞销时，与淘宝网合作进行网上团购促销，网友在网上预订，在线下凭手机二维码提货，成功地化解了香蕉滞销危机。

3. 二维码付款，简单便捷

支付宝用户均可免费领取“向我付款”的二维码，消费者只需打开手机客户端的扫码功能，拍下二维码，即可跳转至付款页面，付款成功后，收款人会收到短信及客户端通知。

4. 二维码新闻

二维码出现以后，可以实现跨媒体阅读。例如：在报纸上的某则新闻旁边放一个二维码，读者扫描后可以阅读新闻的更多信息，如采访录音、视频录像、图片动漫等。户外广告、单页广告都可以加印二维码，感兴趣的客户只要用手机扫一扫，即可快速了解更多详细内容，甚至与广告主互动。

5. 二维码管理生产，质量监控有保障

二维码在产品制造过程中的应用更为深入。例如：二维码在美国汽车行业得到广泛应用，美国汽车制造业协会（AIAG）还专门制定了相关标准，从发动机的钢体、钢盖、曲轴、连杆、凸轮轴到变速箱的阀体、阀座、阀盖，再到离合器的关键零部件及电子点火器和安全气囊，都使用了二维码来实现对生产加工质量的全程跟踪。

6. 食品采用二维码溯源

将食品的生产和物流信息加载在二维码里，可实现对食品的追踪溯源。消费者只需用手机扫一扫，就能查询食品从生产到销售的所有流程。例如：在青岛，肉类蔬菜二维码追溯体系已在利群集团投入使用，市民用手机扫描肉类蔬菜的二维码标签，即可显示肉类蔬菜的流通过程和食品安全信息。在仓储的肉类蔬菜包装上，除了单价、总量、总价等信息外，还有二维码，扫描后可以追溯肉类蔬菜生产、流通环节的各种信息。

7. 二维码电子票务，实现验票、调控一体化

当下，景点门票、展会门票、演出门票、火车票、飞机票、电影票等都可以通过二维码实现完全的电子化。例如：用户通过网络购票，完成网上支付后，手机即可收到二维码电子票，用户可以自行打印或保存在手机上作为入场凭证，验票者只需通过设备识读二维码即可快速验票，大大降低了票务耗材和人工成本。

8. 二维码管理交通参与者，能够强化监控

二维码在交通管理中可应用在管理车辆的基本信息、行驶证、驾驶证、年审、保险、电子眼等上。例如：采用印有二维码的行驶证，将有关车辆的基本信息（包括车架号、发动机号、车型、颜色等）转化保存在二维码中，这样，交警在查车时就不需要再呼叫总台协助了，直接扫描车辆的二维码即可。把二维码作为基本信息的载体，还可以建立全国性的车辆监控网络。

9. 证照应用二维码，有利于防伪防盗版

在日本、韩国等国家，个人名片普遍采用二维码的形式。身份证、护照、驾驶证、军官证等证照资料均可以加入二维码，不但利于查证，而且利于防伪。

10. 会议签到二维码，简单高效低成本

大型会议来宾众多，如果采用二维码签到方式，主办方向参会人员发送二维码电子邀请票/邀请函，在来宾签到时，只需扫描此二维码，验证通过即可完成会议签到，整个签到过程无纸化、低碳环保、高效便捷、省时省力，大大提高了签到的速度和效率。

11. 执法部门采用二维码，有利于快速反应

在商品、检验物品上附上二维码，政府执法部门人员可以通过专用移动执法终端进行各类执法检查，及时记录物品信息和企业的违法行为，并且可以保证数据传输的高度安全

性和保密性，有利于政府主管部门提高监管、规范市场秩序、提高执法效率，以及增强执法部门的快速反应能力。

12. 防伪隐形二维码，无法轻易复制

随着荧光粉等印刷技术的发展，一些重要物品开始使用隐形二维码，美国的科研人员也正在试图把这些隐形编码应用到玻璃、塑料胶片、纸质产品、银行票据上。这些隐形二维码用肉眼是看不到的，必须通过红外激光照射才能进行扫描验证。由于该技术的生产过程比较复杂，因此造假者无法轻易复制。目前，此类二维码需要商家提供红外激光扫射设备。一些商业情报、经济情报、政治情报、军事情报等机密资料均可以通过这种方式加密。

13. 高端商品用二维码互动营销，有助于打击山寨

某品牌葡萄酒，用智能手机扫描产品背标上的二维码，就能立即显示出该产品的信息详情链接，点击链接，可以看到该产品的原产地、生产年份、葡萄品种、酒精度、产品介绍、获奖荣誉等信息。

14. 公交二维码，成为城市的移动地图

2010 年，杭州公交和杭州移动联合推出公共出行二维码查询系统，这是二维码技术在公交领域的首次应用，该系统在全市公交车站、公共自行车站布设二维码，市民扫描二维码即可看到一张所在区域的地图，随时获取周边景点、餐饮、娱乐、道路、公交信息和换乘信息，甚至可以马上查询到所要乘坐的公交车离站点还有多远，或者还有几分钟可到达终点站。

15. 招聘二维码，求职者可用手机来应聘

通过扫描招聘二维码，求职者可以方便快捷地了解详细的用工单位、岗位信息，并经由客户端投递简历。这些内容都储存在求职通平台上，求职者扫描二维码的过程实际上是利用手机调取平台上的信息，简单高效，当场就可以完成查询、应聘。

16. 二维码进入医院，挂号、导诊、就医一条龙服务

采用二维码，患者可以通过手机终端预约挂号，凭二维码在预约时间前往医院直接取号，减少了排队挂号、候诊时间。二维码服务不仅解决了挂号的问题，而且延伸到看病、支付等环节后，可以实现看病、付款、取药一条龙服务，不再让患者重复排队。

此外，二维码的应用方式还有很多，例如：通过二维码进行旅游监督和导游，提高旅游服务的质量；二维码导览，在展品上贴上二维码铭牌，参观者拍下二维码后，耳贴手机就能听到展品的语音介绍；二维码婚柬，将二维码发到亲朋好友手机上，对方即可进入相关网页查看邀请函内容，确认是否出席。可以说，二维码将成为融合移动互联网、电子商务、云计算等领域的下一个金矿产业。

（二）二维码营销的三大优势

使用二维码开展营销的优势主要有：

1. 运营成本低，作用好

二维码营销相较于媒体广告、传单广告等，有着肯定的成本优势。二维码的呈现大大削减了版面数量，降低了印刷成本，不管企业规模大小、经营何种方向，都可以使用二维码进行营销，为本企业提供的产品或服务做宣传，从而提升企业的知名度。

2. 构思广告，精确定位

二维码营销是一种比较新的营销办法，可以有效传递数据，不受时间、地域的约束。商家可以使用网络获取扫码的相关信息，得出数据量，再使用数据发掘技术概括出消费者的消费习惯、重视的范畴等，依据阅读记载统计营销作用，依据其消费行为特征对消费者进行精确定位，进而完成精准营销投放和精确定位。

3. 线上/线下空间立体营销

商家使用各种优惠措施吸引用户扫描自己的二维码，经过流量转化，其中的一部分潜在消费者就会变成线下的实际消费者，商家也可以依据流量转化率及时调整商场的经营方向，凭借二维码技术跨过实体、虚拟空间，拉近和消费者之间的距离。

十、软文营销

网络软文营销是一种新型营销方式，具有低成本高回报、易制造诚信度、表现形式丰富等诸多优点。网络软文的表现形式多样，创作不拘一格，越来越为企业所重视。企业通过软文营销对商业策略进行渗透，借助文字表述与舆论传播使消费者认同某种概念、观点，从而达到宣传企业品牌、促进产品销售的目的。

（一）软文概述

软文就是一种文字广告，多由公司内部策划人员或广告公司文案来撰写，即在一篇新闻稿、使用心得、趣味故事等文章里嵌入广告，以此来宣传企业或产品。狭义的软文是指企业付费在报纸、杂志等宣传载体上发表的纯文字性的广告，如某机构在某报刊上刊登的寒假招生广告。广义的软文是指企业通过策划在报纸、杂志或新闻媒体等宣传载体上刊登的，可以提升企业品牌形象和知名度，或促进企业产品销售的宣传性、阐释性文章，包括特定的新闻报道、深度文章、付费短文广告、产品测评、案例分析等。

软文的作用主要有：

(1) 缩减广告成本。一篇原创软文的价格通常比硬性广告费要少很多，一篇优质的软

文更是常会被读者免费转载，这样就扩大了产品的宣传范围，提升了企业的形象和口碑，从而让消费者更愿意信任企业及其产品。

（2）辅助搜索引擎优化。一篇优秀的软文最好具备两个要点：网址链接、关键词。有了这两个元素在里面，可以大大提高点击率和曝光率。如果链接页面做得完美，则直接可以影响客户的购买欲望。

（3）提高品牌知名度。在互联网上有针对性地发布网络软文，传播范围广且时间长久，有利于提高品牌的知名度。

（4）提高网站流量。抓住用户的心理，进而撰写一篇优质的软文，可以给网站带来很高的流量及转换率，这样不仅可以间接地影响产品的销售量，而且可以提升相关产品的受关注度。

（二）软文营销

软文营销是指通过软文的调研、策划、撰写、投放及传播，最终达成宣传或交易等目标的营销行为及方式。软文营销的特征包括形式多样化、语言网络化、投放精准化等。

1. 软文营销的类型

（1）按照营销目的划分，软文可以分为：

1）品牌推广软文。是指企业为建设品牌形象、积累品牌知名度、沉淀品牌资产而撰写的软文。范例：《如果父爱有标价，是他40岁辞掉百万年薪，和老东家保洁竞争……》（https://mp.weixin.qq.com/s?__biz=MzA4NDMzMjE3Nw%3D%3D&idx=4&mid=2665461858&sn=5b41f2dc660d0d6573cd3e8658dfe2aa）。

2）产品推广软文。为企业推广新品或促进热销单品的销售而撰写的软文。范例：《酸奶测评｜好吃到想舔盖的11款网红酸奶》（http://dy.163.com/v2/article/detail/CR00IAGD05228OH7.html）。

3）活动推广软文。是指企业为推广其线上/线下活动并刺激读者参与而撰写的软文。范例：《人生最痛苦的是，怎么选都是错的!》（https://www.sohu.com/a/141752098_621982）。

（2）按照投放渠道划分，软文可以分为：

1）新闻资讯类软文，如网易、搜狐、新浪、腾讯、今日头条、一点资讯等平台，形式包括新闻报道、人物访谈等。范例：《用OPPO盘点当红偶像，你爱的他们被选中了吗?》（https://www.toutiao.com/i6402350252262687233）。

以该范例为例，讲解新闻资讯类软文的写作技巧。关键词设置：OPPO和当红偶像；切入点：当红偶像，关注度高，娱乐性强；观点鲜明：OPPO是时尚和潮流人士的标配；广告弱化：没有简单粗暴地强调新手机，而是从明星代言的角度去引入。

2）自媒体类软文，关键意见领袖或企业的微信公众号、微博头条等自媒体账号发布的软文。特点：知识性、趣味性和分享性。范例：《Office 学习的三大误区，你有没有中枪?》(http://www.360doc.com/content/18/0709/10/57342069_768977137.shtml)。

自媒体的写作技巧：

- 绑定关注，吸引兴趣：热点、名人明星和兴趣爱好。
- 增强代入感，引出产品：让用户意识到自身困扰。
- 打消顾虑，赢得信任：权威、数据、细节和用户反馈。
- 利益诱导，促成转化：强化售卖点，价格优势和优惠力度等。

3）问答类软文。是指以百度知道、悟空问答、知乎问答等平台为依托，以设置问题并回答问题的形式进行创作的软文。范例：《如何去西藏旅游?》(https://www.zhihu.com/question/19569110/answer/115875388)。

4）个人社交类平台软文。平台：QQ、微博和微信。特点：用户体量大、交流更便捷、传播互动强。

5）社群类平台软文。如QQ群和微信群、产品品牌类社群、学习成长社群、特定标签社群等。

2. 软文营销的原则与形式

一般软文写作的三大原则：第一，关键词原则；第二，吸引力原则；第三，精简性原则，30个字以内，不超过两个卖点。

下面是几种常见的软文标题的形式：

(1) 新闻式：建立读者信任。

- 案例：《九龙广场今天认筹开启，现场盛况火爆，势不可当!》
- 时间：今天
- 地点：九龙广场
- 事件：九龙广场认筹开启

(2) 盘点式：解决读者麻烦。

- 案例：《7月份即将上市的8款重磅新车，最后一款性价比逆天》
- 数字：8
- 品类：新车
- 好处：找到一款高性价比的新车

(3) 借力式：发挥热点效应；热点事件或知名人士＋广告类别。

- 案例：《马云又扔出重磅炸弹！不掏手机，PK亚马逊，无人超市要来了》
- 知名人物：马云
- 广告类别：无人超市

(4) 绑定式：绑定读者关注；符合读者的身份标签＋关注的话题。

- 案例：《胡玮炜：辞职后，做出 100 亿摩拜仅用 2 年，她的成功你也可以复制》
- 身份标签：打算和正在创业的人士
- 关注话题：2 年做出 100 亿摩拜的成功经验

(5) 对比式：唤醒读者痛点。

1) 对比过去。

- 案例：《面壁多少次，才知道去考个本科证》
- 过去失败的经验：现在应该如何避免。

2) 对比别人。

- 案例：《你还在用微信聊天？他们都用手机学英语》
- 过去失败的经验：你还在……人家已经……

(6) 提醒式：提醒读者注意。

目标群体＋提示性词语＋具体提示的内容。

- 案例：《春节回家的小伙伴注意，下周四可买春运火车票了（附抢票攻略）》
- 目标群体：春节回家的小伙伴
- 提示性词语：注意
- 具体提示的内容：下周四可买春运火车票了

(7) 悬念式：吸引读者眼球。

1) 反常或好奇的内容＋引出疑问。

- 案例：《水果也有副作用，这 5 种不是所有人都能吃》
- 反常内容：水果有副作用
- 引出疑问：哪五种人

2) 警惕性词语＋具体悬疑内容。

- 案例：《警惕！2017 最难转手的十类房子，买了可能就是你的麻烦！》
- 警惕性词语：警惕
- 具体悬疑的内容：哪十类房子

(8) 秘闻式：激发读者的好奇心。

前缀（权威行业机构）＋秘闻内容＋后缀（秘闻式句子）。

- 案例：《央视揭秘高额信用卡骗局，已有 6 000 多人受骗》
- 前缀：央视＋揭秘
- 秘闻内容：高额信用卡骗局
- 后缀：已有 6 000 多人受骗

(9) 互补式：促使读者行动。

- 案例：《苦恼自己头屑多？在洗发水里加入它，轻松去屑效果显著》

● 句型：在……里面加入（它），……效果显著。A产品：洗发水。B产品：它

（10）稀缺式：刺激读者购买。

● 案例：《最后100个名额！7月9日搜狐焦点免费观影节报名啦》

● 稀缺性关键词：最后100个名额

● 稀缺内容：7月9日搜狐焦点免费观影节报名啦

（11）向往式：制造心理向往。

● 案例：《115斤到103斤，女神范冰冰揭秘她的瘦身心得，原来你也可以》

● 句型：……原来你也可以

● 向往事件：像女神范冰冰一样从115斤瘦到103斤

● 如何达成：学习范冰冰的瘦身心得

（12）故事式：拉近与读者的距离。

● 成功型：过去心酸＋现在成功。如《3岁丧父，摆地摊卖煎饼当搬运工，44岁后月入过百万！》

● 情怀型：情怀事件：放弃百万年薪去务农。如《90后浙江小伙放弃百万年薪，选择去乡间做农业为圆梦》

● 混合型：如《从濒临倒闭到年收入15亿日元，20年来他把一碗米饭做到了极致》

1. 什么叫网络营销？它有什么特点？

2. 简述网络营销的职能。

3. 简述网络营销产品的定义和分类。

4. 简述网络营销适销产品的特点。

5. 论述对网络营销新产品的看法。

6. 简述网络营销的定价策略。

7. 什么是社群营销？它主要有哪些指标？

8. 什么是网络广告？它有什么特点？它的主要表现形式是什么？

9. 二维码的营销有什么优势？还存在什么缺点？

10. 二维码营销的新应用还有哪些？

11. 什么是软文营销？有哪些类型？

12. 为一款全自动家用扫地机写一篇软文，产品的目标客户群是80后职场妈妈。你会采用什么形式来写？如何写？

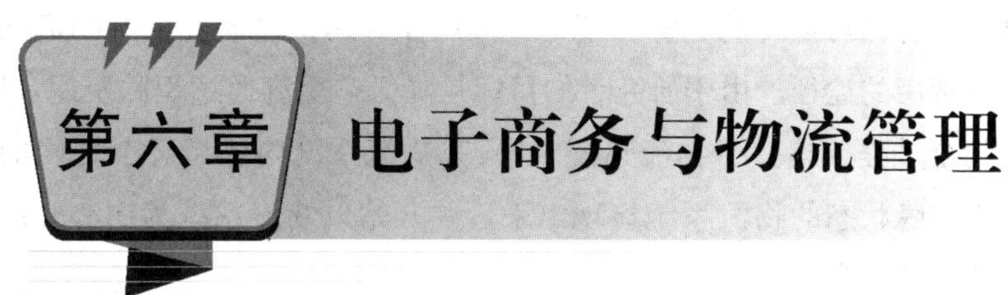

第六章 电子商务与物流管理

知识要点

(1) 理解并掌握物流的概念、功能。

(2) 了解并掌握电子商务下物流配送的作用、特点。

(3) 了解并掌握第三方物流及国际物流的特点、功能及其发展趋势。

(4) 了解并掌握供应链管理的结构、特征、管理模式。

(5) 掌握物流信息、特征、采集方法。

(6) 了解网络采购、供应商管理方法。

第一节 电子商务与物流

一、物流概述

(一) 物流理论的发展

1915 年，阿奇·萧在《市场流通中的若干问题》一书中就提到了“物流”(Physical Distribution) 一词，并指出“物流是与创造需求不同的一个问题”。

1948 年，美国市场营销协会 (American Marketing Association) 将“物流”定义为从生产点到消费点或使用点对货物移动和处理的行为过程。

第二次世界大战中，后勤理论被应用于战争活动中。所谓后勤，是指将战时物资生产、采购、运输、配给等活动作为一个整体进行统一布置，以求战略物资补给的费用更

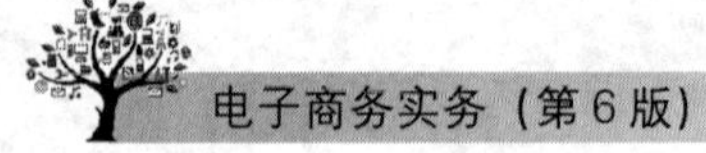

低、速度更快、服务更好。

20世纪50年代，随着经济的复苏和生产的发展，产品数量急剧增长，生产成本相对下降，而流通成本有相对上升的趋势。于是，人们才开始认真研究各种物流活动的规律，以找出降低流通费用的途径。由于研究者的目标是降低整个流通过程的费用，因此必须考察和研究物流的全过程（即整个物流系统），研究物流系统内各个环节之间的相互关系，进而使原来处于潜隐状态的物流系统显现出来，并开始以物流系统为中心开展研究活动，从而形成了现代物流科学。

（二）物流实践的发展

物流实践的发展经历了如下几个阶段：

(1) 仅有物流的“以物易物”时代。

(2) 产生资金流后的物流，以货币为媒介的“一手交钱，一手交货”，商流与物流为一体（信息流开始发挥作用）。

(3) 银行的诞生使物流和资金流分离，由此产生了多种交易付款方式。例如：交易前的预先付款，交易中的托收、支票、汇票，交易后的分期付款、延期付款。

(4) 随着网络技术和电子技术的发展，信息流发生了变化（电子化）。信息流更多地表现为票据资料的流动，它贯穿商品交易过程的始终，记录整个商务活动的流程，是分析物流、引导资金流、辅助经营决策的重要依据。

（三）物流的概念

物流包含如下三层含义：

(1) 物流是一个控制原材料、制成品、产成品和信息的系统。

(2) 物流是从供给者到需求者的物理运动。

(3) 物流是由一系列创造时间价值和空间价值的经济活动组成的。

物流是指物质实体从供应者向需求者的物理移动，由一系列创造时间价值和场所价值的经济活动组成，包括运输、保管、配送、包装、装卸、流通加工及物流信息处理等多项基本活动，是这些活动的统一。

由上面的定义可知，物流并不是“物”和“流”的简单组合，而是一种建立在自然运动基础上的、高级的运动形式。物流以满足一定的经济、军事、社会要求为目的，并通过创造时间价值和场所价值来实现目的。

可以把物流看成一条链，贯穿三方（供应方、运输方、销售方），连接四业（生产业、运输业、仓储业、营销业），包括七要素（运输、存储、装卸搬运、包装、流通加工、配送、物流信息）。

二、物流的作用及其创造的价值

（一）物流的作用

商品流通的过程是以物流（商品的实际流动）为物质基础、信息流（商品基本信息的流动）贯穿始终、引导资金流（货币的流动）正向流动的动态过程。电子商务一般过程可简述为：寻找产品信息→比较产品信息→谈判交易细节→订购→付款→发货、仓储、运输、加工、配送、收货→售后服务。物流是实现电子商务的重要环节和基本保证。

(1) 物流保障生产。生产的全过程从原材料的采购开始，便要求有相应的供应物流；在生产的各工艺流程之间，也需要原材料、半成品的物流过程，即所谓的生产物流；部分余料、可重复利用的物资的回收，需要回收物流；废弃物的处理，则需要废弃物流。可见，整个生产过程实际上就是系列化的物流活动。

(2) 物流服务于商流。在电子商务下，消费者通过网上购物，完成了商品所有权的交割过程，即商流过程。但电子商务的活动并未结束，只有商品和服务真正转移到消费者手中，商务活动才告终结。在整个电子商务的交易过程中，物流实际上是以商流的后续者和服务者的姿态出现的。

(3) 物流是实现“以客户为中心”理念的根本保证。缺少了现代化的物流技术，电子商务给消费者带来的购物便捷就等于零，消费者必然会转向他们认为更为安全的传统购物方式，那么网上购物就没有存在的必要。

(4) 物流是电子商务最重要、最终的环节。电子商务给传统商务模式带来了巨大冲击，使传统的仓储业、批发业面临挑战。生产企业按照网上收到的订单组织生产，由第三方物流企业提供生产线末端的包装，直至送到消费者手中，物流始终会是商务活动的最后一个环节。

（二）物流创造的价值

1. 时间价值

“物”从供给者到需要者之间有一段时间差，改变这一时间差所创造的价值，称为“时间价值”。通过物流获得的时间价值有如下几种：

(1) 缩短时间差创造价值。缩短物流时间可获得多方面的好处，如减少物流损失、降低物流消耗、增加物质周转、节约资金等。由于物流周期的结束是资本周转的前提条件，这个时间越短，资本周转就越快，资本表现出的增值速度也越快。现代物流学着重研究的一个课题就是如何采取技术的、管理的、系统的方法来尽量缩短物流时间，从而取得更高的时间价值。从全社会物流的总体来看，加快物流速度、缩短物流时间，是物流必须遵循的一条经济规律。

（2）弥补时间差创造价值。在经济社会中，需求和供给之间普遍存在时间差异，这是一种普遍的客观存在，正是有了这个时间差，商品才能取得自身最高价值，才能获得十分理想的效益。商品本身是不会自动弥补这个时间差的，如果没有有效的方法，集中生产出的粮食除了当时的少量消耗外，还会损坏、腐烂，使得在非产出时间，人们找不到粮食吃。物流便是以科学的、系统的方法弥补或改变这种时间差。

（3）延长时间差创造价值。物流要遵循“加快物流速度、缩短物流时间”这一规律，以尽量缩小时间差来创造价值。但是，在某些具体的物流中也存在能动地延长物流时间来创造价值的情况。例如：配合待机销售的物流便是一种有意识地通过延长物流时间、增加时间差来创造价值的行为。当然，一般来讲，这是一种特例，不是普遍的整体性现象。

2. 场所价值

“物”从供给者到需求者之间有一段空间差异，供给者和需求者之间往往处于不同的场所。改变这种场所的差别所创造的价值被称为“场所价值”。物流创造场所价值是由现代社会产业结构、社会分工所决定的，主要原因是供给和需求之间存在空间差，商品在不同地理位置有不同的价值。通过物流将商品由低价值区转到高价值区，便可获得“场所价值”。

三、物流的分类

物流因对象、目的、范畴不同，会形成不同的类型。物流的主要分类方式如下：

（一）不同范畴的物流

1. 社会物流

社会物流是指以社会为范畴，面向社会的物流。这种社会性很强的物流往往是由专门的物流承担人承担的，社会物流的范畴是社会经济大领域。

2. 企业物流

企业物流是具体的、微观的物流活动的典型领域，是企业运营的重要组成部分。

（二）不同生产阶段的物流

1. 生产物流

原料、零部件、燃料等辅助材料从企业仓库开始，进入生产线的开始端，再进一步随生产加工过程一个环节一个环节地流转。在流转的过程中，各类材料被加工，同时产生一些废料、余料，直到产品完成，流转至产成品仓库。

2. 供应物流

供应物流是企业为保证自身节奏，不断组织原材料、零部件、辅助材料供应的物流活动。企业竞争的关键在于：降低供应物流过程的成本，以最低成本和消耗保证产品的供应。企业供应物流必须解决供应网络问题、供应方式问题、零库存问题等。

3. 销售物流

销售物流是企业为保证自身的经营效益，伴随销售活动不断地将产品所有权转移给用户的物流活动。现代社会中，市场是一个完全的买方市场，销售物流活动带有极强的服务性，目标是满足买方的需求，最终实现销售。销售物流的空间范围大，这是销售物流的困难所在。企业销售物流的特点是通过包装、送货、配送等一系列物流实现销售，这就需要研究送货方式、包装水平、运输路线等，并采取各种诸如少批量、多批次、定时、定量配送等特殊的物流方式达到目的，因此，其研究领域很宽。

4. 回收物流

回收物流是指企业在生产、供应、销售活动中产生的边角余料和废料的回收活动。企业若对回收物品处理不当，则会影响整个生产环境，甚至影响产品质量，也会占用很大空间，造成浪费。

5. 废弃物流

废弃物流是指对企业排放的无用物品进行运输、装卸、处理的物流活动。

四、电子商务下的物流

（一）电子商务下物流的特点

1. 物流信息化

电子商务时代，物流信息化是电子商务的必然要求。物流信息化表现为物流信息收集的代码化、物流信息处理的电子化、物流信息传递的标准化和实时化、物流信息存储的数字化以及物流信息自身的商品化等。

2. 物流自动化

物流自动化可以增强物流作业能力、提高劳动生产率、减少物流作业的差错等。物流自动化的系统非常多，如条码、语音、射频自动识别系统、自动分拣系统、自动存取系统、自动导向系统、货物自动跟踪系统等。

3. 物流网络化

物流网络化有两层含义：一是计算机的网络化，即物流系统的计算机网络，包括物流中心与上游供应商或制造商联系的计算机网络，以及与下游客户之间联系的计算机网络，如当配送中心向供应商发订单时，就需要使用计算机网络；二是物流组织的网络化，即建立物流组织的内部网，有效地开展物流服务，必须使物流企业的管理电子化、网络化，通过对企业内部流程的重新整合，建立企业的内部网，使企业的内部管理实现网络化。更重要的是，通过内部网的建设，实现物流实体的网络化布局与管理。物流的网络化是物流信息化的必然，是电子商务下物流活动的主要特征之一。当今世界互联网等全球网络资源的可用性及网络技术的普及为物流的网络化提供了良好的外部环境，物流的网络化是必然趋势。

4. 物流智能化

物流智能化是物流自动化、信息化的一种高层次应用，物流作业过程大量的运筹和决策，如库存水平的确定、运输（搬运）路径的选择、自动导向车的运行轨迹和作业控制、自动分拣机的运行、物流配送中心经营管理的决策支持等问题都需要借助大量的知识才能解决。在物流自动化的进程中，物流智能化是不可回避的技术难题。专家系统、机器人等相关技术在国际上已经有比较成熟的研究成果。为了提高物流现代化的水平，物流智能化已成为电子商务下物流发展的一个新趋势。

5. 物流柔性化

物流柔性化原是生产领域为实现“以客户为中心”理念而提出的，但要想真正做到柔性化，即真正地能根据客户需求的变化来灵活调节生产工艺，没有配套的柔性化的物流系统是不可能做到的。20 世纪 90 年代，国际生产领域纷纷推出弹性制造系统（Flexible Manufacturing System，FMS）、计算机集成制造系统（Computer Integrated Manufacturing System，CIMS）、制造资源系统（Manufacturing Requirement Planning，MRP）、企业资源计划（Enterprise Resource Planning，ERP），以及供应链管理的概念和技术。这些概念和技术的实质是要将生产、流通进行集成，根据需求端的需求组织生产，安排物流活动。柔性化物流正是适应生产、流通与消费的需求而发展起来的新型物流模式。它要求物流配送中心根据消费需求“多品种、小批量、多批次、短周期”的特点，灵活组织和实施物流作业。

（二）电子商务下物流业的发展趋势

1. 服务的多功能化

在电子商务时代，物流发展到集约化阶段，一体化配送中心不但要提供仓储和运输服务，还必须开展配货、配送和各种提高附加值的流通加工服务项目，以及按客户的需要提供其他服务。现代供应链管理即通过综合从供应者到消费者供应链的运作，使物流达到最优化。

2. 服务的卓越化

在电子商务下，物流业是介于供货方和购货方之间的第三方，以服务为第一宗旨。从物流的现状来看，物流企业不仅要为本地区提供服务，而且要提供长距离的服务。

3. 管理的信息化

在电子商务时代，要想提供最佳的服务，物流系统必须有良好的信息处理和传输系统。物流管理的信息化包括商品代码和数据库的建立，以及运输网络合理化、销售网络系统化和物流中心管理电子化建设等。可以说，没有现代化的信息管理，就没有现代化的物流。

4. 竞争的全球化

全球化战略的趋势使物流企业和生产企业更紧密地联系在一起，形成了社会大分工。生产企业集中精力制造产品、降低成本、创造价值，物流企业则花费大量的时间、精力从事物流服务。物流企业的满足需求系统比原来更进了一步。

第二节　电子商务与供应链管理

一、供应链概述

(一) 供应链的定义

供应链（Supply Chain）是围绕核心企业，通过对信息流、物流、资金流的控制，从采购原材料开始，制成中间产品和最终产品，最后由销售网络把产品送到消费者手中，将原材料供应商、制造商、分销商、零售商、最终客户连成一个整体的功能网链结构模式。它是一个范围更广的企业结构模式，包含所有加盟的节点企业，从原材料的供应开始，经过链中不同企业的制造加工、组装、分销等过程直到最终客户。它不仅是一条连接供应商到用户的物料链、信息链、资金链，而且是一条增值链，物料在供应链上因加工、包装、运输等过程而增加其价值，给相关企业都带来收益。图 6-1 为供应链示意图。

供应链可分为内部供应链和外部供应链。内部供应链是指企业内部产品生产和流通过程中所涉及的采购部门、生产部门、仓储部门、销售部门等组成的供需网络；外部供应链是指企业外部的、与企业相关的产品生产和流通过程中涉及的原材料供应商、生产商、储运商、零售商以及最终客户组成的供需网络。

(二) 供应链的结构模型

根据以上供应链的定义，其结构可以简单地归纳为图 6-2 所示的模型。

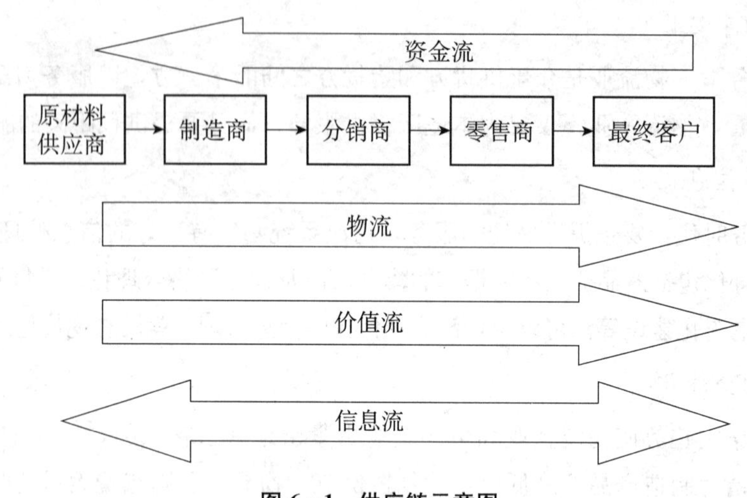

图 6-1　供应链示意图

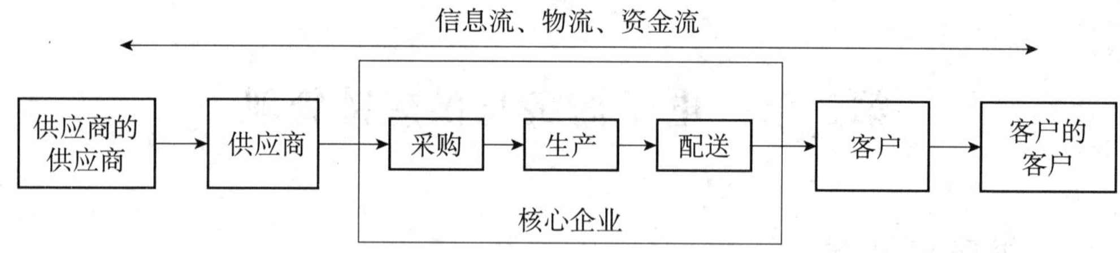

图 6-2　供应链结构模型

从图 6-2 中可以看出，供应链由所有加盟的节点企业组成，其中一般有一个核心企业（可以是产品制造企业，也可以是大型零售企业），节点企业在需求信息的驱动下，通过供应链的职能分工与合作（生产、分销、零售等），以资金流、物流/服务流为媒介实现整个供应链的不断增值。因此，供应链是指由原材料和零部件的供应商、产品的制造商、分销商和零售商到最终客户组成的价值增值链，如图 6-3 所示。

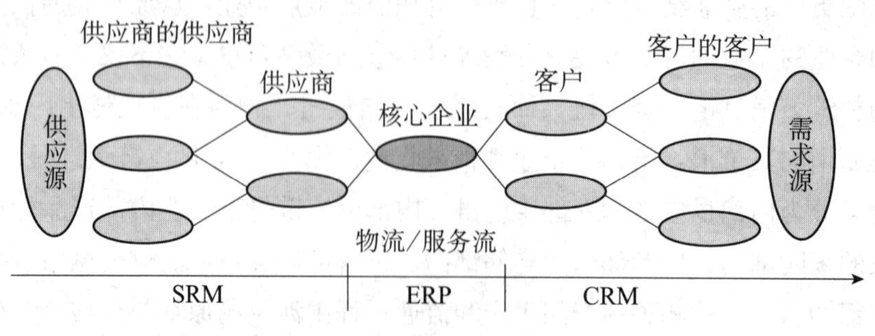

图 6-3　供应链价值增值链

（三）供应链的特征

从供应链的结构模型可以看出，供应链是一个网链结构，由围绕核心企业的供应商、供应商的供应商、客户、客户的客户组成。一个企业是一个节点，节点企业和节点企业之间是一种需求与供应关系。供应链主要具有如下特征：

(1) 复杂性。因为供应链节点企业组成的跨度（层次）不同，供应链往往由多个、多种类型甚至多国企业构成，所以供应链结构模式比一般单个企业的结构模式更加复杂。

(2) 动态性。供应链管理因企业战略和适应市场需求变化的需要，其中的节点企业需要动态地更新，这就使得供应链具有明显的动态性。

(3) 面向用户需求。供应链的形成、存在、重构都基于一定的市场需求而发生，并且在供应链的运作过程中，客户的需求拉动是供应链中信息流、物流、资金流运作的驱动源。

(4) 交叉性。节点企业可以是这个供应链的成员，同时又是另一个供应链的成员，众多的供应链形成交叉结构，增加了协调管理的难度。

(四) 供应链的核心技术

供应链涉及的三项核心技术包括：

(1) 代码技术。描述商品信息或作为获得其他数据的关键字。

(2) 条码技术。对 ID 代码的符号表示，用于对 ID 代码与其他数据的自动输入。

(3) 通信技术。在贸易伙伴间交换数据。

要实施有效的供应链管理，首先必须改善供应链的业务流程，然后以较低的成本使这些流程自动化，以进一步降低供应链的成本和时间。将条码扫描技术 POS 系统、EDI 以及 EFT 等技术集成起来，在供应链上建立一个高效的供应链集成系统，以确保产品能不间断地由供应商流向最终客户。同时，只有信息流能在开放的供应链中循环流动，才能真正地满足客户对产品和信息的要求。

二、供应链管理中的物流

(一) 供应链管理的概念

供应链管理是指人们在认识和掌握了供应链各环节内在规律和相互联系的基础上，利用管理中的计划、组织、指挥、协调、控制和激励职能，对产品生产和流通过程中各个环节所涉及的物流、信息流、资金流、价值流以及业务流进行合理调控，以期达到最佳组合，发挥最大的效益，以最小的成本为客户提供最大的附加值。

(二) 供应链管理的特点

供应链管理与传统的物料控制及储运管理有很大的不同，主要表现在以下四个方面：

(1) 将供应链看成一个整体，而不是将供应链看成由采购、制造、分销、销售等构成的一些相互分离的功能块。

(2) 依靠对整个供应链进行战略决策。“供应”是整个供应链上各个功能部门的共同目标，它对整个供应链的成本及供应链的市场份额有重大影响。

(3) 供应链管理对库存有不同的看法。从供应链管理的角度来看，库存不一定是必需的，它只是起平衡作用的最后的工具。

(4) 供应链管理要求采用系统的、集成化的管理方法来统筹整个供应链的各个功能。为了确保达到共同目标，高层管理部门采取相应的措施消除供应链内各部门之间的目标冲突是十分重要的。

把整个供应链所涉及的所有企业看成一个“广义企业”，类似于一个集生产、运输、市场营销等业务职能于一身的集团公司。原材料供应商、销售渠道供应商（批发商和零售商）以及客户自身都是主要参与者。

通过供应链管理而建立起来的“广义企业”与通过电子商务建立起来的“虚拟企业”，其实质是一样的。

（三）供应链模式

传统的供应链模式称为推销模式，即根据商品的库存情况，有计划地将商品推销给客户。现在流行的供应链模式是需求动力模式，客户是该供应链中一切业务的动力源（见图6-4）。

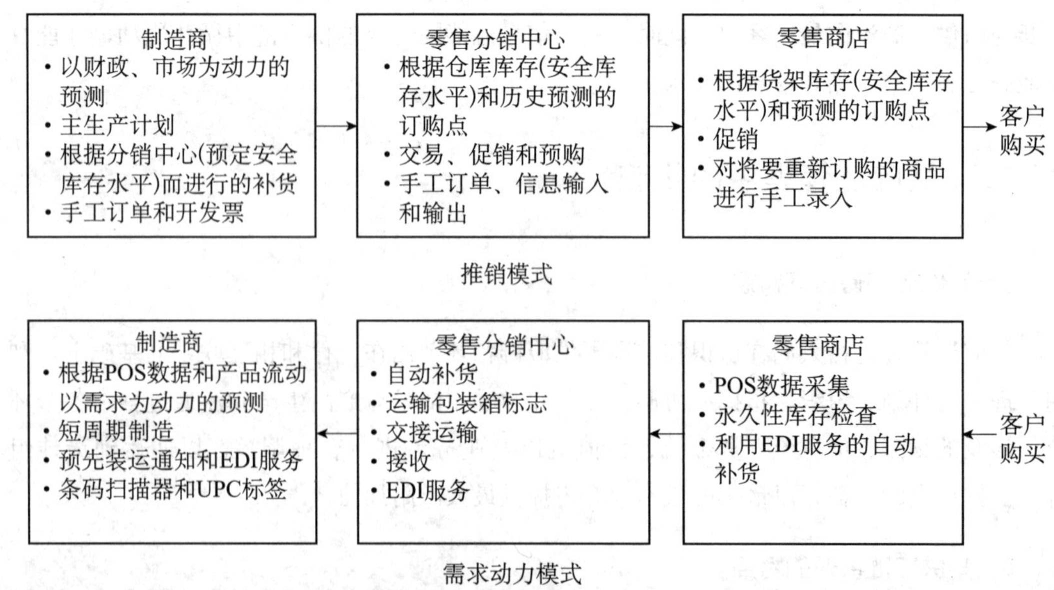

图6-4 供应链模式比较

三、电子商务与供应链管理策略

（一）供应链与电子商务

优化供应链管理，不仅需要高效快速的物流、资金流，更需要快速、正确的信息流，否则优化供应链管理仅是一句空话。电子商务的发展为信息流的快速、准确提供了保证。另外，供应链上的各企业，还应有效地利用互联网。

（二）供应链管理策略简介

1. 快速反应

快速反应是指零售商、制造商为减少原材料到销售点的时间和整个供应链上的库存，最大限度地提高供应链的运作效率。快速反应的重点是客户需求。

实施快速反应可分为三个阶段：1）对所有的商品单元进行条码化；2）在第一阶段的基础上增加与内部业务处理有关的策略；3）与贸易伙伴密切合作，采用更高级的快速反应策略。

2. 有效客户反应

有效客户反应是在食品等杂货分销系统中，分销商和供应商为消除系统中不必要的成本和费用，给客户带来更大效益而进行密切合作的一种供应链管理策略。联合整个供应链所涉及的供应商、分销商以及零售商，改善供应链中的业务流程，使其合理有效；然后以较低的成本，使这些业务流程自动化，以进一步降低供应链的成本和时间。

具体地说，实施有效客户反应需要将条码技术、扫描技术、POS 系统和通信技术集成起来，在供应链（由生产线直至付款柜台）之间建立一个无纸系统。

3. 电子订货系统

电子订货系统并非单个零售店与单个批发商组成的系统，而是许多零售店和许多批发商组成的大系统的整体运作方式。电子订货系统能处理从新商品资料的说明直到会计结算等所有商品交易过程中的作业，可以说电子订货系统涵盖了整个商流。在寸土寸金的情况下，零售业已没有许多空间用于存放货物，在要求供货商及时补足售出商品的数量且不能有缺货的前提下，更是必须采用电子订货系统。

图 6－5 为某企业的销售订货作业流程图，图 6－6 为物流作业流程图，图 6－7 为电子订货系统的网络应用图。

4. 企业资源计划

影响企业生存与发展的三股力量是客户、竞争和变化。面对以客户、竞争和变化为特

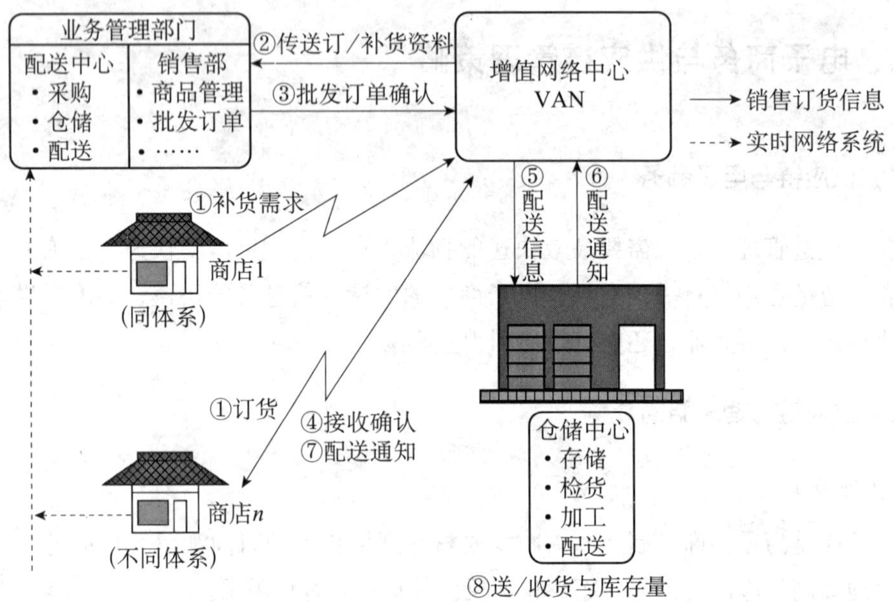

图 6－5　销售订货作业流程图

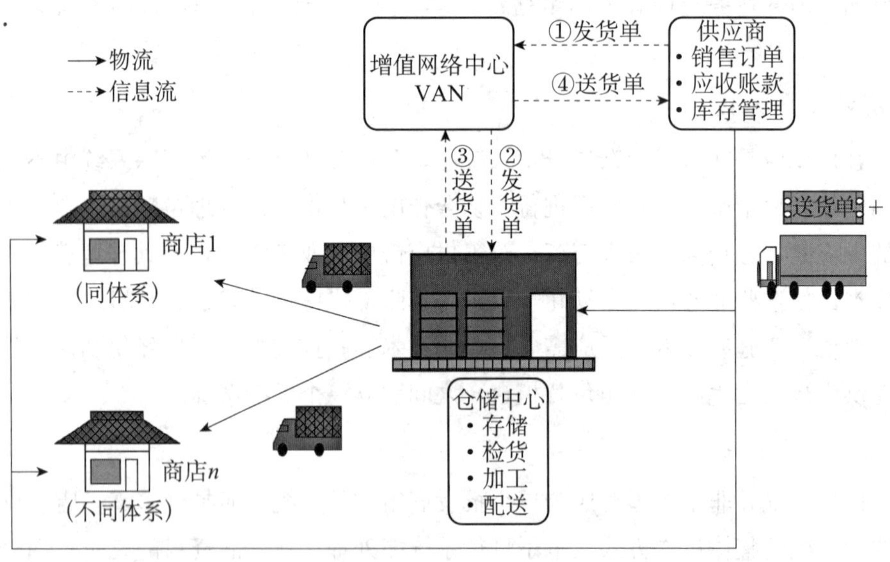

图 6－6　物流作业流程图

征的外部环境，企业必须进行管理思想上的革命、管理模式与业务流程上的重组和管理手段上的更新。

企业资源计划系统的核心管理思想就是实现对整个供应链的有效管理，主要体现在以下三个方面：

（1）体现对整个供应链资源进行管理的思想。

（2）体现精益生产和敏捷制造的思想。

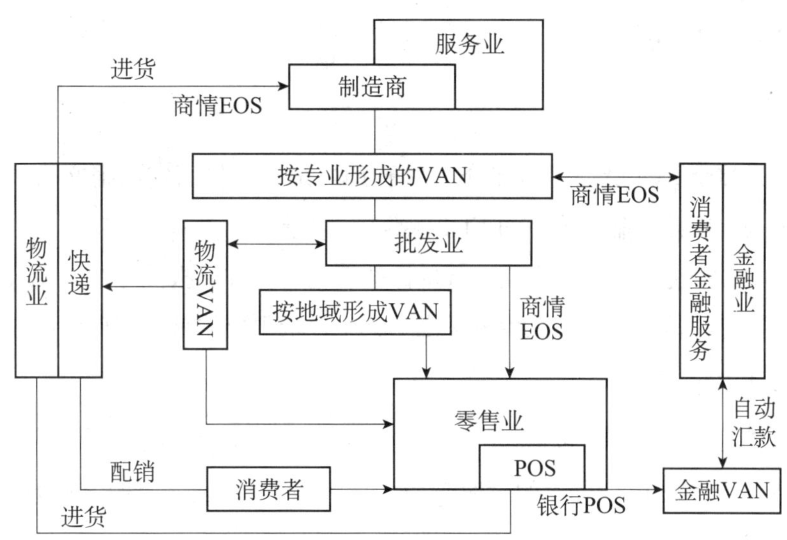

图 6－7　电子订货系统的网络应用

1）精益生产（Lean Production）是由美国麻省理工学院提出的一种企业经营战略体系，即企业按照大批量生产方式组织生产时，把客户、销售代理商、供应商、协作单位纳入生产体系。企业同其销售代理、客户和供应商的关系，已不再是简单的业务往来关系，而是利益共享的合作伙伴关系，这种合作伙伴关系组成了企业的一个供应链。

2）敏捷制造（Agile Manufacturing）是指当市场发生变化、企业遇到特定的市场和产品需求时，企业的基本合作伙伴不一定能满足新产品开发生产的要求，这时，企业就会组织一个由特定的供应商和销售渠道组成的短期或一次性供应链，形成虚拟工厂，把供应和协作单位看成企业的一个组成部分，运用同步工程组织生产，用最短的时间将新产品打入市场，时刻保持产品的高质量、多样化和灵活性。

（3）体现事先计划与事中控制的思想。

企业资源计划系统中的计划体系主要包括主生产计划、物料需求计划、能力计划、采购计划、销售执行计划、利润计划、财务预算和人力资源计划等，这些计划功能与价值控制功能已完全集成到整个供应链系统当中。

四、物流配送中的现代技术

物流技术一般是与物流要素活动有关的所有专业技术的总称，包括各种操作方法、管理技能等，如流通加工技术、物品包装技术、物品标识技术、物品实时跟踪技术等。物流技术还包括物流规划、物流评价、物流设计、物流策略等。在计算机网络技术的应用普及后，物流技术还综合了许多现代技术，主要包括条码技术、EDI 技术、射频技术、地理信息技术、全球定位技术、销售时点信息技术、卫星地面定位技术、物流企业管理信息技术。

（一）EDI技术及其应用

1. EDI标准

EDI标准是整个EDI最关键的部分，由于EDI是以事先商定的报文格式进行数据传输和信息交换的，因此，制定统一的EDI标准至关重要。

EDI标准主要分为如下几个方面：基础标准、代码标准、报文标准、单证标准、管理标准、应用标准、通信标准、安全保密标准。其中，最主要的是要实现单证标准化。

2. EDI技术的应用

EDI技术应用广泛的行业包括：

（1）制造业：通过EDI技术的即时响应，减少库存量及生产线待料时间，降低生产成本。

（2）贸易运输业：通过EDI技术，快速通关报检，节约运输资源，降低贸易运输成本。

（3）流通业：通过EDI技术，快速反应，减少商场库存量与空架率，以加速商品资金周转，降低成本；建立物资配送体系，以完成产、存、运、销一体化的供应链管理。

（4）金融业：通过EDI技术实现电子转账支付，减少金融单位与其用户间交通往返的时间与现金流动风险，并缩短资金流动所需的处理时间，提高用户资金调度的弹性。在跨行服务方面，更可使用户享受不同金融单位所提供的服务，以提高金融业的服务品质与项目。

（二）射频技术及其应用

1. 射频技术概述

射频技术的基本原理是电磁理论。射频系统的优点是不局限于视线，识别距离比光学系统远，射频识别卡具有读写能力，可携带大量数据，难以伪造，能够实现智能化。

射频技术适用的领域有物料跟踪、运载工具和货架识别等要求非接触数据采集和交换的场合。由于射频标签具有可读写能力，对于需要频繁改变数据内容的场合尤为适用。

2. 射频技术的应用

我国射频技术的应用也已经开始，一些高速公路的收费站使用射频技术可以实现不停车收费，我国铁路系统使用射频技术记录货车车厢编号的试点已运行了一段时间，一些物流公司也正将射频技术用于物流管理中。

（三）地理信息技术及其应用

1. GIS 技术概述

地理信息系统（Geographical Information System，GIS）是指采用地理模型分析方法，适时地提供多种空间的和动态的地理信息。GIS 的基本功能是将表格型数据（无论它来自数据库、电子表格文件还是直接在程序中输入）转换为地理图形显示，然后对显示结果进行浏览、操作和分析，其显示范围可以从洲际地图到非常详细的街区地图，显示对象包括人口、销售情况、运输线路等各类内容。

2. GIS 技术的应用

（1）车辆路线模型。

（2）网络物流模型。

（3）分配集合模型。

（4）设施定位模型。

（四）全球定位技术及其应用

1. 全球定位系统

迄今为止，美国、俄罗斯、中国等国家和组织都已经开发了或正在开发和部署全球定位系统。

（1）美国的 GPS 系统。该系统包括三个部分：空间部分——GPS 卫星；地面控制部分——地面监控系统；用户设备部分——GPS 信号接收机。

（2）俄罗斯的 Glonass 系统。它是最早开始开发和部署的全球定位系统，始于苏联时期，2011 年正式全球运行。

（3）中国的北斗卫星导航定位系统。2012 年覆盖亚太地区。2020 年 7 月 31 日，北斗三号全球卫星导航系统正式开通。

（4）欧盟的伽利略全球定位系统。2012 年初步组成网络。

（5）国际海事卫星组织的 Inmarsat 系统。1979 年成立，由缔约国投资兴建，目的是改进海上通信、提高船舶效率和无线电定位能力。

2. 全球定位系统的应用

（1）用于汽车自动定位、跟踪调度、陆地救援。

（2）用于内河及远洋船队航线的测定，航向的调度、监测及水上救援。

（3）用于空中交通管理、进场着陆、航路导航和监视。

（4）用于铁路运输管理。

（5）用于军事运输。

第三节　电子商务环境下的物流模型

电子商务的优势之一就是能大大简化业务流程，降低企业运营成本。而电子商务下企业成本优势的建立和保持必须以可靠和高效的物流运作为保证，这也是现代企业在竞争中取胜的关键。一个国家物流业的发展水平在一定程度上反映了该国的综合国力和企业的市场竞争能力。专业化的第三方物流和国际物流的发展，已成为目前世界各国和大型跨国公司所关注、探讨和实践的热点。

一、第三方物流

（一）第三方物流的概念

第三方物流是指由物流劳务的供方、需方之外的第三方去完成物流服务的物流运作方式。第三方就是指向物流交易双方提供部分或全部物流功能的外部服务提供者。在某种意义上可以说，它是物流专业化的一种形式。

第三方物流随着物流业发展而发展，是物流专业化的重要形式。物流业发展到一定阶段必然会出现第三方物流，而且第三方物流的占有率与物流产业的水平之间有着非常紧密的相关性。西方国家的物流业实证分析证明，当独立的第三方物流至少占社会的50%时，物流产业才能形成。因此，第三方物流的发展程度反映和体现了一个国家物流业发展的整体水平。

（二）物流企业

专业化、社会化的第三方物流的承担者是物流企业。综观国内外物流业现状，物流企业种类繁多。

按照物流企业完成的物流业务范围的大小和所承担的物流功能，可将物流企业分为功能性物流企业和综合性物流企业。功能性物流企业也称单一物流企业，即它仅仅承担和完成某一项或几项物流功能。按照其主要从事的物流功能，可将其进一步分为运输企业、仓储企业、流通加工企业等。综合性物流企业能够完成和承担多项乃至所有的物流功能。综合性物流企业一般规模较大、资金雄厚，并且有着良好的物流服务信誉。

按照物流企业是自行完成和承担物流业务，还是委托他人进行操作，可将物流企业分为物流自理企业和物流代理企业。物流自理企业就是平常人们所说的物流企业，它可进一步按照业务范围进行划分。物流代理企业同样可以按照物流业务代理的范围，分成综合性物流代理企业和功能性物流代理企业。其中，功能性物流代理企业包括运输代理企业（货代公司）、仓储代理企业（仓代公司）和流通加工代理企业等。

（三）第三方物流实践

在西方发达国家第三方物流的实践中，有以下几方面值得注意：

(1) 物流业务的范围不断扩大。一方面，商业机构和各大公司面对日趋激烈的竞争，不得不将主要精力放在核心业务上，将运输、仓储等相关业务环节交由更专业的物流企业进行操作，以求节约和高效；另一方面，物流企业为了提高服务质量，也在不断拓宽业务范围，提供配套服务。

(2) 很多成功的物流企业根据第一方、第二方的谈判条款，分析比较合理的操作成本和代理费用，灵活运用自理和代理两种方式，向客户提供定制的物流服务。

(3) 物流产业的发展潜力巨大，具有广阔的发展前景。

采用委托代理的形式，运用自己成熟的物流管理经验和技术，为客户提供高质量的物流服务，这种方式可以概括为以综合物流代理为主的第三方物流运作模式。大力推广和发展综合物流代理运作模式正逢其时。

实践证明，采用第三方物流服务有以下好处：降低物流成本；扩大公司业务能力；集中精力，强化主业；缩短出货至交货的时间；增加车辆效率和减少油耗费用；彻底实施品质管理；避免遇到旺季人手不够的情况。

（四）物流一体化

物流一体化是以物流系统为核心的包括生产企业、物流企业、销售企业乃至消费者供应链在内的整体化和系统化，它是物流业发展的高级和成熟阶段。物流一体化的发展可进一步分为三个层次：物流自身一体化、微观物流一体化和宏观物流一体化。物流一体化是物流产业化的发展趋势，必须以第三方物流充分发展和完善为基础。同时，物流一体化的趋势为第三方物流的发展提供了良好的运作环境和巨大的市场需求。

我国物流业正处于蓬勃发展期，物流一体化和第三方物流已引起了我国物流业界和物流理论界人士的重视和关注。开展物流一体化的研究，促进第三方物流，探索符合我国国情的物流运作模式是我们共同面对的课题。

二、国际物流

（一）国际物流的概念

国际物流就是组织货物在国家间的合理流动，也就是发生在不同国家之间的物流。国际物流的目标是为国际贸易和跨国经营服务，使各国物流系统相互接轨，因而与国内物流系统相比，具有国际性、复杂性和风险性等特点。这种物流是国际贸易的一个必要组成部分，各国之间的相互贸易最终必须通过国际物流来实现。国际物流是现代物流系统中重要的物流领域，近十几年来有很大的发展，是一种新的物流形态。

（二）国际物流的特点

国际物流的主要服务对象是国际贸易和跨国经营，实现各国物流系统之间的接轨，因此与国内物流系统相比，它更加复杂、风险更大。具体来讲，国际物流具有如下特点：

1. 各国物流环境有差异

这是国际物流的一个非常重要的特点，尤其是物流软环境的差异。差异的原因在于国际物流系统的地理范围大，跨越不同国家和地区，运输距离长，运输方式多样。物流环境的差异迫使一个国际物流系统需要在几个不同的法律、人文、习俗、语言、科技、设施的环境下运行，这无疑会大大增加物流的难度和系统的复杂性。

2. 国际物流系统范围广、风险大

国际物流的风险主要包括政治风险、经济风险和自然风险。政治风险主要是指所经过国家政局动荡，使货物受到损害或损失。经济风险包括汇率风险和利率风险，主要是指从事国际物流必然要发生的资金流动的风险。自然风险则是指物流过程中，由自然因素所引起的风险。正因如此，国际物流采用现代化系统技术，其效果才比以前更显著，风险也才有了一定程度的降低。例如：开通某个“大陆桥”之后，国际物流速度会成倍提高，效益也会显著增加。

3. 国际物流要求更高程度的信息系统

国际化信息系统是国际物流尤其是国际联运非常重要的支持手段。国际信息系统建立的困难，一是管理麻烦，二是投资巨大，再加上世界各国物流信息水平参差不齐，导致信息水平不均衡，使得信息系统的建立更为困难。

当前国际物流信息系统一个较好的建立办法是和各国海关的公共信息系统联机，以及时掌握各相关港口、机场，以及联运线路、站场的实际状况，为供应或销售物流决策提供支持。国际物流是最早发展电子数据交换的领域。以EDI为基础的国际物流将会对物流的国际化产生重大影响。

4. 国际物流的标准化要求更高

为了国际物流的畅通，统一标准非常重要。没有统一的标准，就无法提高国际物流的水平。目前，美国、欧盟基本实现了物流工具和设施标准的统一。在物流信息传递技术方面，欧盟各国不仅实现了企业内部的标准化，而且实现了企业之间及欧盟统一市场的标准化，这就使欧洲物流系统比亚洲、非洲等地区的物流系统更简单、更有效。

（三）国际物流系统的构成

运输和仓储子系统是物流系统的主要组成部分，在国际物流中尤其如此。国际物流最终通过商品的存储和运输，实现其自身的时间和空间效益，满足国际贸易活动和跨国公司经营的要求。其他子系统包括商品的检验、包装、流通加工和其前后的整理、再包装以及国际配送等。

1. 运输子系统

运输的作用是将商品进行空间移动，物流系统依靠运输业解决了商品生产地和需要地的空间距离问题，创造了商品的空间效益。运输费用在国际贸易商品价格中占有很大比重。

2. 仓储子系统

商品存储、保管使商品在其流通过程中处于一种或长或短的相对停滞状态。这种停滞是完全必要的，因为商品流通是一个由分散到集中，再由集中到分散的源源不断的流通过程。从物流角度看，应尽量减少存储时间、存储数量，加速货物和资金周转，实现国际物流的高效率运转。

3. 商品检验子系统

由于国际贸易和跨国经营具有投资大、风险高、周期长等特点，因此商品检验成为国际物流系统中重要的子系统。通过商品检验，确定交货品质、数量和包装条件是否符合合同规定。如发现问题，可分清责任，向有关方面索赔。在买卖合同中，一般都订有商品检验条款，其主要内容包括检验时间与地点、检验机构与检验证明、检验标准与检验方法等。

4. 商品包装子系统

杜邦定律（由美国杜邦化学公司提出）认为 63%的消费者是根据商品的包装决定是否购买的。国际市场上的消费者是通过商品来认识企业的，而商品的商标和包装就是企业的面孔，反映了一个国家的综合科技文化水平。

5. 国际物流信息子系统

该子系统的主要功能是采集、处理和传递国际物流和商流的信息情报。没有功能完善的信息系统，国际贸易和跨国经营将寸步难行。国际物流信息的主要内容包括进出口单证的作业过程、支付方式信息、客户资料信息、市场行情信息和供求信息等。国际物流信息系统的特点是信息量大、交换频繁、传递量大、时效性强、环节多、点多、线长。要建立技术先进的国际物流信息系统，电子商务的发展是一个重要契机。我国应该在国际物流中充分利用电子商务的网络优势，加强推广 EDI 的应用，与配送系统、装搬系统以及流通加工系统等有机联系起来，建设国际贸易和跨国经营的高速公路和符合国际竞争要求的国际物流系统。

（四）建立和完善国际物流系统网络应采取的措施

建立和完善国际物流系统网络应采取如下措施：

(1) 合理选择和布局国内外物流网点，扩大国际贸易的范围、规模。

(2) 采用先进的运输方式、运输工具和运输设施。

(3) 减少进出口商品的在途积压。

(4) 改进运输路线，减少相向、迂回运输。

(5) 改进包装，增大技术装载量。

(6) 改进港口装卸作业，有条件的要扩建港口设施。

(7) 改进海运配载。

(8) 综合考虑国内物流运输。

思考题

1. 物流主要解决什么问题？
2. 第三方物流的优势有哪些？
3. 物流中心的作用有哪些？怎样才能建立一个好的物流中心？
4. 供应链管理是怎样实现快速反映用户需求的？
5. 良好的物流管理能给企业带来什么？
6. 什么叫物流信息？它有什么特征？应如何采集？
7. 什么叫网络采购？应如何采购？

第二部分
电子商务实训

任务一 淘宝网开店

掌握在淘宝网开店的全过程。

淘宝网开店的一般程序如图 7-1 所示。

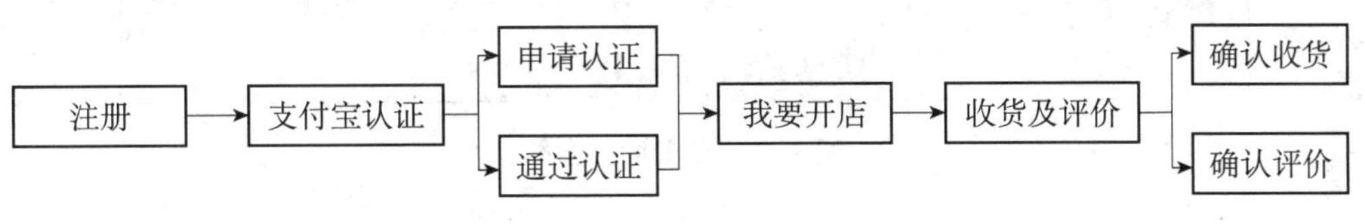

图 7-1 淘宝开店的一般程序

1. 注册淘宝会员

(1) 进入淘宝网主页后，单击淘宝首页右上角的“免费注册”按钮，如图 7-2 所示；显示新会员注册页面，根据提示填写基本信息，包括会员名、密码、邮箱等信息。

(2) 进入注册页面，填写会员名和密码，如图 7-3 所示。

(3) 输入一个常用的电子邮件地址，用于激活会员名。

(4) 将校验码填入右侧的输入框中。

(5) 仔细阅读淘宝网服务协议，同意条款后单击“提交”按钮。

(6) 此时，淘宝将发送一封确认信到刚才你所填写的电子邮箱中，如图 7-4 所示。

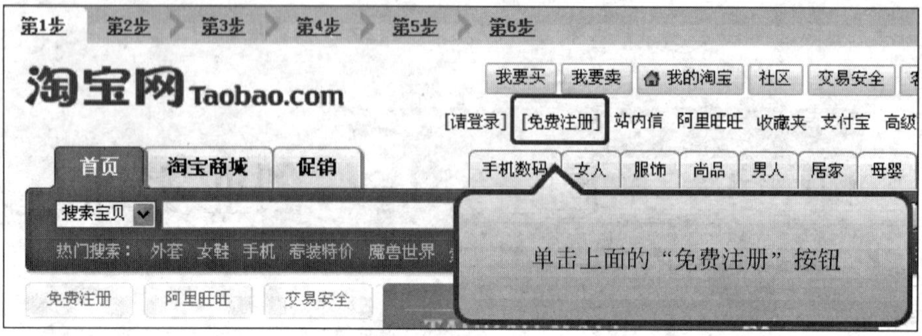

第1步 第2步 第3步 第4步 第5步 第6步

淘宝网 Taobao.com

我要买 我要卖 我的淘宝 社区 交易安全

[请登录] [免费注册] 站内信 阿里旺旺 收藏夹 支付宝 高级

首页 淘宝商城 促销

手机数码 女人 服饰 尚品 男人 居家 母婴

搜索宝贝

热门搜索：外套 女鞋 手机 春装特价 魔兽世界

免费注册 阿里旺旺 交易安全

单击上面的“免费注册”按钮

图7－2　点击“免费注册”

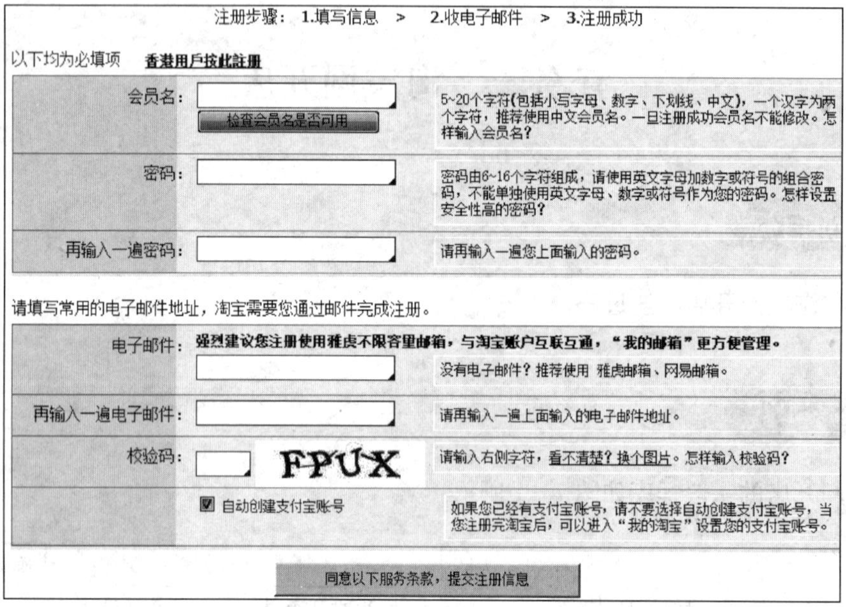

注册步骤：1.填写信息 ＞ 2.收电子邮件 ＞ 3.注册成功

以下均为必填项　**香港用戶按此註冊**

会员名：	[ ] 检查会员名是否可用	5~20个字符(包括小写字母、数字、下划线、中文)，一个汉字为两个字符，推荐使用中文会员名。一旦注册成功会员名不能修改。怎样输入会员名？
密码：	[ ]	密码由6~16个字符组成，请使用英文字母加数字或符号的组合密码，不能单独使用英文字母、数字或符号作为您的密码。怎样设置安全性高的密码？
再输入一遍密码：	[ ]	请再输入一遍您上面输入的密码。

请填写常用的电子邮件地址，淘宝需要您通过邮件完成注册。

电子邮件：	**强烈建议您注册使用雅虎不限容量邮箱，与淘宝账户互联互通，“我的邮箱”更方便管理。** [ ]	没有电子邮件？推荐使用 雅虎邮箱、网易邮箱。
再输入一遍电子邮件：	[ ]	请再输入一遍上面输入的电子邮件地址。
校验码：	[ ] FPUX	请输入右侧字符，看不清楚？换个图片。怎样输入校验码？
	☑ 自动创建支付宝账号	如果您已经有支付宝账号，请不要选择自动创建支付宝账号，当您注册完淘宝后，可以进入“我的淘宝”设置您的支付宝账号。

同意以下服务条款，提交注册信息

图7－3　注册淘宝会员

1.填写信息　**2.收电子邮件**　3.注册成功

感谢您注册淘宝！现在请按以下步骤激活您的账号

第一步：查看您的电子邮箱

我们给您发送了激活邮件，地址为：**allt8000@126.com**

请登录到您的邮箱收信，http://www.126.com/

第二步：点击信中确认按钮

点击激活邮件中的链接，即可激活您的账号！

请在24小时内激活您的账号。

图7－4　提示激活淘宝账户

(7) 登录该邮箱，完成淘宝会员注册，点击邮件中的激活链接，激活淘宝账户，如图 7－5 所示。

图 7－5　淘宝账户注册成功

(8) 登录淘宝网，选择“我的淘宝”→“支付宝专区”，单击“管理”按钮激活支付宝账户，如图 7－6 所示。

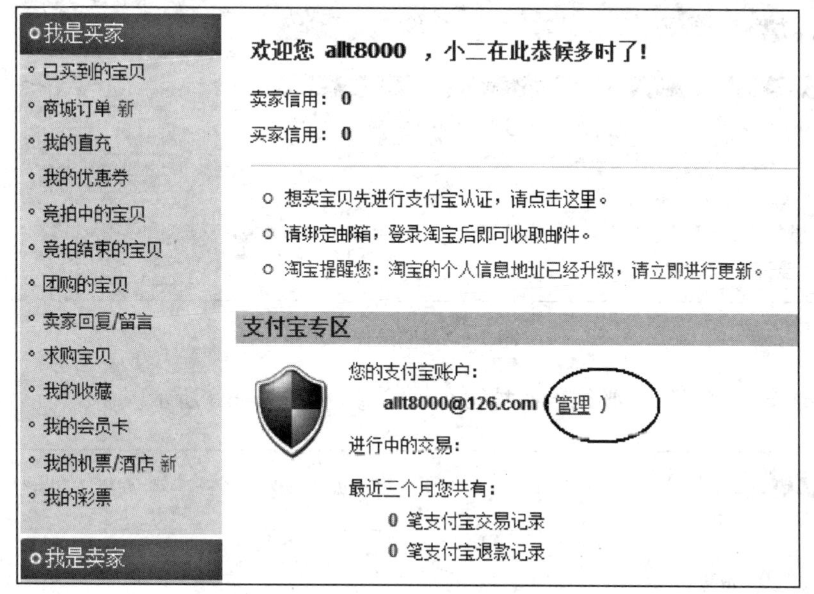

图 7－6　登录淘宝

为了能顺利地完成注册，在填写会员注册表时应注意以下要求：

第一，会员名。5～20 个字符（包括小写字母、数字、下划线、中文），一个汉字为两个字符，推荐使用中文会员名。如果不能确认注册的会员名是否已有人使用，可以单击“检查会员名是否可用”按钮来查看。一旦注册成功，会员名将不能修改。

第二，密码。密码由 6～16 个字符组成，应使用英文字母加数字或符号的组合密码，而不要单独使用英文字母、数字或符号作为密码。不要使用自己的生日、手机号码、姓名以及连续的数字作为密码，以防账号被盗取。

第三，确认密码。需要跟上面填写的密码完全一致。

第四，电子邮件。此邮箱用来激活会员名，它是会员与淘宝网及会员之间交流的重要工具。注册邮箱具有唯一性，也是淘宝网鉴别会员身份的一个重要条件，因此，应填写真实有效的信息。

第五，校验码。出于安全考虑，需要按照图片显示的字符输入校验码。校验码务必在英文状态或半角模式下输入，否则系统将会提示校验码出错。

2. 激活支付宝

淘宝会员注册成功，就可免费获得支付宝账户（账号和密码与淘宝账号一样）。

（1）进入支付宝网站 www.alipay.com，可以用淘宝账号登录，如图 7-7 所示。

图 7-7　登录支付宝

（2）登录支付宝以后，必须再次填写个人信息，如图 7-8 所示。

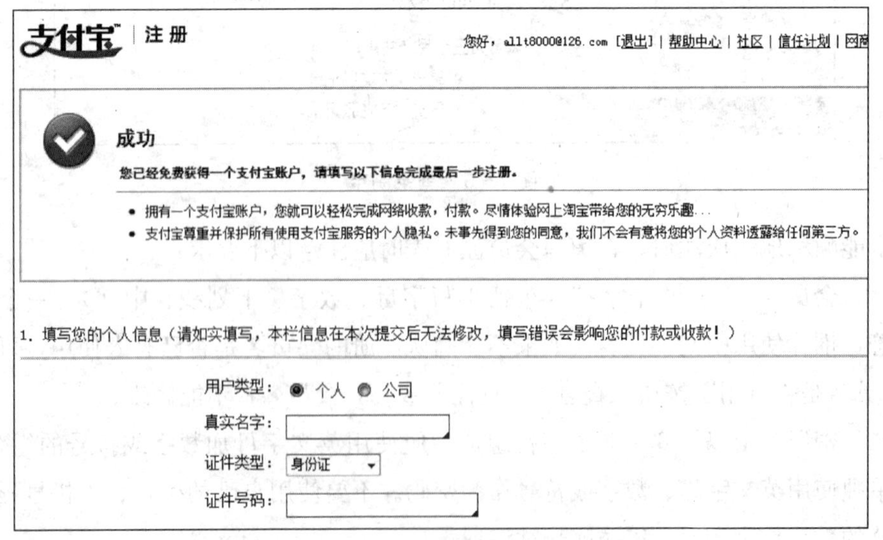

图 7-8　登录支付宝以后重新填写个人信息

输入注册信息，按照页面中的要求如实填写，否则会导致支付宝账户无法正常使用。

支付宝账户分为个人和公司两种类型，应根据需要慎重选择账户类型。公司类型的支付宝账户一定要与公司银行账户匹配。

(3) 设置支付宝账户信息，如图 7－9 所示。

2、设置您的支付宝账户信息

支付宝账户：　all t8000@126. com

设置登录密码：

确认登录密码：

设置支付密码：

确认支付密码：

安全保护问题：　我爸爸妈妈的名字各是什么？

您的答案：

*以下联系方式请至少选择一项进行如实填写

手机号码：

联系电话：

保存并立即启用支付宝账户

图 7－9　设置支付宝账户信息

输入支付宝账户、登录密码及校验码，填写正确的信息，保存并立即启用支付宝账户，就可以激活支付宝账户了。

正确填写了注册信息后，支付宝会自动发送一封激活邮件到注册时填写的邮箱中。登录邮箱，点击邮件中的激活链接，激活所注册的支付宝账户。激活成功，支付宝注册成功，即可开始体验网上安全交易的乐趣了，如图 7－10 所示。

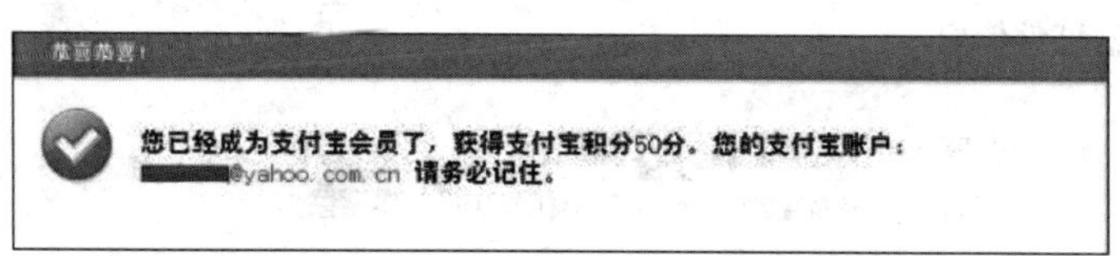

图 7－10　支付宝注册成功

3. 个人类型支付宝的实名认证

(1) 申请支付宝实名认证的操作流程：登录支付宝账户，在“我的支付宝首页”，点击“申请认证”，如图 7－11 所示。

图 7－11　登录支付宝账户并点击“申请认证”

（2）有两种实名认证的方式可选，选择其中一种，单击“立即申请”按钮。如通过“支付宝卡通”来进行实名认证，单击“立即申请”按钮，按照提示步骤来申请开通。如选择“通过其他方式来进行实名认证”，单击“立即申请”按钮，如图7－12所示。只有正确选择身份证件所在的地区，才能顺利完成支付宝的实名认证。

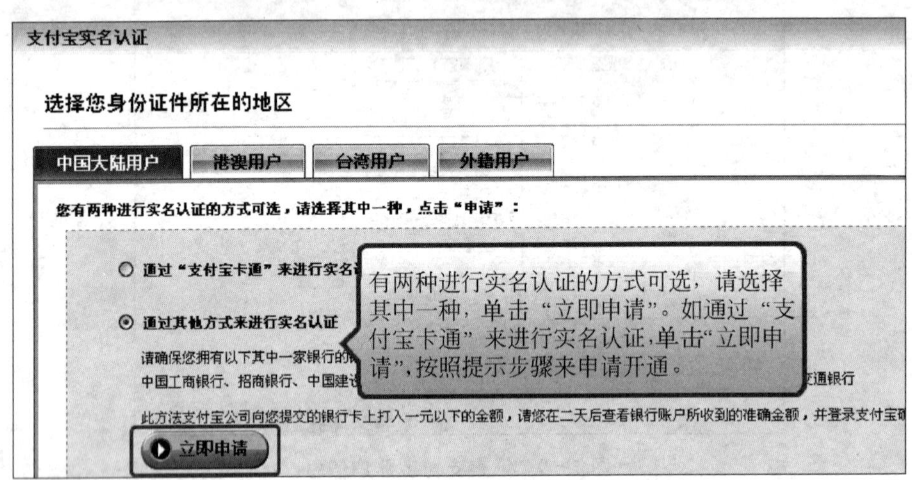

图7－12　选择认证方式

（3）选择“通过其他方式来进行实名认证”进入支付宝实名认证的页面，如图7－13所示。正确填写身份证号码及真实姓名，单击“提交”按钮继续。

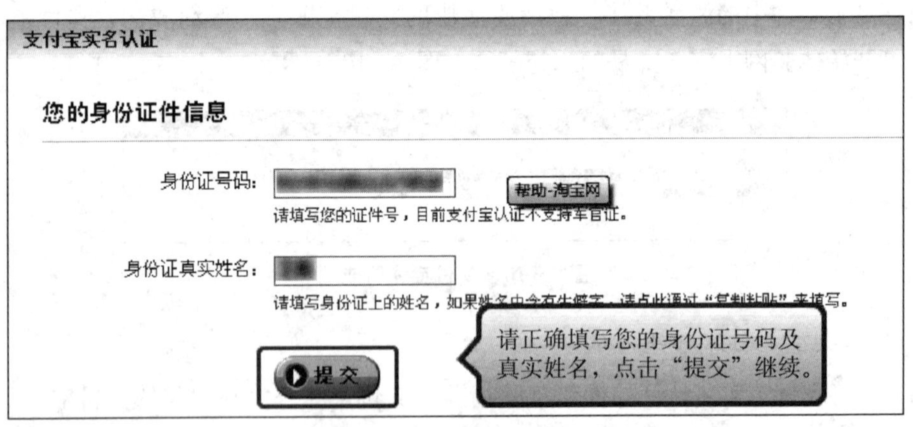

图7－13　输入身份信息

（4）输入身份证号码和姓名，单击“提交”按钮后出现图7－14所示页面。正确填写“您的个人信息”和“您的银行账户信息”。填写银行账户信息时，如发现填写的个人信息与银行信息不相符，可通过“点此更换身份信息”进行修改。

（5）单击“提交”按钮后出现核对页面，如图7－15所示。核对所填写的“您的个人信息”和“您的银行账户信息”，确认无误后单击“确认提交”按钮，保存所填写的信息。

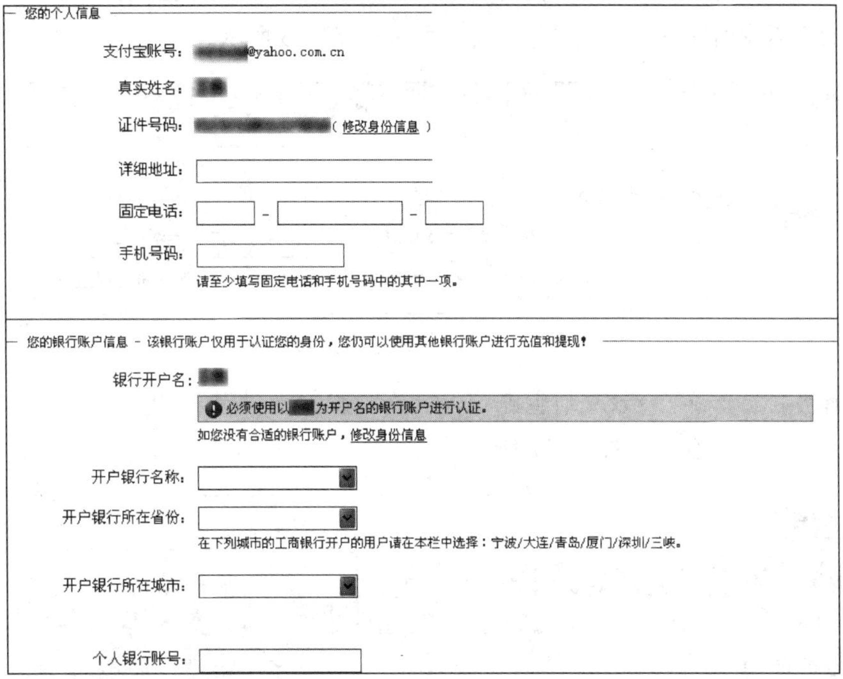

您的个人信息

支付宝账号：@yahoo.com.cn

真实姓名：

证件号码：（修改身份信息）

详细地址：

固定电话： - -

手机号码：

请至少填写固定电话和手机号码中的其中一项。

您的银行账户信息 - 该银行账户仅用于认证您的身份，您仍可以使用其他银行账户进行充值和提现！

银行开户名：

必须使用以　为开户名的银行账户进行认证。

如您没有合适的银行账户，修改身份信息

开户银行名称：

开户银行所在省份：

在下列城市的工商银行开户的用户请在本栏中选择：宁波/大连/青岛/厦门/深圳/三峡。

开户银行所在城市：

个人银行账号：

图 7－14　支付宝实名认证

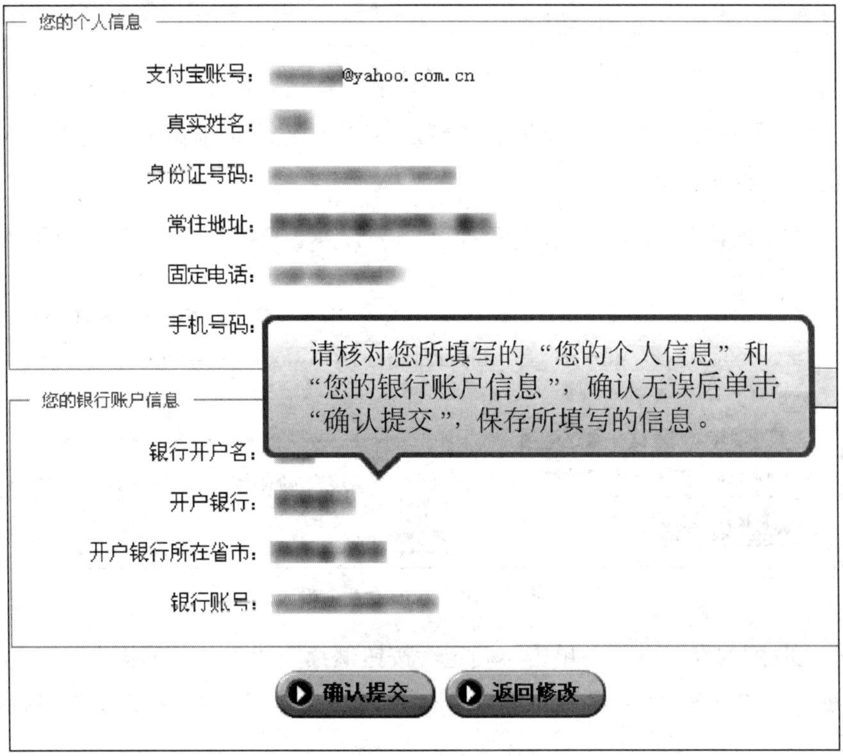

您的个人信息

支付宝账号：@yahoo.com.cn

真实姓名：

身份证号码：

常住地址：

固定电话：

手机号码：

请核对您所填写的“您的个人信息”和“您的银行账户信息”，确认无误后单击“确认提交”，保存所填写的信息。

您的银行账户信息

银行开户名：

开户银行：

开户银行所在省市：

银行账号：

确认提交　返回修改

图 7－15　银行账号信息核对

（6）认证申请提交成功，等待支付宝公司向所提交的银行卡上打入1元以下的金额，并在两天后查看银行账户所收到的准确金额，如图7-16所示。

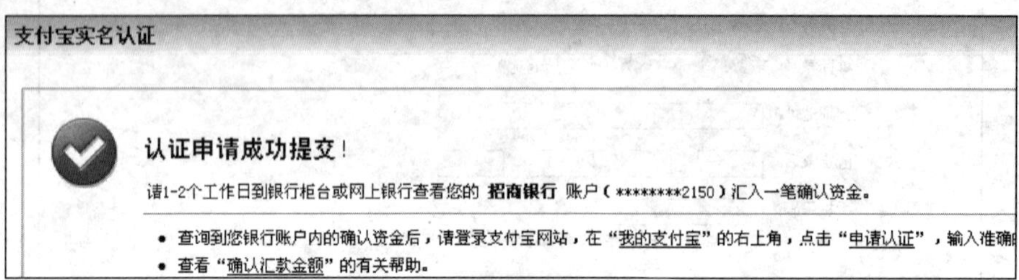

图7-16　认证申请提交成功

（7）确认汇款金额。登录支付宝账户，进入“我的支付宝”，单击“申请认证”按钮进入确认汇款金额页面，如图7-17所示。

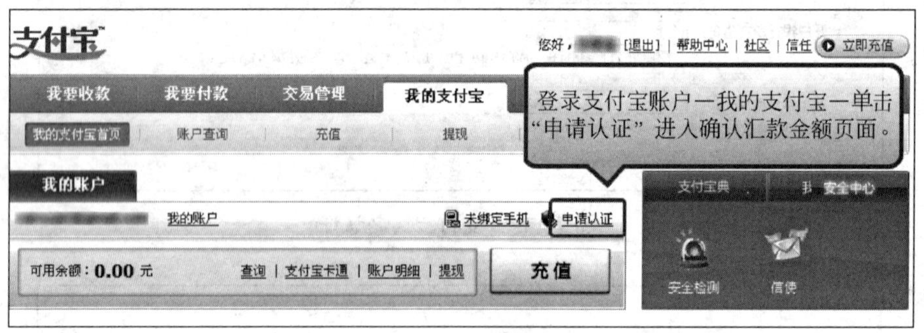

图7-17　确认汇款金额

（8）查看填写的银行卡上收到的具体金额，单击“输入汇款金额”按钮进入输入金额页面，如图7-18所示。

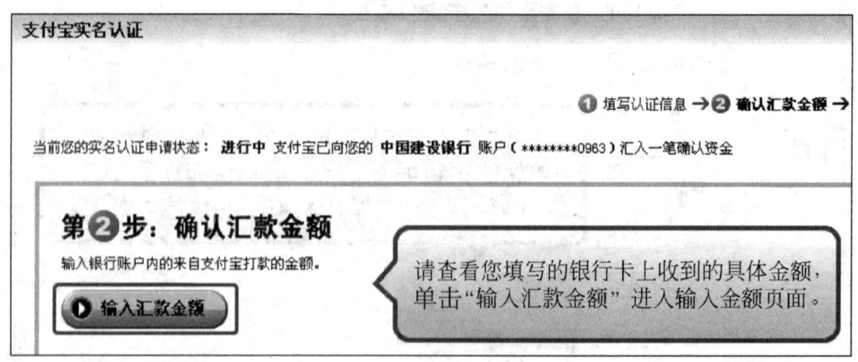

图7-18　点击输入金额

（9）输入收到的准确金额，单击“确定”按钮继续完成确认，如图7-19所示。有两次输入的机会，应正确填写收到的准确金额，两次失败后需要重新提交银行账户进行审核。

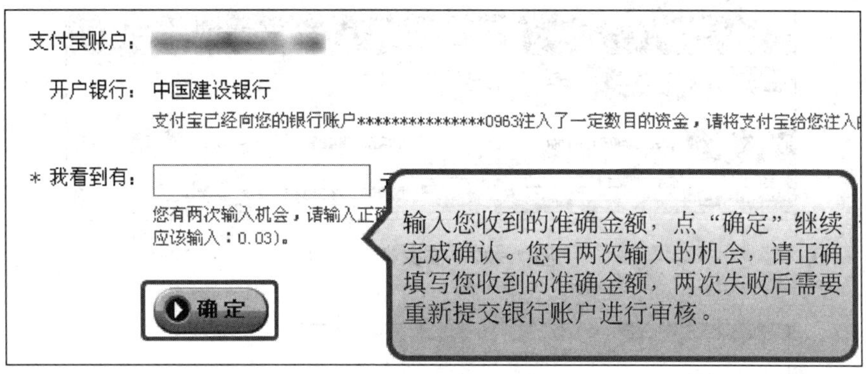

图 7－19　确认汇款金额

（10）输入正确的金额后，支付宝会即时审核所填写的身份信息，如图 7－20 所示。

图 7－20　审核信息

（11）审核通过，即通过支付宝实名认证，如图 7－21 所示。

图 7－21　审核通过

4. 商家实名认证

商家类型账户，认证总时间为 3～15 个工作日。

（1）登录支付宝，找到认证入口，如图 7－22 所示。

（2）单击“申请商家实名认证”按钮（见图 7－23），进入认证页面。

（3）确认后，进入阅读协议页面，如图 7－24 所示。

（4）同意协议后，进入填写信息页面，如图 7－25 所示。

（5）公司名称须与营业执照上的完全一致，填写后即进入具体信息提交页面，如申请人不是公司法定代表人，请下载委托书，填写后再上传身份证彩色原件扫描件或数码拍摄件，如图 7－26 所示。

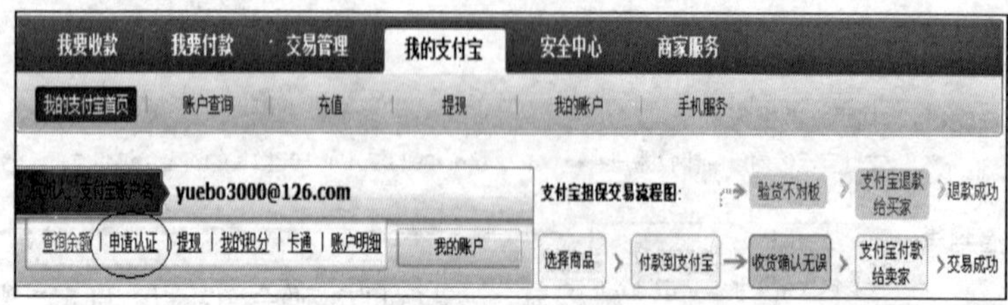

图 7-22　商家认证入口

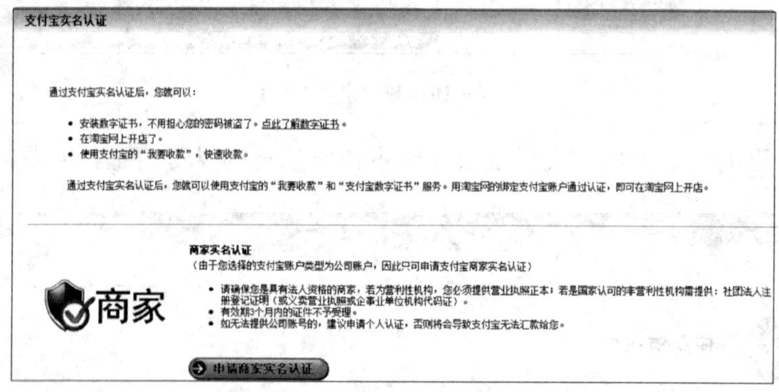

图 7-23　进入认证页面确认

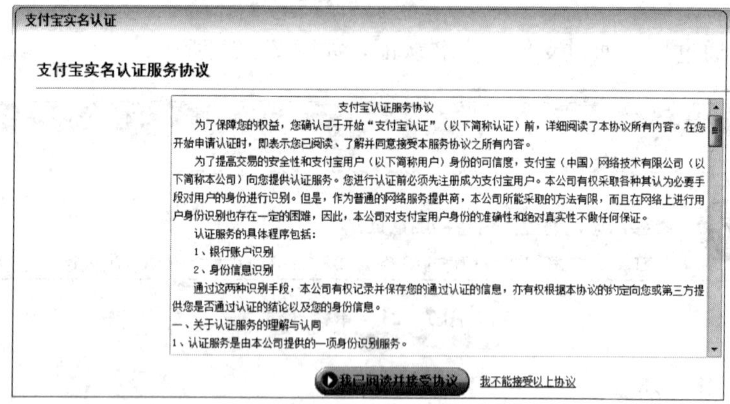
支付宝实名认证

支付宝实名认证服务协议

支付宝认证服务协议

为了保障您的权益，您确认已于开始“支付宝认证”（以下简称认证）前，详细阅读了本协议所有内容。在您开始申请认证时，即表示您已阅读、了解并同意接受本服务协议之所有内容。

为了提高交易的安全性和支付宝用户（以下简称用户）身份的可信度，支付宝（中国）网络技术有限公司（以下简称本公司）向您提供认证服务。您进行认证前必须先注册成为支付宝用户。本公司有权采取各种其认为必要手段对用户的身份进行识别。但是，作为普通的网络服务提供商，本公司所能采取的方法有限，而且在网络上进行用户身份识别也存在一定的困难，因此，本公司对支付宝用户身份的准确性和绝对真实性不做任何保证。

认证服务的具体程序包括：

1、银行账户识别

2、身份信息识别

通过这两种识别手段，本公司有权记录并保存您的通过认证的信息，亦有权根据本协议的约定向您或第三方提供您是否通过认证的结论以及您的身份信息。

一、关于认证服务的理解与认同

1、认证服务是由本公司提供的一项身份识别服务。

我已阅读并接受协议　我不能接受以上协议

图 7-24　阅读协议

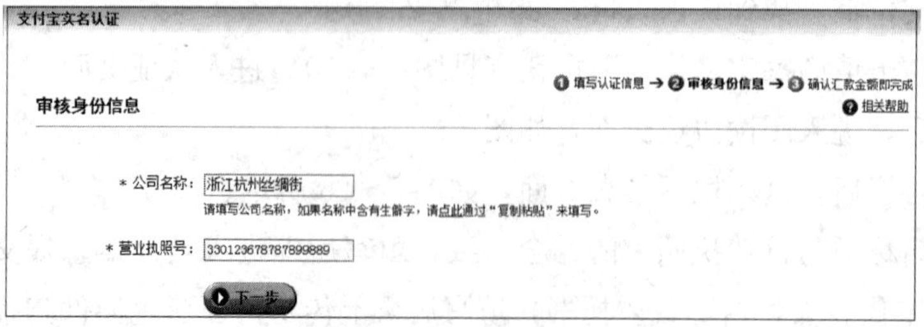

支付宝实名认证

❶ 填写认证信息 → ❷ 审核身份信息 → ❸ 确认汇款金额即完成

审核身份信息　相关帮助

* 公司名称：浙江杭州丝绸街

请填写公司名称，如果名称中含有生僻字，请点此通过“复制粘贴”来填写。

* 营业执照号：330123678787899889

下一步

图 7-25　填写信息

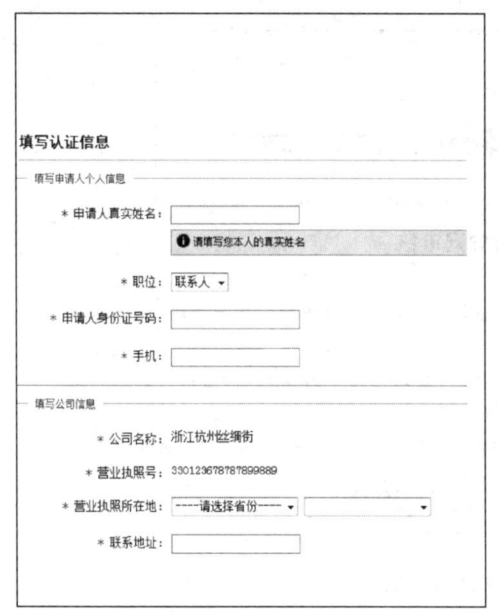

(a) 填写认证信息（一）

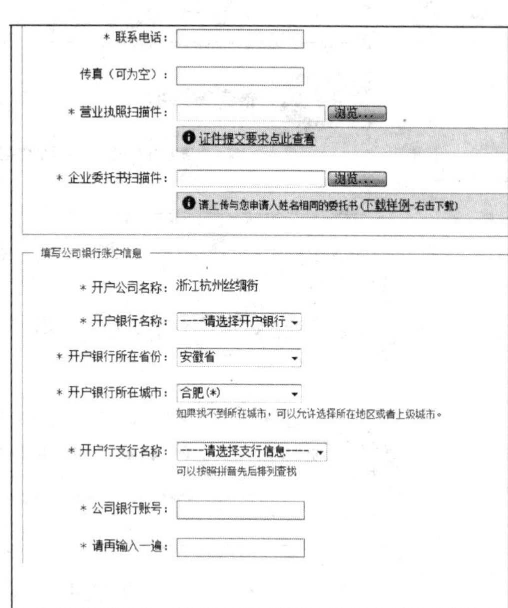

(b) 填写认证信息（二）

图 7－26　填写认证信息

（6）填写完申请人信息，提交所有证件图片和对公银行账户后，即进入确认页面，如图 7－27 所示。

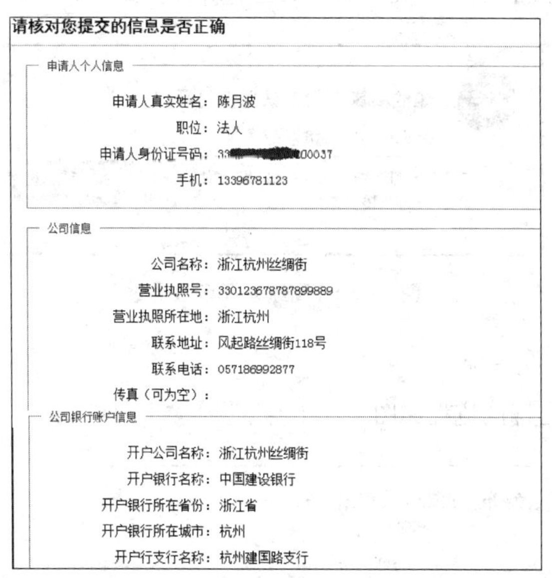

图 7－27　确认信息

（7）确认无误后，单击“下一步”按钮，进入公安网审核页面，审核次数为两次，如图 7－28 所示。

（8）成功后，即可进行商家资料审核，如图 7－29 所示。

（9）商家信息审核成功后，即可进行银行信息审核。

信息审核中...

系统正在核实您的认证信息，请您耐心等待4秒钟...

图 7-28　公安网审核

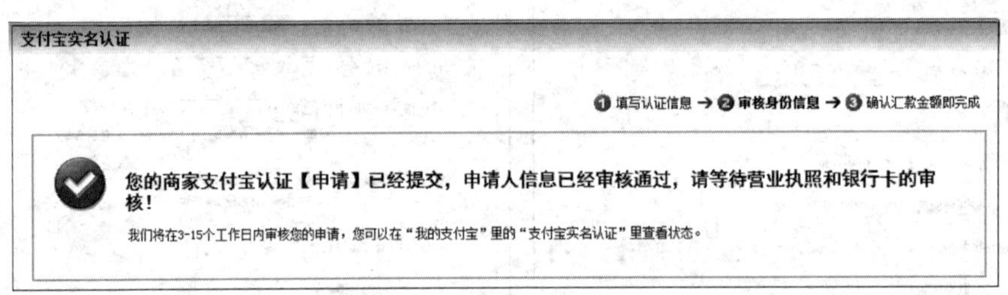

图 7-29　商家资料审核

(10) 银行对公账户审核成功后，即可进行金额确认。

(11) 单击“继续”按钮进入汇款金额页面，此金额小于1元，是近期对公账户中入账的。

(12) 成功确认金额后，即完成了商家认证的所有步骤，如图7-30所示。

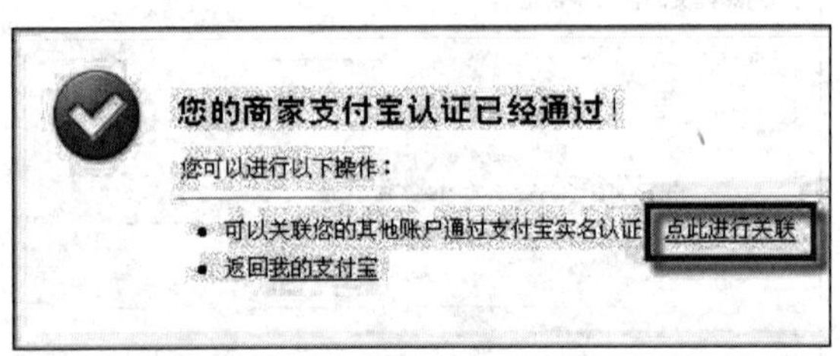

图 7-30　商家认证审核通过

5. 发布宝贝和开设店铺

发布宝贝和开设店铺的流程如图7-31所示。

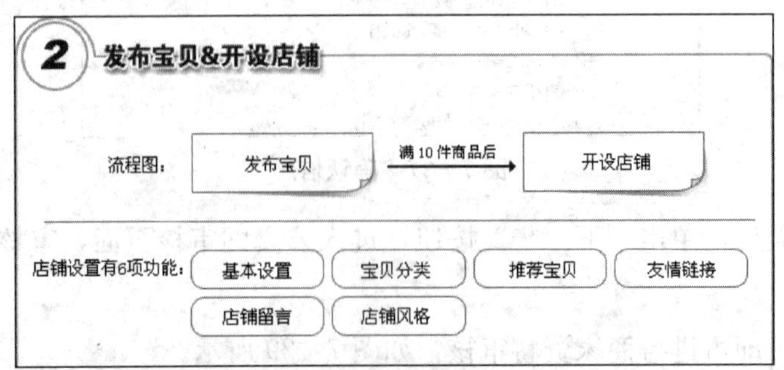

图 7-31　发布宝贝和开设店铺的流程

6. 出售宝贝

宝贝出售流程如图 7-32 所示。

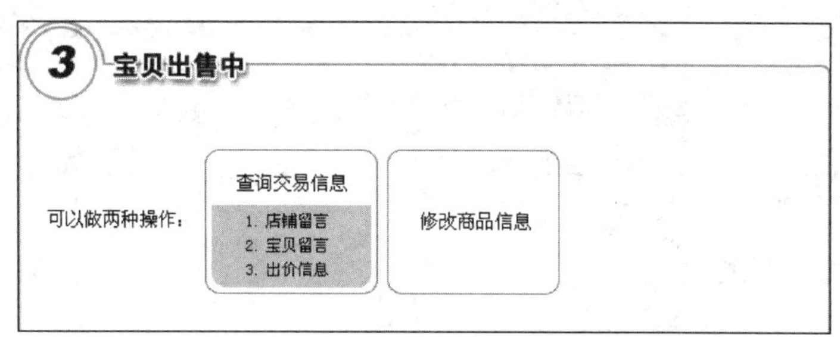

图 7-32 宝贝出售流程

7. 宝贝成交后的流程

宝贝成交后的流程如图 7-33 所示。

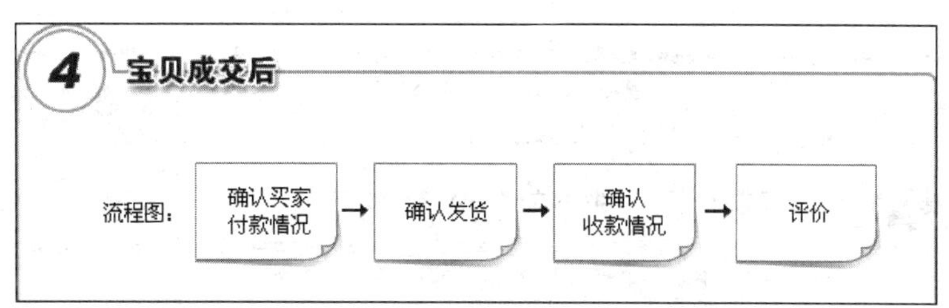

图 7-33 宝贝成交后的流程

8. 交易评价

在淘宝网上建立了交易，在三天内完成支付宝付款且已确认收货，可以登录“我的淘宝”→“我是买家（我是卖家）”→“已买到的宝贝（已卖出的宝贝）”进行评价。如果在评价前已完成了支付宝全额退款，将不能进行评价。可根据以下方法进行评价：

(1) 买家登录“我的淘宝”→“我是买家”→“已买到的宝贝”进行评价，如图 7-34 至图 7-36 所示。

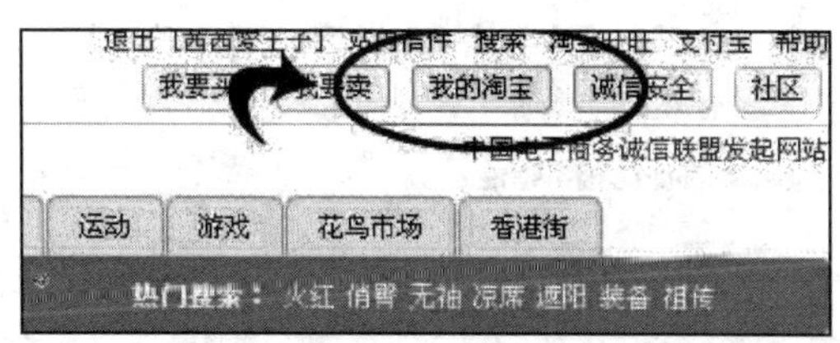

图 7-34 买家登录“我的淘宝”

(2) 买家单击“评价”按钮后会出现评价页面，根据页面的各项提示进行填写，完成评价，如图 7-37 所示。

图7-35　买家在“已买到的宝贝”中选择评价

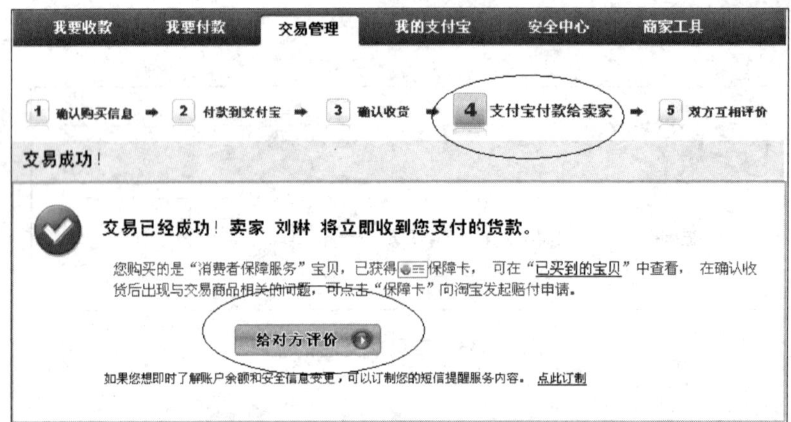

图7-36　买家付款后立即评价

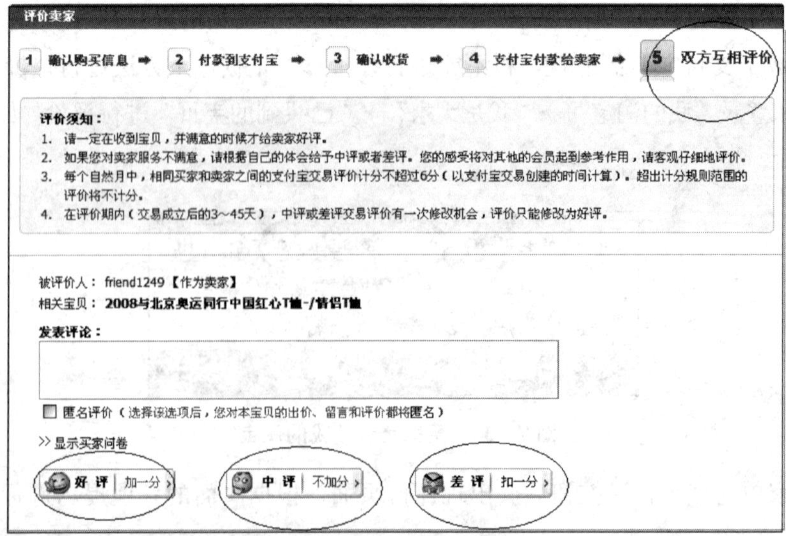

图7-37　买家评价页面

（3）卖家查看“已卖出的宝贝”的“我已评价”页面，如图 7 - 38 所示。

图 7 - 38　卖家进入“我已评价”页面

思考与练习题

7 - 1
代销模式及操作

1. 在淘宝网上开店有什么优势和劣势？
2. 在淘宝网上开店应注意什么？
3. 在淘宝网上开店应如何推广？
4. 在淘宝网上开店做什么生意比较好？

任务二　千牛卖家工作平台

实训目标

（1）了解千牛卖家工作平台的使用方法。

（2）掌握千牛管理系统与操作技巧。

任务实践

（1）下载千牛卖家工作平台或者手机千牛 App。

（2）使用淘宝账号登录千牛卖家工作平台即进入后台管理系统。

（3）输入密码，进入千牛卖家工作平台后台管理页面，如图 7 - 39 所示。千牛工作平台的主要栏目内容如图 7 - 40 所示。

（4）查看“出售中的宝贝”菜单，如图 7 - 41 所示。

（5）查看“出售中的宝贝”，如图 7 - 42 所示。

（6）查看“仓库中的宝贝”，如图 7 - 43 所示。

（7）查看“营销中心”→“我要推广”，如图 7 - 44 所示。

图7-39　千牛卖家工作平台后台管理页面

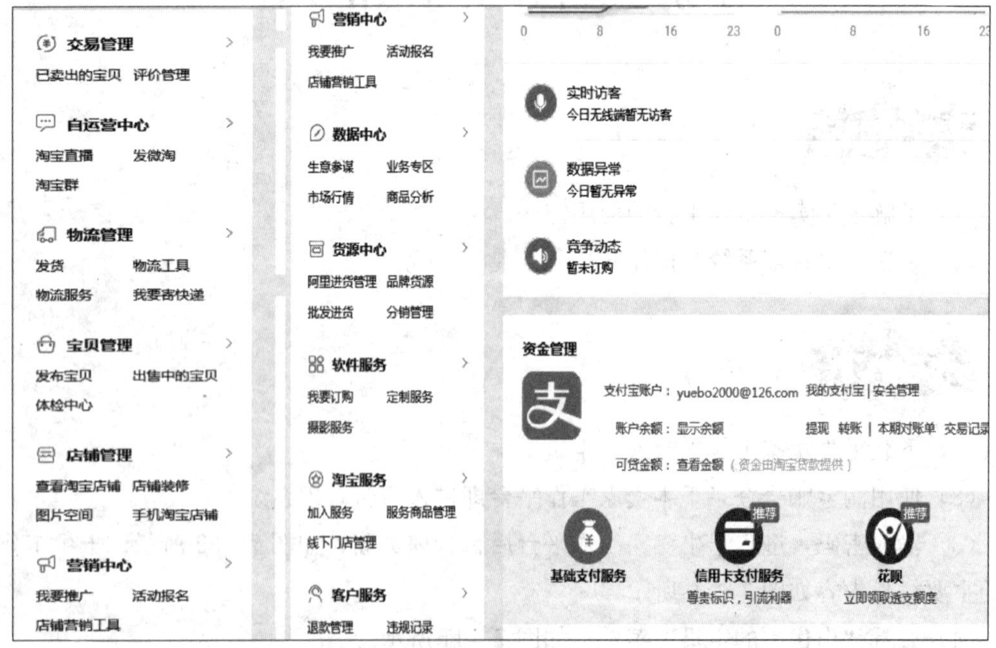

图7-40　千牛卖家工作平台后台管理系统主要栏目

(8) 查看“自己的店铺”，如图7-45所示。

(9) 进入“店铺管理”，如图7-46所示。

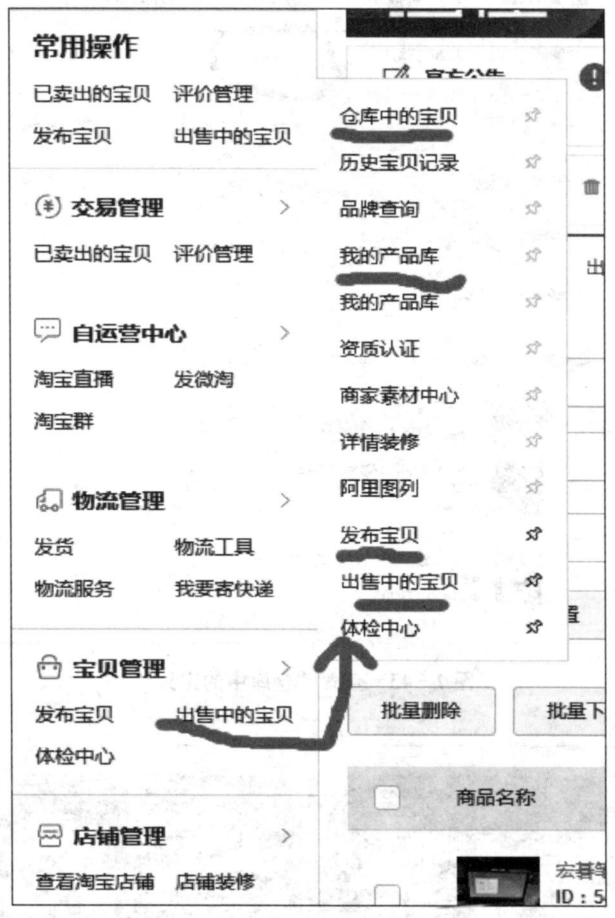

图 7-41　查看“出售中的宝贝”菜单

宝贝管理
发布宝贝　出售中的宝贝
体检中心
店铺管理
查看淘宝店铺　店铺装修
图片空间　手机淘宝店铺
营销中心
我要推广　活动报名
店铺营销工具
数据中心
生意参谋　业务专区
市场行情　商品分析
货源中心
阿里进货管理　品牌货源
批发进货　分销管理

批量删除　批量下架　设置公益　更多▼　　共25件商品　〈上一页　1/2　下一页〉

商品名称	价格	库存	销量	创建时间	发布时间	操作
宏碁笔记本电脑aspire 5670 ID：545934229372	¥384.00	1	0	2017-03-01 18:14 出售中	2019-03-27 18:14	编辑商品 立即下架 更多▼
汽车坐垫四季适宜五件套低价转让 ID：43707401225	¥140.00	1	0	2015-01-27 16:54 出售中	2019-03-26 23:10	编辑商品 立即下架 更多▼
小米手环2 ID：589837696961	¥50.00	1	0	2019-03-26 17:25 出售中	2019-03-26 17:25	编辑商品 立即下架 更多▼
牧野Bd1202 4人[illegible] ID：546310260148	¥120.00	1	0	2017-03-08 17:40 出售中	2019-03-26 14:44	编辑商品 立即下架 更多▼
华为荣耀6plus 金属外壳处理 ID：537857418854	¥10.00	1	0	2016-08-31 22:21 出售中	2019-03-26 14:44	编辑商品 立即下架

图 7-42　查看“出售中的宝贝”

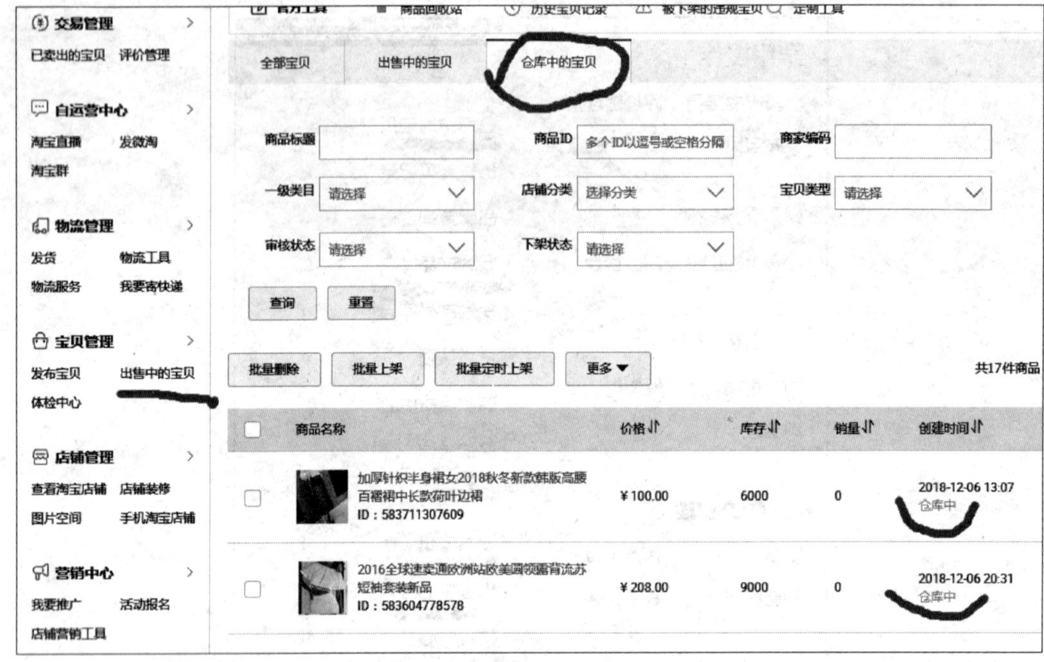

图 7-43 查看“仓库中的宝贝”

图 7-44 查看“营销中心”→“我要推广”

（10）设置二级域名，如图 7-47 所示。

（11）进行“店铺基本设置”，如图 7-48 所示。

（12）查看“交易管理”→“评价管理”，如图 7-49 所示。

（13）查看“客户服务”，处理投诉/举报事宜，如图 7-50 所示。

（14）个人店铺经营主体变更的相关操作如图 7-51 所示。

图 7－45　查看“自己的店铺”

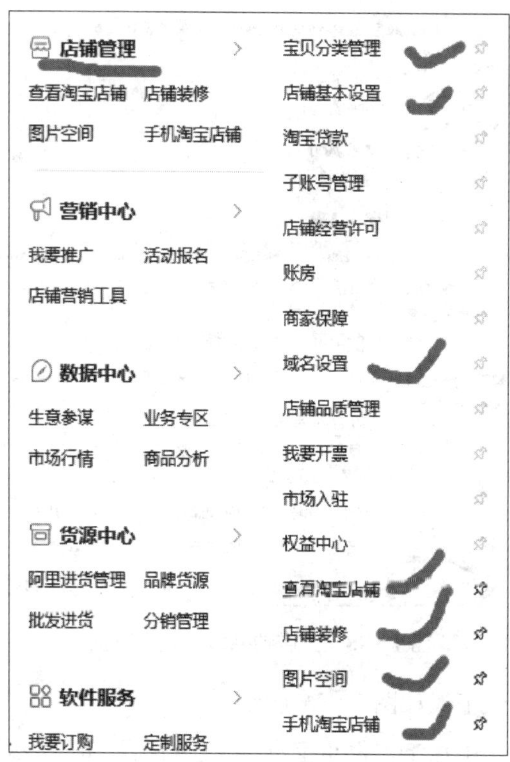

图 7－46　“店铺管理”页面

图7-47 设置二级域名

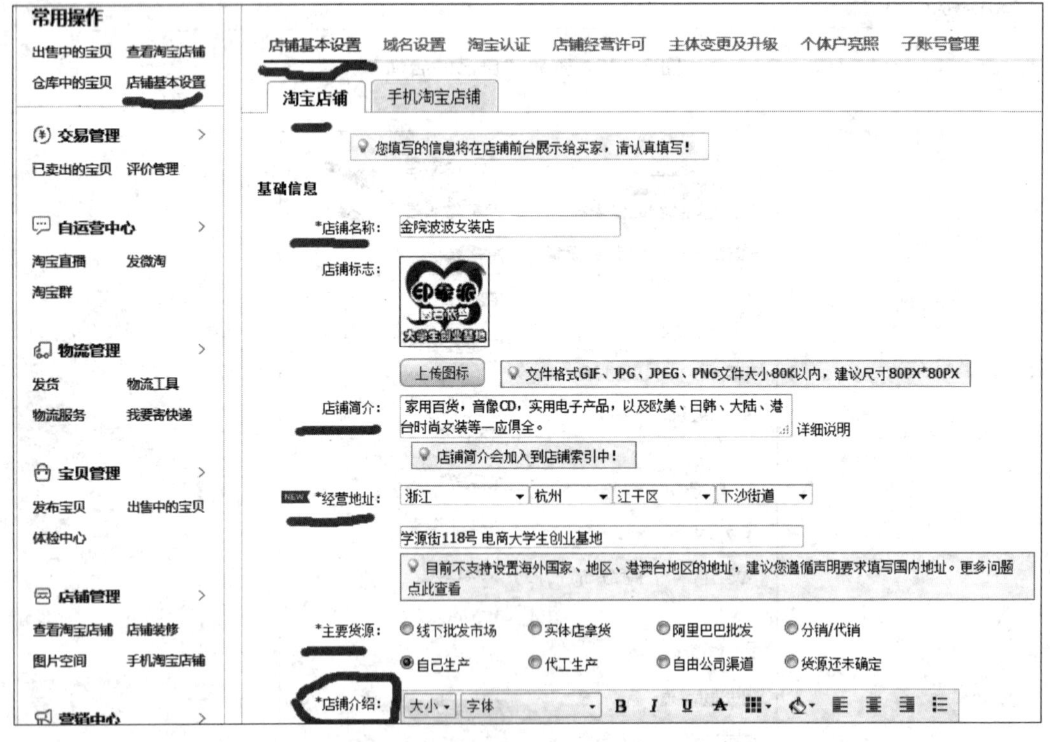

图7-48 “店铺基本设置”页面

（15）进行淘宝身份认证，如图7-52所示。

（16）在“宝贝管理”中点击“发布宝贝”，进入图7-53所示的页面。

（17）发布宝贝，如图7-54所示。

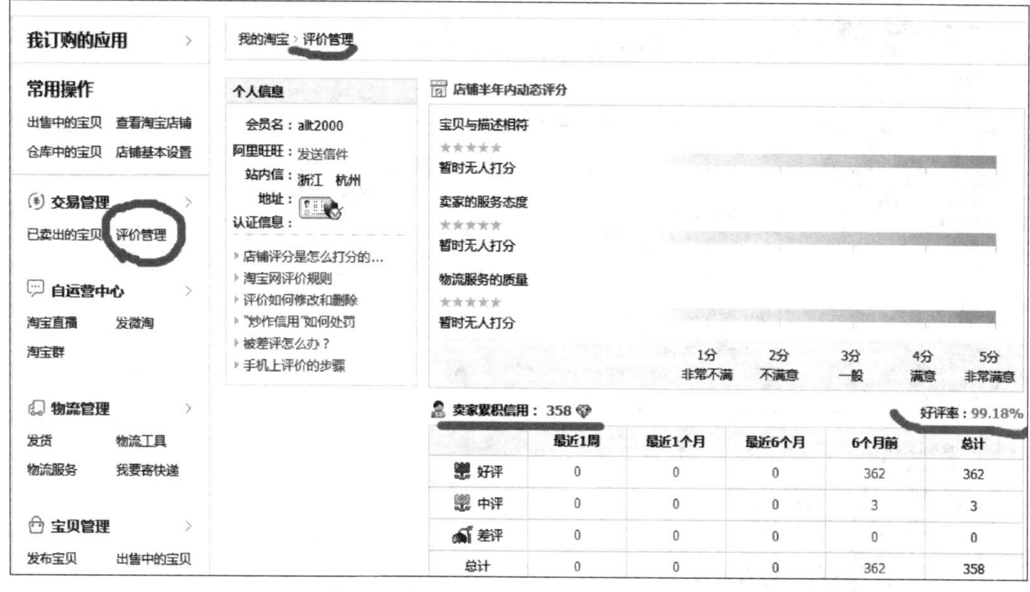

	最近1周	最近1个月	最近6个月	6个月前	总计
好评	0	0	0	362	362
中评	0	0	0	3	3
差评	0	0	0	0	0
总计	0	0	0	362	358

图 7－49　“评价管理”页面

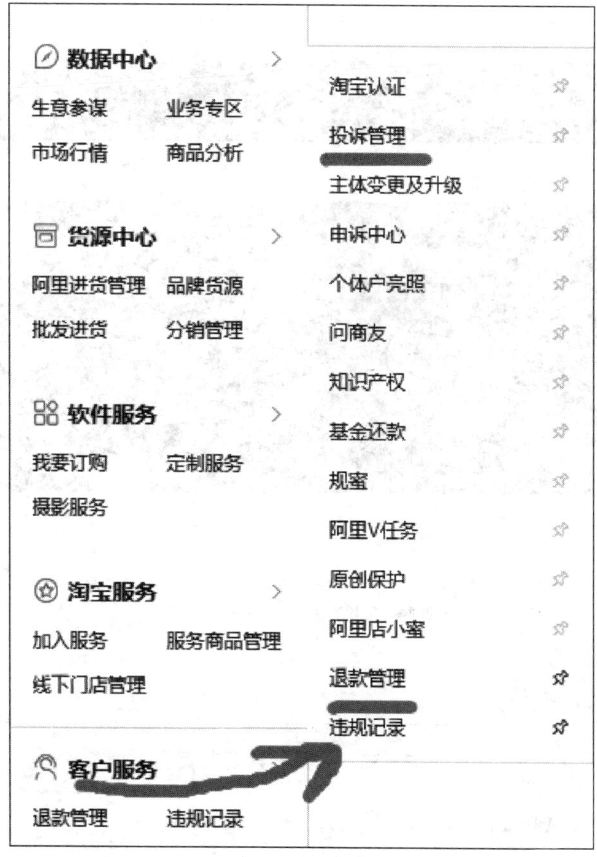

图 7－50　“客户服务”页面

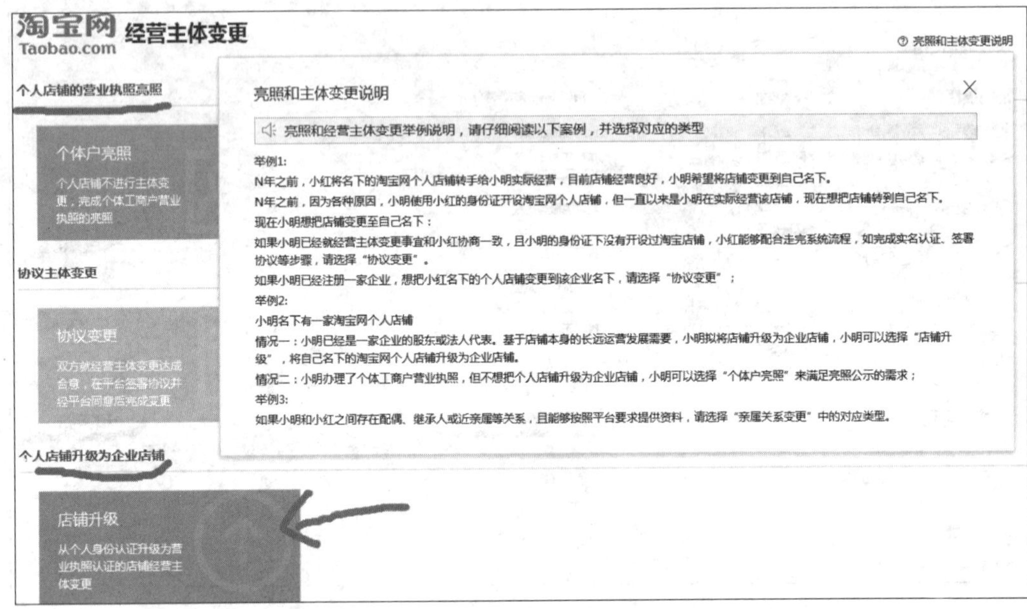

图7-51 “个人店铺经营主体变更”页面

图7-52 “身份认证”页面

（18）填写宝贝信息，如图7-55所示。

（19）填写交易条件，如图7-56所示。

allt2000，退出 站内信 消息 淘宝网首页 | 我的淘宝 | 千牛卖家中心

淘宝网

一口价 个人闲置 淘宝租赁 只有消保卖家才能

类目搜索： 快速找到类目

您最近使用的类目： 请选择

输入名称/拼音首字母
游戏话费
服装鞋包
手机数码
电子元器件市场
手机
数码相机/单反相机/摄像机
MP3/MP4/iPod/录音笔
笔记本电脑
平板电脑/MID
DIY电脑
电脑硬件/显示器/电脑周边

您当前选择的是：无

图 7－53　“宝贝发布”页面

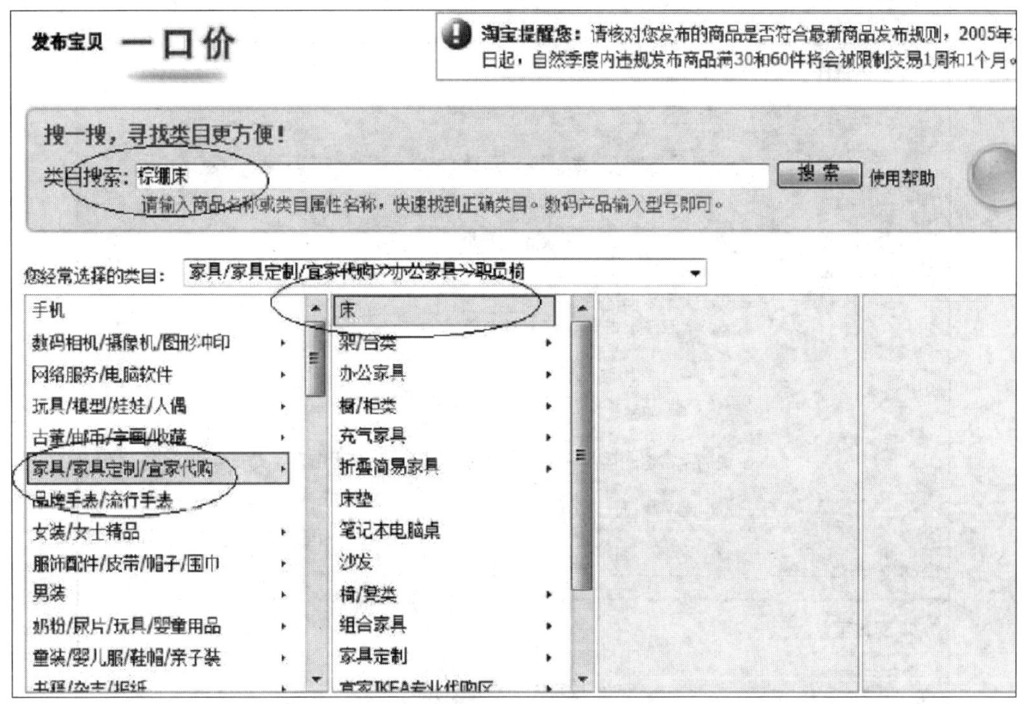

图 7－54　“发布宝贝”页面

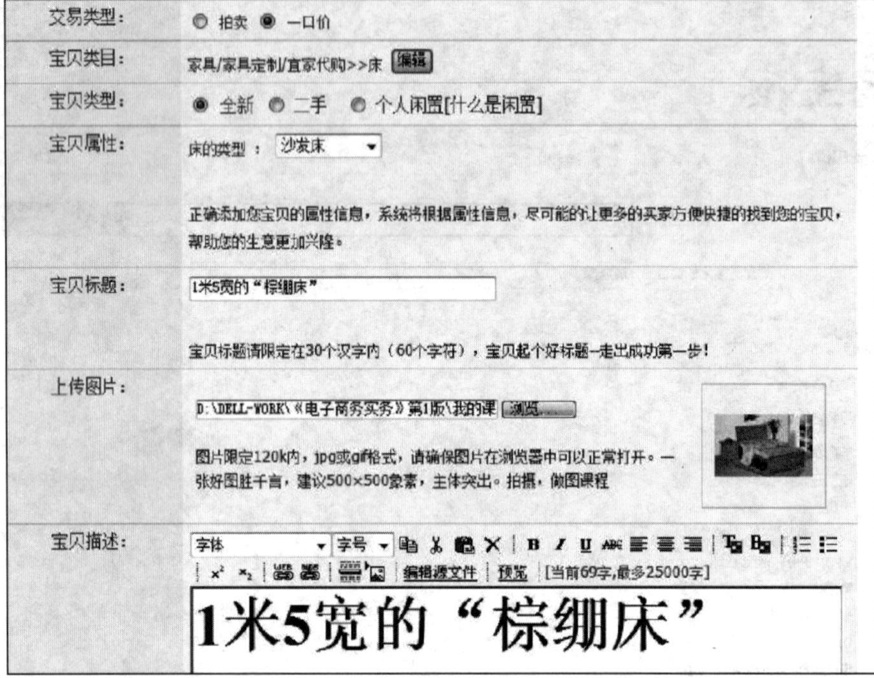

图7-55 “填写宝贝信息”页面

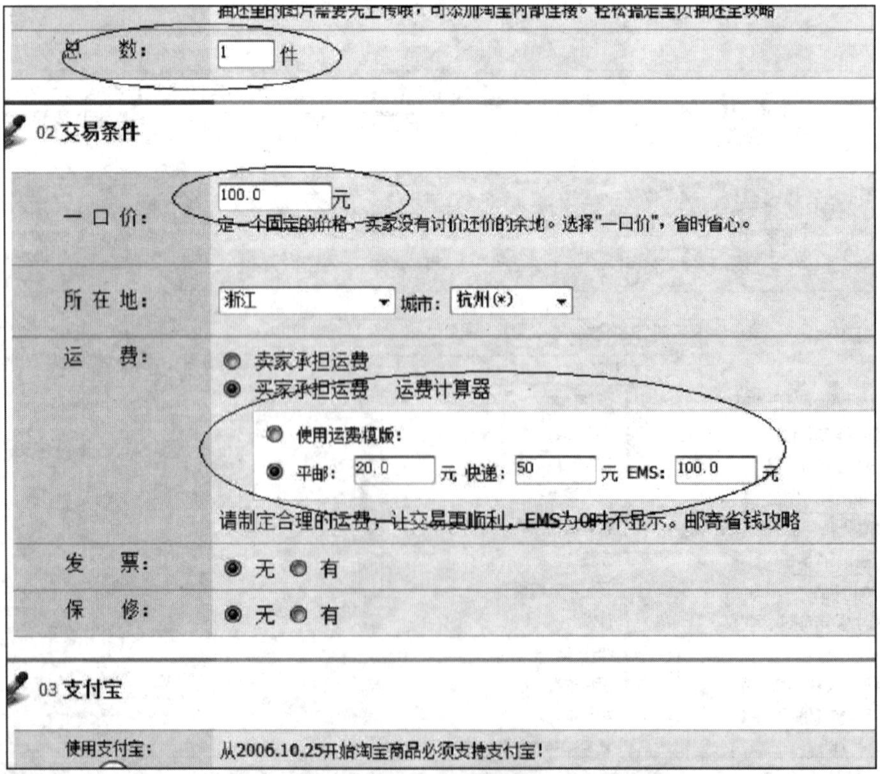

总 数： 1 件

02 交易条件

一 口 价： 100.0 元
定一个固定的价格，买家没有讨价还价的余地。选择"一口价"，省时省心。

所 在 地： 浙江 城市： 杭州(*)

运 费： 卖家承担运费
买家承担运费 运费计算器
使用运费模版：
平邮： 20.0 元 快递： 50 元 EMS： 100.0 元
请制定合理的运费，让交易更顺利，EMS为0时不显示。邮寄省钱攻略

发 票： 无 有

保 修： 无 有

03 支付宝

使用支付宝： 从2006.10.25开始淘宝商品必须支持支付宝！

图7-56 “填写交易条件”页面

(20) 宝贝发布成功，如图 7－57 所示。

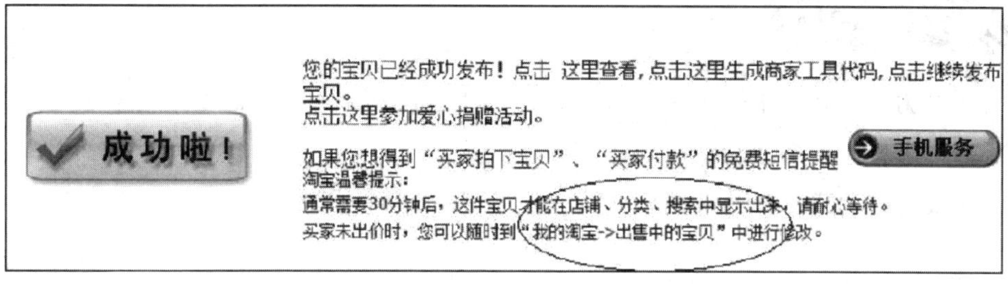

图 7－57　“宝贝成功发布”页面

(21) 后台查看“出售中的宝贝”，如图 7－58 所示。

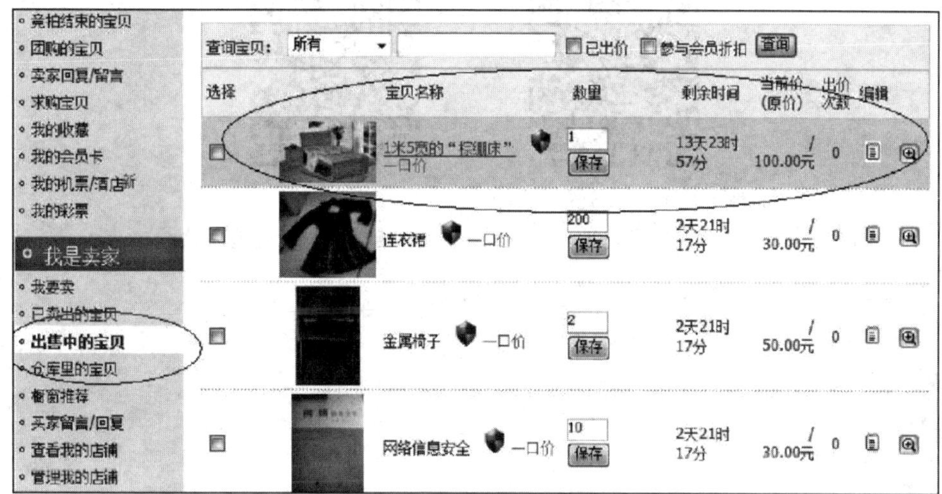

图 7－58　查看“出售中的宝贝”页面

(22) 查看刚发布的宝贝的效果，如图 7－59 所示。

图 7－59　查看刚成功发布的宝贝

思考与练习题

1. 注册淘宝会员，下载千牛工作平台，并使用后台管理系统的各项功能。
2. 如何进行投诉和举报？
3. 怎么看待淘宝评价的作用？

课外拓展视频参考

7-2
直通车推广

7-3
使用网店管家管理进销存

任务一　支付宝的使用

(1) 了解支付宝的基本情况。

(2) 掌握支付宝的支付流程。

任务实践

1. 注册账号

如果还没有支付宝账号，必须先进行注册。只要有一个 E-mail 地址或者手机号码就可以免费注册支付宝。

2. 选择充值方式

申请成功后，可以单击页面中的“登录”按钮直接进行支付宝账户充值，充值方式如图 8-1 所示。如果选择网上银行，则可以选择已经开通的网上银行进行充值；如果没有开通网上银行，则可以选择“开通方式”，如图 8-2 所示。

3. 开通支付宝卡通

如果用户不开通网上银行，可办理支付宝卡通，也可使用支付宝付款。

在线开通支付宝卡通，如图 8-3 所示。

4. 申请支付宝数字证书

登录支付宝账户，选择“安全中心”→“数字证书”，单击“点此申请数字证书”按钮。申请成功，单击“备份”按钮进行数字证书备份。建议把数字证书保存在移动硬盘、

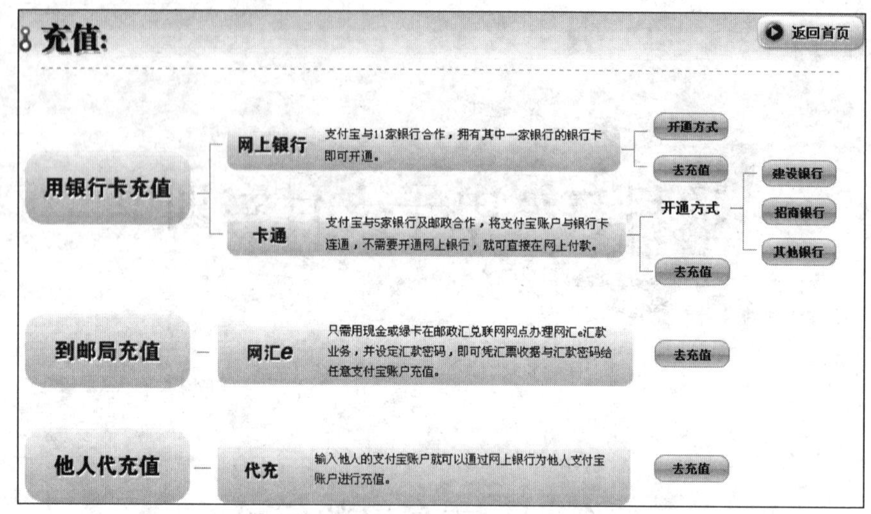

图 8-1　支付宝账户充值方式选择

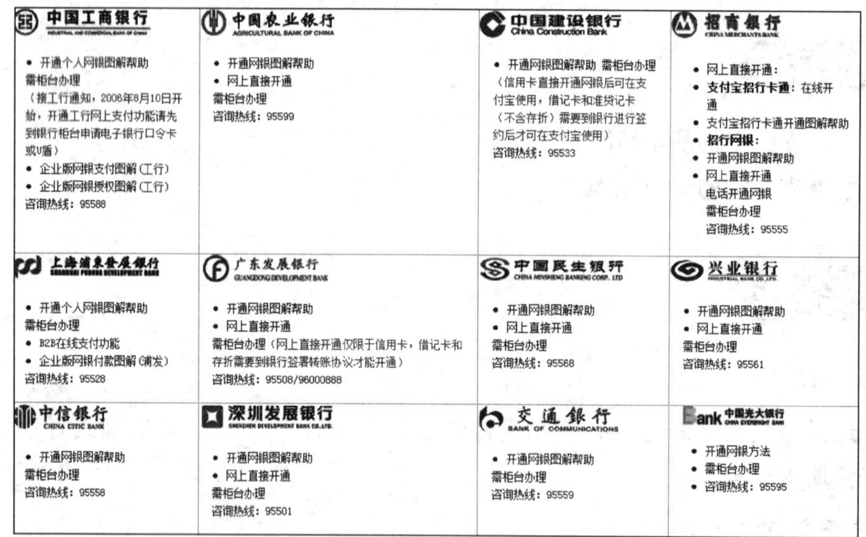

图 8-2　选择开通网上银行

U 盘或备份到计算机其他非系统盘上。设置备份密码，并选择在本机上是否可以再次进行备份，牢记备份密码，选择备份地址，确认后即可成功。

5. 使用支付宝

支付宝的主要功能包括收款、付款、交易管理、账户管理（“我的支付宝”）、安全中心、商家服务等。它的基本流程如图 8-4 所示。

(1)“我要收款”。要想使用支付宝的“我要收款”功能，必须进行实名认证。支付宝账户提供 3 种收款方式，即担保交易收款、即时到账收款、AA 制收款，如图 8-5 所示。如果买家付款后使用担保交易收款，则需要单击“担保交易收款”。这样，就进入担保交

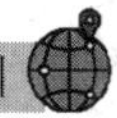

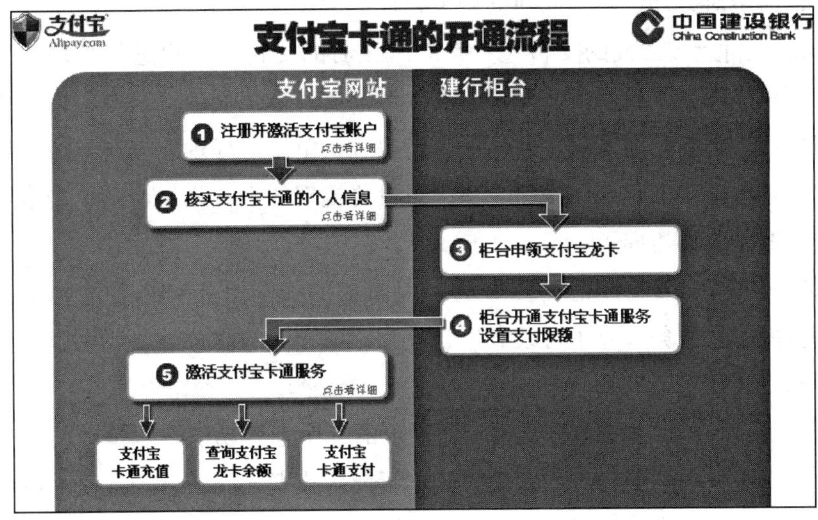

图 8-3 在线开通支付宝卡通的流程

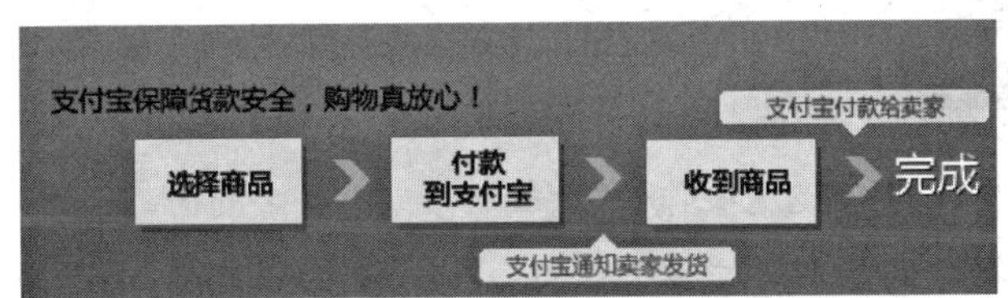

图 8-4 使用支付宝的基本流程

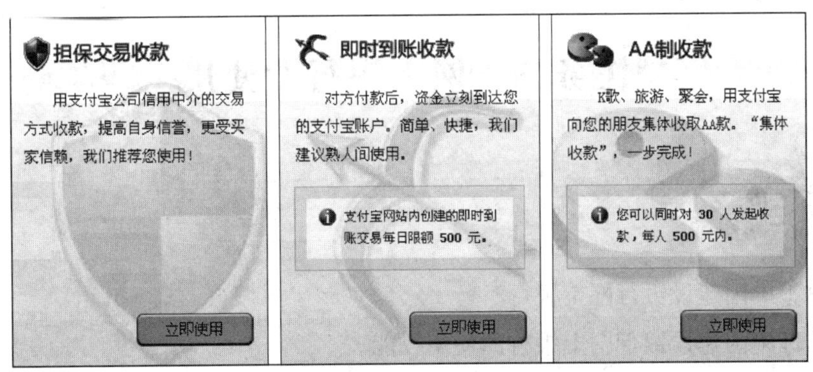

图 8-5 收款方式

易收款页面，认真填写资料即可，系统会以邮件形式通知买家以这种方式付款。

(2)“我要付款”。如果你是买家，在淘宝网、阿里巴巴或者其他支持使用支付宝的网站购买了物品之后，就要利用支付宝进行支付。这个功能有即时到账付款和担保交易付款两种。它提供了付款的安全措施：“买家确认并付款给支付宝”→“支付宝通知卖家发货”→“买家收到货物满意后通知支付宝付款给卖家”。

(3)“交易管理”。交易管理功能是对买家或者卖家使用支付宝交易的管理。交易成功

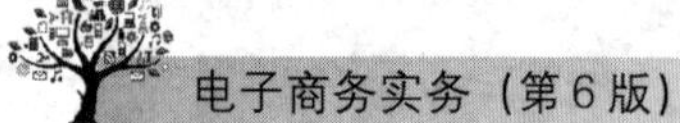

后，不要忘记给予对方评价，共同建立公平合理的信用环境。

(4)“我的支付宝”。“我的支付宝”是对所注册的支付宝账户进行管理的工具，包括账户充值、账户提现、手机服务、账户明细查询、支付宝信使、安全中心以及积分管理等功能。要想提现，必须先在支付宝网站上申请提现，单击“提现”按钮，填写好提现金额以及支付密码，单击“下一步”按钮。如果想设置提现的银行账号，则单击申请提现旁边的“设置银行账号”按钮即可。

(5)“安全中心”。安全中心可以分为网上收款的安全服务和网上付款的安全服务两种。网上付款的安全服务，除了可以利用与收款服务相同的服务外，还可以享受申请支付宝实名认证和安装数字证书的服务。

(6)“商家服务”。商家服务是支付宝新推出的一个业务功能，这是专门为支付宝卖家准备的一项专门服务，既可以利用营销工具进行商店或者商品的营销，又可以为卖家提供与中国建设银行合作推出的一项个人小额信贷服务。

思考与练习题

1. 简述在支付宝上进行提现操作的流程。
2. 如果忘记支付宝的密码，应该怎么办？
3. 使用支付宝支付时应该注意什么？

任务二　网上银行的使用

(1) 熟悉中国建设银行网上银行。
(2) 掌握中国建设银行网上银行的使用技能。

任务实践

不同的银行对网上业务的管理方法有所不同，本实训以中国建设银行网上银行为例进行操作，主要介绍个人网上银行的操作。

1. 个人网上银行登录与常用的后台管理操作

(1) 中国建设银行网上银行（www.ccb.com）如图8-6、图8-7所示。要开通中国

建设银行网上银行，必须持有效证件和中国建设银行的龙卡或者活期存折，到中国建设银行营业网点的柜台办理。

图 8-6　中国建设银行网上银行首页

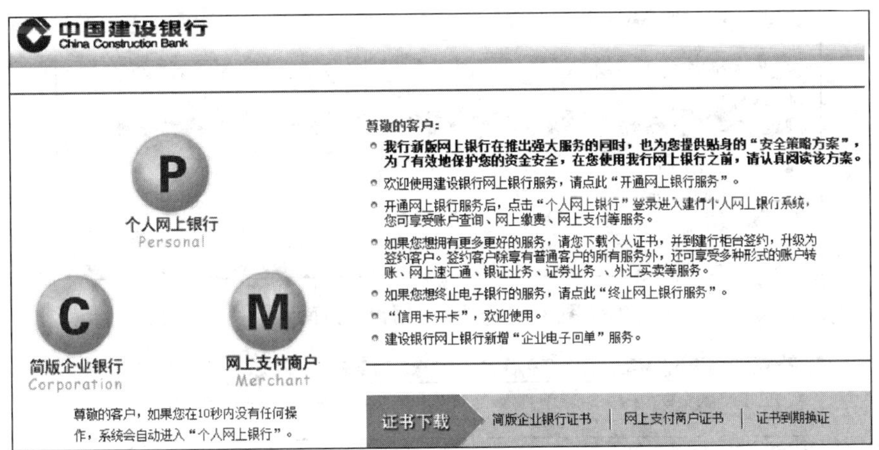

图 8-7　中国建设银行服务页面

(2) 登录“个人网上银行”，如图 8-8 所示。用户输入身份证号码和登录密码，密码输入采用“软键盘”输入，这样可以防止木马盗取密码。

(3)“个人网上银行”常用后台管理操作。

1)“我的网银”，显示网上银行的全部账户和“近期活动记录”，如图 8-9 所示。

2)“账户查询”，如图 8-10 所示。

3)“定活互转”，如图 8-11 所示。

4)“批量缴费”，如图 8-12 所示。

5)“银证转账”，如图 8-13 所示。

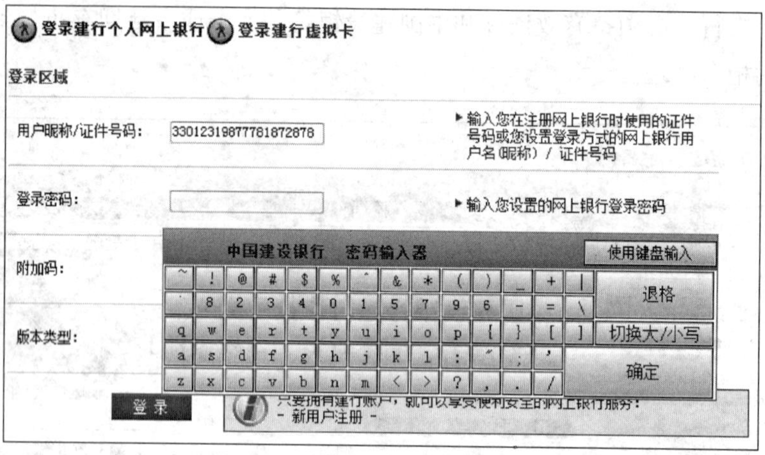

登录建行个人网上银行 登录建行虚拟卡

登录区域

用户昵称/证件号码： 330123198777781872878

▶输入您在注册网上银行时使用的证件号码或您设置登录方式的网上银行用户名(昵称) / 证件号码

登录密码：

▶输入您设置的网上银行登录密码

附加码：

版本类型：

中国建设银行 密码输入器 使用键盘输入

退格 切换大/小写 确定

登录

只要拥有建行账户，就可以享受便利安全的网上银行服务！

- 新用户注册 -

图8-8 建行网银登录页面

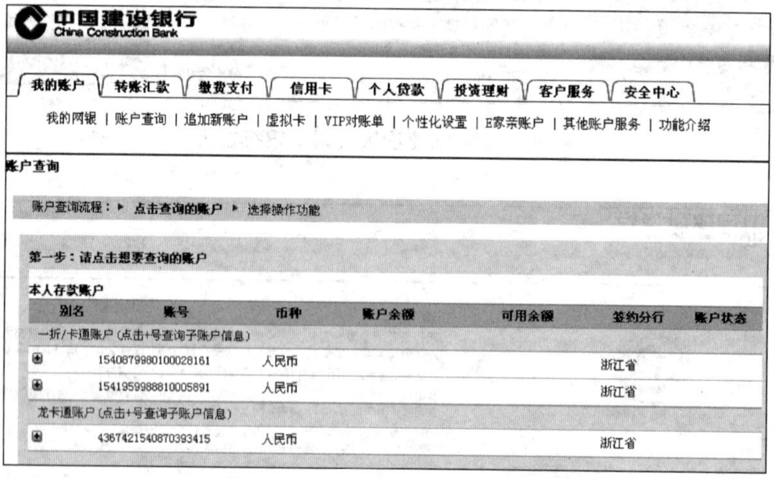

中国建设银行 China Construction Bank

我的账户 | 转账汇款 | 缴费支付 | 信用卡 | 个人贷款 | 投资理财 | 客户服务 | 安全中心

我的网银 | 账户查询 | 追加新账户 | 虚拟卡 | VIP对账单 | 个性化设置 | E家亲账户 | 其他账户服务 | 功能介绍

账户查询

账户查询流程：▶ 点击查询的账户 ▶ 选择操作功能

第一步：请点击想要查询的账户

本人存款账户

别名	账号	币种	账户余额	可用余额	签约分行	账户状态
一折/卡通账户（点击+号查询子账户信息）						
⊞	1540879980100028161	人民币			浙江省	
⊞	1541959988810005891	人民币			浙江省	
龙卡通账户（点击+号查询子账户信息）						
⊞	4367421540870393415	人民币			浙江省	

图8-9 “我的网银”页面

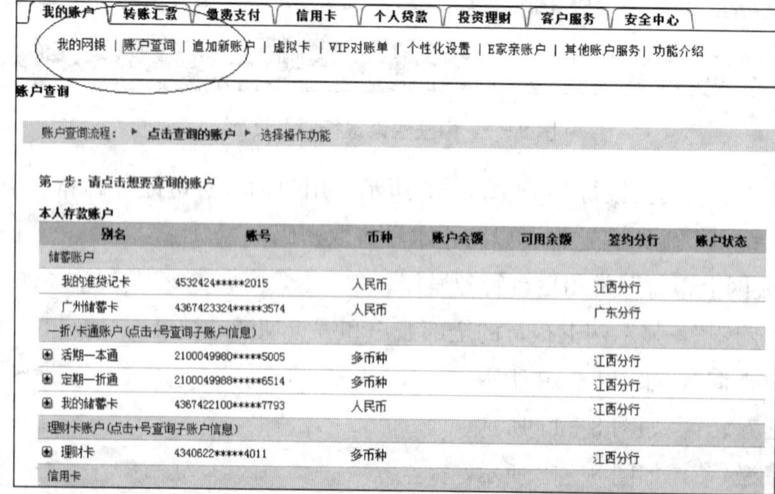

图8-10 “账户查询”页面

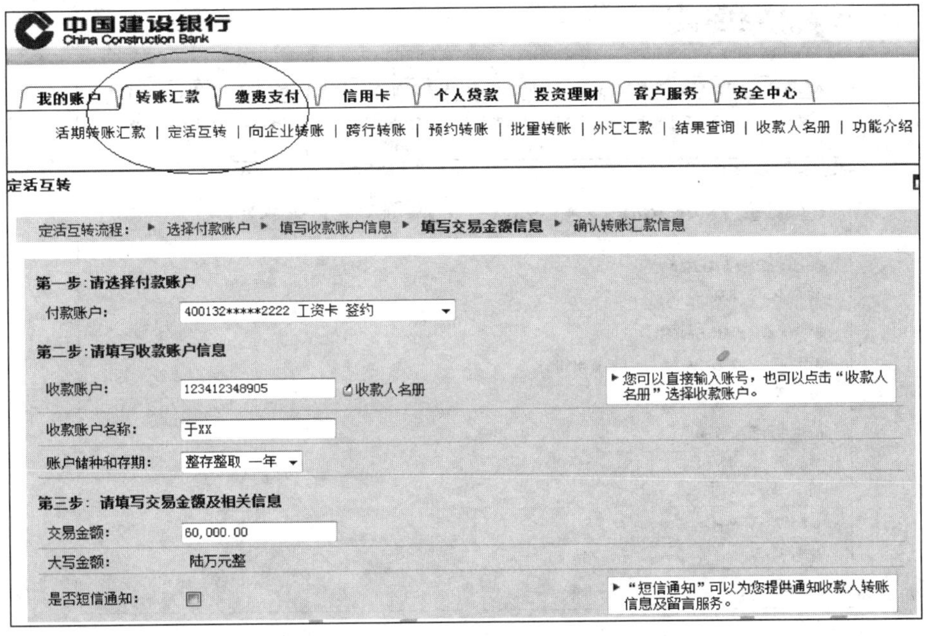

图 8－11　“定活互转”页面

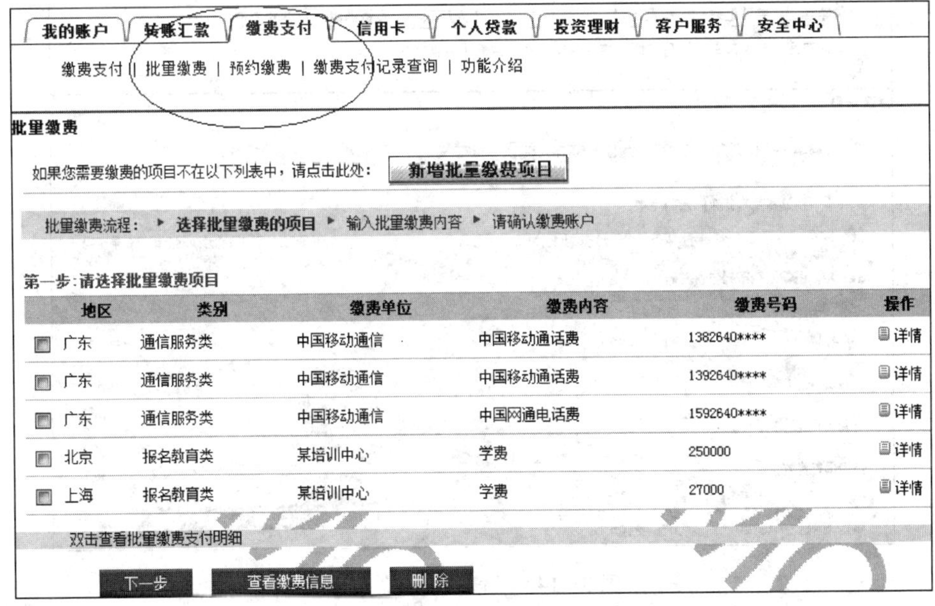

图 8－12　“批量缴费”页面

6）“修改密码”，如图 8－14 所示。

2. 申办个人网上银行

（1）办理条件。

1）本人留有密码的实名制账户，包括各种龙卡、定期存折、活期存折、一折通或一

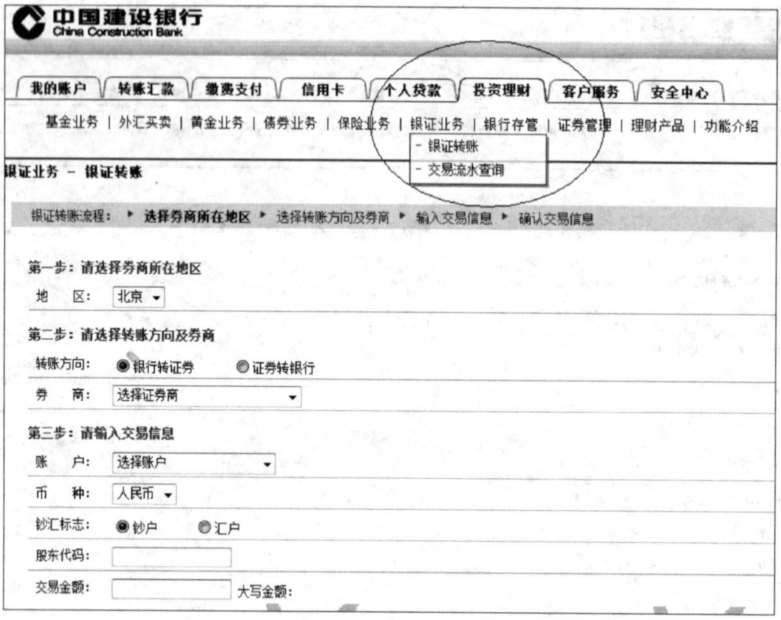

图 8-13 “银证转账”页面

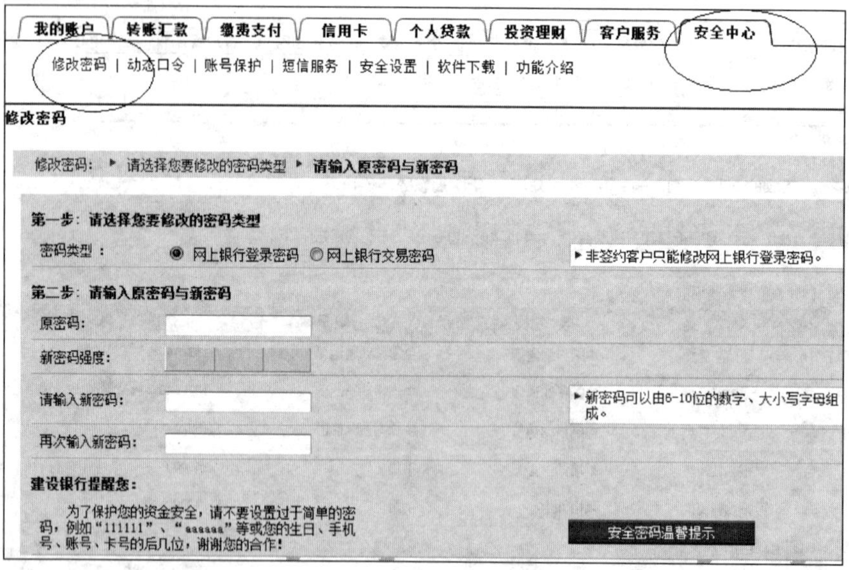

图 8-14 “修改密码”页面

本通账户。

2）与实名制账户预留证件相符的有效身份证件，包括身份证、护照、军官证等。

3）能联网的计算机。

（2）开通程序。中国建设银行网上银行系统提供两种开通服务的方式：

1）先网上注册后柜台签约方式。先网上注册后柜台签约方式的流程如图 8-15 所示。

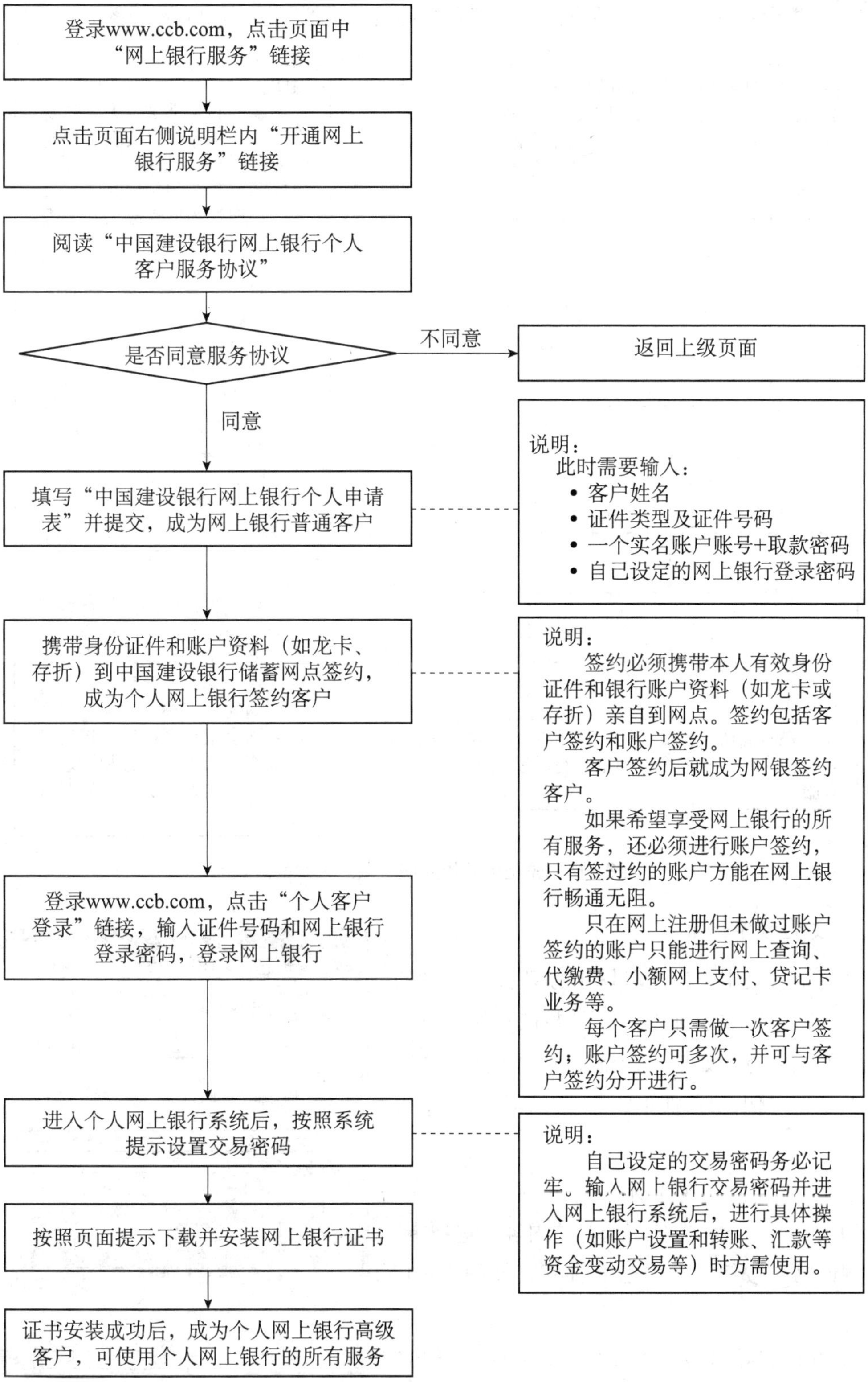

登录www.ccb.com，点击页面中“网上银行服务”链接

↓

点击页面右侧说明栏内“开通网上银行服务”链接

↓

阅读“中国建设银行网上银行个人客户服务协议”

↓

是否同意服务协议 —不同意→ 返回上级页面

↓ 同意

填写“中国建设银行网上银行个人申请表”并提交，成为网上银行普通客户

说明：
此时需要输入：
- 客户姓名
- 证件类型及证件号码
- 一个实名账户账号+取款密码
- 自己设定的网上银行登录密码

↓

携带身份证件和账户资料（如龙卡、存折）到中国建设银行储蓄网点签约，成为个人网上银行签约客户

说明：
签约必须携带本人有效身份证件和银行账户资料（如龙卡或存折）亲自到网点。签约包括客户签约和账户签约。
客户签约后就成为网银签约客户。
如果希望享受网上银行的所有服务，还必须进行账户签约，只有签过约的账户方能在网上银行畅通无阻。
只在网上注册但未做过账户签约的账户只能进行网上查询、代缴费、小额网上支付、贷记卡业务等。
每个客户只需做一次客户签约；账户签约可多次，并可与客户签约分开进行。

↓

登录www.ccb.com，点击“个人客户登录”链接，输入证件号码和网上银行登录密码，登录网上银行

↓

进入个人网上银行系统后，按照系统提示设置交易密码

说明：
自己设定的交易密码务必记牢。输入网上银行交易密码并进入网上银行系统后，进行具体操作（如账户设置和转账、汇款等资金变动交易等）时方需使用。

↓

按照页面提示下载并安装网上银行证书

↓

证书安装成功后，成为个人网上银行高级客户，可使用个人网上银行的所有服务

图 8－15　先网上注册后柜台签约方式的流程

2）先柜台签约后网上激活方式。先柜台签约后网上激活方式的流程如图 8－16 所示。

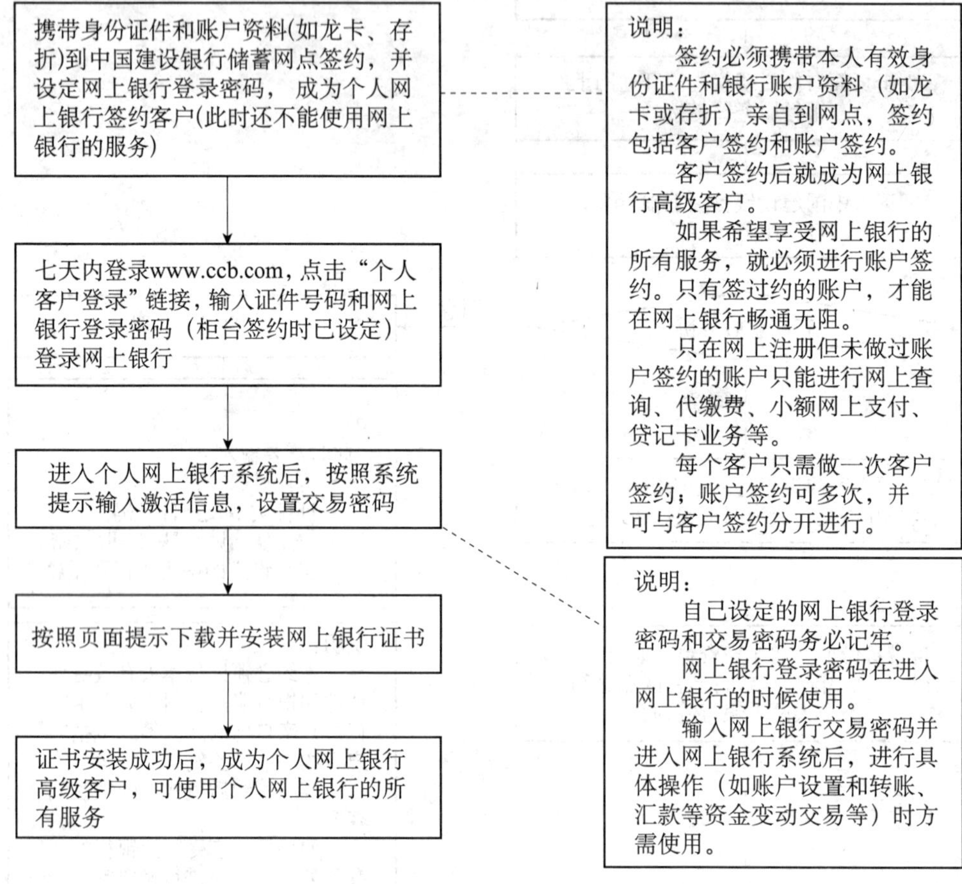

图 8－16　先柜台签约后网上激活方式的流程

3. 安装数字证书

数字证书是用户在互联网上办理安全交易的保证。如何备份数字证书？如果要在其他计算机上使用网上银行，如何安装证书呢？下面以浏览器 IE 6.0 为例，详细介绍证书的导出、导入功能。

（1）证书的导出和备份。

1）打开 Internet 选项，选择“内容”选项卡，单击“证书”按钮，导出已有证书，如图 8－17 所示。

2）选择需导出的个人证书后，单击“导出”按钮，如图 8－18 所示。

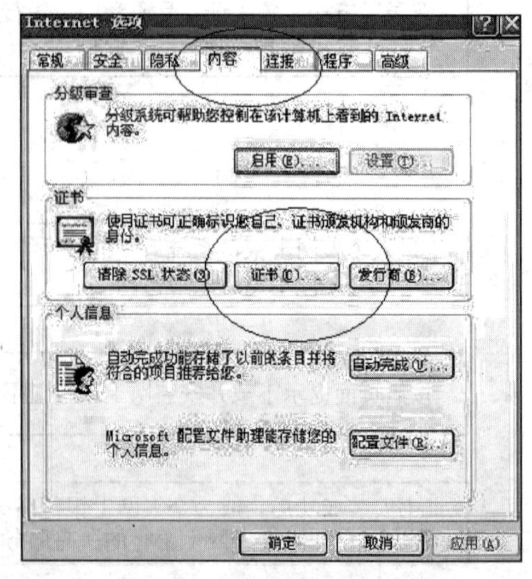

图 8－17　Internet 选项

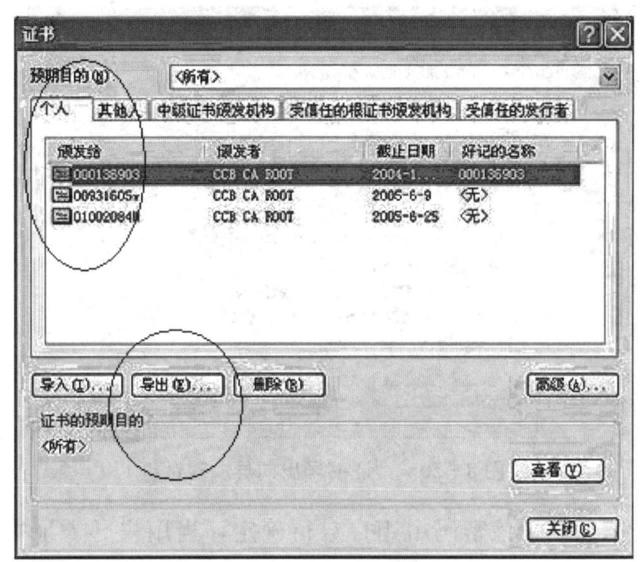

图 8-18　导出证书

3）单击“下一步”按钮。

4）IE 提示是否导出证书私钥，选择“是，导出私钥”单选按钮，如图 8-19 所示。注意：如果选择不导出私钥，则该证书在计算机导入后为无效证书；如需导出证书至其他计算机使用或备份证书，则必须选择“导出私钥”单选按钮。

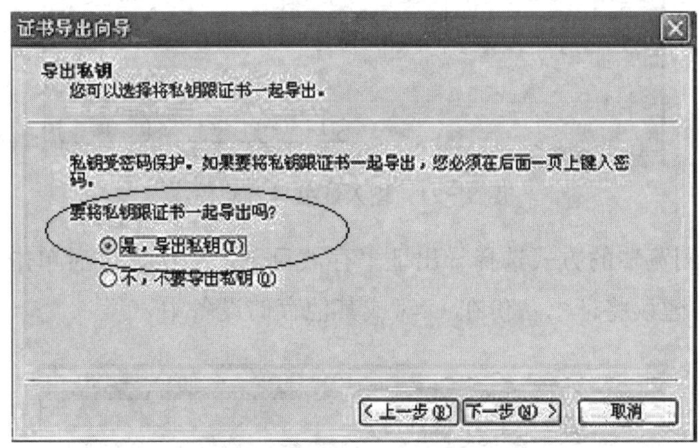

图 8-19　选择导出证书私钥

5）IE 提示导出后私钥的使用方式可同时选择多项。注意：选择“启用加强保护”，则导出后的证书只可在限定 IE 版本或更高级别版本下使用，用户可根据需要选择计算机的 IE 版本；选择“如果导出成功，删除密钥”复选框，则本次证书导出成功后本计算机不保留该证书私钥，如果用户不再需要在本计算机使用证书，可选择该项，为确保证书安全，请用户在本机“证书导出向导”对话框中删除用户的证书，如图 8-20 所示。

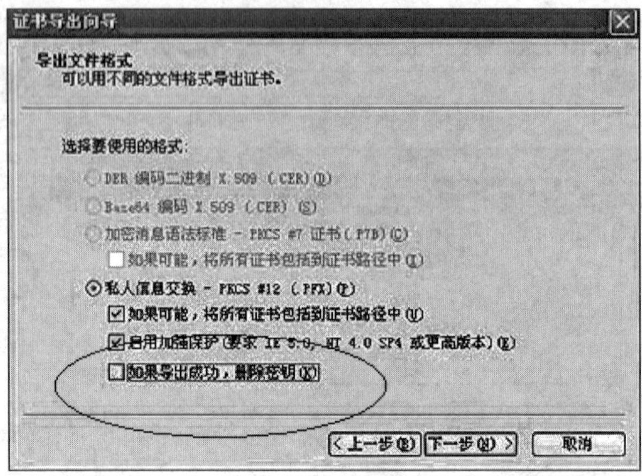

图 8-20 “证书导出向导”对话框

6）输入证书导入密码，该密码由用户自行确定，当用户导入证书时需输入此密码，如图 8-21 所示。

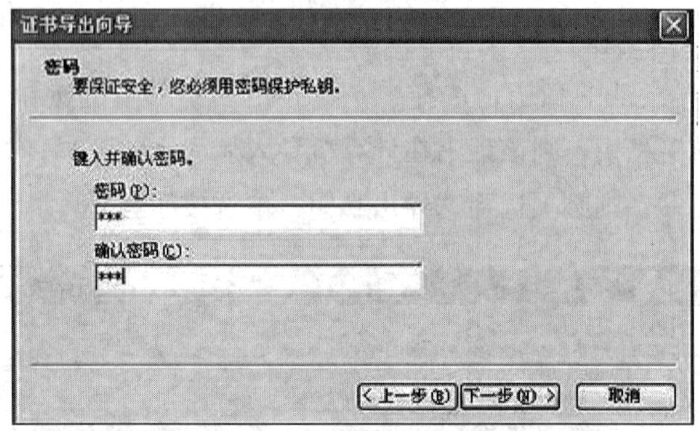

图 8-21 输入证书导入密码

7）可通过“浏览”的方式选择导出证书存放目录，确认无误后单击“下一步”按钮，如图 8-22 所示。建议将证书备份在 U 盘或其他存储设备中。

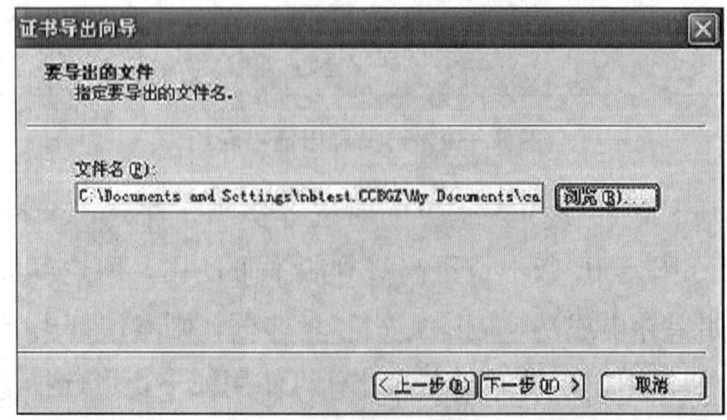

图 8-22 选择证书存放目录

8）单击“下一步”按钮完成证书导出，如图 8－23 所示。

图 8－23　完成证书导出

(2) 证书导入和安装。

1）用户可直接导入已存放于磁盘中的数字证书文件，如图 8－24 所示。

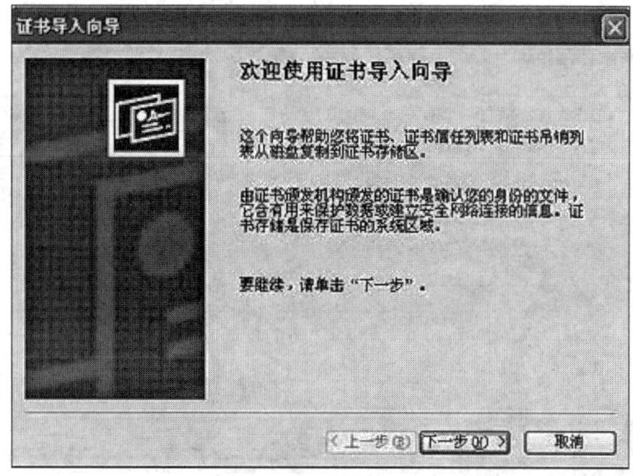

图 8－24　“证书导入向导”对话框

2）单击“下一步”按钮，显示证书文件存放目录，如图 8－25 所示。

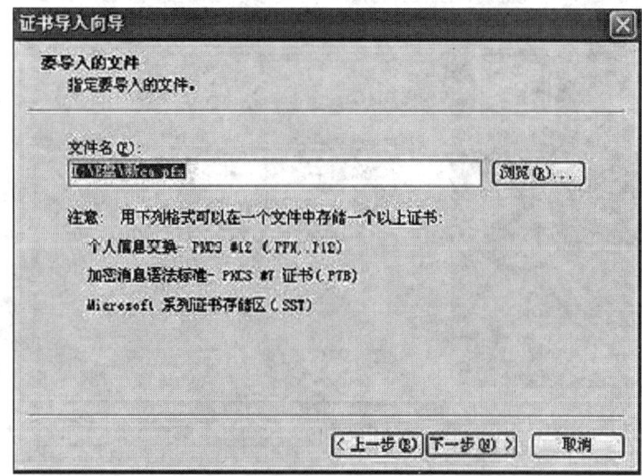

图 8－25　显示证书文件存放目录

3）单击“下一步”按钮，输入用户在证书导出时自行设定的密码，如图 8－26 所示。

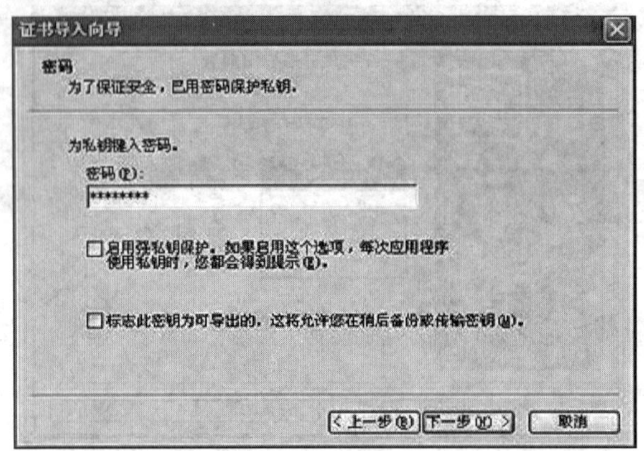

图 8－26　输入用户在证书导出时自行设定的密码

4）按需要，选择后单击“下一步”按钮，直至系统提示“完成”，如图 8－27 至图 8－29 所示。

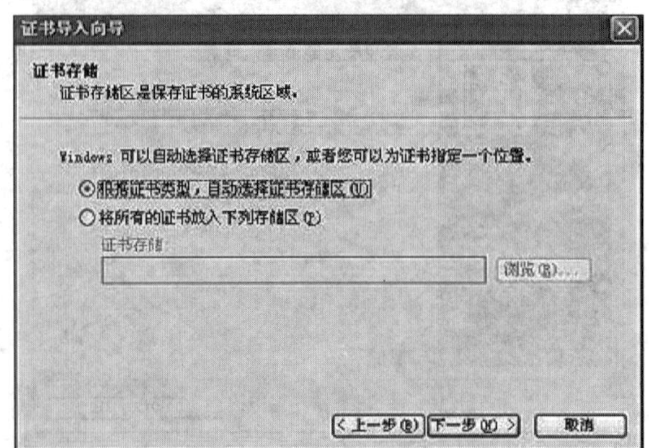

图 8－27　单击“下一步”按钮

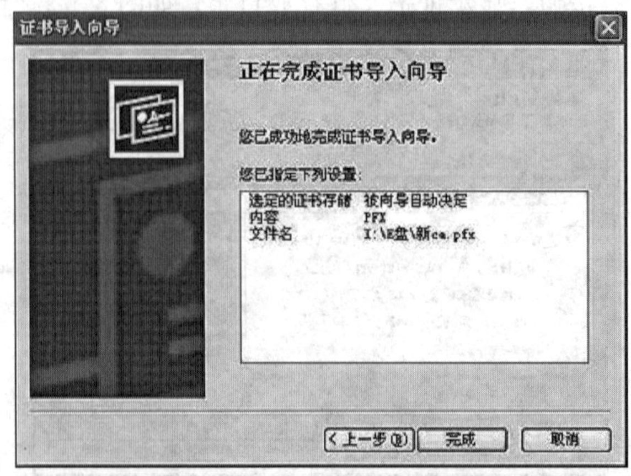

图 8－28　单击“完成”按钮

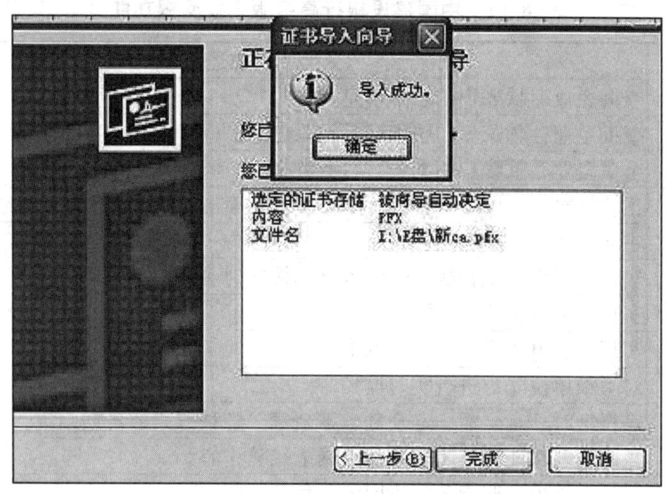

图 8-29　“导入成功”对话框

可通过“Internet 选项（控制面板）”→“内容”→“证书”选项，查看证书是否已成功导入，成功导入后即可在本机上使用专业版网上银行服务。

4. 简易版企业网上银行服务

（1）简易版企业网上银行的功能。

1）查询会计存款账户的余额信息。

2）查询会计存款账户的交易记录明细。

3）对下级单位在中国建设银行全国范围内开立的账户进行实时查询、实时监控。

4）提供 24 小时服务。

（2）办理条件。

1）具有在中国建设银行营业机构开立的企业账户。

2）具有营业执照或全国组织机构代码证。

3）具有能联网的计算机。

（3）办理流程。办理流程如图 8-30 所示。

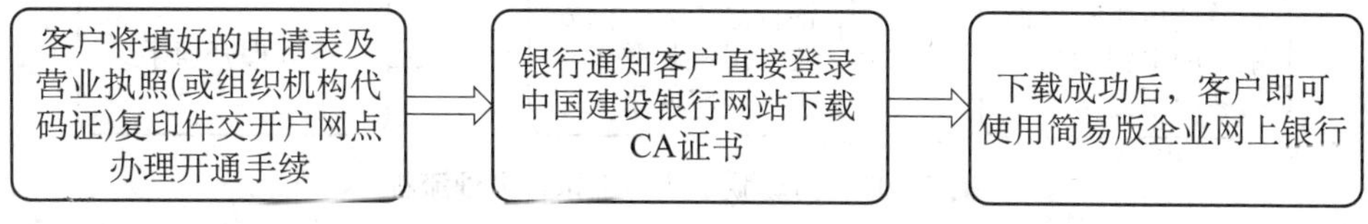

图 8-30　简易版企业网上银行办理流程

5. 高级版企业网上银行服务

（1）高级版企业网上银行的功能。高级版企业网上银行功能如表 8-1 所示。

表8-1　中国建设银行高级版企业网银功能

<table>
<tr><th>功能</th><th>描述</th></tr>
<tr><td rowspan="3">查询——实时、动态掌握账务信息</td><td>查询企业存款账户的余额信息。</td></tr>
<tr><td>查询企业存款账户的明细交易记录信息。</td></tr>
<tr><td>下载企业存款账户明细进行财务分析。</td></tr>
<tr><td rowspan="5">资金划转——足不出户，资金任意调度</td><td>主动付款。可由中国建设银行签约账户向全国任何一个商业银行的账户进行转账。</td></tr>
<tr><td>主动收款。经过对方授权可以主动收取国内中国建设银行其他机构企业用户的资金。</td></tr>
<tr><td>实现中国建设银行账户之间资金调拨实时到账。</td></tr>
<tr><td>实现网上批量代发工资。</td></tr>
<tr><td>实现企业电子商务，组建网上商城。</td></tr>
<tr><td rowspan="3">资金管理——强大的企业理财功能</td><td>对下级单位账户进行实时监控。</td></tr>
<tr><td>进行定时、定金额、定余额、零余额等各种方式的自动归集。</td></tr>
<tr><td>集团理财功能为集团用户建立网上结算中心。</td></tr>
<tr><td rowspan="3">财务内控管理——内部管理好帮手</td><td>财务人员根据职责分配不同的角色和权限。</td></tr>
<tr><td>不同额度转账流程控制。</td></tr>
<tr><td>集团理财功能为集团用户建立网上结算中心。</td></tr>
<tr><td rowspan="5">方便快捷——更体贴的功能设计</td><td>可进行批量制单、批量复核。</td></tr>
<tr><td>可预先定制交易（7个工作日内）、设置重复交易频率。</td></tr>
<tr><td>全天24小时提供服务。</td></tr>
<tr><td>提供用户端软件，支持离线制单、凭证打印等个性化功能。</td></tr>
<tr><td>提供系统直联功能，用户使用自身财务软件就可对银行账户进行一系列操作。</td></tr>
</table>

（2）办理条件。

1）具有在中国建设银行营业机构开立的企业账户。

2）具有营业执照或全国组织机构代码证。

3）具有能联网的计算机。

（3）办理流程。办理流程如图8-31所示。

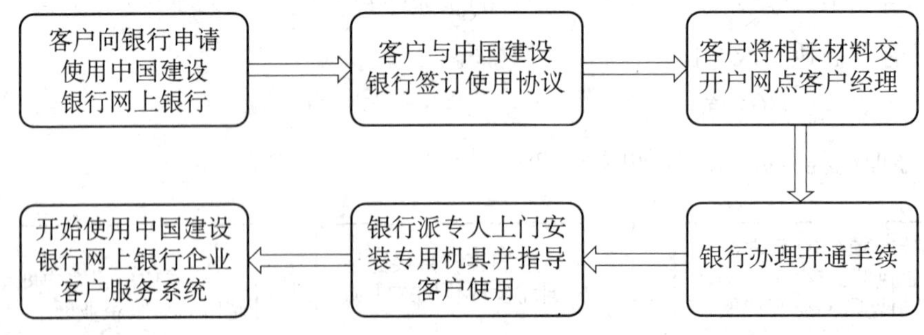

图8-31　高级版企业网上银行办理流程

思考与练习题

1. 中国建设银行网上银行能够提供哪些服务？

2. 与现实中的银行相比，网上银行服务有什么优势和劣势？

3. 网上银行的安全措施主要有哪些？

任务三　手机银行的使用

掌握中国建设银行手机银行的基本功能。

任务实践

不同的手机银行对业务的管理方法有所不同，本实训以安卓系统手机（小米 Note3）安装中国建设银行手机银行为例，主要介绍个人手机银行的操作。在下载手机银行 App 之前，请先到柜台开通手机银行。

（1）下载安装个人手机银行并登录。在安卓应用市场或小米应用商店，查找“建设银行”，如图 8－32 所示。安装以后打开，出现如图 8－33 所示页面。

图 8－32　在应用商店查找“建设银行”

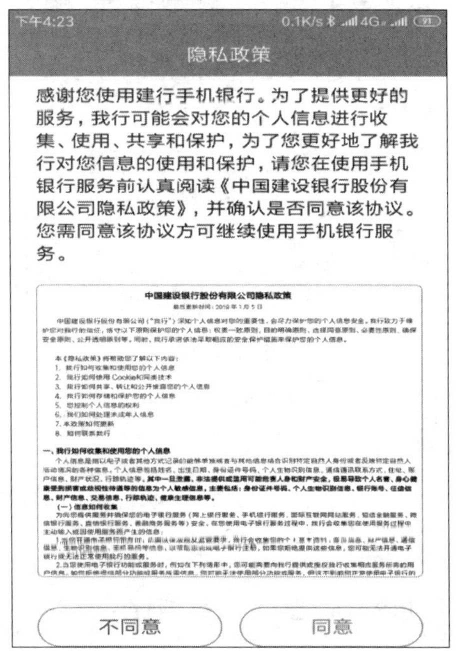

图 8－33　同意隐私政策

（2）手机健康检查，如图 8－34 和图 8－35 所示。

图 8－34 手机健康检查

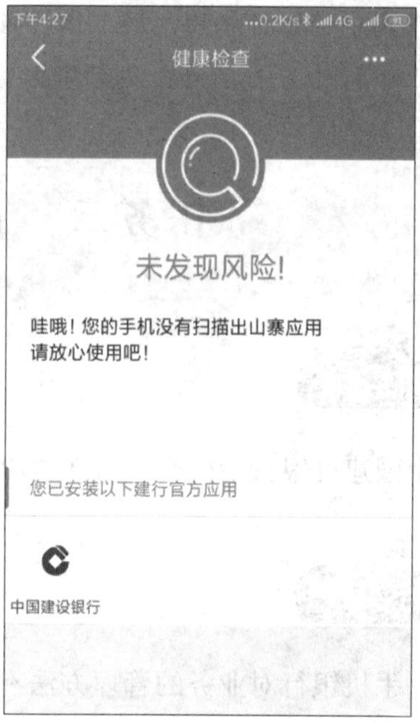

图 8－35 检查结果

（3）登录或者开通手机银行，如图 8－36 和图 8－37 所示。

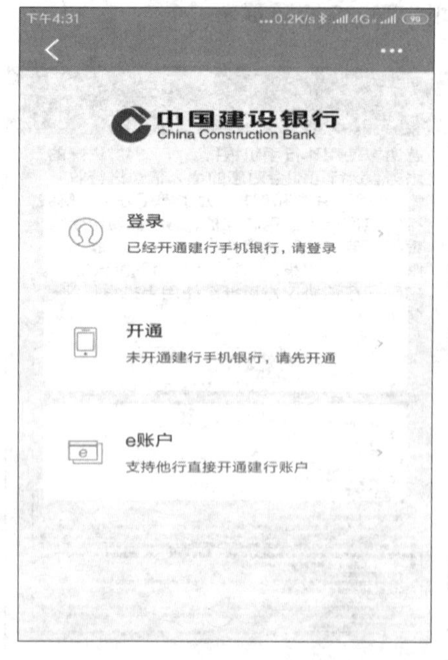

图 8－36 登录、开通手机银行账户

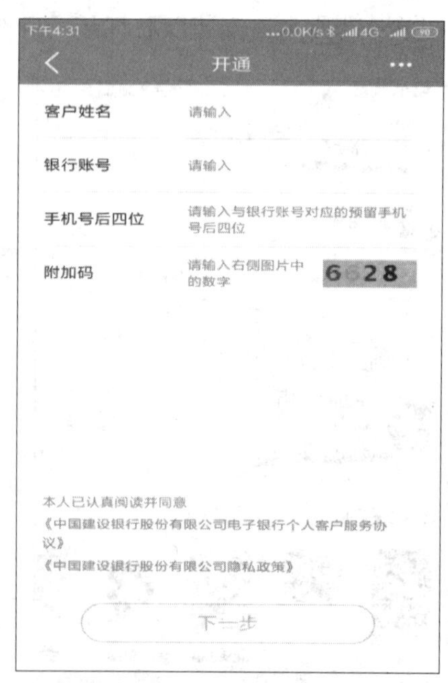

图 8－37 “开通手机银行”页面

（4）登录手机银行，登录后页面如图 8－38 所示。

（5）点击“账户”，页面如图 8－39 所示。

（6）点击“≡”菜单栏，页面如图 8－40 所示，菜单栏包括“安全中心”“小程序”“设置”等内容。

图 8－38　登录手机银行后的页面　　图 8－39　点击“账户”显示页面　　图 8－40　点击“菜单栏”显示页面

（7）点击“转账”并进行相应操作，如图 8－41 和图 8－42 所示。

图 8－41　“转账”页面

图 8－42　对应“转账”内容输入页面

思考与练习题

1. 中国建设银行手机银行与网上银行有何不同？二者都能够提供哪些服务？
2. 与网上银行对比，手机银行有什么优势和劣势？
3. 手机银行的安全措施主要有哪些？

任务一 网络调研分析

9-1 网络调研

实训目标

(1) 了解网络调研的特点及优势。

(2) 熟悉网络调研报告的组成部分。

(3) 掌握网络营销中调研报告的撰写。

(4) 掌握网络调研问卷的投放、回收及统计方法。

任务实践

网络调研是指通过互联网及其调研渠道把传统的调查、分析方法在线化、智能化。它一般包括在线问卷设计、调研问卷发送、问卷统计分析三个部分。

1. 在线问卷设计

在网上设计调研问卷，调研问卷的结构一般包括三个部分：前言、正文和结束语。

(1) 前言。调研问卷在大多数情况下是面向社会、面向消费群体进行的，所以需要向被调查者说明调研的主题、调研的目的、调研的意义，并向被调查者表示感谢。

(2) 正文。该部分是问卷的主体部分，主要包括被调查者信息、调查项目、调查者信息三个部分。

1) 被调查者信息。了解被调查者的相关资料，以便对被调查者进行分类，一般包括被调查者的姓名、性别、年龄、职业、受教育程度等。这些内容可以帮助调查者了解不同年龄阶段、不同性别、不同文化程度的个体对待被调查事物态度的差异，在调查分析过程中能提供重要的参考作用，甚至能帮助调查者针对不同群体写出多篇有针对性的调研报告。

2）调查项目。调查项目是调查问卷的核心内容，组织单位通常会将所要调查的内容具体化为若干问题请被调查者回答。

3）调查者信息。它一方面可以用来证明调查作业的执行、完成和调查人员的责任等情况，另一方面可以为进一步的统计分析搜集资料。其具体内容包括：调查者姓名、电话，调查时间、地点，被调查者当时的合作情况等。

（3）结束语。在调研问卷最后，简短地向被调查者强调本次调查活动的重要性以及再次表达谢意。例如："为了保证调查结果的准确性，请您如实回答所有问题；您的回答对于我们得出正确的结论很重要，希望能得到您的配合和支持，谢谢！"

2. 调研问卷发送

问卷设计好后，通过问卷星平台可以直接发布并设置相关属性，如问卷分类、说明、公开级别、访问密码等。然后，通过发送邀请邮件或者用 Flash 等方式将问卷嵌入公司网站，或者通过 QQ、微博、邮件等方式将问卷链接发给好友。

3. 问卷统计分析

利用问卷星可以通过柱状图和饼状图查看统计图表，卡片式地查看答卷详情，分析答卷来源的时间段、地区和网站等。

以下将围绕网店运营前期调研，利用问卷星来设计调研问卷。

（1）注册成为问卷星用户。打开网站 www.sojump.com，如图 9-1 所示。点击注册，如图 9-2 所示，如有账户，可以选择直接登录，还可以选择直接用 QQ 账号登录。

图 9-1　问卷星首页

图 9-2　问卷星登录界面

(2) 注册并登录问卷星以后，就可以进行相关问卷的创建了。问卷星还提供了包括现有问卷的录入服务及问卷精确匹配的样本服务，如图 9-3 所示。

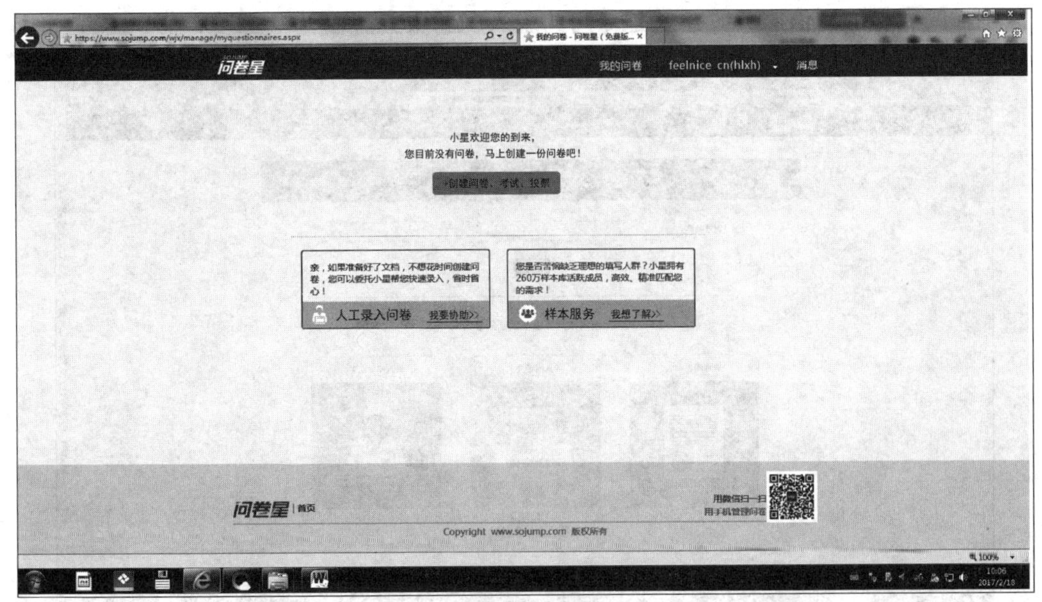

图 9-3　创建问卷

(3) 点击创建问卷、考试、投票后可以进行具体问卷类型的选择。问卷星提供的问卷类型有多种，包括调查、考试、投票、报名表单、360 测评、测评等，如图 9-4 所示。可以按照问卷创建者的实际需求进行选择，我们不妨还是选择调查，点击“下一步”。

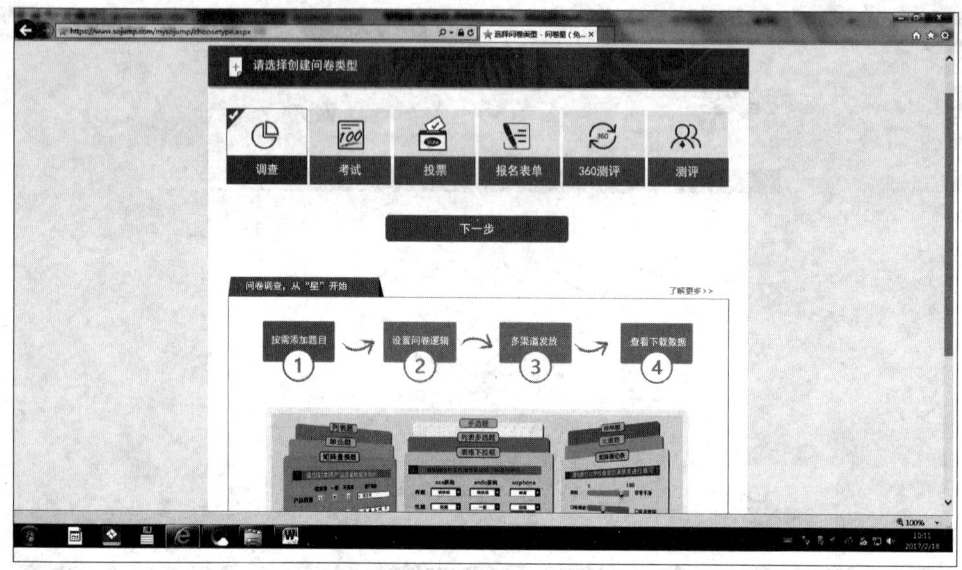

图 9-4　选择问卷类型

（4）创建调研问卷的方式有四种，最简单、最原始的方式是先输入调研问卷的名称，然后一步一步地完成单选、多选、填空、矩阵等题型的设计，如图 9-5 所示。除此之外，我们可以选择问卷模板，如果有现成的问卷文本，也可以直接将其导入问卷星中。我们还可以选择问卷星的增值服务，也就是专门的录入问卷服务。

图 9-5　选择问卷创建方式

（5）在选择了问卷模板方式创建问卷后，我们可以通过搜索的方式从问卷星 180 万份问卷调查模板中选取模板进行相关问卷的设计，如图 9-6 所示。我们不妨选择关键词

“网店”进行搜索，可以看到模板库中已有的问卷类型及相关的题目数，如有兴趣可以点击打开相关的问卷，如图 9－7 所示。如果觉得合适即可点击此问卷，将其作为模板创建问卷。

图 9－6　选择问卷模板

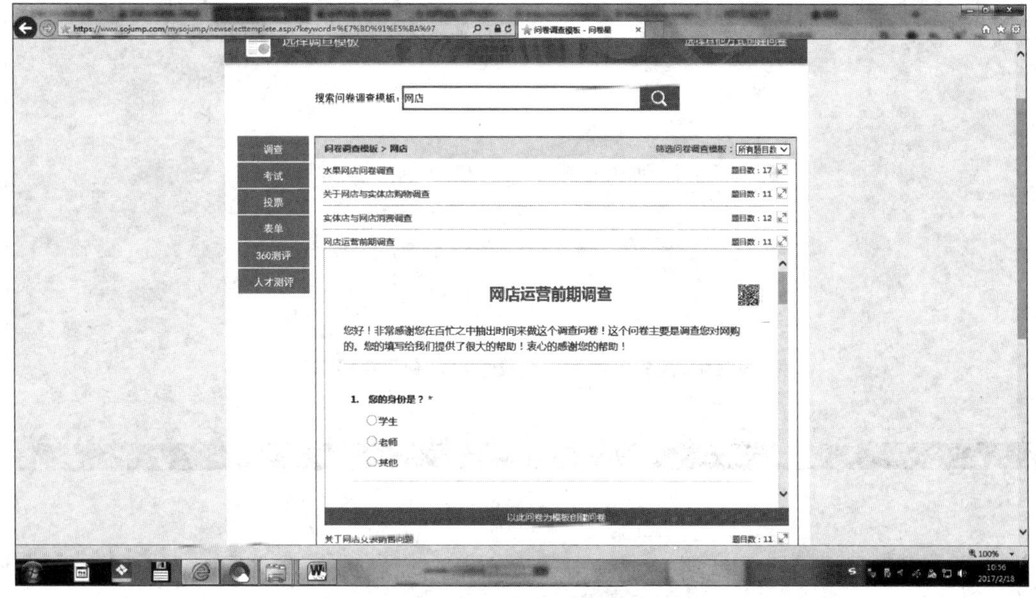

图 9－7　查看具体问卷

（6）查看具体模板，如图 9－8 所示。我们还可以对模板的内容进行任意修改，增删题目类型，如图 9－9 所示。修改完毕，我们可以点击“完成编辑”按钮。

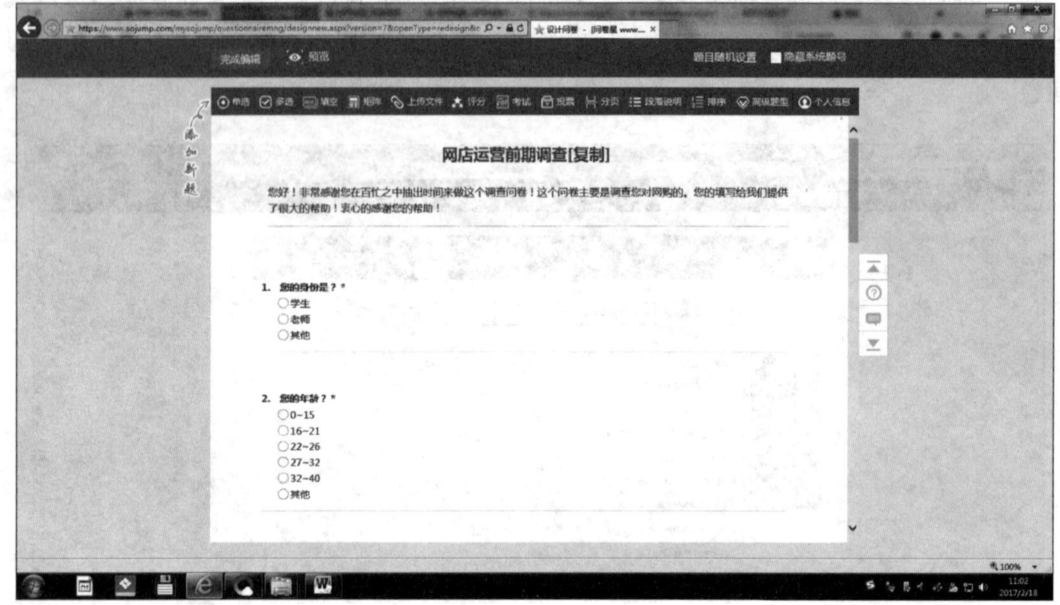

图 9－8　查看问卷模板

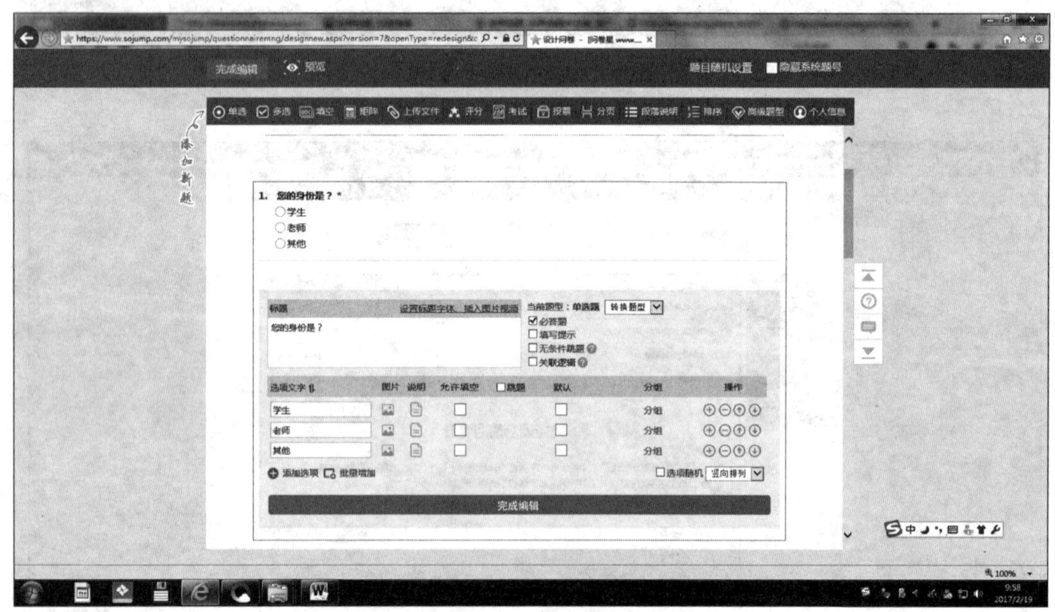

图 9－9　修改问卷模板

（7）这时问卷已经准备就绪了，点击“发布此问卷”即可发布问卷，如图 9－10 所示。在发布之前，问卷星还提供了问卷设置，包括公开级别、防重复填写、密码保护等安全措施。此外，还可以进行问卷的外观设置，包括背景、文字主题、页眉/页脚等方面的设置。最后，问卷星还提供了红包设置，让那些认真填写问卷的被调查者能够抽取红包。

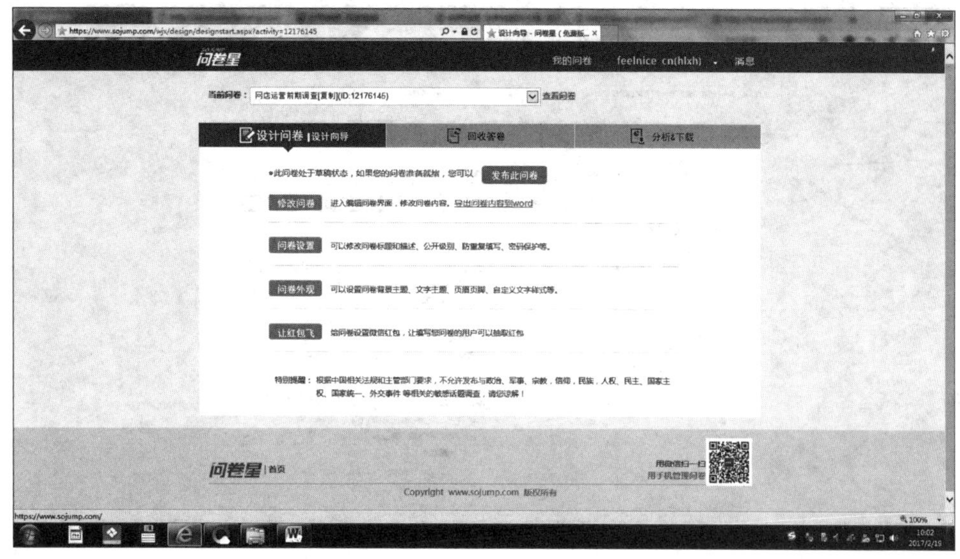

图 9-10　发布问卷

（8）问卷的发布方式有很多种，可以通过复制链接发送给相关被调查者，还能通过微信扫描二维码、邮件邀请、短信邀请、嵌入网站等方式让相关人士进行填写，如图9-11所示。

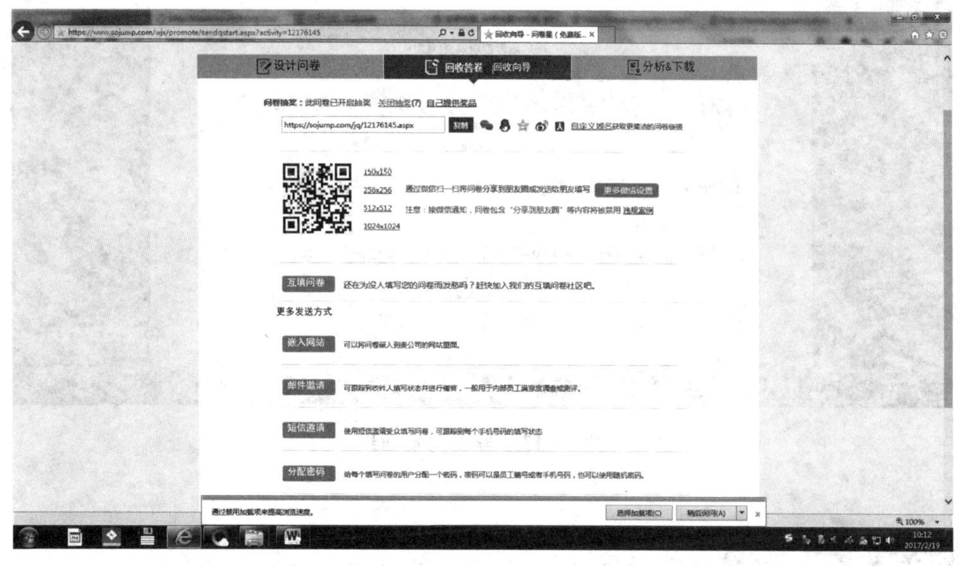

图 9-11　选择问卷发布方式

（9）我们可以对网络调研的结果进行分析，最简单的分析方式是以表格的形式进行展示。问卷星还提供了饼状图、圆环图、柱状图、条形图等多种分析和统计方式，如图 9-12 所示。点击右上角的“下载报告到 Word”，能将调研的结果保存到 Word 文档中，如图 9-13 所示。

图 9－12　问卷结果分析

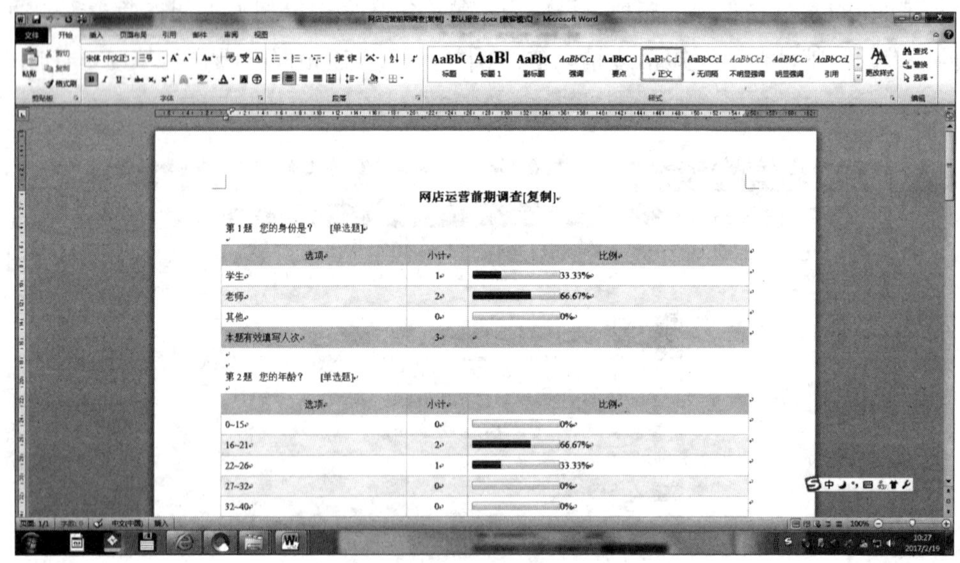

网店运营前期调查[复制]

第1题　您的身份是？　[单选题]

选项	小计	比例
学生	1	33.33%
老师	2	66.67%
其他	0	0%
本题有效填写人次	3	

第2题　您的年龄？　[单选题]

选项	小计	比例
0~15	0	0%
16~21	2	66.67%
22~26	1	33.33%
27~32	0	0%
32~40	0	0%

图 9－13　导出问卷结果

思考与练习题

注册一个“问卷星”账号，并以“农产品电子商务平台发展的调研问卷”为问卷题目编辑一份问卷，问卷包括单选、多选、填空、矩阵等多种题目类型，题目数不少于20题，通过包括微信扫描二维码在内的至少3种方式来发放问卷，合格的被调查者为10名以上。最后以Word的形式提交分析报告。

任务二　群发 E-mail 营销

实训目标

(1) 熟悉电子邮箱的申请和使用。

(2) 熟悉电子邮箱的设置。

(3) 了解邮件列表的搜集方法。

(4) 掌握邮件列表营销。

(5) 掌握超级邮件群发机的使用方法。

任务实践

进行群发邮件营销之前，首先要收集并整理目标邮箱列表，然后申请自己的邮箱，许多网站可以申请免费邮箱。完成准备工作后，就可以进行群发操作了。这里以超级邮件群发机为例介绍群发 E-mail 营销。

1. 下载安装

从 www. wealsoft. com 下载并安装 supmail10. exe，如图 9－14 和图 9－15 所示。

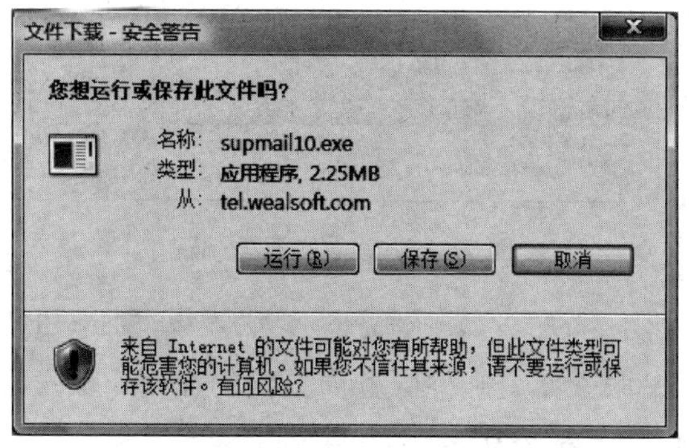

图 9－14　下载 supmail10. exe

2. 基本设置

启动软件进行设置（首次使用时要设置基本信息），如图 9－16 所示。首先单击工具栏“设置”图标，弹出“设置”对话框。

(1) 设置自己的邮箱，如图 9－17 所示。

1) 增加邮箱：用来添加你的邮箱。

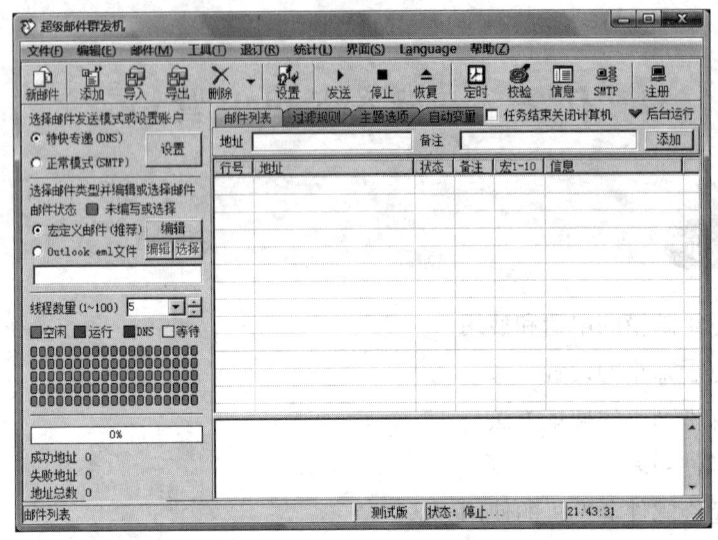

图 9－15 安装 supmail10. exe 之后运行的页面

图 9－16 “设置”对话框

2）修改邮箱：用来修改选中邮箱的设置。

3）删除邮箱：删除选中的邮箱。

4）设置默认邮箱：把选中的邮箱设置为当前发送邮箱。

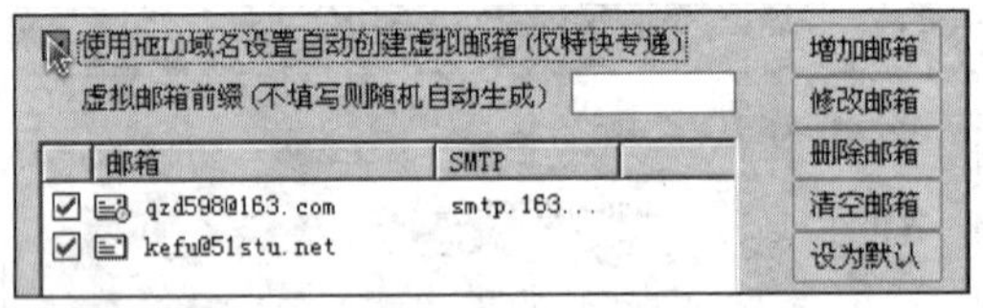

图 9－17 设置自己的邮箱

注意：如果要使用“正常模式”发送邮件，则必须填写 SMTP 服务器，并且填写邮箱的用户名、密码。SMTP 服务器是邮件服务商提供的在用户端发送邮件所要连接的服务器，如 163. com 的 SMTP 服务器为 smtp. 163. com.

（2）设置 DNS 服务器，如图 9－18 所示。一般情况下，选中“启动时自动获得”复选框即可自动获得。如果两个服务器地址都没有自动获得正确地址，可以去掉“启动时自动获得”的勾选，填写正确的 DNS 地址。注意：如果使用自动获得，在打开软件之前，必须已经连接到互联网；否则，就不能获得正确的 DNS 服务器，进而造成发送失败。

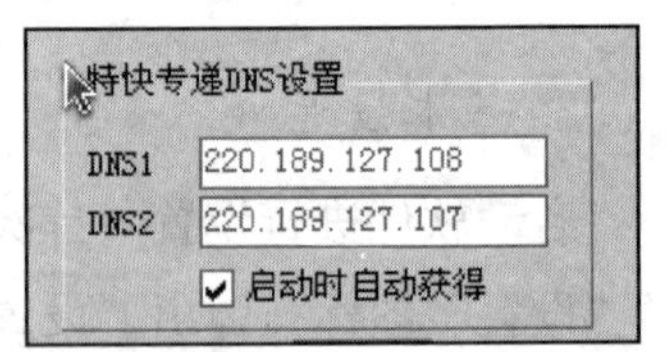

图 9－18 设置 DNS 服务器

（3）选择发件人姓名，如图 9－19 所示。

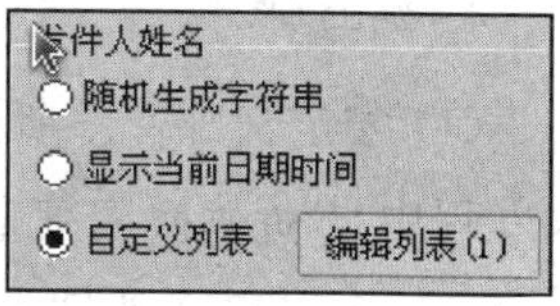

发件人姓名提供三个选项：

1）随机生成字符串。每次发送自动生成一个字符串代表发件人姓名。

2）显示当前日期时间。发件人姓名显示为发送时的日期时间。

3）自定义列表。填写要显示的发件人姓名。

图 9－19　选择发件人姓名

3. 添加邮件地址进行发送

（1）单击“添加”按钮，出现添加窗口，如图 9－20 所示。输入邮件地址后，单击“确定”按钮。

（2）直接在主窗口中输入地址，如图 9－21 所示，直接按 Enter 键即可。

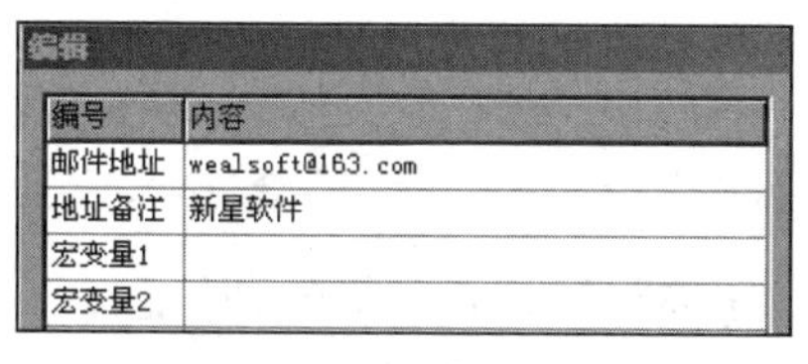

图 9－20　添加窗口

图 9－21　在主窗口中输入地址

（3）导入大量地址。如果有邮件列表文件，可以把文件直接“拽”到列表区中（直接导入其中的所有地址）。如果列表很大，可以选择列表文件的部分进行导入。单击“导入”按钮，选择要导入的文件，然后单击“确定”按钮，出现“导入文件选择”对话框，如图 9－22 所示。输入从多少行到多少行的行数，即可导入其中的部分地址，并且软件将自动记录本次进行的导入起始和结束行号。

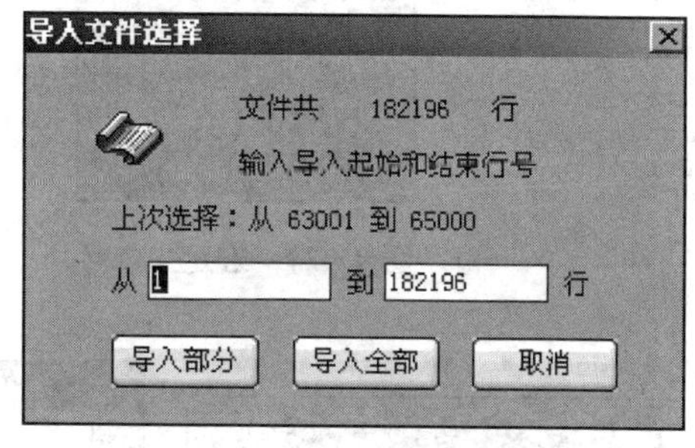

图 9－22　导入大量地址

（4）导入 Microsoft Excel 文件。单击“导入”按钮，选择要导入的 Excel 文件，然后单击“确定”按钮，出现导入选择对话框，如图 9－23 所示。

输入 Excel 每列代表的群发机中每列的序号即可，单击“确定”按钮导入。如果不需要导入首行，选中其选项即可。

（5）从数据库导入。单击“导入”按钮，选择“从数据库导入”，出现数据库导入向导。根据向导提示，先创建连接字符串，然后选择数据库表，单击“下一步”按钮，选择数据库与邮件列表的对应关系。单击“下一步”按钮即可导入数据。它支持各种类型的数据库，如 Access、SQL Server、Oracle 等。

4. 编写邮件

（1）宏定义邮件。所谓“宏邮件”，就是在发送过程中自动替换宏变量。选择“宏定义邮件”命令，进入宏定义邮件编写状态，如图9－24所示。选中“宏邮件”选项，直接单击“编辑”按钮，也可以启动宏邮件编辑窗口，如图9－25所示。

1）宏邮件可以插入“宏变量”，这些变量可以根据邮件列表中的内容对每个接收者设置不同的邮件内容，从而增加了邮件的专属感和亲切感。

只需单击工具栏上“加宏”按钮即可添加相应的“宏变量”（这些宏变量可以复制到“主题”中使用），还可以编写带声音的邮件，对方收到邮件打开，自动播放音乐或录音，如图9－26所示。

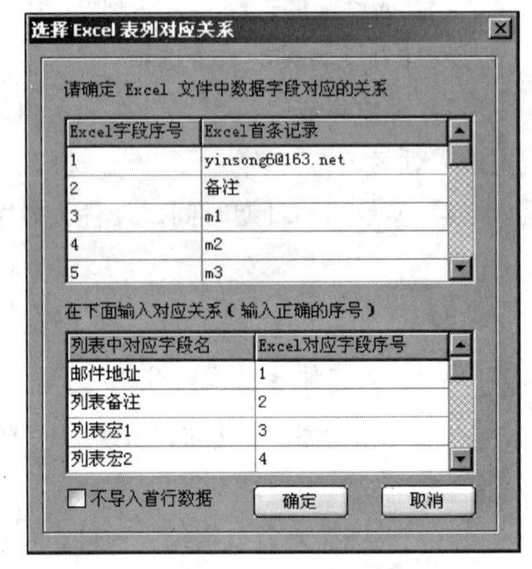

图9－23 导入 Microsoft Excel 文件

2）强大的邮件编写功能，可以插入图片、表情、字体设置、背景等各种信息。

编写邮件的工具栏如图9－27所示。

图9－24 宏定义邮件

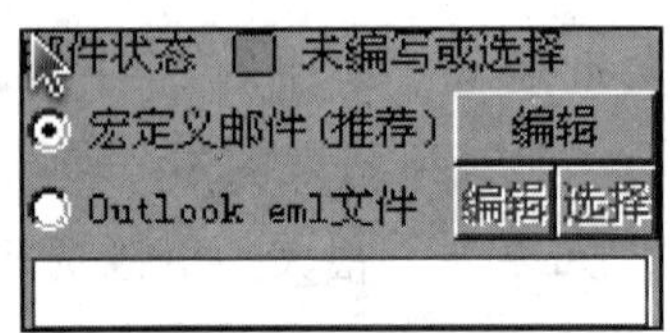

图9－25 “宏邮件”选项

图9－26 带声音的邮件

图9－27 编写邮件的工具栏

写好邮件后，单击“编写完成”按钮，即可发送邮件。

（2）Outlook 邮件。在编写 Outlook 邮件前，确认已经安装了 Outlook Express。

单击“邮件”按钮，选择“Outlook 邮件”启动“新邮件”窗口。填写其中的“主题”和“内容”，并且可以使用其中的所有功能。编写好邮件后，选择“文件”→“另存为”命令，保存邮件，如图9－28所示。

在群发机中，单击“选择”按钮，选择刚保存好的 Outlook 文件，如图9－29所示，至此，邮件内容设置完成。

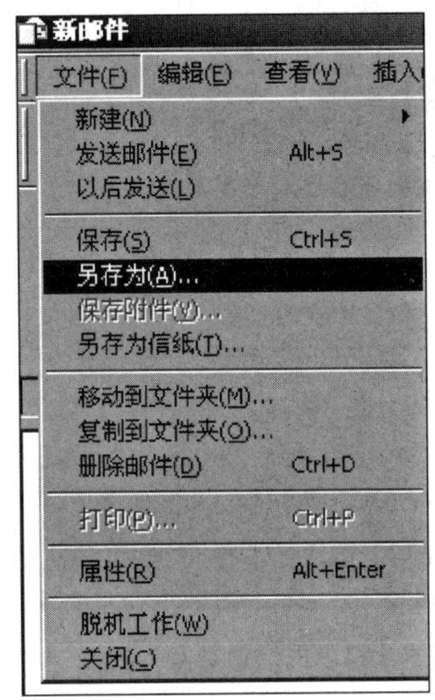

图 9-28　保存邮件

图 9-29　选择刚保存好的 Outlook 文件

5. 发送邮件

(1) 选择邮件。

1) 选择邮件类型。如果是宏邮件，则不需要选择邮件，直接选中“宏邮件”即可；如果是 Outlook 邮件，根据所列步骤选择 eml 文件。

2) 选择 Outlook 邮件文件（仅用于发送 Outlook 邮件）。单击“选择”按钮，选择刚才编写的邮件文件，如果还需要修改，可以单击“编辑”按钮。注意文件格式要正确。

(2) 设置发送模式，如图 9-30 所示。

1) 正常模式。同 Outlook、Foxmail 一样，通过邮箱服务器发送。

2) 特快专递。使用软件内置服务器发送，直接把邮件发送到收件人的邮箱。

(3) 选择线程数，如图 9-31 所示。输入要使用的线程数量。根据邮件的多少选择，最大可以选择 100 个线程，并且发送过程中可以显示各个线程的状态。建议选择特快专递模式（可以选择 100 个），正常模式不要选择太多，因为连接的是邮箱服务器，服务器可能禁止发送邮件。

(4) 单击“发送”按钮开始发送邮件，如图 9-32 所示；单击“停止”按钮可以停止发送；单击“恢复”按钮用来恢复到没有发送的状态（可以是选择的地址，也可以是全部地址）；单击“信息”按钮打开和隐藏发送信息栏。

(5) 发送计数和计时。如图 9-33 所示，可以显示发送成功的数量和失败的数量以及发送所用的时间，如果没有发送，则时间显示为当前时间。

图9-30　设置发送模式

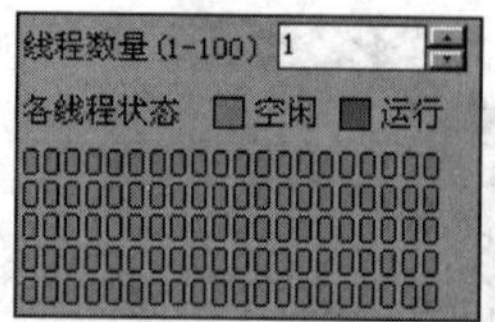

图9-31　选择线程数

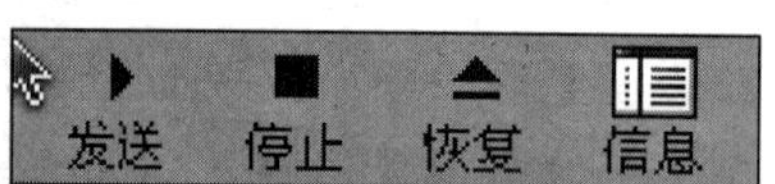

图9-32　开始发送

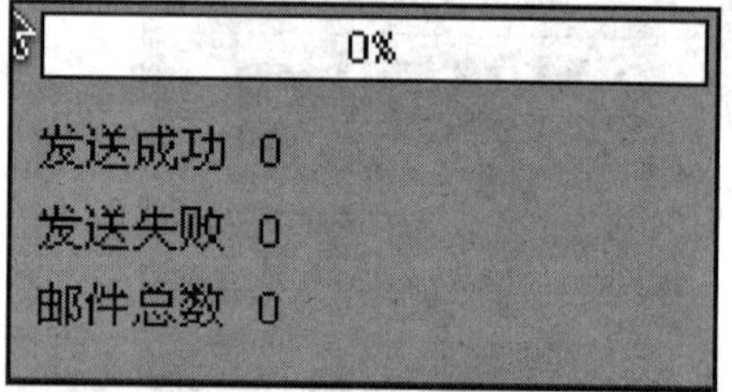

图9-33　发送计数和计时

思考与练习题

1. 什么是E-mail营销？其一般过程是什么？
2. 什么是邮件列表？
3. 什么是邮件群发？请举例说明。
4. 采用E-mail营销有什么优势与劣势？

任务三　企业网站建设

实训目标

（1）了解企业网站建设流程。

（2）掌握域名的相关知识。

（3）掌握域名与空间申请的流程、方法，以及使用的整个过程。

（4）掌握企业网站建设的基本流程和方法。

任务实践

本实训任务在凡科网（www.fkw.com）上完成。打开凡科网首页进行注册，步骤如下：

(1) 凡科网首页如图 9－34 所示。

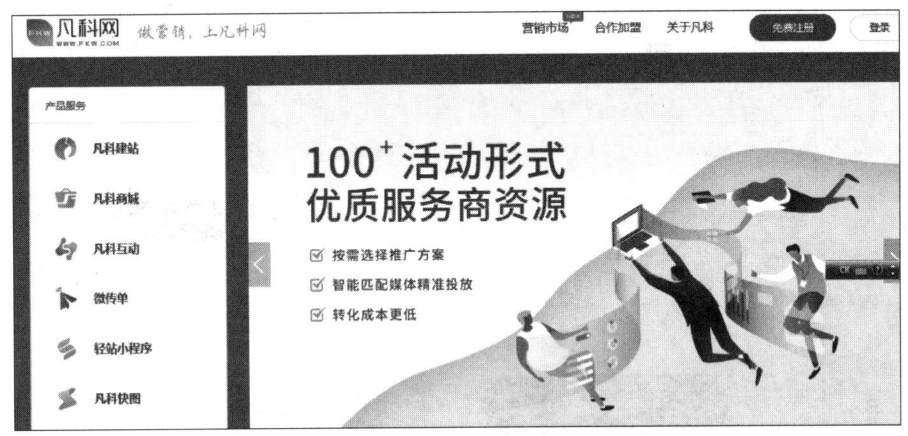

图 9－34　凡科网首页

(2) 单击“注册”按钮，进入注册页面，如图 9－35 所示。

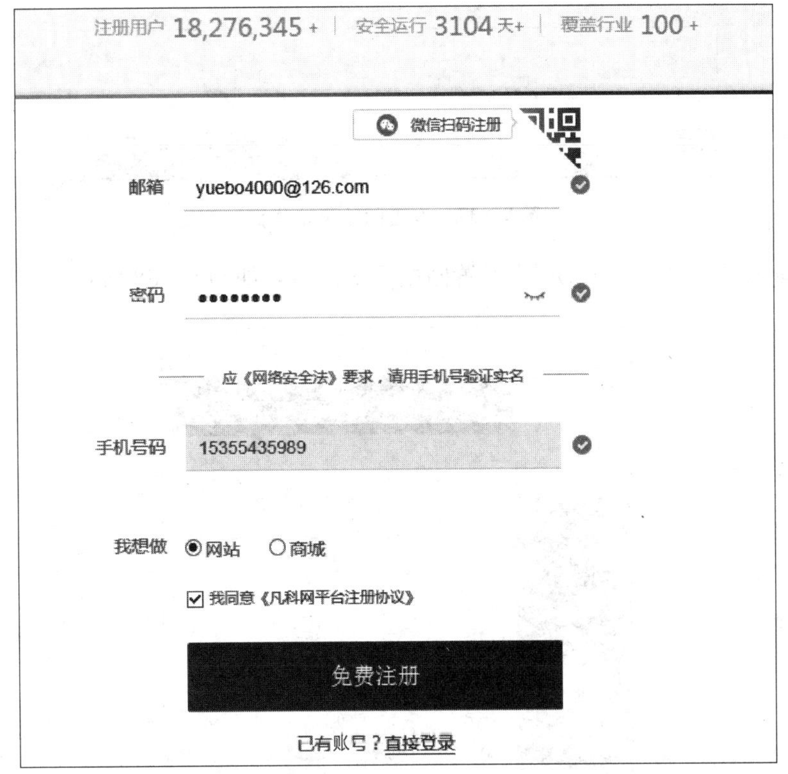

图 9－35　注册页面

(3) 将网站名称设置为“电子商务专业营销网站”，如图 9－36 所示。

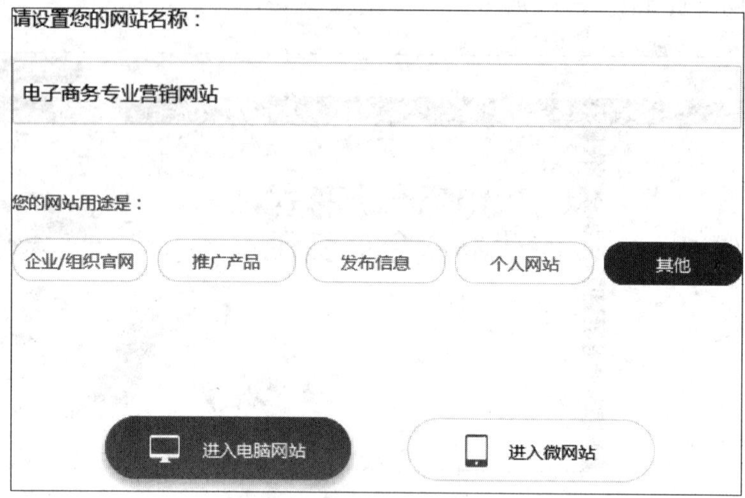

图9-36　设置网站名称

（4）设置网站菜单栏目，如图9-37所示。

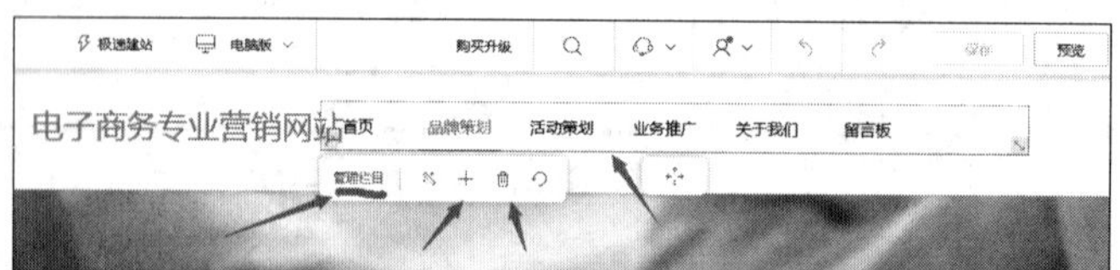

图9-37　设置网站菜单栏目

（5）在页面左边点击“模块”，设置网站模块内容，如图9-38所示。

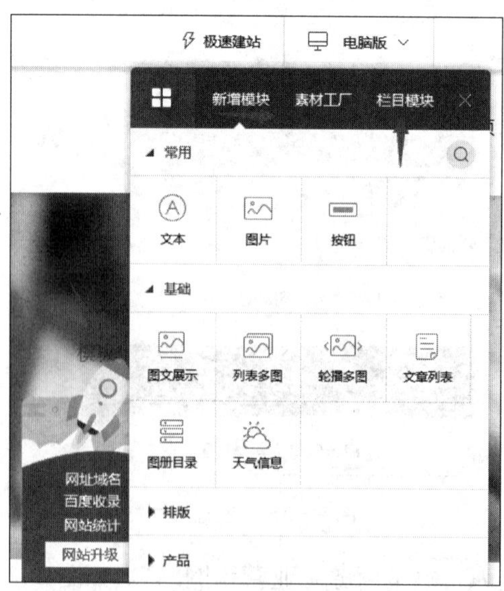

图9-38　网站模块设置

(6) 在页面左边点击“设置”，设置网站基础内容，如图 9－39 所示。

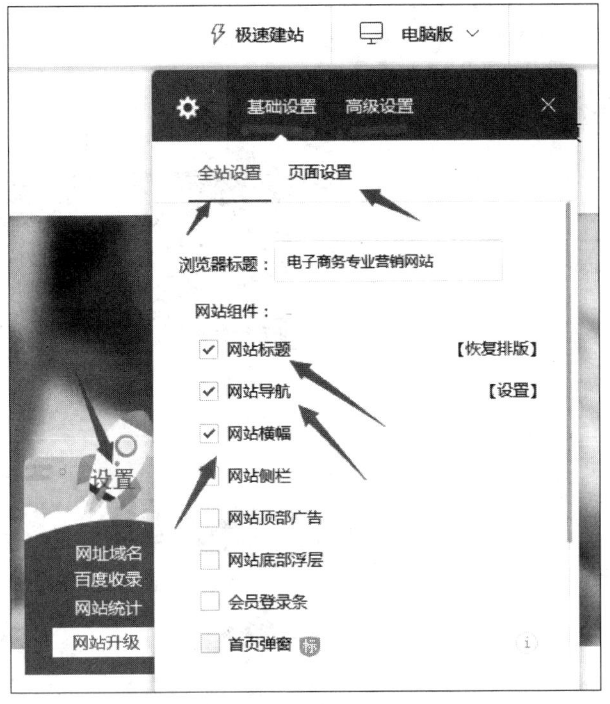

图 9－39　网站基础设置

(7) 在首页（见图 9－40）点击“进入管理”，可以获得域名：电子商务专业营销网站（https://ug18276355.icoc.bz），如图 9－41 所示。

图 9－40　首页点击“进入管理”

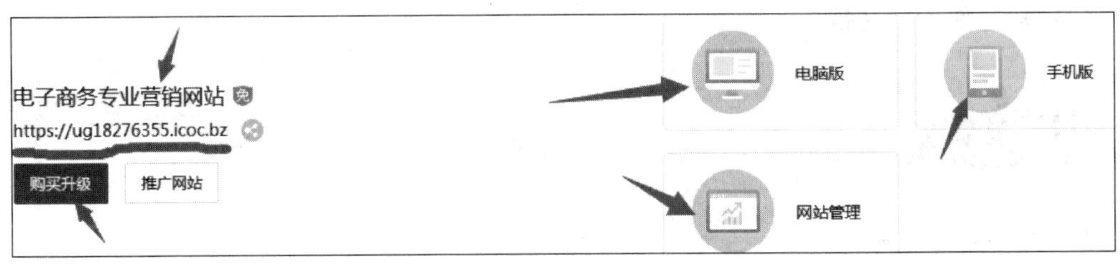

图 9－41　获得域名

（8）在图 9－41 中选择“手机版”，进入手机端网站建设页面（见图 9－42）。

图 9－42　手机端网站建设页面

（9）具体网站内容建设，请同学们按照企业的具体要求自己摸索。

任务四　软文营销

（1）掌握软文的相关知识。

（2）掌握软文的写作方法和技巧。

（3）学习使用软文推广。

1. 学习软文案例

阅读以下盘点式标题，找到标题中“数字”“品类、知识技巧”“好处”三大要素。

范文：掌握这七点，再也不怕买到劣质瓷砖了！

瓷砖作为装修中的重要材料，不仅能够起到装饰的作用，清洁起来也非常方便，因此被广泛运用于客厅、厨房、卫生间等各个空间，但是不少消费者在选购瓷砖的过程中还存在不少误区。下面讲解一下怎样才能买到质量过硬的瓷砖。

1. 查验标签

产品包装箱上要有厂名、厂址、产品名称、售后服务电话、规格、数量、商标、生产日期和所执行的标准。对于瓷质砖，需检查 3C 认证标志；室内设计装饰/装修的瓷砖，宜选择放射性核素符合 A 类要求的产品。

2. 细看外观

质量好的瓷砖釉面应平滑、细腻，光泽釉晶莹亮泽，亚光釉柔和舒适。在充足的自然光线或日光灯照射下，将砖放在 1 米远处垂直观察，应看不到明显的釉面缺陷。有花纹的瓷砖的花色图案应细腻、逼真，没有明显的缺色、断线、错位等缺陷。质量上乘的陶瓷产品背面的底纹、商标等清晰、完整，少有釉迹或缺损。

3. 拼接效果

好的瓷砖尺寸偏差较小，将一批产品垂直放在一个平面上，看看有没有参差不齐的现象。再看平整程度，可将两块砖的边紧靠在一起，看看有没有缝隙。好的产品变形小，铺贴后砖面平整、美观。拿几块瓷砖拼放在一起，在充足的光线下仔细查看，以判断产品是否存在色差。

4. 敲击听音

轻轻敲击瓷砖，细听其声音，质量较好的产品听上去清脆悦耳。质量差的产品因原料配方不当、制作周期短，在敲击时声音沉闷。

5. 掂量轻重

掂一掂瓷砖的重量，一般来讲，相同规格的瓷砖，重量大的吸水率低，内在质量也较好。

6. 对比品种

地砖按照釉面状况，分为有釉地砖和无釉地砖。有釉地砖主要用于卫生间、厨房的地面装饰，与内墙砖配套使用。地砖大多经过表面抛光处理，成为抛光砖。大多数抛光砖的吸水率小于 0.1%，也称玻化砖。抛光砖的表面光洁如镜，是高档的陶瓷产品。

7. 瓷砖边角

在铺装瓷砖时，很多消费者和工人都遇到过边角难以对齐的难题，这说明瓷砖的平直度可能不过关。在挑选瓷砖时，随机挑选几块，用目光沿瓷砖的边线和对角线分别打量，如果发现“翘边”现象，就说明瓷砖的平直度不够；如果没有，就说明瓷砖的平直度基本过关，这也算是一个选购瓷砖的小窍门。

如果你能掌握以上七个选瓷砖的小窍门，相信选瓷砖这个问题以后就难不倒你了！

2. 撰写软文

采用借力式，发挥热点效应写一篇软文。

找出标题“2016 马拉松，你不知道的跑鞋数据都在这里”中的热点事件或知名人物以及广告类别等要素。

模仿上面的方式，先撰写一个标题，内容要求包含小米手机。

撰写选文的具体要求如下：

- 软文要求原创（标题和内容）。
- 标题新颖且吸引眼球，能让消费者一看就有点击查看的冲动。
- 字数以 500～800 字为佳，内容导向性强，能让消费者一看就产生购买欲望。
- 软文内容要融入产品信息，题材契合当前的时事热点、网络热门事件；图文并茂，可读性强；要显得自然、富有趣味，无广告味，以利于软文的推广与传播。
- 软文适合在新闻门户网站、论坛、博客、社区等媒体上发布。

思考与练习题

1. 什么是域名？什么是 DNS？
2. 如何在网上申请免费的主页空间？
3. 申请网上免费的主页空间有什么优点和缺点？
4. 如何开展软文营销？

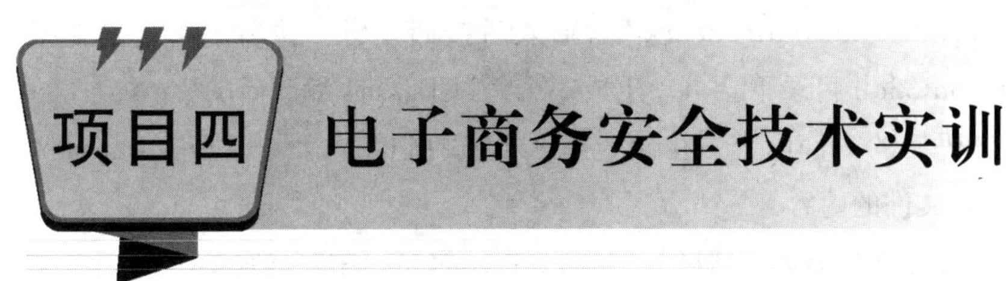

项目四 电子商务安全技术实训

任务一 加密与解密

实训目标

(1) 掌握对源文件进行 Base64 编码和解码的整个过程。

(2) 熟悉利用对称加密的方法对文件进行加密和解密的过程。

(3) 熟悉利用 RSA 非对称密钥对文件进行加密和解密的方法。

任务实践

本实验采用 Openssl 开放源程序，采用命令方式进行操作，必须具备的实验条件如下：个人计算机一台，预装 Windows 2000 或者 Windows XP 操作系统和浏览器。

1. 对源文件进行 Base64 编码和解码

(1) 下载和安装 Openssl 安装包。

1) 下载 Openssl 安装包（下载地址：http://admin.myelp.com/openssl.rar）。

2) 解压缩软件包至 C 盘根目录下，自动生成 Openssl 文件夹。

3) 选择“开始”→“程序”→“附件”→“命令提示符”命令，打开“命令提示符”窗口。

4) 在 C:\Documents and Settings\owner>后输入“cd C:\openssl\out32dll”，输入后按回车，进入 C:\openssl\out32dll 的目录下。

(2) 对源文件进行 Base64 编码和解码。

1) 生成源文件。用记事本创建文本文件（即源文件），文件名为 name.txt，内容为学生的名字和学号，保存在 C：\ openssl \ out32dll 的文件夹下。

2）对源文件进行 Base64 编码。在命令提示符窗口，用键盘输入命令“openssl enc -base64 -in name. txt -out outname. txt”，输入后按回车键。执行完上述命令后，系统在 C：\ openssl \ out32dll 目录下会自动生成一个经过 Base64 编码后的 outname. txt 文件。

3）查看编码后的文件内容。在命令提示符窗口中输入命令“type outname. txt”，查看 outname. txt 文件的内容。

4）对加密文件进行 Base64 解码。在命令提示符窗口中输入命令“openssl enc-base64-d-in outname. txt -out newname. txt”，对 outname. txt 文件内容进行解码。

5）比较解码后的文件和源文件。在命令提示符窗口中输入命令“type newname. txt”，查看解码后的文件内容，判断是否与源文件的内容一致。

2. 利用对称加密法对文件进行加密和解密

（1）生成源文件。用记事本创建一个文本文件，文件名为学生的学号，内容为学生的名字和学号，保存在 C：\ openssl \ out32dll 的文件夹下。

（2）对源文件进行对称加密。在命令提示符窗口中输入命令“openssl enc -des3 -in 60609001. txt -out out60609001. des”，输入后按回车键。在加密过程中系统会提示输入保护密码，输入密码后按回车键，系统会再次要求输入密码进行确认（注：输入密码时屏幕无任何显示）。执行完上述命令后，系统会在 C：\ openssl \ out32dll 目录下自动生成一个用 des3 算法加密后的 out60609001. des 文件。

（3）查看加密后的文件，在命令提示符窗口中输入命令“type out60609001. des”，查看加密后的“out60609001. des”文件的内容。

（4）对加密文件进行解密。在命令提示符窗口中输入命令“openssl enc -des3 -d -in out60609001. des -out new60609001. txt”，并根据提示输入解密密码，对“out60609001. des”文件内容进行解码。

（5）比较解密后的文件和源文件。在命令提示符窗口中输入“type new60609001. txt”查看解密后的文件内容，判断是否与源文件 60609001. txt 的内容一致。

3. 利用 RSA 非对称密钥对文件进行加密和解密

（1）产生和查看 RSA 非对称密钥。

1）生成源文件。用记事本创建一个文本文件，文件名为学生的学号，内容为学生的名字和学号，保存在 C：\ openssl \ out32dll 的文件夹下。

2）产生一个私钥。在命令提示符窗口中输入命令“openssl genrsa -des3 -out myrsaCA. key 1024”，输入后按回车键，系统会提示用户输入保护密码。输入密码后按回车键，系统会再次要求用户输入密码进行确认。执行完上述命令后，系统会在 C：\ openssl \ out32dll 目录下自动生成一个用于存放 RSA 私钥的文件 myrsa. key。

3）查看私钥内容。在命令提示符窗口中输入“openssl rsa -in myrsaCA. key -text -noout”，然后根据提示输入先前设定的保护密码，查看私有密钥文件中私钥的内容。

4）导出公共密钥。在命令提示符窗口中输入命令“openssl rsa -in myrsaCA. key -pubout -out myrsapubkey. pem”，然后根据提示输入原先设定的保护密码，产生一个存放公钥的文件 myrsapubkey. pem。

5）查看公钥内容，在命令提示符窗口中输入命令“type myrsapubkey. pem”查看文件 myrsapubkey. pem 中的公钥内容。

（2）用公钥对文件加密和用私钥对文件解密。

1）用公钥对文件加密。在命令提示符窗口中输入命令“openssl rsautl -encrypt -in 60609001. txt -inkey myrsaCA. key -out pub60609001. enc”后，系统会提示输入保护密码，输入密码后按回车键完成加密。

2）用私钥对加密文件解密。输入命令“openssl rsautl -decrypt -in pub60609001. encinkey mysraCA. key -out newpub60609001. txt”，然后根据提示输入原先设定的保护密码，即完成对加密文件的解密。

3）查看解密后的文件 newpub60609001. txt 的内容。在命令提示符窗口中输入“type newpub60609001. txt”，按回车键后便可查看文件内容，判断是否与源文件 60609001. txt 的内容一致。

（3）用私钥对文件加密（即签名）和用公钥对文件解密。

1）用私钥对文件 60609001. txt 加密。在命令提示符窗口中输入命令“openssl rsautl -sign -in 60609001. txt -inkey myrsaCA. key -out pri60609001. enc”，然后按回车键，系统会提示输入原先设定的保护密码（注：文件 60609001. txt 不能太大，大了就会出错），输入密码后按回车键完成对文件的加密。

2）用公钥对文件 pri60609001. enc 解密（类似对签名进行验证），命令为“openssl rsautl -verify -in pti60609001. enc -inkey myrsaCA. key -out newpri60609001. txt”，输入完毕后按回车键，同样需要输入原先设定的保护密码。

3）查看解密后的文件 newpri60609001. txt 的内容，在命令提示符窗口中输入“type newpri60609001. txt”，按回车键后便可查看文件的内容，然后判断是否与源文件 60609001. txt 的内容一致。

思考与练习题

1. 简述对源文件进行 Base64 编码和解码的基本步骤。
2. 简述利用对称加密法对文件进行加密和解密的主要步骤。
3. 简述对称加密的基本原理。

4. 简述利用RSA非对称密钥对文件加密和解密的主要步骤。

5. 简述公共密钥体制的基本原理。

任务二　Outlook Express签名邮件和加密邮件的收发

（1）掌握数字证书的概念。

（2）了解数字签名和其使用方法。

（3）掌握邮件保护证书的使用方法。

任务实践

本实训需要利用中国数字认证网（www.ca365.com）完成。发送签名邮件前必须正确安装根证书和自己的“电子邮件保护证书”（所使用的电子邮件必须与申请证书时填写的电子邮件一致）。如果要导入证书，请参阅前文的内容。为了顺利完成实验，必须具备的实训条件是：个人计算机一台，预装Windows操作系统和浏览器。

按下面的程序进行：

（1）先完成平常的发送配置，特别是勾选“我的服务器要求身份验证”。

（2）发送签名邮件，这样对方就会有你的数字证书了。

（3）发送加密邮件或者“签名＋加密”一起发。

1. 收发签名邮件

（1）申请“电子邮件保护证书”，如图10－1所示。

注意：这里用的电子邮件必须与后面Outlook Express发送用的一致。

（2）导入成功以后，在证书的“个人”栏有相应的证书名称，如图10－2所示。

2. 设置账号

（1）以126邮箱为例进行设置，如图10－3所示。

（2）发送服务器必须选择“我的服务器要求身份验证”，如图10－4所示。

（3）从Outlook Express“工具”菜单中选择账号，单击“属性”按钮，选择“安全”标签，如图10－5所示。

（4）单击“安全”标签下的“选择”按钮，选择要使用的证书，如图10－6所示。

（5）选择证书，单击“确定”按钮。发送邮件时从“工具”菜单中选择“签名”，收

件人地址栏后面出现“签名”标志，如图 10－7 所示。

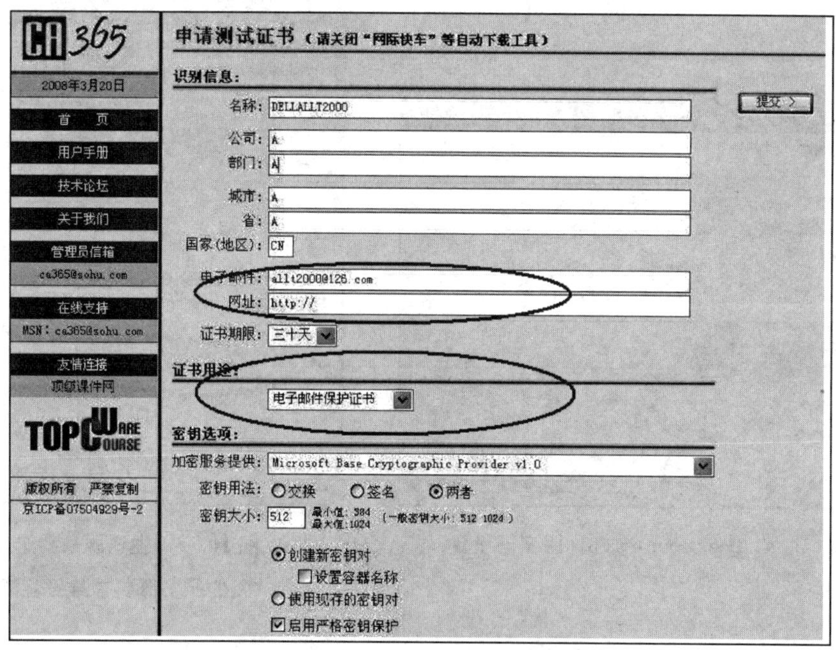

图 10－1　申请“电子邮件保护证书”

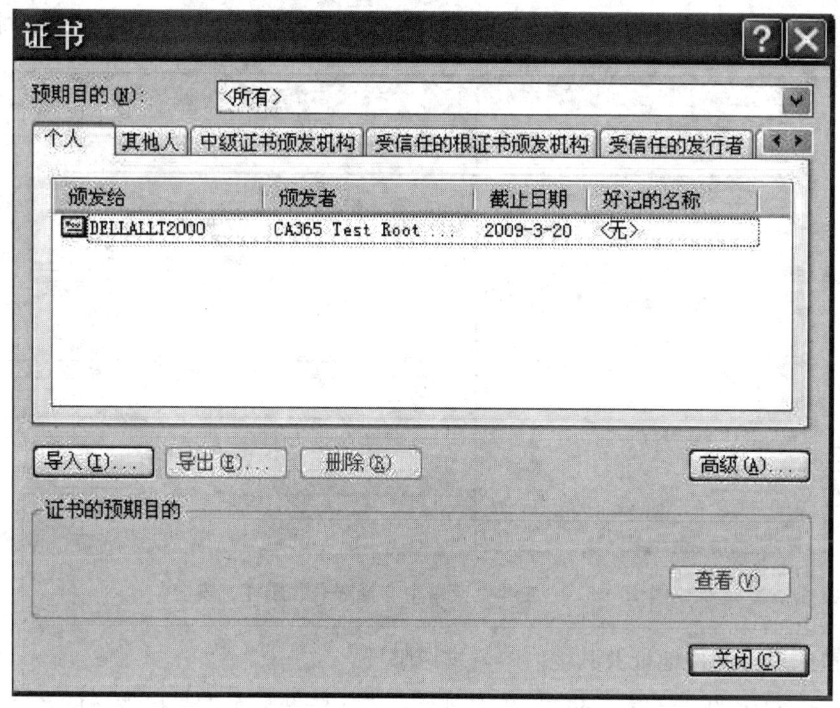

图 10－2　查看“电子邮件保护证书”

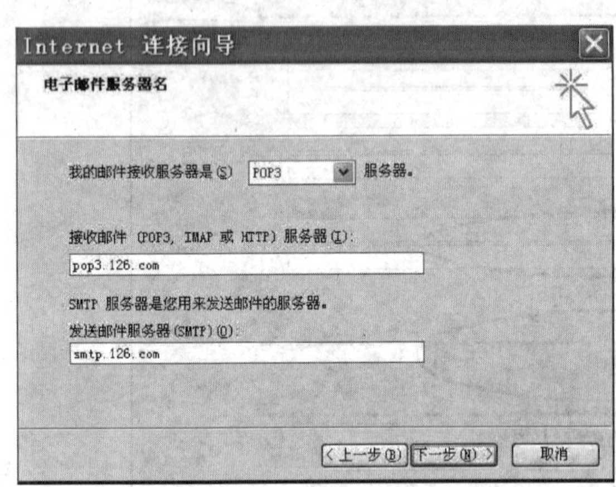

图 10-3　Outlook Express 邮件服务器设置

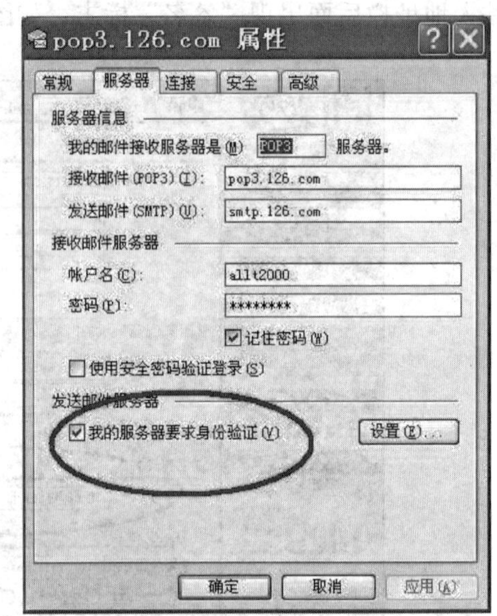

图 10-4　发送服务器选择“我的服务器要求身份验证”

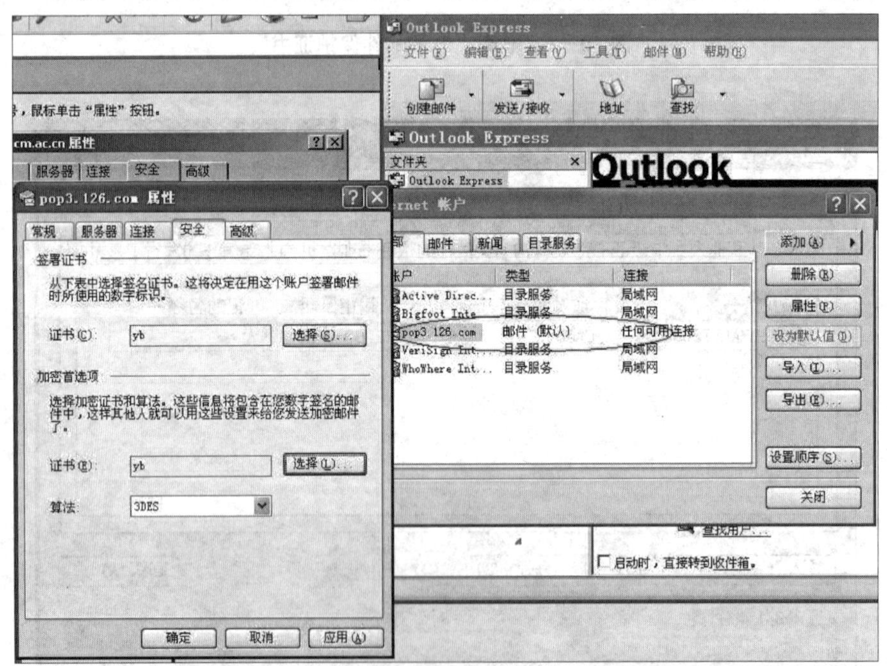

图 10-5　“工具”菜单中选择账号、属性、安全

（6）输入对方邮件地址及其他内容，发送邮件。

图 10-8 显示的是已发送的数字签名邮件，图 10-9 显示的是已发送的数字签名邮件的内容。

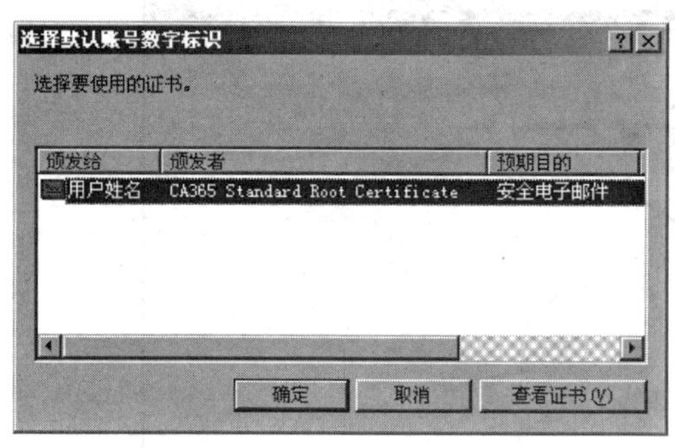

图 10-6　选择要使用的证书

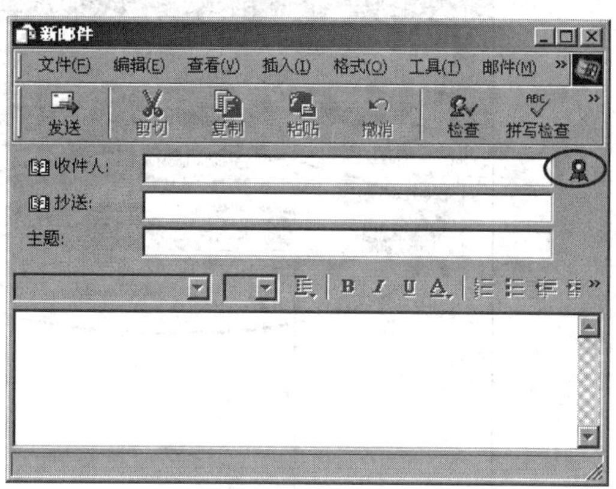

图 10-7　发送邮件页面

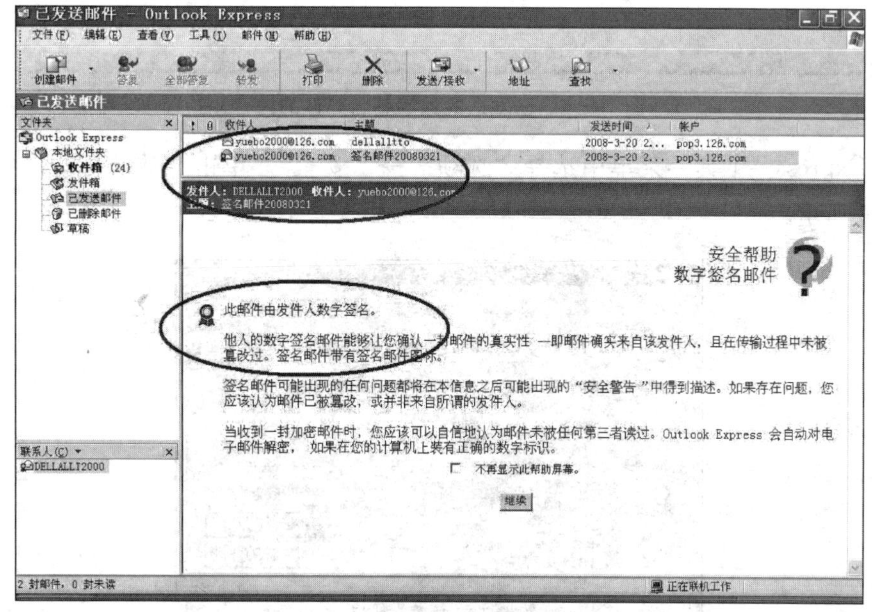

图 10-8　已发送的数字签名邮件

3. 收发加密邮件

发送加密邮件前必须正确安装对方的“电子邮件保护证书”，只要请对方用他的“电子邮件保护证书”给你发送一个签名邮件，证书就会自动安装，并与对方 E-mail 地址绑定，否则就要手动安装对方的“电子邮件保护证书”（只含公共密钥，可以向对方索取）。从 Outlook Express “工具”菜单中选择“选项”。第一次要发加密邮件，必须先发签名邮件，目的是让对方获得你的“数字证书”。接下来就可发送签名和加密邮件了。

(1) 手动安装对方的“电子邮件保护证书”。

1) 手动安装对方的“电子邮件保护证书”（只含公共密钥，可以向对方索取）。从

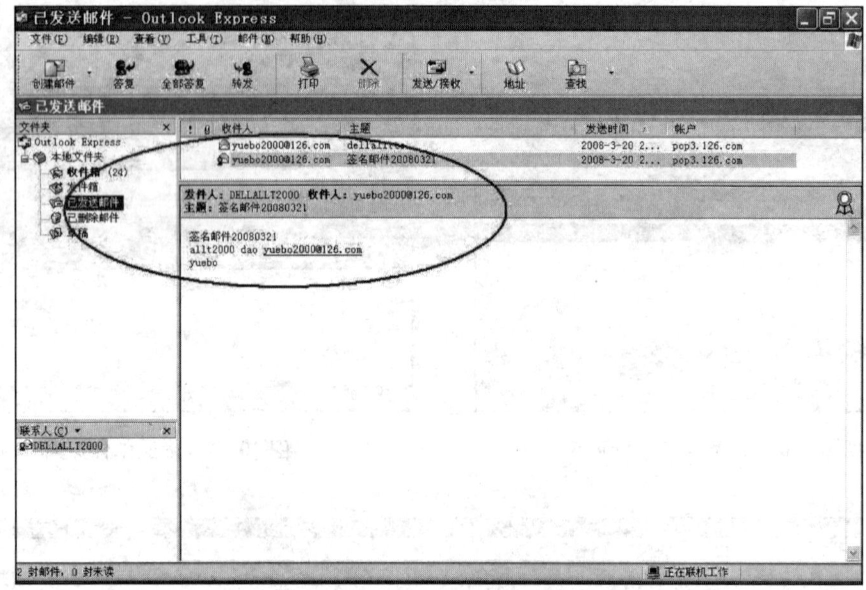

图 10-9　已发送的数字签名邮件的内容

Outlook Express“工具”菜单中选择“选项”→“安全”。单击“数字标识”按钮，如图 10-10 所示。

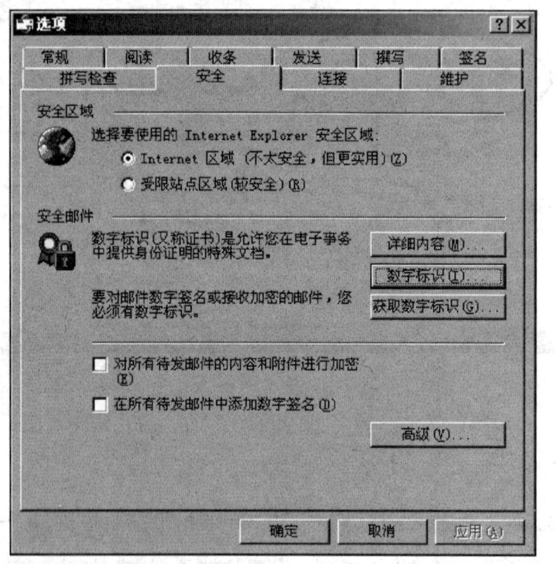

图 10-10　获取对方的数字证书

2）导入对方的数字证书。

3）选择“其他人”存储对方的数字证书，如图 10-11 所示。

4）发送加密邮件。单击“下一步”按钮，安装对方的数字证书。发送邮件时从“工具”菜单中选择“加密”，收件人地址栏后面就会出现“加密”标志。输入对方的邮件地址及其他，发送邮件，如图 10－12 所示。

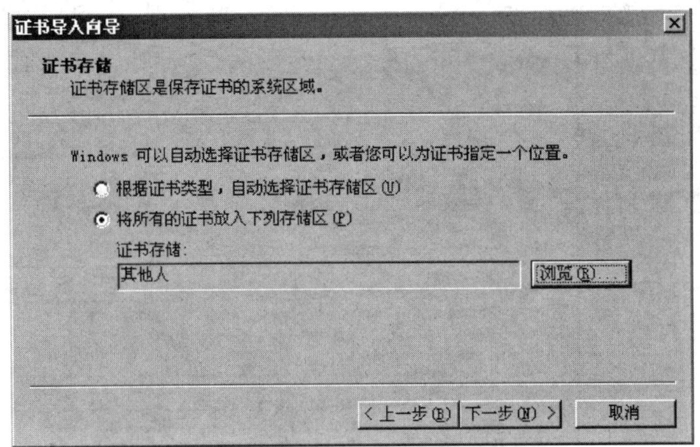

图 10－11 选择“其他人”存储对方的数字证书

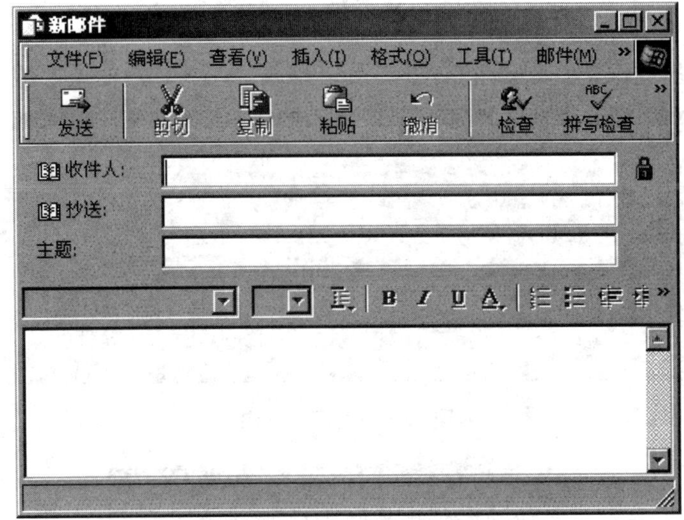

图 10－12 发送加密邮件

(2) 在中国数字认证网“证书查询”中下载并获取对方的数字证书。

1) 在中国数字认证网上选择“证书查询”，如图 10－13 所示。

2) 找到对方的数字证书，下载并安装，如图 10－14 所示。

(3) 部分实训结果。

1) 发送加密邮件如图 10－15 所示。

2) 已发送加密邮件如图 10－16 所示。

3) 接收加密邮件如图 10－17 所示。

4) 接收加密的内容邮件如图 10－18 所示。

5) 发送签名和加密邮件如图 10－19 所示。

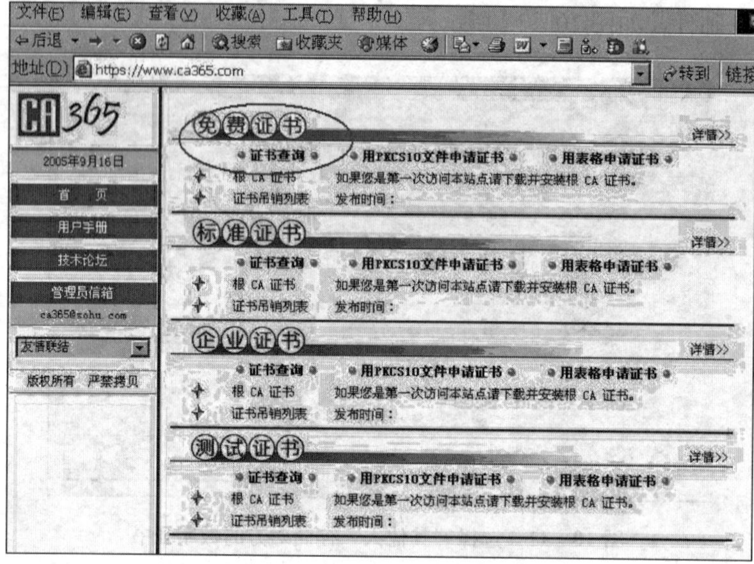

图 10－13 选择“证书查询”

测试证书查询　选择查询项目：序列号　输入查询内容：　查询

前一页　001　后一页　合计：128

顺序	序列号	类型	名称	公司	部门	省	城市	Email	网址	开始日
1	37DC21B7F3D7267A	Server	Test ssl	evans studio	ca test	guangdong	guangzhou	share_usr@163.com	http://10.0.0.109	2008-3-16 1
2	3A3D056C36F50DC6	Server	www.abc.com	sje	network center	anhui	hefei	admin@sje.cn	http://www.sje.cn	2008-3-16 1
3	226E996EB1417264	Client	zhangguixia	zz	zxz	zxz	zz	@	http://	2008-3-15 1
4	7D0D4D7BCAA05A2E	Server	www.xyq.com	qq	qq	anhui	hefei	qq@xyq.com	http://www.xyq.com	2008-3-15 1
5	4EB6A8453146962E	Server	WangJ	西电	经管院	陕西	西安	freelance1085@eyou.com	http://	2008-3-15 1
6	491F085594F85AAF	Server	192.168.0.1	sda	sea	dsad	dsa	admin@sje.cn	http://www.sje.cn	2008-3-15 1
7	3C0A54BD10D4D1D8	Server	www.xyz.net	sje	network	anhui	hefei	admin@sje.cn	http://www.sje.cn	2008-3-15 1
8	61EAC289A287EC30	Email	M1740	dag	dag	dag	dad	M1740@163.com	http://	2008-3-14 1
9	5EB5A538A48F41BC	Email	joyce1728	dfd	dfg	dfg	dfg	joycelxl@21cn.com	http://	2008-3-14 1
10	79FD08BEE0632710	Client	xiaolan	sdfds	sdfsd	sdfsd	sdfds	sdf@163.com	http://	2008-3-14 1
11	606D24E0927A793F	Email	joyce1609	dfsds	sdfsd	sdfsd	sdf	joycelxl@21cn.com	http://	2008-3-14 1
12	4450EBAF6E3D932D	Email	M1518	da	da	ee	dw	M1518@163.com	http://	2008-3-14 1
13	3B02075 3E15EE5C6	Universal	zhjedu	edu	jishu	beijing	beijing	limeng@zhjedu.com	http://www.zhjedu.com	2008-3-14 1
14	36F7F5268BA53EDC	Client	j1511	idk	idkek	kkdk	idk	j1511@163.com	http://	2008-3-14 1
15	000B50B8D300E508	Client	Besti	Besti	IS	hi	hi	Bonia@besti.edu.cn	http://	2008-3-14 1

图 10－14 证书查询

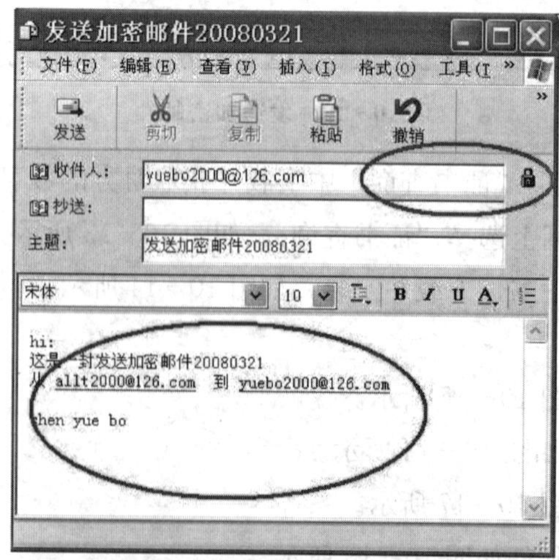

图 10－15 发送加密邮件

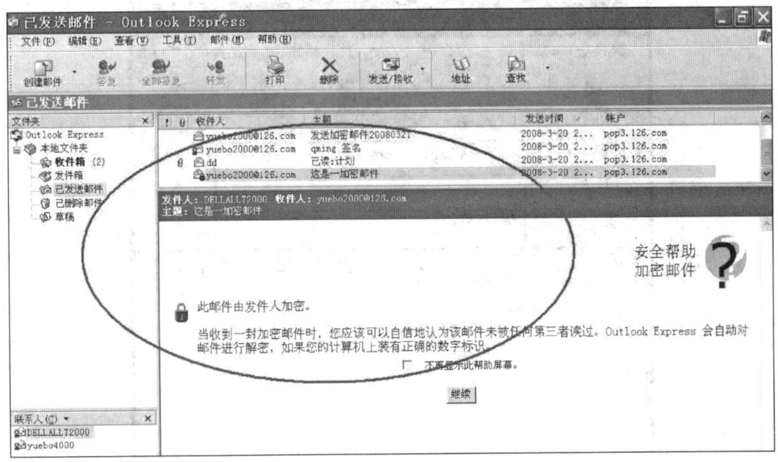

图 10－16　已发送加密邮件

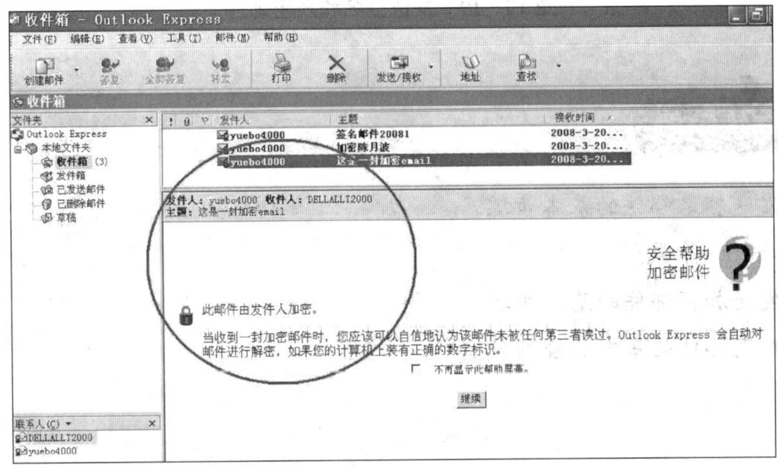

图 10－17　接收加密邮件

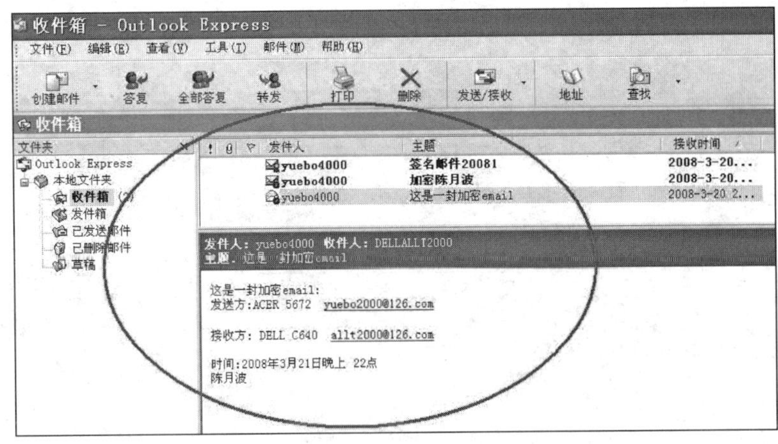

图 10－18　接收加密的内容邮件

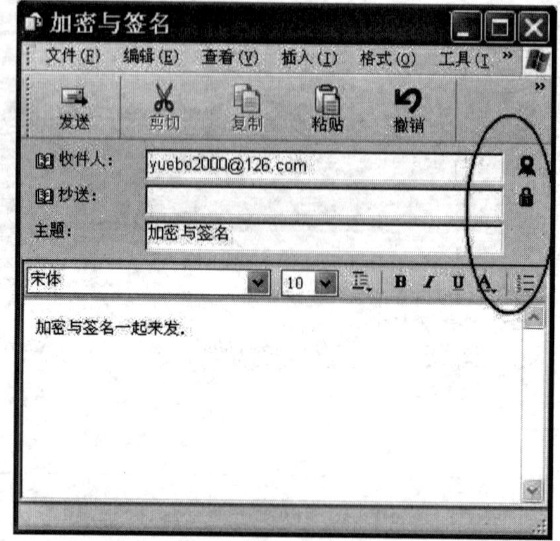

图 10－19　发送签名和加密邮件

思考与练习题

1. 简述发送签名邮件的基本步骤。
2. 什么是数字签名？
3. 简述发送加密邮件的基本步骤。
4. 发送加密邮件的基本原理是什么？

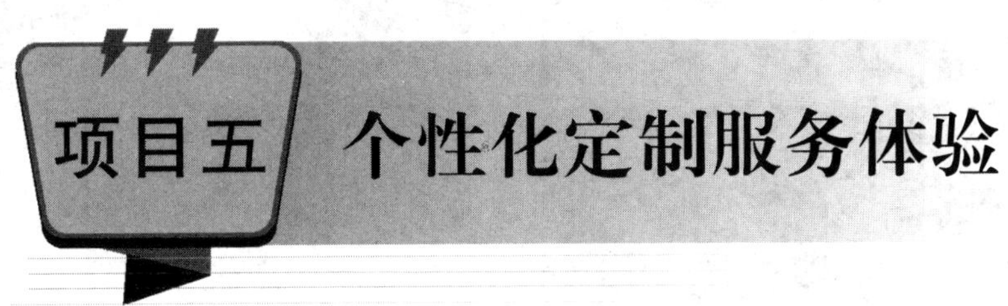

任务一　产品个性化定制

实训目标

（1）掌握电子商务个性化定制服务的概念。

（2）了解并体验产品个性化定制服务。

（3）掌握产品个性化定制的过程。

任务实践

本任务以 NIKE 官网产品定制为例介绍产品个性化定制。

1. 登录网站

登录 NIKE 官网 www. nike. com. cn，在导航条 NIKEiD 的下拉面板中选择所需定制的产品类目。

2. 选择定制

选择所需定制的产品，如图 11－1 所示。点击“开始设计”，开始全新定制。当然，也可以基于某个设计灵感进行设计，如图 11－2 所示。

3. 进行细节定制

完成鞋面、鞋舌等球鞋部件以及个性签名的定制工作，包括鞋面设计（见图 11－3）、鞋头设计、鞋眼设计、鞋舌设计、标识设计、鞋跟设计（见图 11－4）、鞋带设计、内衬设计、中底设计、外底设计等。

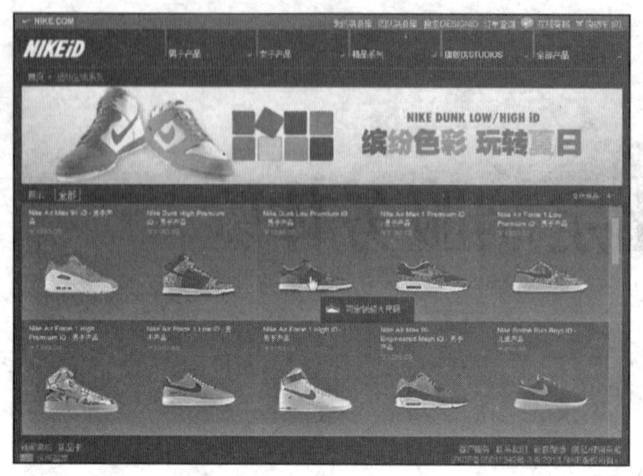

图 11-1 定制产品选择

图 11-2 设计灵感选择

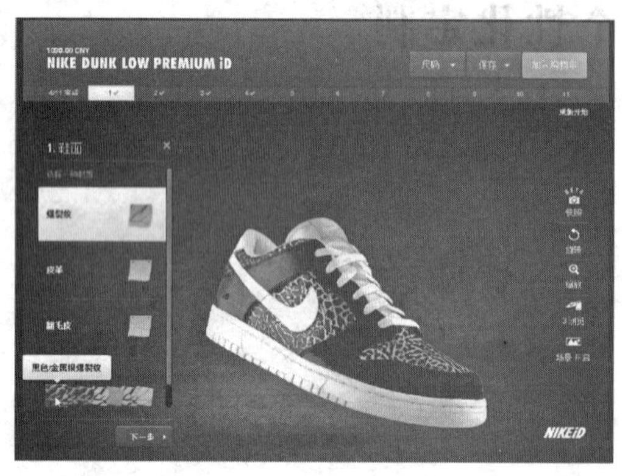

图 11-3 鞋面设计

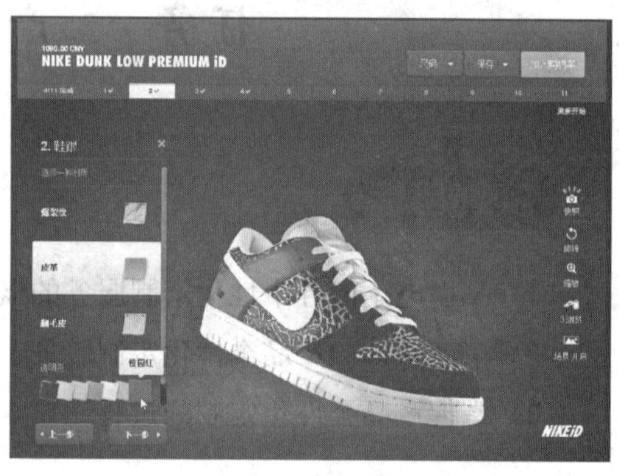

图 11-4 鞋跟设计

4. 选择附加信息及下单

选择性别、鞋码和数量，加入购物车（见图 11-5）并支付结算（见图 11-6）。NIKE 官网支持支付宝、VISA、MasterCard 等支付方式。

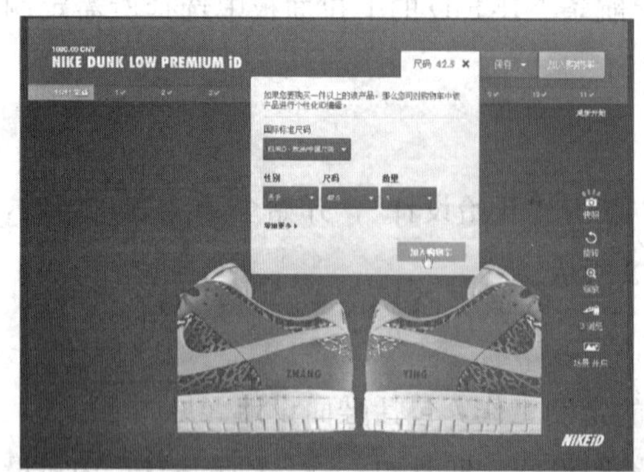

图 11-5 加入购物车

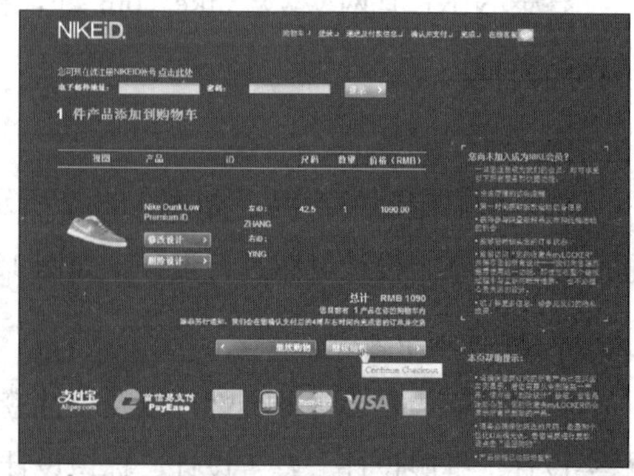

图 11-6 支付结算

思考与练习题

1. 什么是个性化定制?
2. 简述产品个性化定制的基本步骤。
3. 哪些产品适合个性化定制服务?

任务二 服务个性化定制

实训目标

(1) 了解旅游电商、网络团购、电子保险等电子商务模式。

(2) 掌握旅游电商、网络团购、电子保险等的使用方法。

(3) 能够根据需求制订个性化服务方案。

任务实践

长沙的Z先生是一个QYER(穷游者),他计划金秋十月去杭州游玩,时间为4天。他准备通过网络预订往返机票、酒店、餐饮、门票以及租车和购买保险。其具体要求如下:

- 机票为经济舱,早上抵杭,晚上离杭。
- 酒店要求在西湖附近,日均价格为200~300元。
- 预订两顿晚餐,其中一顿为自助晚餐(可以远眺西湖),另一顿为桌菜(4人,体现杭帮菜特色)。
- 预订景点门票,游览杭州风景名胜,如灵隐寺、西溪湿地、雷峰塔等。
- 租车自驾出行,小型或紧凑型车型,租车时间为1天。
- 购买一份旅游险。

各类信息至少查询两个网站,将查询结果及最终方案填入表11-1。

1. 机票预订

携程是中国领先的在线票务服务公司,创立于1999年。携程旅行网有国内外五千余家会员酒店可供预订,是中国领先的酒店预订服务中心。在机票预订方面,携程旅行网是中国领先的机票预订服务平台,覆盖国内外所有重要航线。

表11-1　自助旅行方案

<table>
<tr><td colspan="9">长沙—杭州机票信息查询</td></tr>
<tr><td>网站名称</td><td>路线</td><td>日期</td><td>航班号</td><td>起抵时间</td><td>机型</td><td>机场建设费及燃油附加费</td><td>全价</td><td>折扣</td></tr>
<tr><td rowspan="2"></td><td>去程</td><td></td><td></td><td></td><td></td><td></td><td></td><td></td></tr>
<tr><td>返程</td><td></td><td></td><td></td><td></td><td></td><td></td><td></td></tr>
<tr><td rowspan="2"></td><td>去程</td><td></td><td></td><td></td><td></td><td></td><td></td><td></td></tr>
<tr><td>返程</td><td></td><td></td><td></td><td></td><td></td><td></td><td></td></tr>
<tr><td colspan="9">杭州酒店信息查询</td></tr>
<tr><td colspan="2">网站名称</td><td>酒店名称</td><td>位置</td><td>房间类型</td><td>均价</td><td>是否含早餐</td><td colspan="2">备注</td></tr>
<tr><td colspan="2"></td><td></td><td></td><td></td><td></td><td></td><td colspan="2"></td></tr>
<tr><td colspan="2"></td><td></td><td></td><td></td><td></td><td></td><td colspan="2"></td></tr>
<tr><td colspan="9">团购一顿自助晚餐、一顿桌菜（晚饭，4人）</td></tr>
<tr><td colspan="2">自助晚餐网站名称</td><td>餐厅名称</td><td>价格</td><td>特色</td><td colspan="2">位置</td><td colspan="2">备注</td></tr>
<tr><td colspan="2"></td><td></td><td></td><td></td><td colspan="2"></td><td colspan="2"></td></tr>
<tr><td colspan="2"></td><td></td><td></td><td></td><td colspan="2"></td><td colspan="2"></td></tr>
<tr><td colspan="2">桌菜网站名称</td><td>餐厅名称</td><td>价格</td><td>特色</td><td colspan="2">位置</td><td colspan="2">备注</td></tr>
<tr><td colspan="2"></td><td></td><td></td><td></td><td colspan="2"></td><td colspan="2"></td></tr>
<tr><td colspan="2"></td><td></td><td></td><td></td><td colspan="2"></td><td colspan="2"></td></tr>
<tr><td colspan="9">杭州旅游门票</td></tr>
<tr><td colspan="2">网站名称</td><td>游览景点</td><td>原价</td><td>网购优惠价</td><td colspan="2">位置</td><td colspan="2">备注</td></tr>
<tr><td colspan="2"></td><td></td><td></td><td></td><td colspan="2"></td><td colspan="2"></td></tr>
<tr><td colspan="2"></td><td></td><td></td><td></td><td colspan="2"></td><td colspan="2"></td></tr>
<tr><td colspan="2"></td><td></td><td></td><td></td><td colspan="2"></td><td colspan="2"></td></tr>
<tr><td colspan="9">租车自驾</td></tr>
<tr><td colspan="2">网站名称</td><td>车型</td><td>价格</td><td colspan="5">备注</td></tr>
<tr><td colspan="2"></td><td></td><td></td><td colspan="5"></td></tr>
<tr><td colspan="2"></td><td></td><td></td><td colspan="5"></td></tr>
<tr><td colspan="9">购买出行保险</td></tr>
<tr><td colspan="2">保险公司</td><td colspan="2">价格</td><td colspan="5">备注</td></tr>
<tr><td colspan="2"></td><td colspan="2"></td><td colspan="5"></td></tr>
<tr><td colspan="2"></td><td colspan="2"></td><td colspan="5"></td></tr>
<tr><td>旅游方案</td><td colspan="8"></td></tr>
</table>

（1）选择出发和到达城市及往返时间。

（2）根据机票价格微调往返日期。选择最早一班航班抵杭，最晚一班航班离杭。

（3）填写机票信息、配送方式和支付方式，完成机票预订。

2. 酒店预订

淘宝旅行是淘宝网旗下的综合性旅游出行服务平台。淘宝旅行整合了数千家机票代理商、航空公司、旅行社、旅行代理商资源，为旅游者提供国内机票、国际机票、酒店客栈、景点门票、国内外度假旅游、签证（通行证）、旅游卡券、租车、邮轮等旅游产品的信息搜索、购买、售后服务的一站式解决方案。其全程采用支付宝担保交易，安全、可靠、有保证。

（1）选择住店时间。

（2）选择房型并填写入住信息。

（3）选择支付方式，完成酒店预订。

3. 餐饮预订

百度团购导航平台汇集了国内主流团购网站的大量团购信息。百度还推出了“账号一站通”功能，与主流团购网站的底层账号进行互通，用户可以直接使用百度账号登录各大团购网站，使得团购操作变得更加简便，也节省了用户的大量时间。从页面看，百度团购导航栏目分为今日团购、餐饮美食、休闲娱乐等六大类，并按网站、区域、优质推荐等分类，对目前众多的团购产品予以细分，并对用户需求进行更精确的引导。

（1）在百度团购中选择“美食”分类，根据需求，选择“特色—自助”“区域—上城区—湖滨”，并按“销量”从高到低排列。

（2）选择“西湖旋转餐厅单人自助餐”后，将会跳转到团购提供商大众点评网的购买页面，点击进行团购。

4. 门票预订

“去哪儿”是中国领先的旅游搜索引擎，创立于2005年2月，总部在北京。作为一家创新的技术公司，“去哪儿”致力于为中国旅游消费者提供全面、准确的旅游信息服务，促进中国旅游行业在线化发展、移动化发展。“去哪儿”为消费者提供机票、酒店、度假产品的实时搜索，并提供旅游产品团购以及其他旅游信息服务，为旅游行业合作伙伴提供在线技术、移动技术解决方案。

（1）搜索景点。

（2）点击“预订”按钮，购买门票。

5. 网上租车

神州租车成立于2007年9月，总部位于北京。作为中国汽车租赁行业的领跑者，神州租车积极借鉴国际成熟市场成功的汽车租赁模式，并结合中国客户的消费习惯，为广大

消费者提供短租、长租及融资租赁等专业化的汽车租赁服务，以及 GPS 导航、道路救援等完善的配套服务。

（1）选择租还车日期及地点。

（2）选择级别为“紧凑型轿车”，点击“租车”按钮进行租车。如所需车型在该门店不可租用，可点击“换门店看看”按钮去其他门店租车。

（3）完成租车。选择服务并确认订单后，完成租车。

6. 购买保险

（1）进入中国工商银行首页，选择导航中的“保险”。

（2）选择“旅游险”，将会列出中国工商银行收录的各家保险公司的旅游险产品。根据需要，选择“e-神州逍遥游”，点击购买。

（3）进入产品发行公司“人保”页面，进行产品购买。保险购买共有四个步骤：选择方案、填写投保信息、确认投保、支付。

思考与练习题

1. 简述旅游电商、网络团购、电子保险等电商模式的优势。
2. 简述携程、“去哪儿”、淘宝旅行三个平台的异同。
3. 简述百度团购与各团购网站之间的关系。

任务三　体验 O2O 服务

（1）了解 O2O 电子商务模式的基础知识。

（2）搜索和了解 O2O 电子商务模式的典型案例。

（3）体验 O2O 服务。

任务实践

O2O（Online to Offline）电子商务，即将线下商务机会和互联网结合在一起，让互联网成为线下交易的前台，用户在互联网上了解服务信息并在线支付、预购服务的一种电子商务模式。近几年，智能移动设备和移动互联网的快速发展，对 O2O 电子商务模式拓展

市场起到了巨大的推动作用。

本次实训内容包括搜索并了解餐饮业 O2O 电子商务模式的典型案例和体验 O2O 服务。

(1) 目前各行业中的电子商务从业者都在探索如何利用互联网，特别是移动端互联网，将更多的客户引流到线下消费场所，创造更多的交易机会。请同学们运用互联网搜索引擎搜索各领域的 O2O 典型案例，找出你认为有特色的 5 个，完成以下表格（见表 11－2）。参考行业/领域：出行、汽车租赁、停车、购物、生鲜、社区服务、餐饮、生活服务、婚姻服务、医疗、影视等。

表 11－2 各领域 O2O 典型案例

行业/领域	应用名称	定位和特色	盈利点	局限性

(2) 目前，O2O 商业模式已经遍布国内各城市，甚至出现在了某些城镇。接下来请同学们选择两项适当的 O2O 服务来进行体验，并把体验的过程记录下来，最后谈谈对此次体验的感受。

思考与练习题

1. O2O 电子商务模式与传统的 B2C、C2C 电子商务模式相比，有何区别？

2. 目前 O2O 电子商务模式发展的机遇和挑战有哪些？哪些因素会影响或决定 O2O 电子商务模式的发展？

3. 目前还有哪些行业或领域的 O2O 电子商务模式仍有较大的发展空间？它可以通过何种方式发展？

跨境海淘直邮与财付通体验

任务一　跨境海淘直邮与转运

（1）了解境外主流的购物平台的购物流程。

（2）熟悉亚马逊网站的购物流程。

（3）掌握转运和直邮的优缺点。

（4）掌握跨境海淘常见纠纷的处理方式。

任务实践

海淘也称海外购物，即通过互联网检索海外商品信息，并通过电子订购单发出购物请求，然后通过在线信用卡、支付宝等进行支付，支付完成后，海外购物网站通过国际快递发货或者通过转运公司代收货物再转寄回国。通过这种方式，人们可以足不出户就买遍全世界的商品。

海淘的优势主要体现在以下方面：

1. 质量好

国外的电商平台，相关产品的法律法规及监管都比较健全，不存在国内电商平台上常见的山寨、高仿、掺假、超标等问题。对于普通海淘客而言，化妆品、奶粉等都是他们的经常之选。

2. 价格较低

国内商场/超市销售的相关进口商品的价格比国外电商平台上的价格贵好多，有些甚

至贵 2～3 倍。尤其是那些特定国家的原产地商品在该国的电商平台上的价格是意想不到的实惠。例如：国内常见的 Levi's 牛仔裤，在国内专柜的售价近千元，而在美国亚马逊官网的主流价格加上关税和运费折合人民币不到 500 元，且还经常有各类的打折活动。

3. 种类多样化

国外有许多品质好的商品，在国内消费者只是有所耳闻，并未使用过，而在国外却是家喻户晓。通过海淘，可以开拓我国消费者的购物范围，不出门就能享受全球化带来的便利。有些商品国内没有，也不用再委托出国学习交流的亲朋好友捎回国内。

4. 运输方便快捷

两种运输方式：

（1）直邮。就是国外电商网站将你在平台上购买的商品直接寄送到你指定的国内地址。目前，主流的电商平台包括亚马逊、6PM、eBay 等都支持直邮模式。这种模式简单方便，万一丢单、破损等可以直接和购物网站交涉并补发。此外，在欧洲海淘直邮的优势更为明显，欧洲的商品都需要加收较高的消费税，如果选择直发海外，则不需要缴纳消费税。

（2）转运。就是将在海外平台上购买的商品邮寄给海外的转运公司，然后这些转运公司在收集一定量的商品后集中运回国内，再分包邮寄到你指定的国内地址。这种模式是主流的海淘运输方式，尽管价格较低，但物流周期较长，并且一旦在运输过程中发生商品丢失，维权相对困难。此外，在欧洲区域购物还具有消费税。

实训主题：美国亚马逊平台海淘实践

美国亚马逊是目前全球最大的电子商务公司，其网站上的商品涵盖服装鞋帽、母婴保健、美妆个护、数码产品、日用百货等多个品类。且其网站上相当多商品的价格只有国内电子商务平台的 1/3，商品品质也非常好。可以说，美国亚马逊是非常值得海淘试水的第一站。

（1）登录美国亚马逊（www.amazon.com）网站，在网站顶部可以看到黑色的导航条，点击右侧“Your Account”（你的账户）下面的“Start here”即可进入登录或创建新账户的注册页面，如图 12－1 所示。

（2）点击图 12－2 中的“Create your Amazon account”创建你的亚马逊账户，在图 12－3 中输入登录名、电子邮件地址并两次输入密码，或者如果已经有亚马逊账户，可以直接输入账号和密码并点击“Sign in”进行登录。

（3）完成账户创建，就可以通过图 12－2 登录您的账户。有时，为了安全起见，如图 12－4 和图 12－5 所示，亚马逊会在用户登录后发送一个验证码到用户的邮箱（见图 12－6），需要用户通过邮箱确认相关登录信息。登录以后在“Your Account”（见图 12－7）中可以看到账户信息、历史订单等相关服务信息，点击即可进入相关的设置界面。

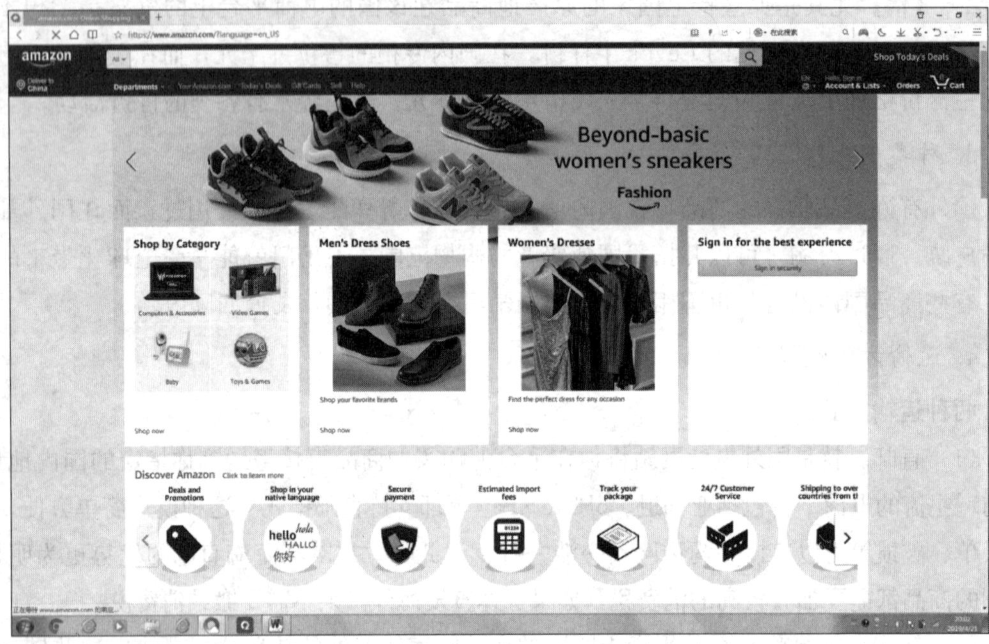

图 12－1　美国亚马逊首页

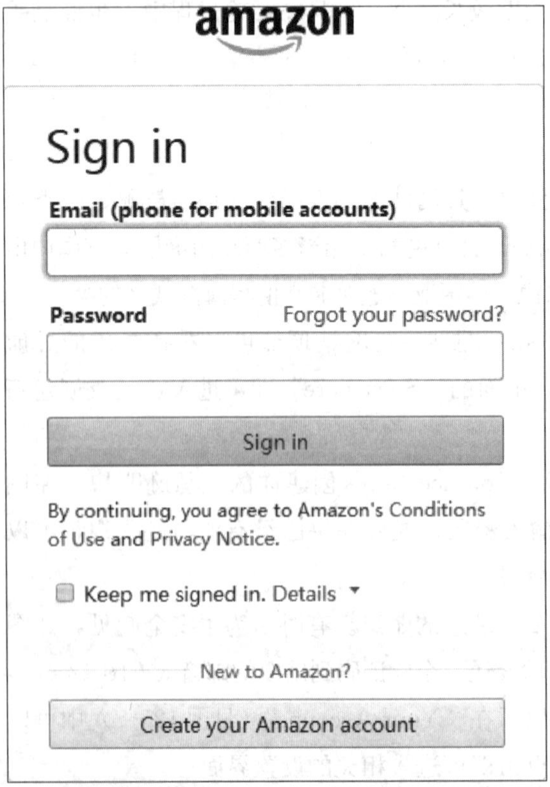

amazon

Sign in

Email (phone for mobile accounts)

Password　Forgot your password?

Sign in

By continuing, you agree to Amazon's Conditions of Use and Privacy Notice.

Keep me signed in. Details

New to Amazon?

Create your Amazon account

图 12－2　登录注册界面

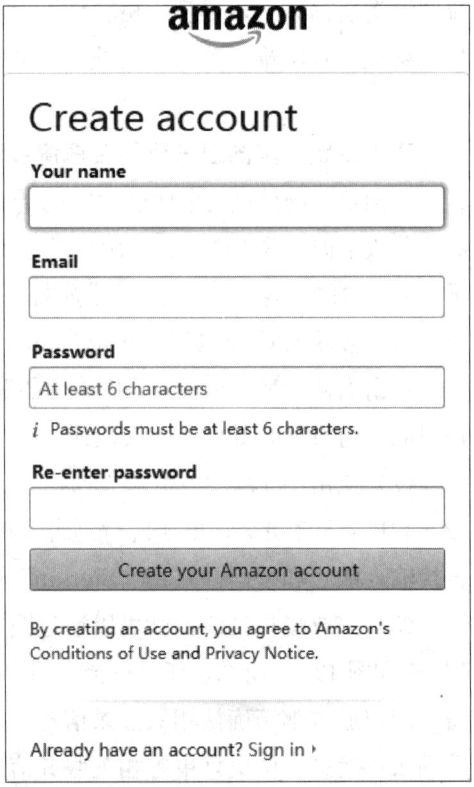

amazon

Create account

Your name

Email

Password

At least 6 characters

i Passwords must be at least 6 characters.

Re-enter password

Create your Amazon account

By creating an account, you agree to Amazon's Conditions of Use and Privacy Notice.

Already have an account? Sign in ›

图 12－3　创建亚马逊账户

amazon

Verification needed

We will send you a code to ensure the security of your account.

Send code

Cannot access your email address?
Contact Amazon Customer Service

图 12－4　发送验证码

amazon

Verifying it's you

Code sent to 8*****0@qq.com. Please enter it below.

Enter code

Continue

Resend code

图 12－5　输入验证码

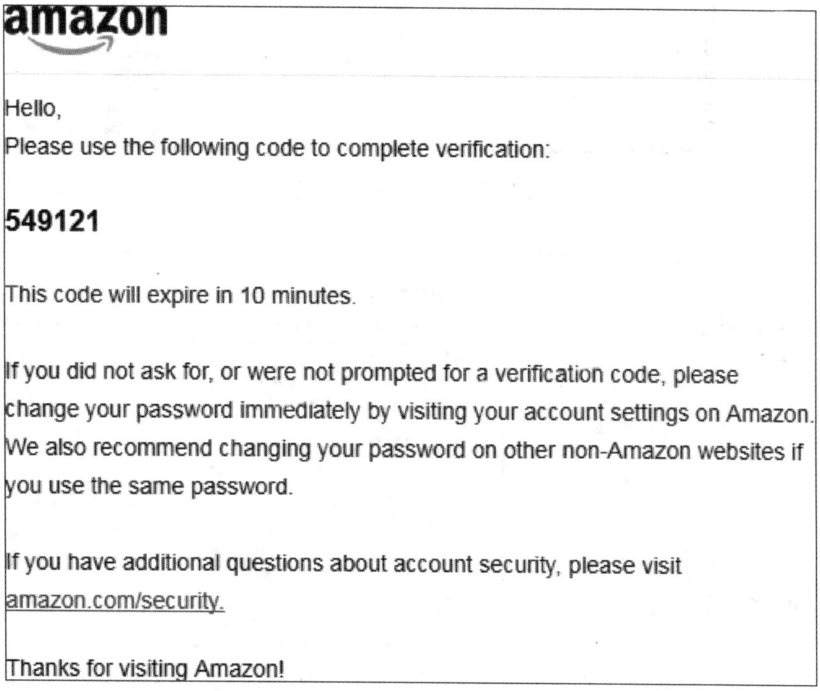

amazon

Hello,

Please use the following code to complete verification:

549121

This code will expire in 10 minutes.

If you did not ask for, or were not prompted for a verification code, please change your password immediately by visiting your account settings on Amazon. We also recommend changing your password on other non-Amazon websites if you use the same password.

If you have additional questions about account security, please visit amazon.com/security.

Thanks for visiting Amazon!

图 12－6　邮箱中的验证码

（4）通过个人账户填写收件地址，如图 12－8 和图 12－9 所示。这道程序非常关键，在其中填写的两个地址：一个就是你在中国国内的收件地址，用拼音填写；另一个就是美国国内地址，这个地址为转运地址，也就是说，如果相关商品不能直邮到中国，可以通过转运这种模式运到买家手上。填写默认地址为中国国内地址，这样就能看出某商品能否直邮中国。

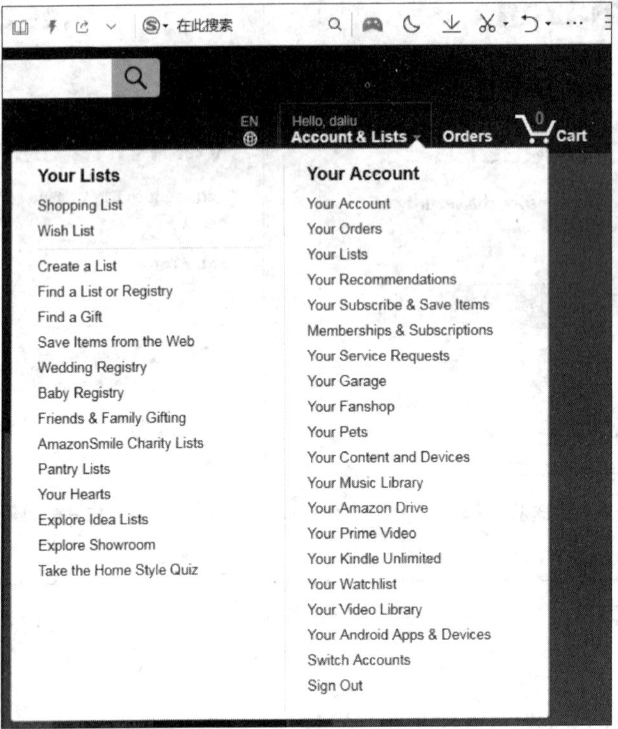

图 12－7　相关账户信息

Your Account › Your Addresses

Your Addresses

\+

Add Address

Related

1-Click Settings

Fresh address book

Change address on an open order

图 12－8　添加收件地址

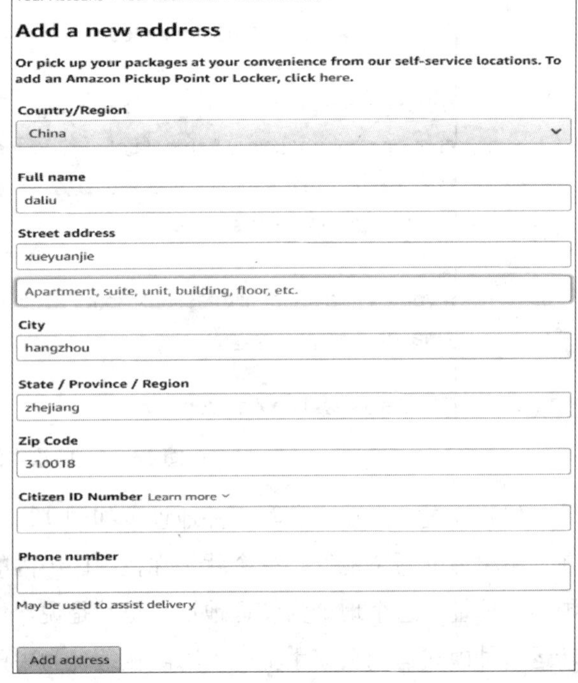

图 12－9　增加具体收件地址

（5）搜索商品。一般而言，如果在亚马逊上有明确的购买目标，使用搜索功能就能快速准确地定位商品。美国亚马逊的搜索框就在页面正中的导航条的下方，输入任意关键词即可。关键词越精确，搜索出来的结果越理想。我们不妨搜索“new era”，可以看到图 12－10 和图 12－11 所示的两个 New Era 帽子，在屏幕的右边显示一个不能直邮中国，一个可以直邮中国。

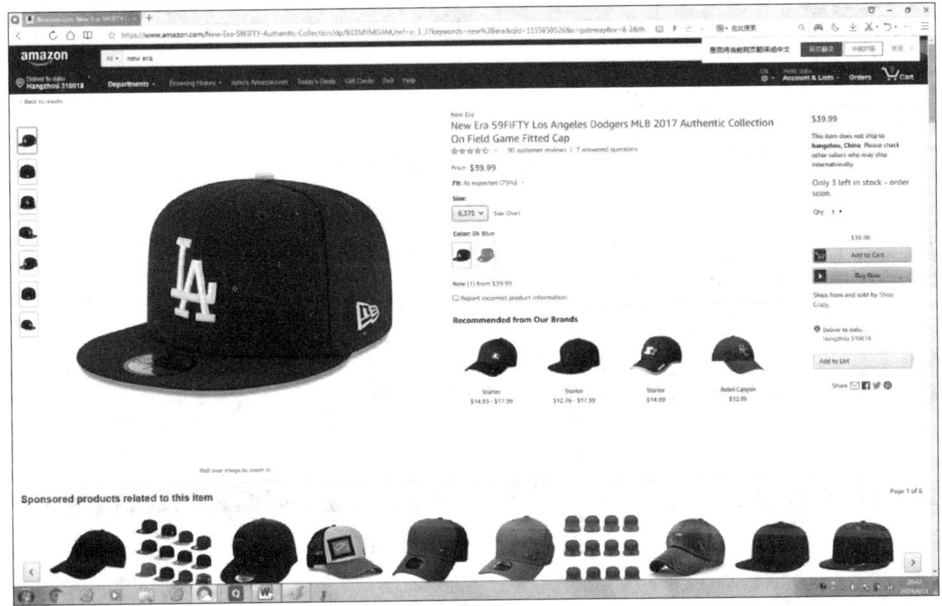

图 12－10　不能直邮中国的商品

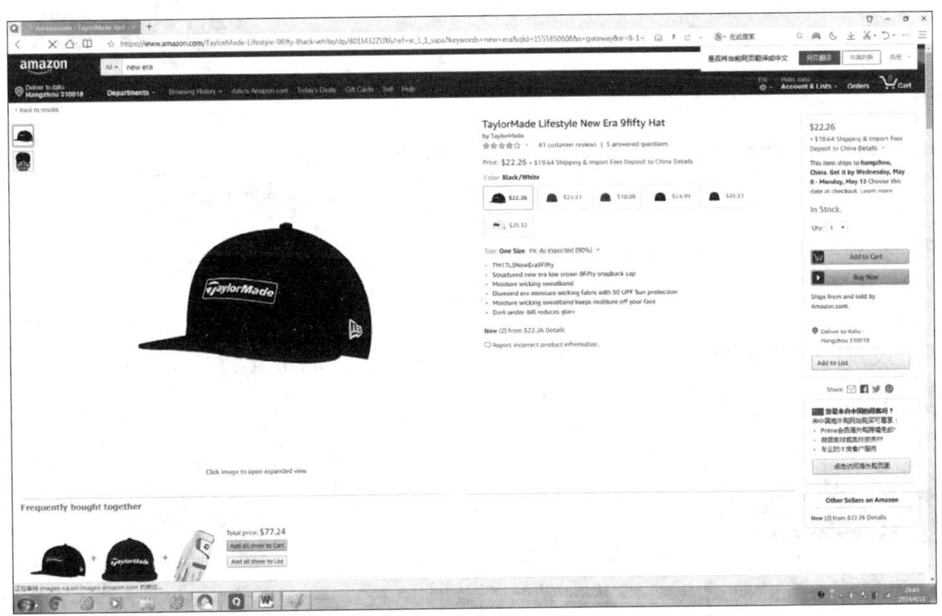

图 12－11　可以直邮中国的商品

（6）确认好要购买的商品后，就可以添加支付方式。如图12－12所示，可以选择多种支付方式，我们选择添加信用卡的方式（见图12－13），然后依次填写信用卡卡号、持卡人姓名和有效期即可。

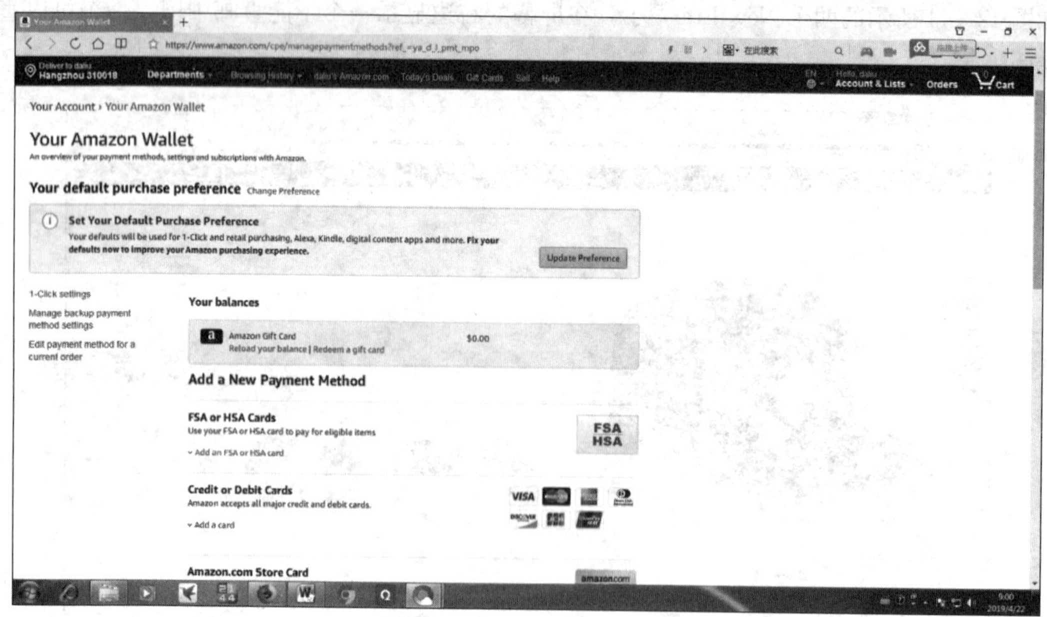

图12－12　支付选项

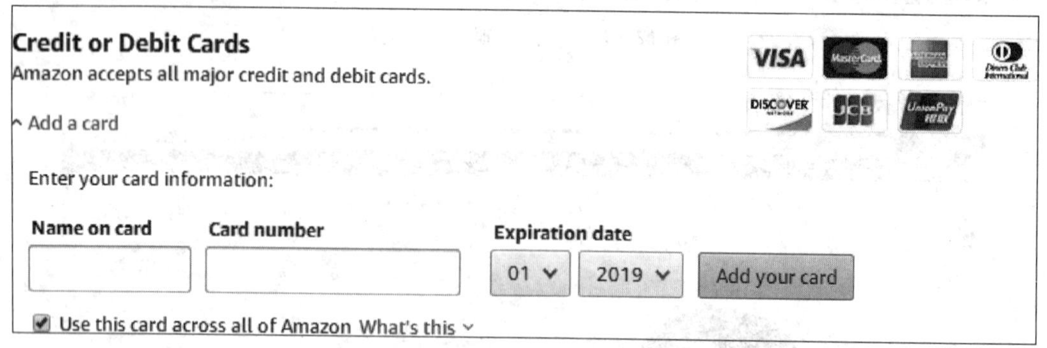

图12－13　添加信用卡信息

（7）设置好收件地址（包括转运或直邮的地址）并添加了支付方式之后，就可以在美国亚马逊网站上进行海淘了。

思考与练习题

1. 在美国亚马逊网站注册，并设置两个收件地址，一个为直邮地址，另一个为转运地址。在美国亚马逊网站上查询你所感兴趣的商品，并分别找出一件可以直邮中国的商品

和一件只能转运中国的商品。

2. 对比美国亚马逊的商品价格和中国京东商城的商品价格，通过分析相关商品的价格得出你的结论。

任务二　财付通使用体验

实训目标

12-1　第三方支付平台——财付通的使用

（1）熟悉第三方支付平台的使用。

（2）掌握申请平台账号、对第三方账号进行充值和提现等操作。

（3）掌握提高账户安全级别的操作。

任务实践

1. 了解财付通

财付通是一个专业的在线第三方支付平台。其核心业务是帮助在互联网上进行交易的双方完成支付和收款。个人用户注册财付通后，即可在拍拍网及 40 多万家购物网站轻松购物。财付通支持全国各大银行的网银支付，用户也可以先充值到财付通，体验更加便捷的财付通余额支付服务。财付通的提现、收款、付款等配套账户功能，让资金使用更灵活。财付通还为广大用户提供了手机充值、游戏充值、信用卡还款、机票专区等特色便民服务，让生活更方便。

（1）财付通使用的基本流程。

1）买家开通网上银行，获得自己的网上银行账户。

2）买家和卖家点击 QQ 钱包，激活自己的财付通账户。

3）买家给自己的财付通账户充值。资金从自己的网上银行账户划拨到自己的财付通账户。

4）卖家通过中介保护收款功能，选择实体或虚拟物品，如实填写商品名、金额、数量、类型，然后提交。提交后系统将通知买家付款，买家付款后，系统通知卖家发货。

5）等待卖家发货。实体物品，此时可以点击“交易管理”查看交易状态；虚拟物品，可查收 E-mail，状态以邮件为准。

6）财付通向卖家发出发货通知。

7）卖家收到通知后根据买家地址发送货物。

8）买家收到货物后，登录财付通确认收货，财付通拨款给卖家。

9）财付通将买家财付通账户冻结的应付款转到卖家财付通账户。

10）卖家提现。卖家只要有设置了自己姓名的银行卡就可以完成提现，没有开通网银的卡也可以进行提现。

（2）财付通提供的服务。对于普通账户，财付通提供充值、提现、支付和交易管理；对于企业用户，财付通还提供支付清算服务和辅助营销服务。

1）充值：从绑定银行卡账户向财付通账户划款。

2）提现：从财付通账户把资金转入银行卡、银行账户。

3）支付：将资金从买家财付通账户转入卖家财付通账户。

4）交易管理：用户可以通过交易管理查看自己的交易状态。

5）信用卡还款业务：从财付通账户往信用卡账户划拨资金。目前，信用卡只支持兴业银行卡。

6）转账还款：信用卡还款、支付到银行卡、邮政汇款、还房贷。

7）缴费充值：手机充值、水电煤缴费、话费宽带、充Q币Q点、开通QQ服务。

8）其他应用：彩票卖场、机票订购、汽车票代买。

9）“财付券”服务：财付通为广大拍拍网卖家、第三方商户提供的一项增值服务，拍拍网或卖家可以把财付券赠送给任意想回馈或吸引的QQ用户。财付券可以在财付通交易中抵扣支付给商家的金额，但是不支持抵扣物流费用，可以把它视为一种互联网代金券。

10）机票订购：与游易网合作提供机票在线实时查询、订购、付款功能，提供电子客票。其支持的航空公司有中国国航、中国南航、东方航空、海南航空、深圳航空、四川航空、厦门航空、上海航空、山东航空、奥凯航空、鹰联航空、祥鹏航空、中国联合航空、东星航空等。

11）虚拟物品中介保护交易功能：如果用户玩的是腾讯旗下的网游，那么在用户出售装备、游戏币的时候，可以通过财付通里的虚拟物品中介保护交易来进行操作，此交易的步骤和现有的游戏交易平台步骤一样，操作上略有不同，买卖双方通过E-mail通知进行付款、发货的操作，提现也相对简单。此功能在处理交易纠纷方面更加人性化。腾讯把游戏后台的交易数据直接运用到了交易的安全方面。如果在买卖中，用户出现了被骗现象，那么在被骗以后，用户可以直接打电话给财付通客服进行投诉，客服会去游戏中调查买卖双方的游戏后台交易数据，只要双方确实在游戏中交易过，游戏后台就有交易数据记录，客服就会帮助用户找回装备或者退回货款。此功能仅限于腾讯旗下的游戏使用。

（3）财付通的安全措施。

1）资金变动通知。开通消息通知后，财付通会以手机短信、E-mail、QQ消息的方式通知客户，让客户随时随地掌握账户资金和信息的变动情况。

2）数字证书。数字证书是使用账户资金的身份凭证，客户只有在安装了数字证书的

电脑上才能使用客户端账户资金，这样可保障资金不被盗用。

3）双密码保护。登录密码和支付密码双重保护，为账户资金提供双保险。

4）中介保护交易。买家先付款到财付通，收货满意后卖家才能拿到钱。这样有助于保障买卖双方货款安全，防范欺诈。

5）密码安全控件。密码安全控件对密码进行了多重加密，既可防止密码在网络传输过程中被盗取，又可防止木马程序截取键盘输入。

2. 申请及首次使用财付通

(1) 进入拍拍网 www. paipai. com，点击右上角的“财付通”，如图 12－14 所示；或在地址栏中键入 www. tenpay. com，直接进入财付通网站，如图 12－15 所示。

图 12－14　拍拍网首页

图 12－15　财付通首页

(2) 在用户名处输入 QQ 号码及 QQ 登录密码即可登录财付通账户。在第一次登录之前需要下载安全控件，通过安全控件来保护账户安全。在第一次登录后，需要激活财付通账户。可以通过 QQ 号码激活或通过银行卡快捷激活你的 QQ 账号。这里以使用 QQ 号码激活为例，点击“立即激活”按钮，如图 12－16 所示。

(3) 图 12－17 所示为 QQ 号码激活过程的详细页面，在这个页面里，要进行支付密

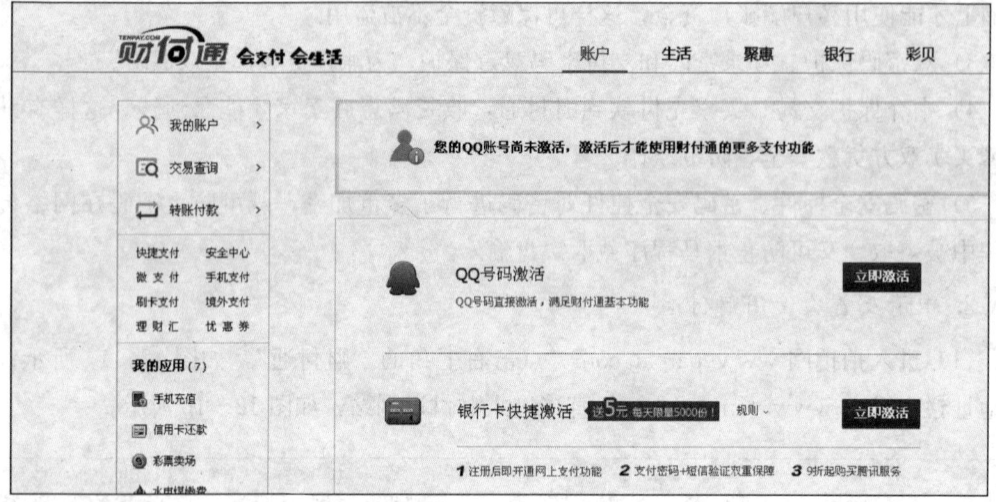

图 12－16　激活财付通账户

码、密码保护问题及个人真实信息的设置。在设置的过程中务必牢记支付密码，它是不同于登录密码的。

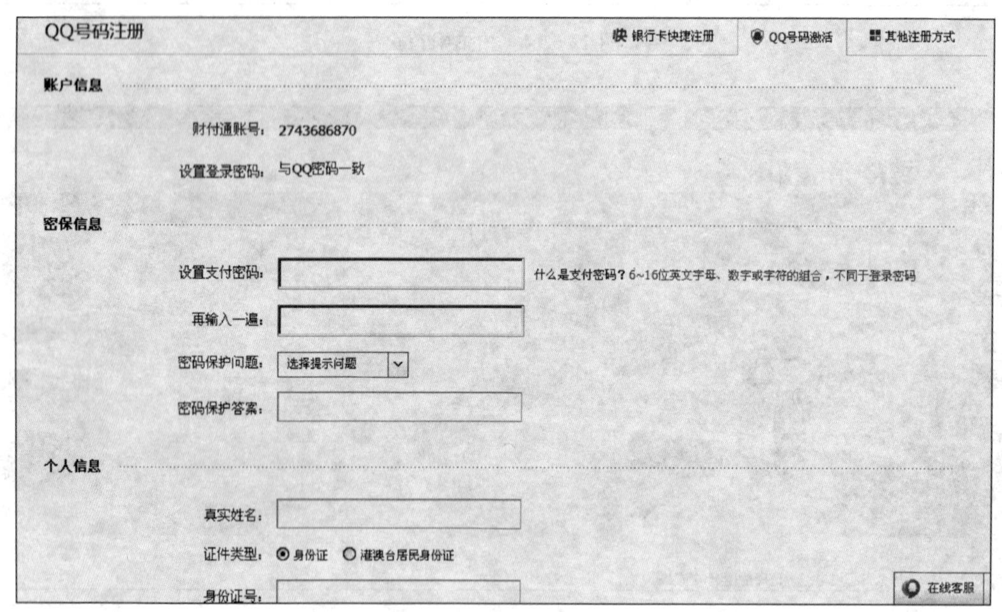

图 12－17　设置密保信息

（4）选择付款所用的银行卡，如图 12－18 所示。

（5）在持卡人姓名处填写真实姓名，再次输入你的财付通支付密码，如图 12－19 所示。

（6）如图 12－20 所示，如需开通中国工商银行的快捷支付，可以点击图中的“去银行页面开通”按钮，如无须开通则可以返回财付通主页，查看财付通账户是否已被激活。

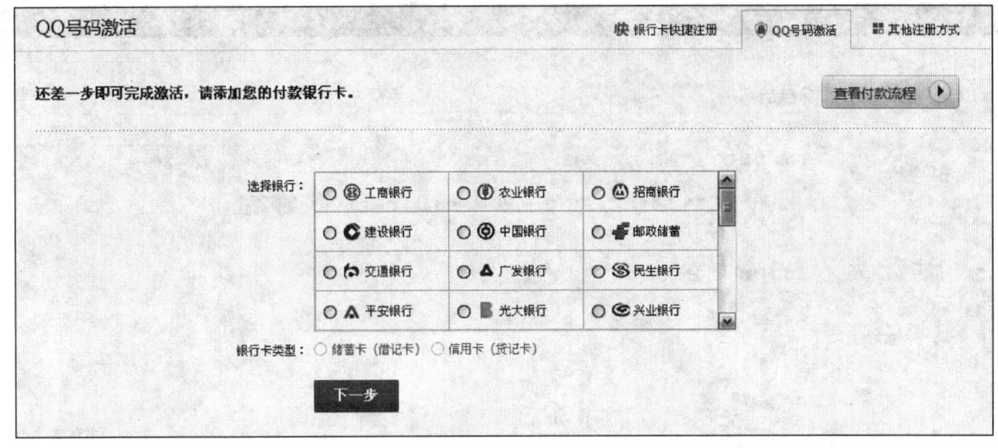

图 12－18　银行卡激活

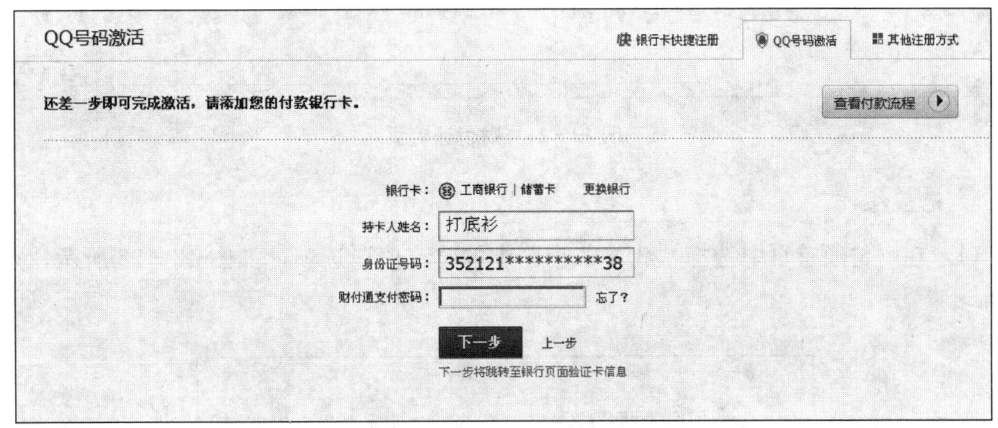

图 12－19　个人信息验证

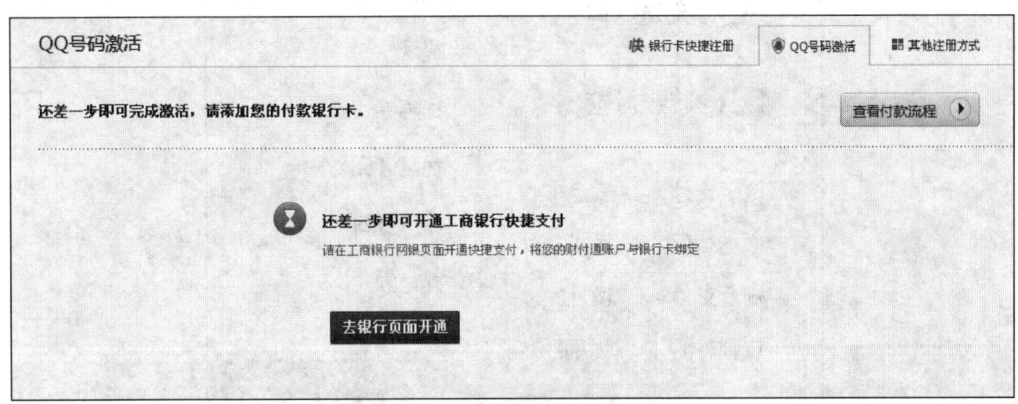

图 12－20　开通快捷支付

（7）如图 12－21 所示，能够看到你刚刚申请成功的财付通首页的页面。在这个页面里，可以初步看到该账户的账户余额为 0、安全等级为初级等基本信息。

图12-21 财付通首页

3. 充值操作

（1）在财付通首页中选择“我的账户”中的“充值”选项，如图12-22所示，点击充值。

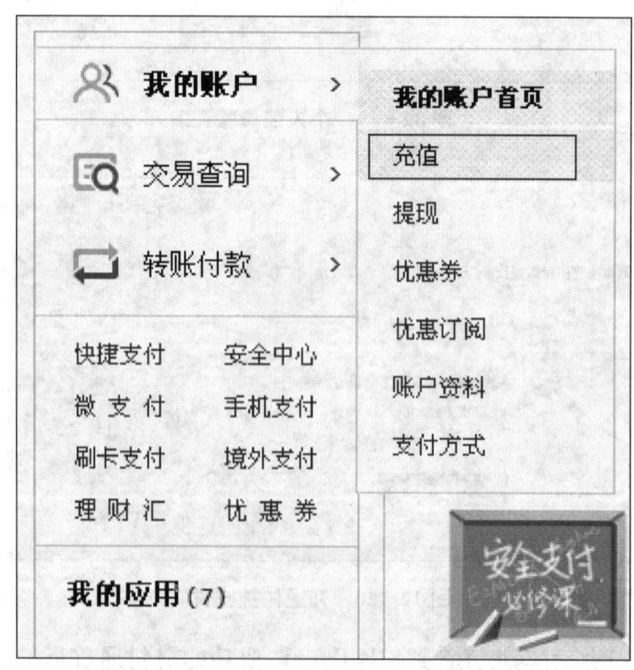

图12-22 充值操作

（2）对财付通进行充值的方式有很多，有银行卡充值、手机卡充值、刷卡充值等。这里以银行卡充值为例，如图 12－23 所示。

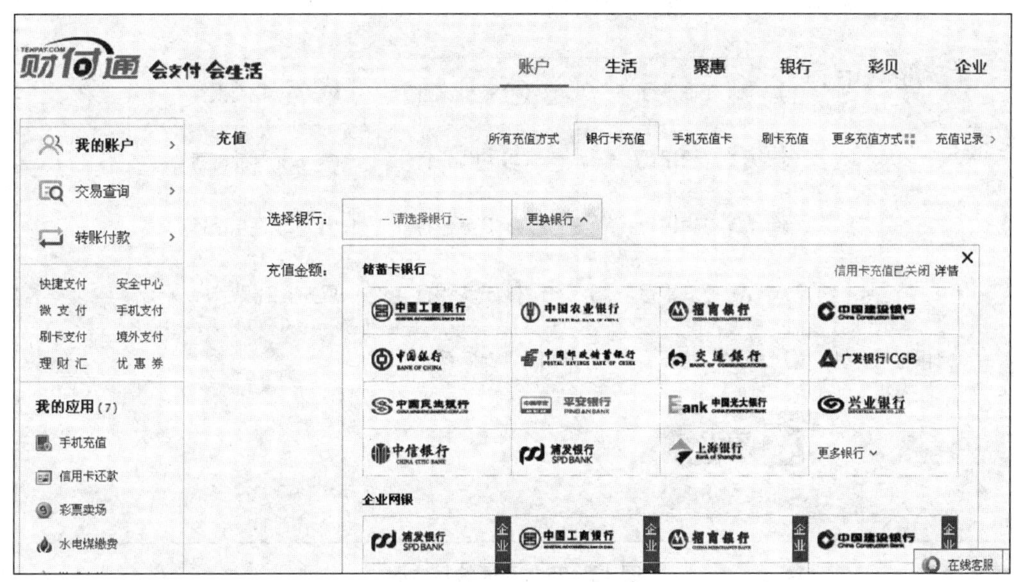

图 12－23　银行卡充值

（3）银行卡充值方式也有两种：一种是快捷支付充值，充值有额度限制，每日不超过 1 000 元，如图 12－24 所示；还有一种方式是直接登录网上银行进行充值。

图 12－24　快捷支付充值

（4）这里选择快捷支付，给账户中充值 0.01 元。先选择快捷支付银行及银行卡类型，我们选择中国工商银行，银行卡类型选择储蓄卡，如图 12－25 所示。

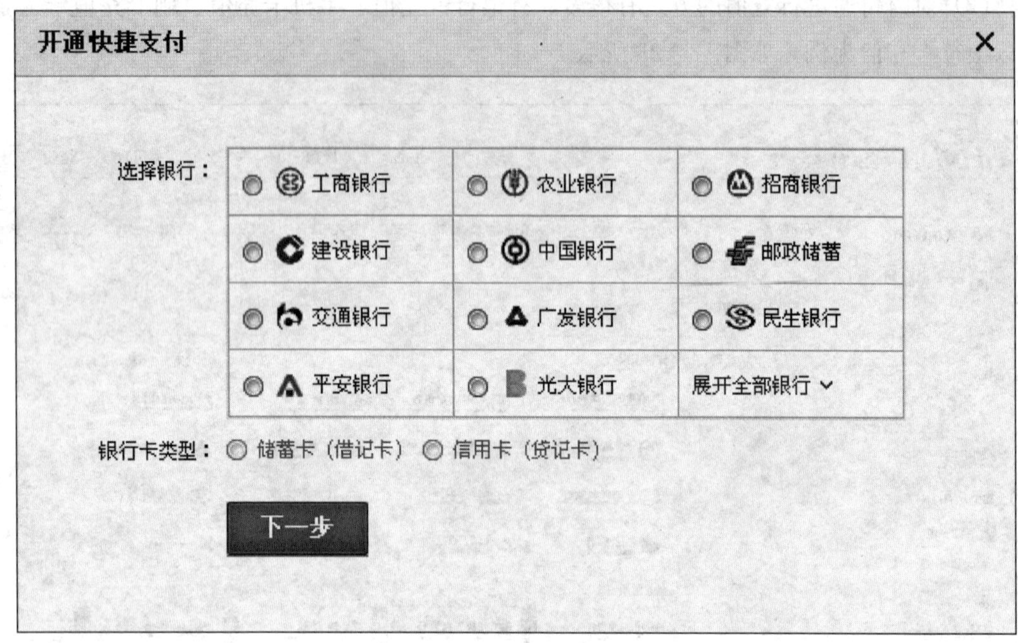

图 12－25　开通快捷支付

（5）在开通快捷支付之前，再次进行持卡人姓名、财付通支付密码等的确认，如图 12－26 所示。

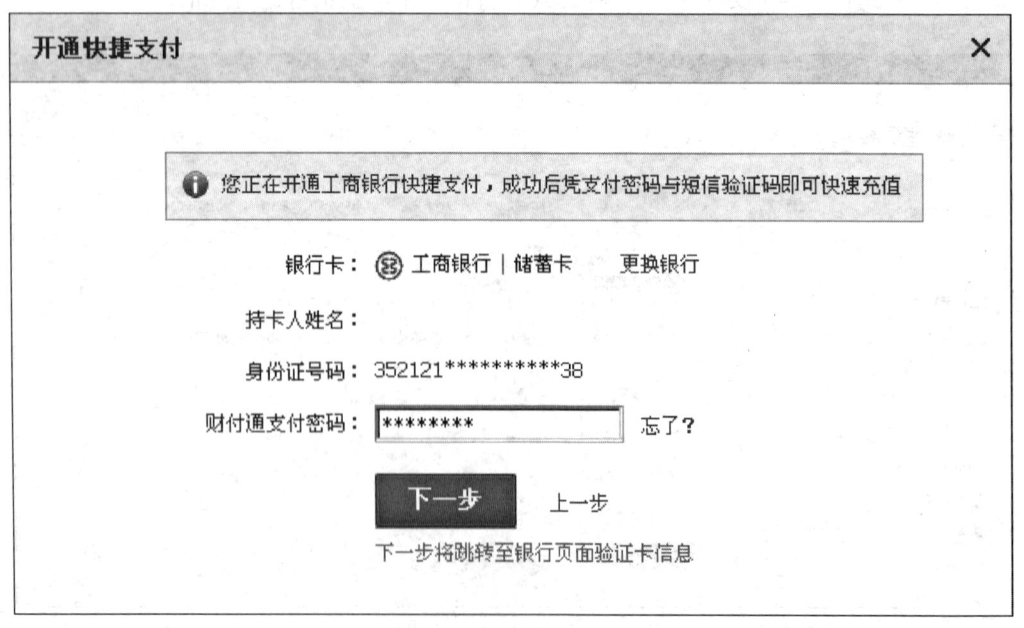

图 12－26　身份确认

（6）确认无误后，点击“去银行页面开通”，可将银行卡与财付通账户进行绑定，如图 12－27 所示。

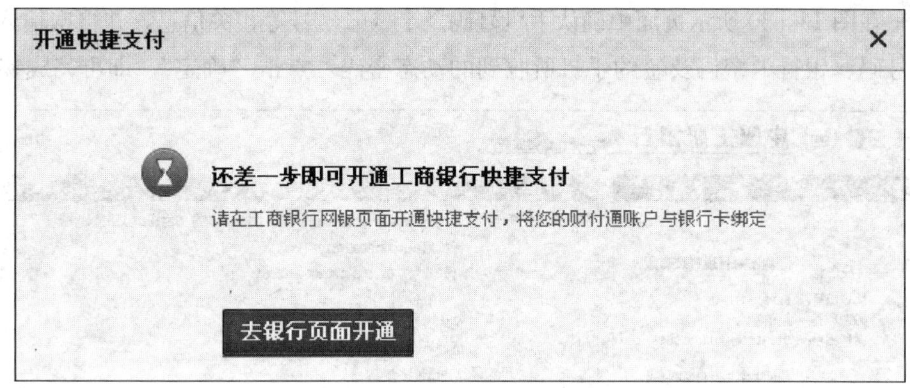

图 12－27　绑定银行卡

（7）图 12－28 为中国工商银行所提供的短信签约服务协议。

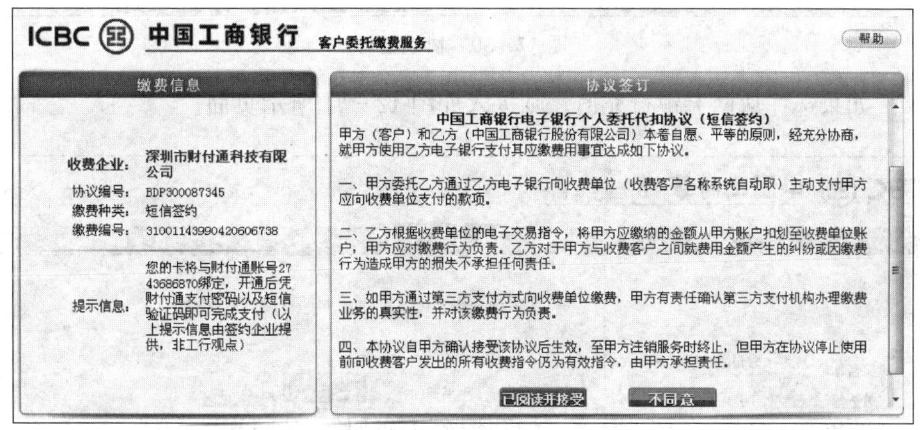

图 12－28　短信签约协议

（8）在图 12－29 所示页面中输入预留在银行的手机号码及相关银行卡账号，输入验证码，点击“下一步”。

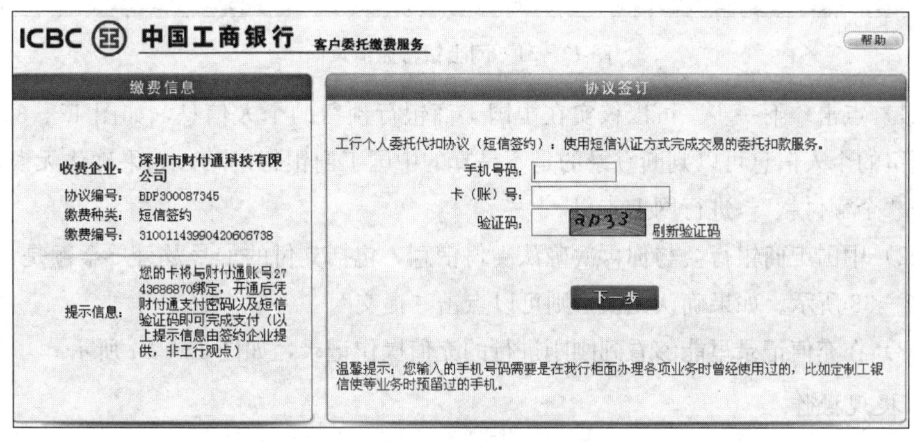

图 12－29　短信签约验证

（9）在图 12－30 所示页面中确认手机号码及卡（账）号等相关信息，并再次输入姓名、身份证号码、银行卡密码及签约手机所收到的动态密码，点击“确定”，即可完成签约。

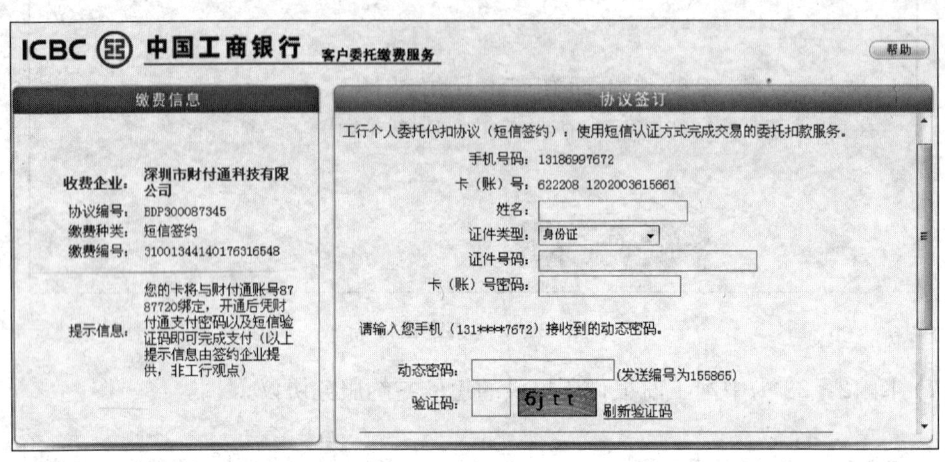

图 12－30　协议签订

（10）如果选择从网上银行充值，则进入如图 12－31 所示页面。

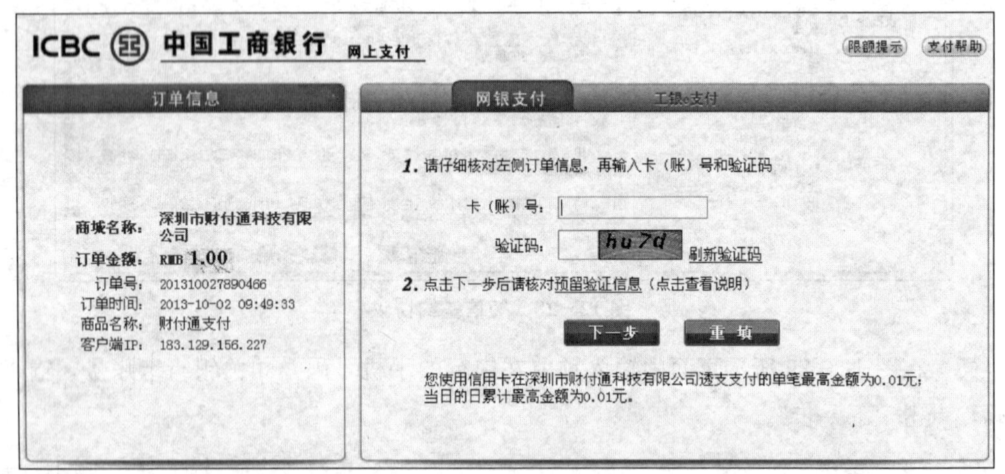

图 12－31　网上银行充值页面

（11）点击“下一步”可以核实在中国工商银行预留的个人信息，如图 12－32 所示，通过预留的个人信息可以判断登录的是不是真的中国工商银行网站。如果确认无误，则可以点击“全额付款”，进行网上支付。

（12）中国工商银行会与你再次确认支付信息，包括支付的卡号及订单金额是否有误，如图 12－33 所示。如果确认无误，则可以点击“提交”。

（13）在充值记录里能够看到刚刚进行的充值操作记录，如图 12－34 所示。

4. 提现操作

（1）点击“我的账户”，选择“提现”，或者直接点击“提现”，如图 12－35 所示。

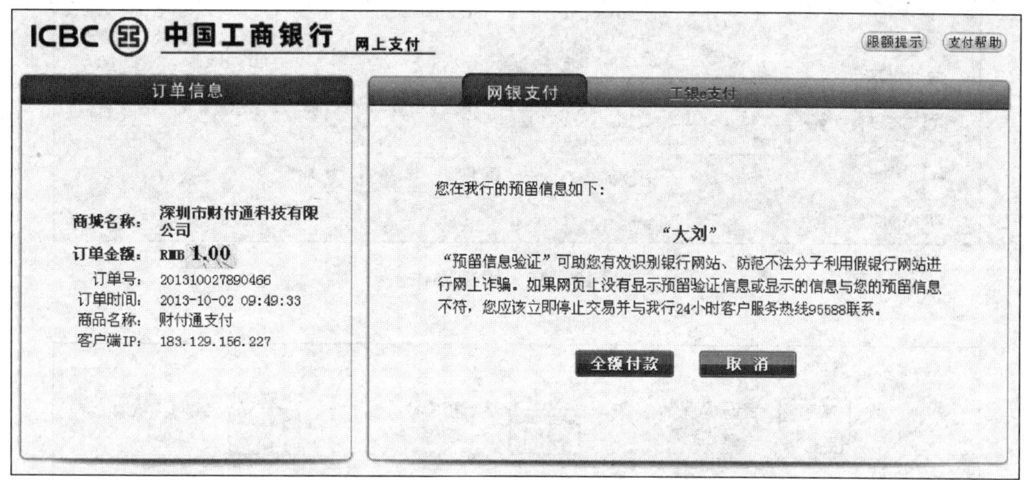

图 12－32　网上预留信息

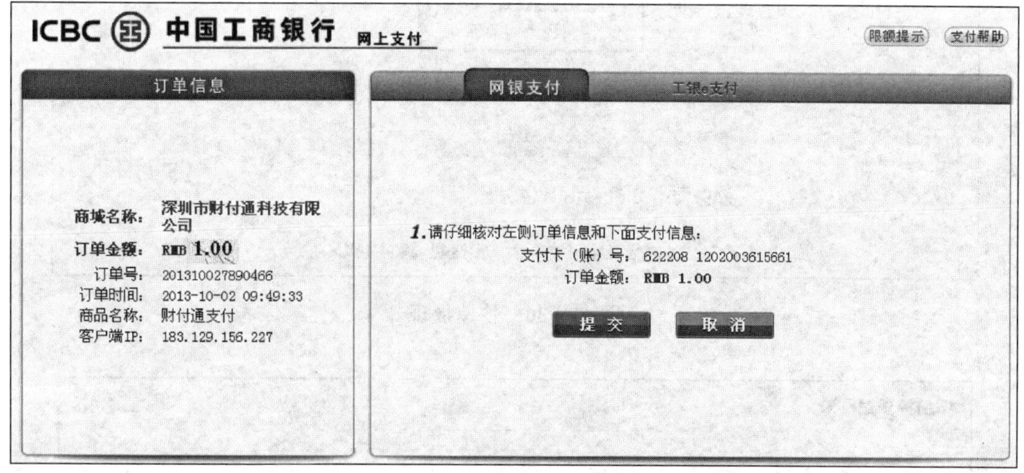

交易查询　交易管理　收支明细　充值记录　提现记录　转账记录　信用卡还款记录　更多记录

最近一个月

流水号	充值时间	充值使用银行	充值金额(元)	操作
1002013100213771606 43	2013-10-02 09:57:00		1.00	

图 12－34　充值操作记录

（2）选择提现的方式，提现方式包括普通提现、快速提现和实时提现。以快速提现为例，选择快速提现，如图 12－36 所示。

（3）如果从未进行过快速提现，首先要进行提现银行卡设置，如图 12－37 所示。选择你的开户银行，输入你的储蓄卡卡号及支付密码，点击“确定”。

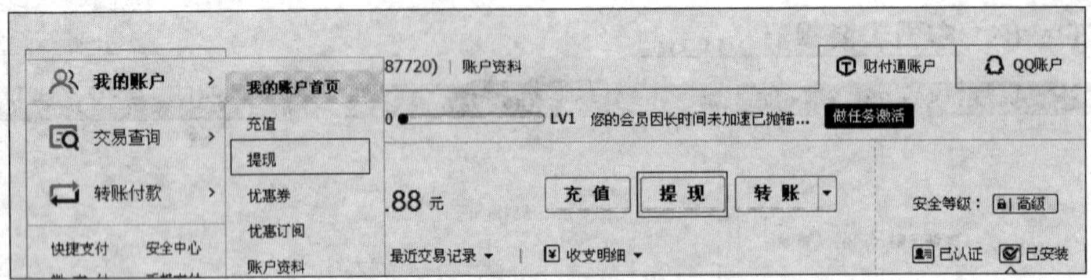

图 12-35　提现操作

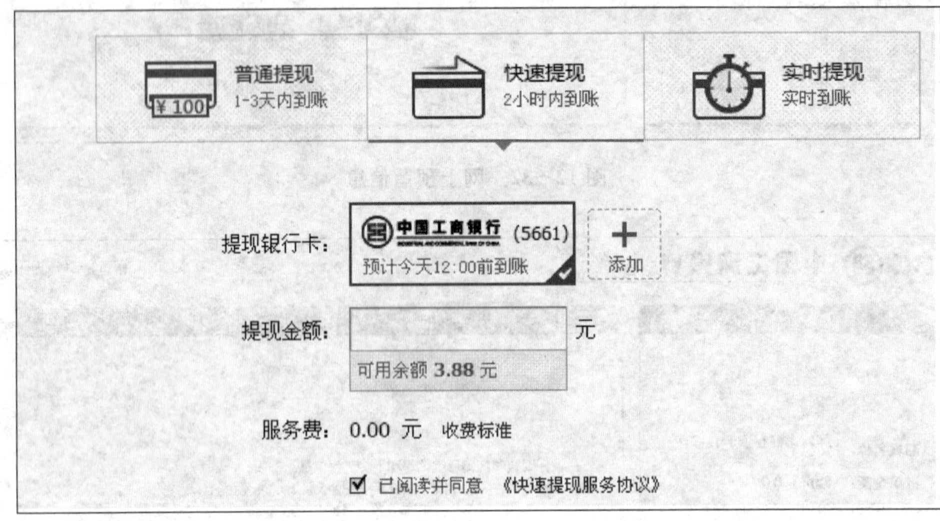

图 12-36　快速提现

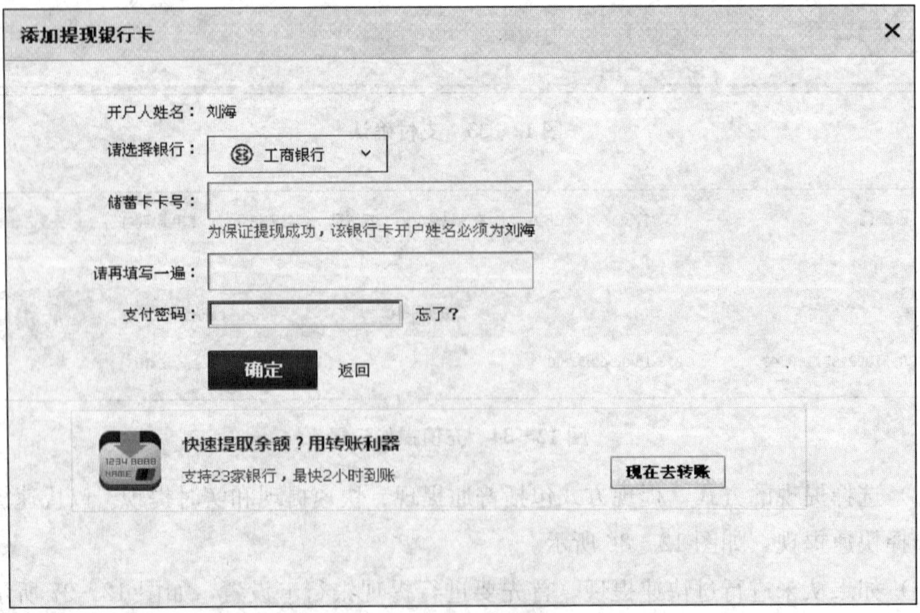

添加提现银行卡

开户人姓名：刘海

请选择银行：工商银行

储蓄卡卡号：

为保证提现成功，该银行卡开户姓名必须为刘海

请再填写一遍：

支付密码：　忘了？

确定　返回

快速提取余额？用转账利器

支持23家银行，最快2小时到账

现在去转账

图 12-37　添加提现银行卡

（4）如图 12－38 所示，可以看到你所绑定的银行卡、预计到账的时间及所要收取的服务费金额。

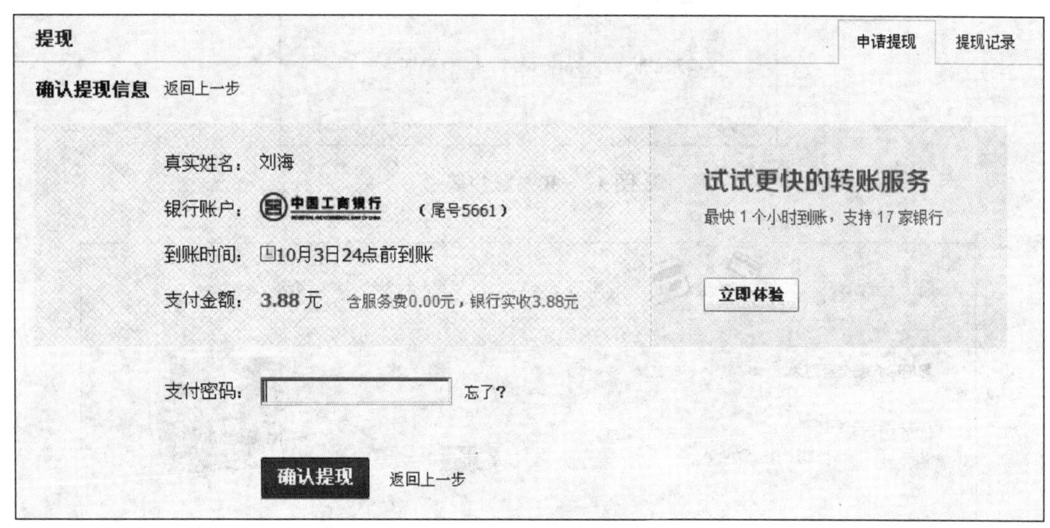

图 12－38　提现信息

（5）如图 12－39 所示，能够看到提现申请的处理进度和提现时间的相关信息。

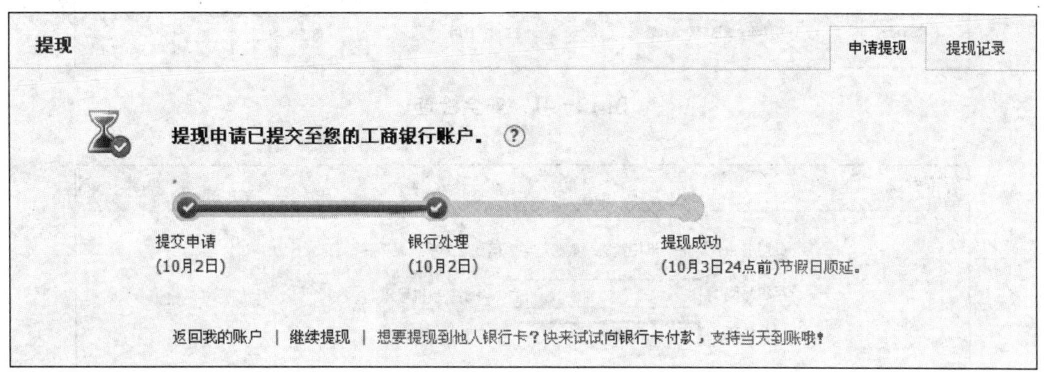

图 12－39　提现进度

5. 提高账户安全等级操作

（1）如图 12－40 所示，刚申请的财付通账户的安全等级较低，为初级，可以对财付通账户的安全等级进行设置，提高账户资金的安全性。

（2）点击“初级”，如图 12－41 所示，进行账户的安全检查，还可以进入安全学堂，学习提高财付通账户安全的相关知识。

（3）进行手机绑定，这样即便你忘记了支付密码，也可以通过绑定的手机号码轻松找回支付密码。在图 12－42 所示页面中输入手机号码及支付密码，进行手机绑定。在图 12－43所示页面中输入手机所收到的验证码，实现手机的绑定。

安全等级：初级

未认证 未安装 未绑定

图 12-40 账户等级

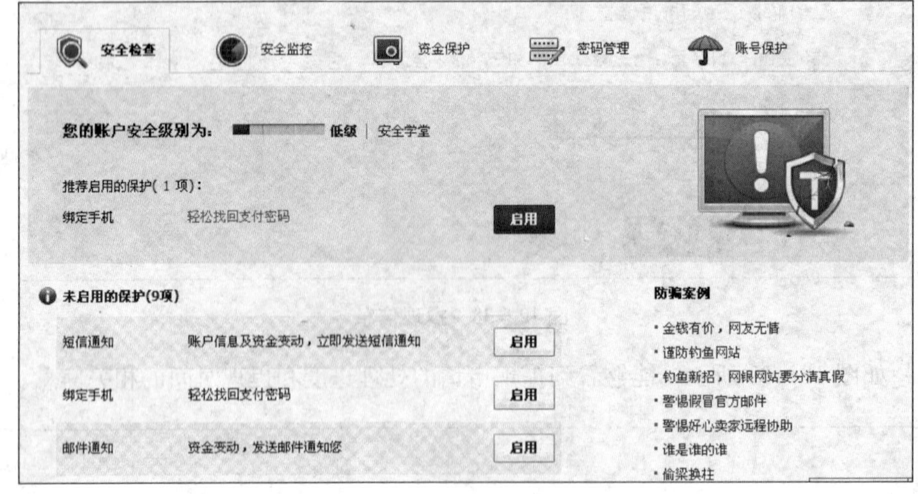

图 12-41 安全检查

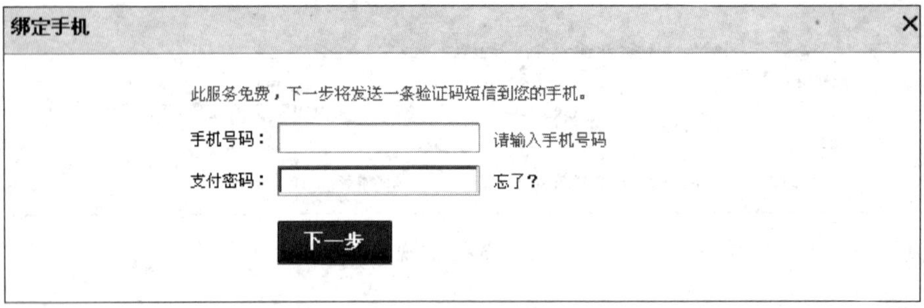

绑定手机

此服务免费，下一步将发送一条验证码短信到您的手机。

手机号码： 请输入手机号码

支付密码： 忘了？

下一步

图 12-42 绑定手机

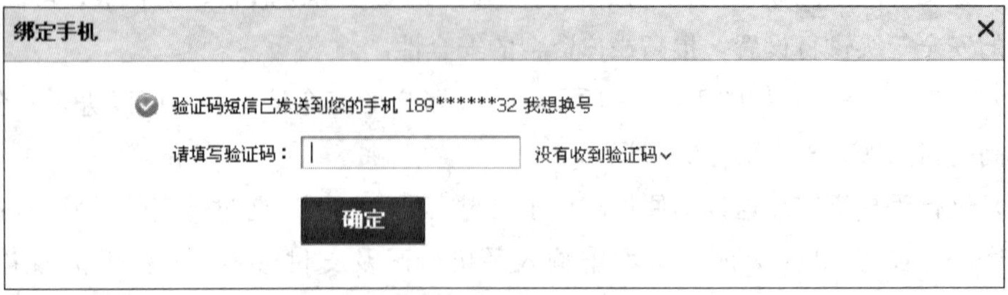

绑定手机

验证码短信已发送到您的手机 189******32 我想换号

请填写验证码： 没有收到验证码

确定

图 12-43 输入验证码

(4) 通过手机绑定，使得账户安全级别升级为中级。还可以继续提高账户的安全级别，包括启用数字证书，点击“启用”按钮，如图 12－44 所示。

(5) 进入如图 12－45 所示的“管理我的证书”页面，在这里需要输入当前绑定的手机号码、选择证书使用的地点（包括家、办公室、网吧、宿舍等）及输入验证码。

(6) 在图 12－46 所示页面中输入验证码。正确输入完毕，可看到图 12－47 所示的安装页面；安装完毕后，可看到在本机上成功安装了数字证书，页面如图 12－48 所示。

图 12－44　启用数字证书

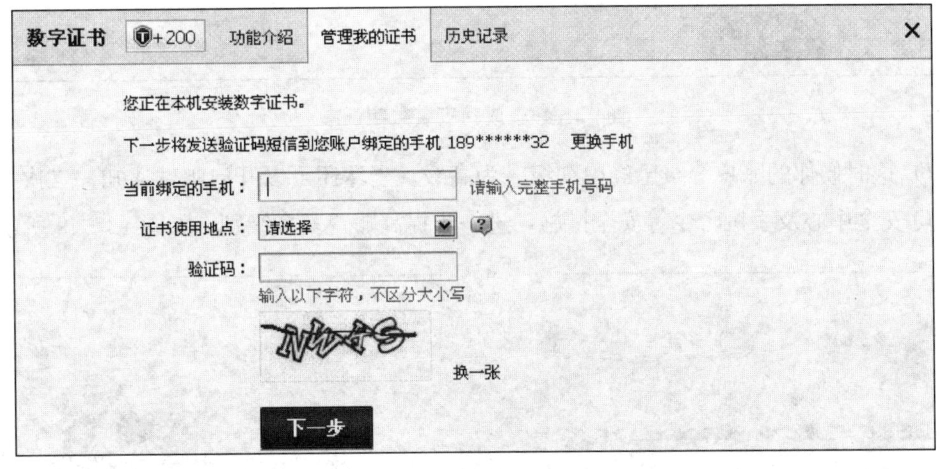

图 12－45　安装数字证书

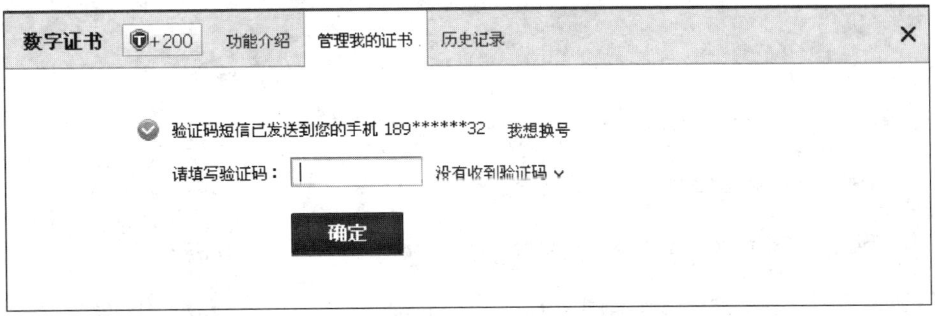

数字证书　+200　功能介绍　管理我的证书　历史记录

验证码短信已发送到您的手机 189******32　我想换号

请填写验证码：　没有收到验证码

确定

图 12－46　输入短信验证码

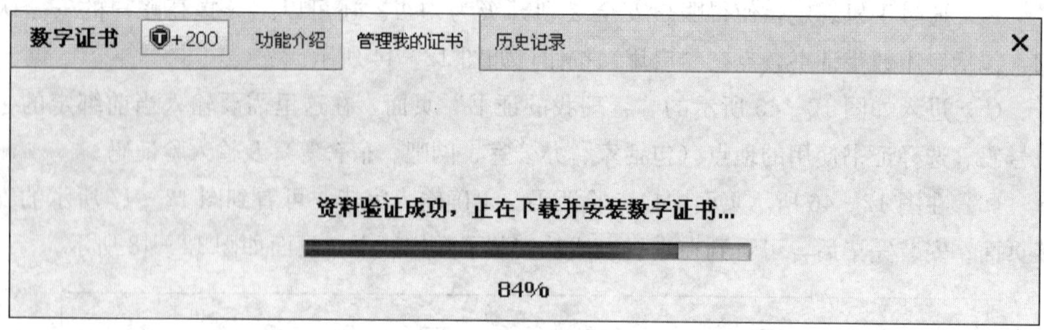

图 12－47　下载并安装数字证书

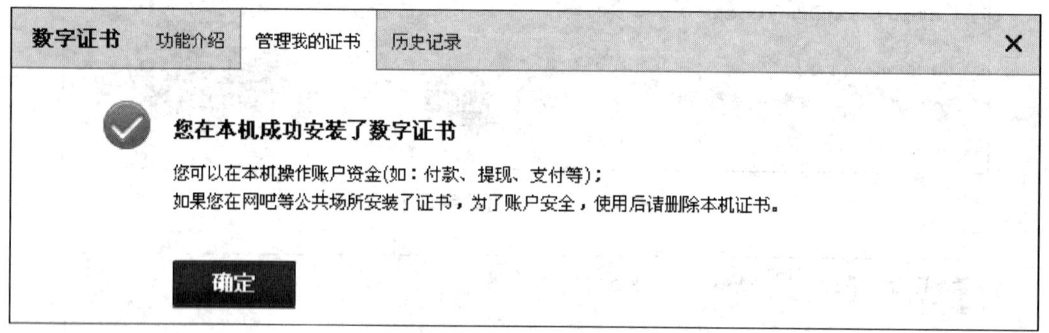

图 12－48　成功安装数字证书

（7）这时候你的账户等级已经由初级升为高级，当然还可以开启邮件通知、二次登录密码、QQ安全中心及手机密令等安全措施，进一步提高账户安全级别，如图 12－49 所示。

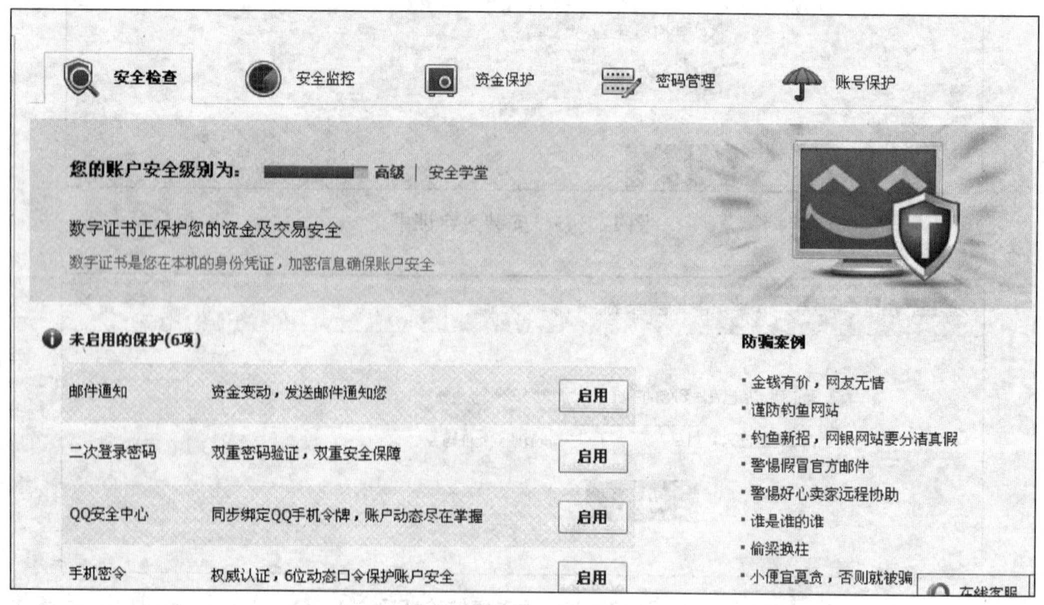

图 12－49　进一步提高账户安全级别

6. 转账付款的相关操作

(1) 财付通账户集成了多种付款功能，能够实现向财付通账户付款、向银行卡付款、向多人付款、邮政汇款等多项功能。除了付款功能外，财富通账户还能实现收款的操作，如图 12－50 所示。

(2) 对外进行转账付款，以财付通账户为例，收款人可以是 QQ 号码，也可以是手机号码，并可实现对多人同时进行付款操作。另外，为防止出错，还能校验收款人姓名。如图 12－51 和图 12－52 所示。

(3) 财付通账户还能向外进行收款活动，如图 12－53 所示，只要填写对方账号、收款金额、收款理由等信息，就能给收款方发送相关信息，进行催缴欠款等操作。

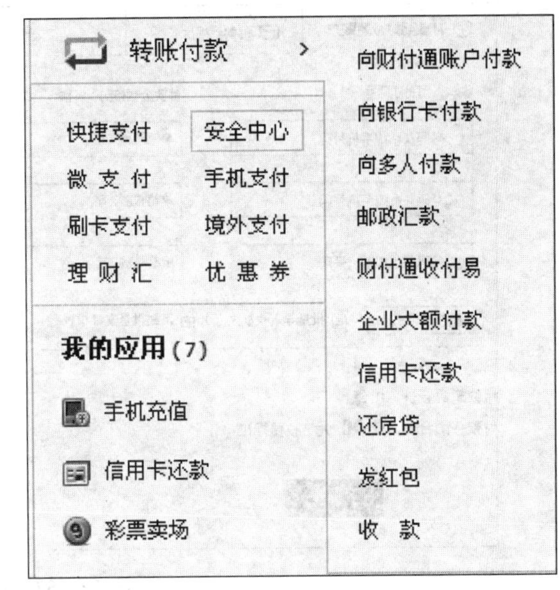

图 12－50　转账付款功能

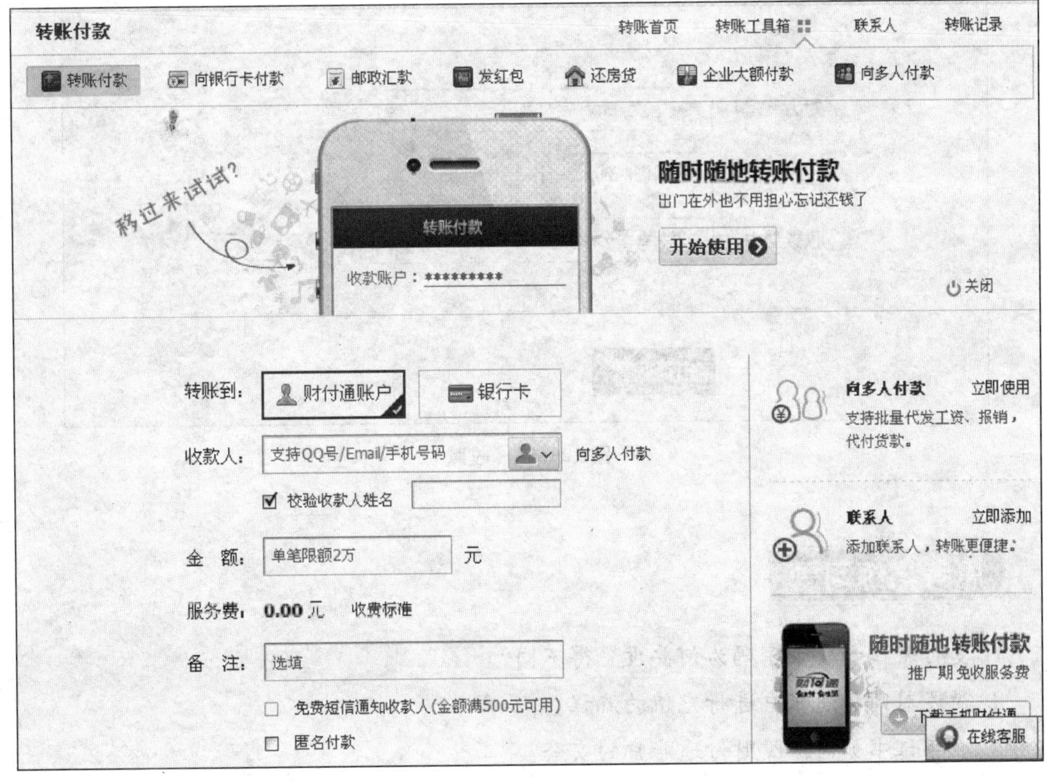

图 12－51　多种转账付款方式

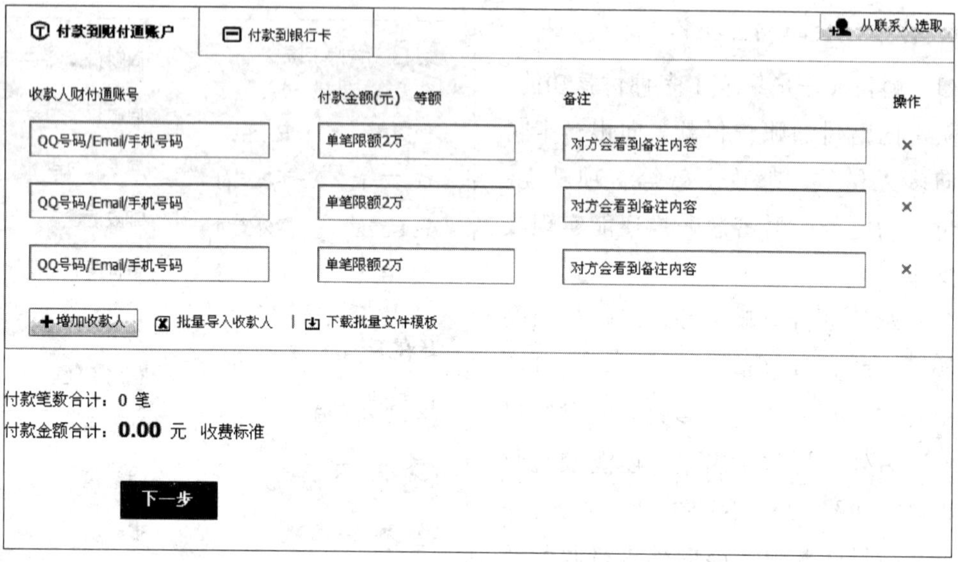

付款到财付通账户　付款到银行卡　从联系人选取

收款人财付通账号	付款金额(元)　等额	备注	操作
QQ号码/Email/手机号码	单笔限额2万	对方会看到备注内容	×
QQ号码/Email/手机号码	单笔限额2万	对方会看到备注内容	×
QQ号码/Email/手机号码	单笔限额2万	对方会看到备注内容	×

+增加收款人　批量导入收款人　|　下载批量文件模板

付款笔数合计：0 笔

付款金额合计：**0.00** 元　收费标准

下一步

图 12－52　批量转账

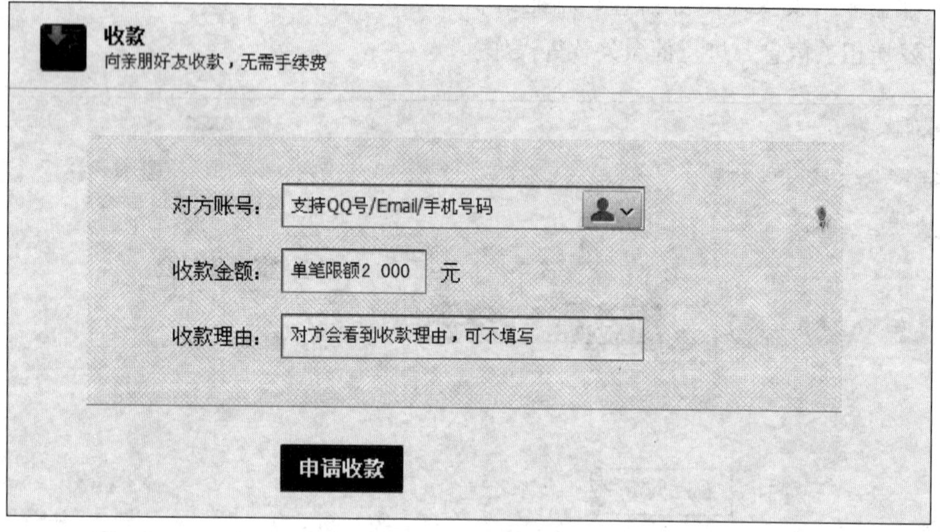

图 12－53　收款

思考与练习题

1. 支付密码和登录密码为何要设置得不同？
2. 简述对财付通账户进行充值的流程。
3. 数字证书如何保障财付通账户的安全？

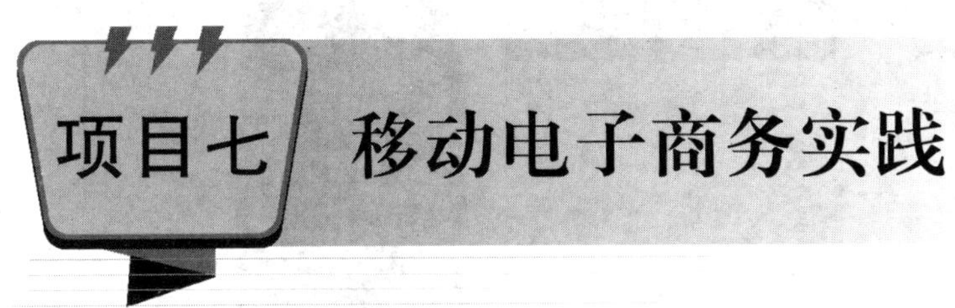

任务一　穿戴支付——智能手环支付

实训目标

(1) 理解穿戴支付的本质。

(2) 掌握智能手环绑定支付宝的方法。

(3) 掌握智能手环近场支付的方法。

任务实践

(1) 准备一台安装支付宝 App 9.2 以上版本的智能手机，一个支持支付宝绑定支付的智能手环，如图 13-1 所示。

(2) 打开支付宝并点击首页右下角"我的"，在弹出的界面中点击"设置"，接着在弹出的界面中点击"支付设置"，如图 13-2 所示。

(3) 在"支付设置"界面中，点击"智能手环"，接着在弹出的界面中点击"同意协议并绑定"，然后界面会弹出扫描框，扫描智能手环的二维绑定码，如图 13-3 所示。

(4) 支付宝获取智能手环的绑定码后就开始进行绑定，绑定完成后还需对智能手环进行命名，接着点击界面中的"下一步"，然后在弹出的界面再点击"确认开通"，如图 13-4 所示。

(5) 输入支付宝支付密码确认绑定智能手环（见图 13-5），如果出现"解除绑定"界面，则表示智能手环支付绑定成功。

(6) 使用智能手环支付时，只需打开智能手环的支付条码并出示给收银员扫码就可以完成近场支付，如图 13-6 所示。

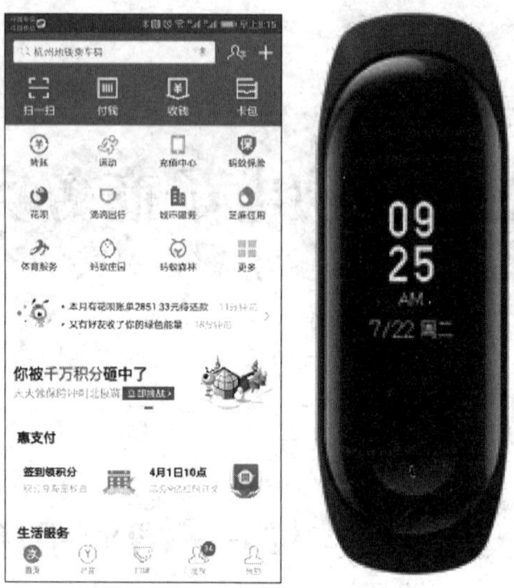

图 13-1　使用智能手环支付的条件

图 13-2　打开支付的相关设置

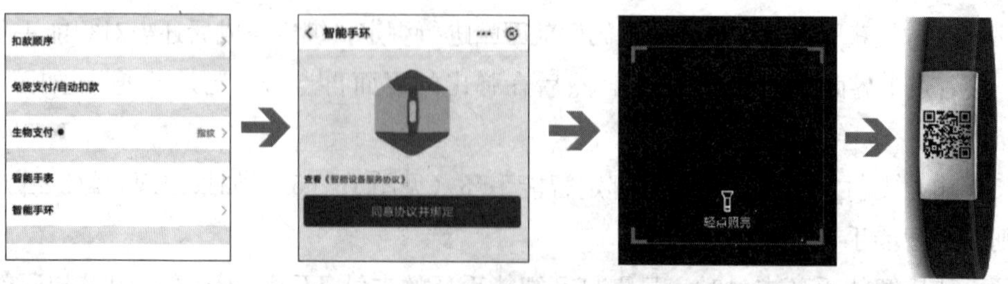

图 13-3　支付宝扫描二维绑定码

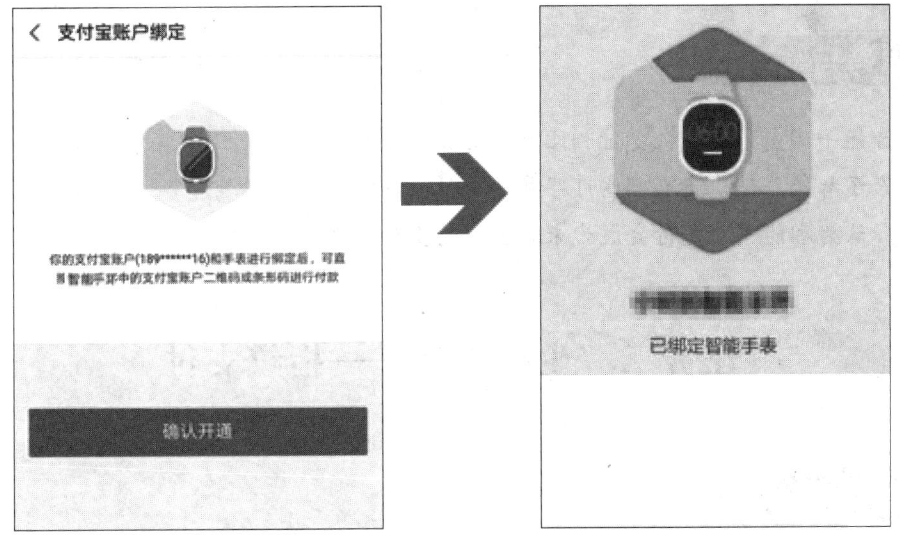

图 13－4　支付宝绑定智能手环

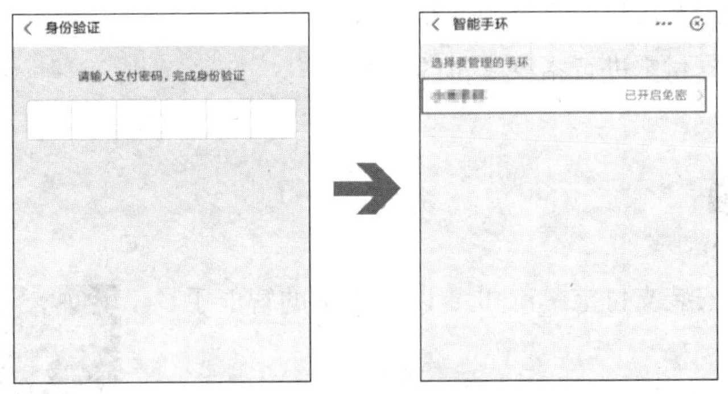

图 13－5　支付宝成功绑定智能手机

图 13－6　智能手环支付界面

思考与练习题

1. 智能手环支付与手机支付相比有哪些优缺点？
2. 除了智能手环，还有哪些可穿戴的支付设备？
3. 你认为智能手环支付会成为未来主流的支付方式吗？为什么？

任务二　生物支付——指纹支付

实训目标

（1）理解指纹支付的优势。

（2）掌握支付宝开启指纹支付的操作步骤。

（3）掌握使用支付宝进行指纹支付的方法。

任务实践

（1）准备一台安装支付宝 App 8.4 以上版本的智能手机（见图 13-7）。

图 13-7　使用支付宝进行指纹支付的条件

（2）打开支付宝并点击首页右下角“我的”，在弹出的界面中点击“设置”，接着在弹出的界面中点击“支付设置”，如图 13-8 所示。

（3）在“支付设置”界面点击“生物支付”，接着在弹出的界面中开启“指纹支付”，并且将手指放在指纹读取器上进行读取，指纹读取成功后将进入指纹支付验证界面，输入支付宝密码，则可以开通支付宝指纹支付功能，如图 13-9 所示。

（4）利用支付宝进行指纹验证远程转账支付。接着在弹出的确认付款界面中将指纹轻放在指纹读取器上，验证指纹是否正确，如果指纹正确就执行转账支付操作，如图 13-10 所示。

图 13-8　打开支付设置

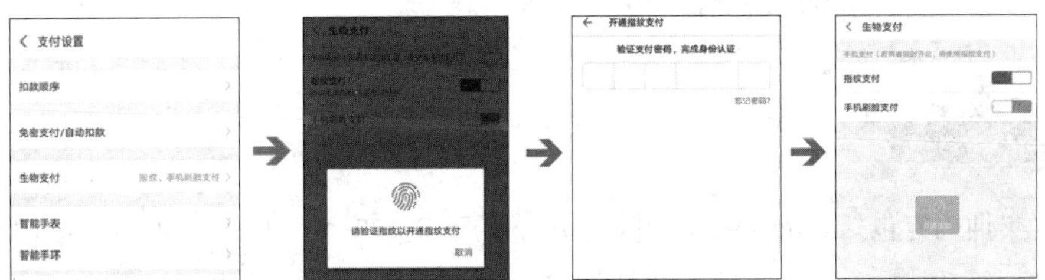

图 13-9　开通支付宝指纹支付

图 13-10　支付宝指纹验证远程转账支付

思考与练习题

1. 指纹支付与密码支付相比有哪些优缺点？

2. 你认为在哪些情况下适合采用指纹支付方式？

任务三　云闪付

实训目标

（1）掌握云闪付手机端 App 的安装。

（2）掌握云闪付手机端 App 的使用。

（3）掌握云闪付卡片管理、信用卡还款等功能。

任务实践

本次实训内容包括 Android 版云闪付 App 的下载与安装、购物、理财、信用卡管理、储蓄卡管理等功能。本次实训采用的是 Mi Note3 手机，操作系统为 MIUI 10.2.3.0 版本，Android 系统。

1. 云闪付概述

云闪付 App 于 2017 年 12 月 11 日正式发布，是一种非现金收付款移动交易结算工具，是在中国人民银行的指导下，由中国银联携手各商业银行、支付机构等共同开发建设、共同维护运营的移动支付 App。云闪付 App 具有收付款、享优惠、卡管理三大核心功能。云闪付 App 与银联手机闪付、银联二维码支付同为银联三大移动支付产品。2019 年 3 月，中国银联正式宣布云闪付 App 用户数突破 1 亿。

消费者通过云闪付 App 即可绑定和管理各类银行账户，并使用各家银行的移动支付服务及优惠权益。云闪付的特点如下：

（1）银联风险系统综合持卡人的实体银联卡信息、移动设备信息和其他风险评级信息，保障持卡人在申请和使用过程中的安全。

（2）基于移动设备联网的特性，银联提供云闪付产品的远程管理服务，针对可能存在风险的云闪付产品进行远程管理，保障持卡人权益。

（3）在安全保障方面，云闪付产品应用安全技术，完善业务处理规则，引入风险赔付、先行垫付等机制，提供72小时失卡保障服务，对于出现的个别意外风险事件，可以迅速解决用户的资金损失问题，保障用户合法权益。

2. 云闪付功能

（1）跨行银行卡管理。作为银行业统一的App，云闪付App提供强大的跨行银行卡管理服务，目前云闪付App已支持国内所有银联卡的绑定，一次性可管理15张银联卡。【卡管理】频道打造了银行卡闭环服务，用户可在云闪付App内完成跨行银行卡交易管理、余额查询、账单查询、信用卡还款、记账等专业金融服务。

1）借记卡余额一站式查询。使用云闪付App能够一站式查询所有绑定借记卡的余额信息。

2）转账零手续费。支持转账到银行卡、转账到云闪付App账户、扫描个人收款码面对面转账等多种形式的转账，所有形式的转账均免收手续费，并在转账后可以抽取红包。

3）信用卡账单查询。用户点击任意绑定的信用卡，即可显示还款日、本期剩余应还、最低应还等账单信息。当绑定的信用卡账单变动时，云闪付App会进行实时提醒。

4）信用卡还款零手续费。云闪付App已支持各主流银行信用卡还款，还款时可自动填充还款金额。通过云闪付App进行的信用卡还款均不收取手续费，基本实现还款实时到账，避免逾期风险。

（2）周边优惠及卡权益查询。云闪付App的周边优惠功能可基于LBS定位，实时查看各银行的优惠，还可以实时查看活动剩余名额，优惠不扑空。

只要在云闪付App内绑定银行卡，就可以一站式查询权益，选择银行卡级别就能马上了解该卡权益，一目了然。

1）实体门店。首页默认展示线下实体门店的优惠，用户也可通过“筛选”→“实体门店”来查找线下优惠商户。基于LBS定位，线下优惠商户按照距离远近进行排序，且实时显示优惠剩余名额，确保优惠名额真实可用。

2）线上电商。点击“筛选”→“线上电商”即可查看当前线上电商平台的优惠活动，用户通过商户优惠详情页可直接查看优惠时效、剩余名额等信息。

3）银行权益。在【筛选】里选择相应银行选项即可查看用户拥有银行卡所能享受的优惠信息，用户绑定银联卡后，无论是线上/线下优惠还是银联卡权益信息都可通过云闪付App全权掌握。

（3）公共缴费等场景全覆盖。云闪付App实现了老百姓衣食住行线上/线下主要支付场景的全面覆盖，可在铁路、民航、全国10万家便利店/商超、30多所高校、100多个菜市场、300多个城市水电煤等公共服务行业商户使用，并在不断拓展应用场景。

云闪付App的银联二维码扫码支付已在新加坡和中国澳门、香港地区的商家实现受理，后续将向东南亚、中东等地区拓展；银联手机闪付已可在境外超过60万台POS终端

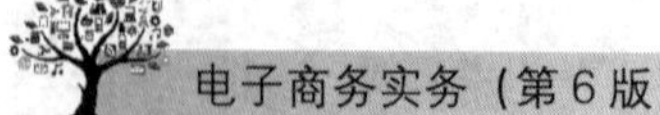

使用，覆盖中国港澳地区、东南亚地区以及澳大利亚、俄罗斯等国家。

（4）精选好货尽在线上商城。云闪付 App 提供线上商城服务，定期搜罗全球好货，精选好货全国底价包邮。

3. 使用方法

（1）开通流程。

1）下载安装。用户可在 App Store 及安卓系统的各大应用市场，搜索下载云闪付。

2）注册。点击“立即注册”，使用手机号注册，输入短信验证码，设置登录密码，完成注册。然后打开云闪付 App，如图 13－11 所示。

图 13－11　云闪付 App 打开页面

3）绑卡/实名认证，开通在线支付。在【卡管理】中点击“添卡”，输入银行卡号，也可以点击卡面拍照识别（见图 13－12）；填写个人信息，输入短信验证码；设置支付密码后，再次确认支付密码。图 13－13 所示为“卡管理”页面。

图 13－12　添加银行卡

图 13－13　“卡管理”页面

4）成功开通。

5）信用卡还款及借记卡余额查询，如图 13－14 和图 13－15 所示。

图 13－14　信用卡还款页面

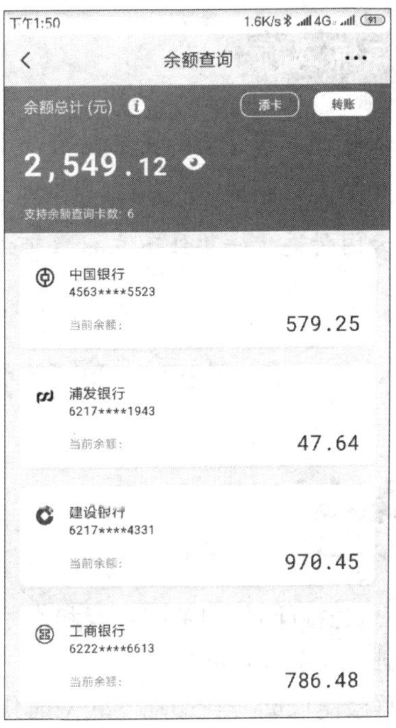

图 13－15　借记卡余额查询页面

（2）应用场景。云闪付 App 可用于公交地铁、餐饮、超市、便利店、公共缴费、自助售货、医疗健康、交通罚款等。收付款页面如图 13－16 所示。

图 13－16　收付款页面

1. 云闪付是哪一家公司的产品？有什么特点？
2. 请下载和安装云闪付 App，并分别绑定一张信用卡和借记卡。
3. 使用云闪付进行一次线下支付（可以是公交地铁出行）。

任务四　微信公众号创建与使用

实训目标

13－1　微信营销

（1）掌握微信订阅号的基本功能和作用。
（2）注册一个个人订阅号。
（3）了解微信订阅号在移动互联网时代的营销地位。
（4）在订阅号增加投票功能。

任务实践

(1) 登录“微信公众平台”网站（http://mp.weixin.qq.com)，如图 13－17 所示。填写基本信息，设置登录密码，邮箱即以后的登录名（注意：预先注册好一个邮箱）。

图 13－17　微信公众平台注册页面

(2) 邮箱激活，认证邮箱地址。登录邮箱，查看邮件并激活账号。

(3) 选择需要的订阅类型（选择完之后是不可逆的，所以要想好自己需要的是怎样的公众号)，个人一般选择订阅号就可以了。

(4) 登记订阅号的信息，主要是选择注册人的性质，分为政府、媒体、企业、其他组织、个人（我们选择“个体”即可）。

(5) 填写账号名称，这个是需要慎重考虑的。登录之后需要进行验证，用微信扫码即可完成。

(6) 进入后台页面，如图 13－18 所示。

(7) 服务号与订阅号的区别（见图 13－19）如下：

1) 服务号的功能。服务号是公众平台的账号类型之一，旨在为用户提供服务。

- 1 个月（30 天）内仅可以发送 4 条群发消息。
- 发给订阅用户（粉丝）的消息，会显示在对方的聊天列表中。

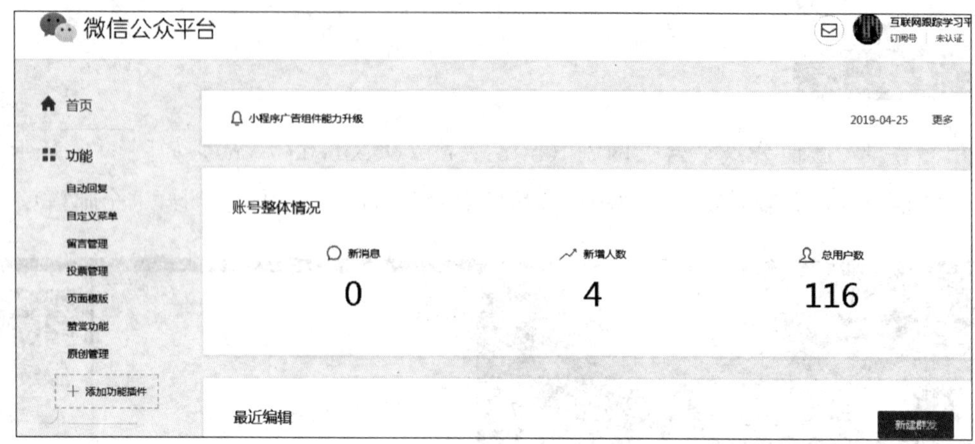

图 13－18　进入后台页面

功能权限	普通订阅号	认证订阅号	普通服务号	认证服务号
消息直接显示在好友对话列表中			✓	✓
消息显示在"订阅号"文件夹中	✓	✓		
每天可以群发1条消息	✓	✓		
每个月可以群发4条消息			✓	✓
基本的消息接收/回复接口	✓	✓	✓	✓
聊天界面底部，自定义菜单	✓	✓	✓	✓
九大高级接口				✓
可申请开通微信支付				✓

图 13－19　服务号与订阅号的区别

- 在发送消息给用户时，用户将收到即时消息提醒。
- 服务号会在订阅用户（粉丝）的通讯录中。
- 可以申请自定义菜单。

2）订阅号的功能。订阅号是公众平台的账号类型之一，为用户提供信息和资讯。

- 每天（24 小时内）可以发送 1 条群发消息。
- 发给订阅用户（粉丝）的消息，将会显示在对方的订阅号文件夹中。
- 在发送消息给订阅用户（粉丝）时，订阅用户不会收到即时消息提醒。
- 在订阅用户（粉丝）的通讯录中，订阅号将被放入订阅号文件夹中。
- 可以申请自定义菜单，不过有准入门槛。

（8）公众信息设置。公众号的设置及设置页面如图 13－20 和图 13－21 所示。

图 13－20 公众号的设置

图 13－21　设置页面

（9）了解微信平台如何发布内容。点击“新建群发”（见图 13－22），可以推送公众号文章，如图 13－23 所示，如果点击“从素材库选择”，则进入图 13－24 所示的页面。

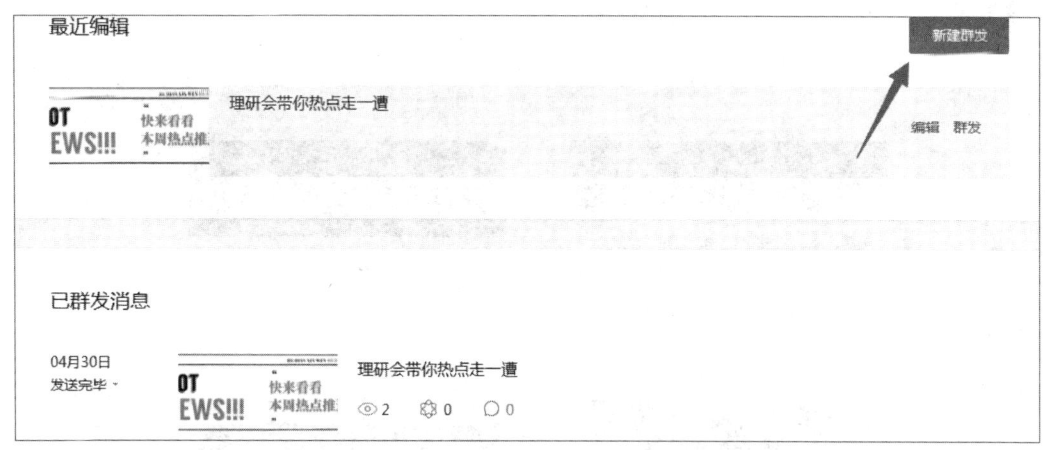

图 13－22　点击“新建群发”

（10）群发需要管理员进行二维码验证，如图 13－25 所示。

（11）微信公众平台自定义菜单设置方法：

进入微信公众平台→功能→添加功能插件→自定义菜单（见图 13－26）→添加菜单→点击“＋”添加子菜单→设置动作→发布。

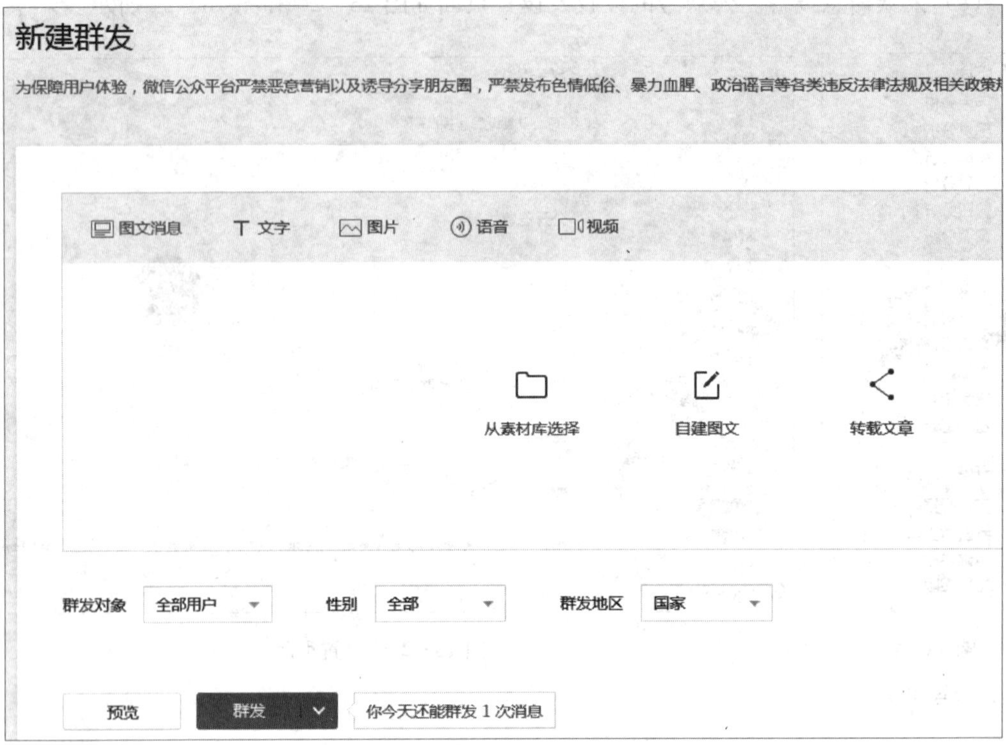
新建群发
为保障用户体验，微信公众平台严禁恶意营销以及诱导分享朋友圈，严禁发布色情低俗、暴力血腥、政治谣言等各类违反法律法规及相关政策
图文消息
T 文字
图片
语音
视频
从素材库选择
自建图文
转载文章
群发对象
全部用户
性别
全部
群发地区
国家
预览
群发
你今天还能群发 1 次消息

图 13－23　微信订阅号发文及排版页面

选择素材
搜索图文消息
+ 新建图文消息
电商之都，学在杭州；电商之路，起航金院
电商2014级2015级开展“双十一”工学交替活动
更新于 2016年12月04日
更新于 2016年11月07日
海内外校友力量　建设高品质幸
确定
取消

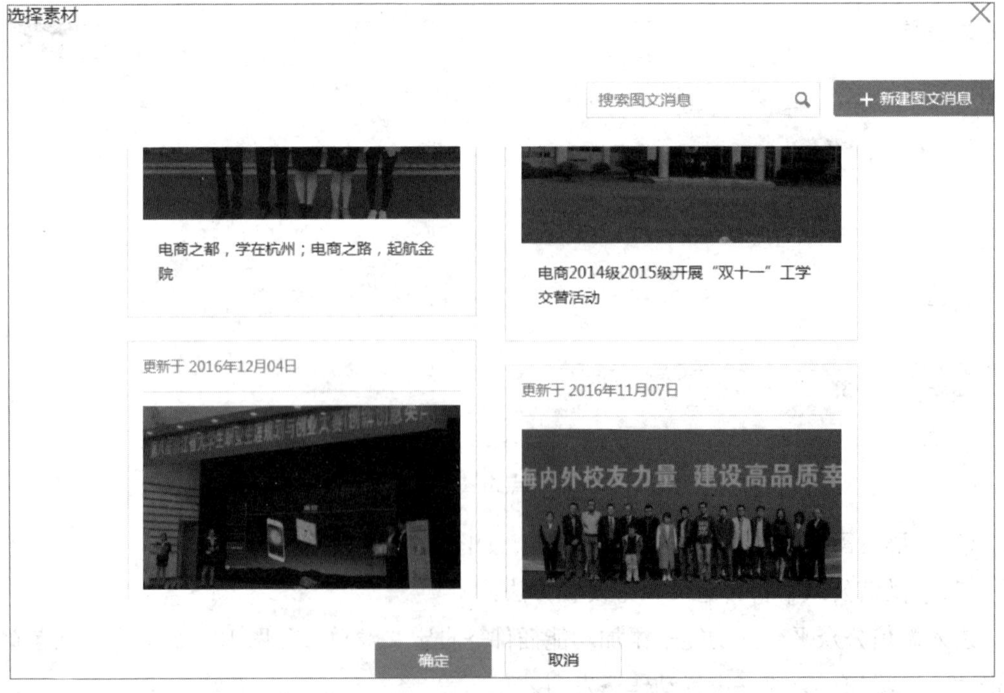

图 13－24　素材库选择页面

图 13-25　管理员验证后方可群发

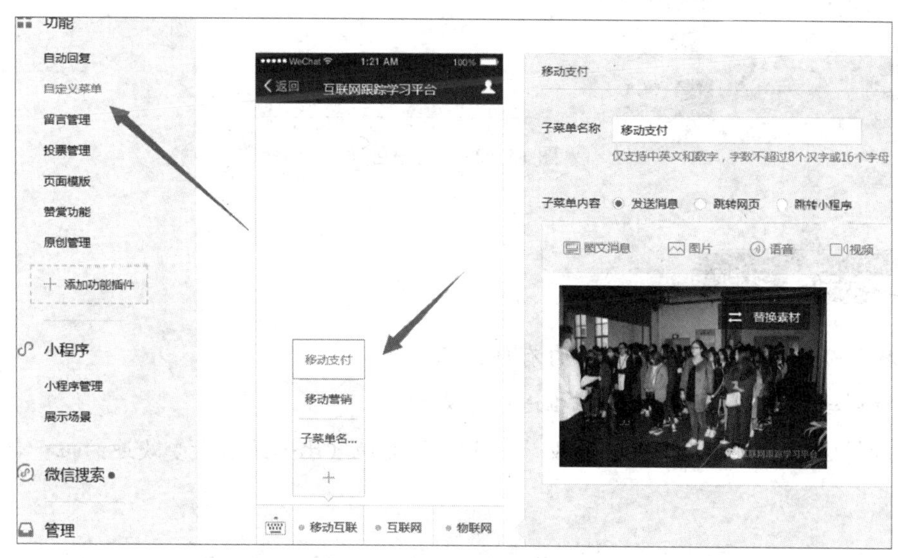

图 13-26　“自定义菜单”功能

1）最多创建 3 个一级菜单，一级菜单的名称不多于 4 个汉字或 8 个字母。

2）每个一级菜单下的子菜单最多可创建 5 个，子菜单的名称不多于 8 个汉字或 16 个字母。

3）在子菜单下可设置动作，其中“发送信息”可发送的信息类型包括图片、语音、视频和图文消息等。未认证的订阅号暂时不支持文字类型。

4）“跳转网页”：所有公众号均可在自定义菜单中直接选择素材库中的图文消息作为

跳转网页的对象。经认证的订阅号和服务号还可直接输入网址。

5）温馨提示：编辑中的菜单不会马上被用户看到，点击发布后，会在24小时后在手机端同步显示，粉丝不会收到更新提示，若多次编辑，以最后一次保存为准。

（12）用户管理（粉丝管理），如图13－27所示。

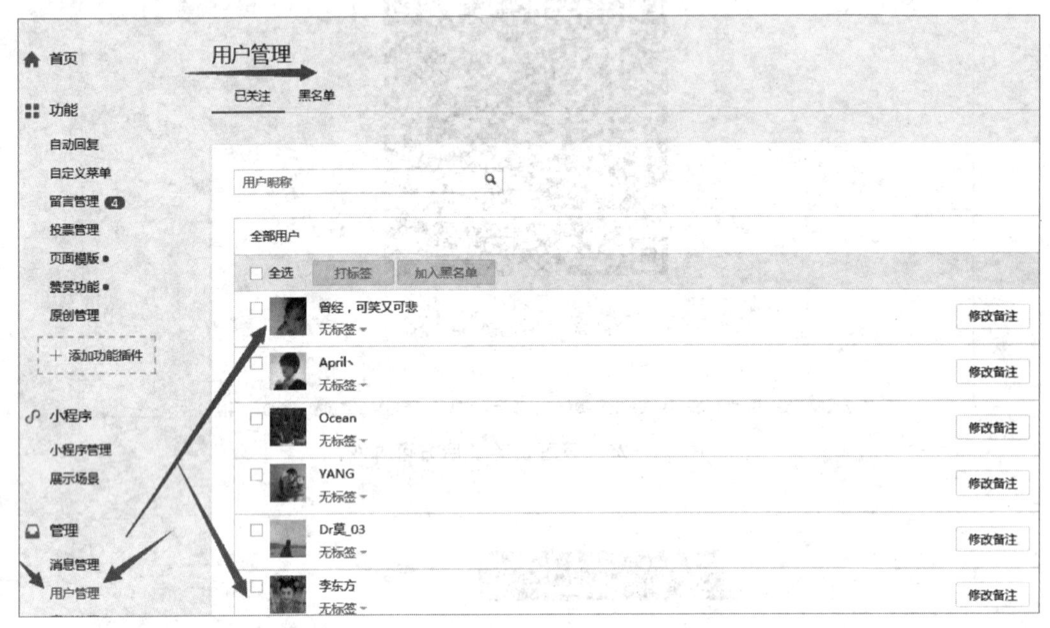

图13－27　用户管理

思考与练习题

1. 微信公众号有哪些类型？各自有什么不同？
2. 请创建一个个人订阅号，并推送一篇文章。
3. 请创建订阅号的几个菜单并设计一个投票活动（比如选出最受欢迎的班干部）。

任务五　微信公众号图文排版

实训目标

13－2　微信公众号内容建设

（1）了解常用的公众号图文排版工具。
（2）了解公众号文章的构成要素。
（3）熟练进行公众号图文排版。

微信公众号是个人、企业和组织开展业务服务与用户管理的全新服务平台。优秀的公众号排版能带来良好的阅读体验、聚集更多的忠实粉丝、提升公众号及企业的形象。公众号图文排版可以直接在公众号管理后台进行，也可以先在 Word 中排好再拷贝到编辑器中，还可以使用第三方编辑器（如秀米、135 编辑器、i 排版等）。对比公众号所提供的编辑器，第三方管理器拥有更多的排版功能、更丰富的图文素材。本任务以秀米编辑器为例讲解公众号图文排版的方法和技巧。

1. 登录秀米

打开浏览器，输入秀米网址 http://xiumi.us，使用微信、QQ、微博等账号登录。登录后，可使用“保存”“生成长图”等更多功能。

在首页选择“图文排版”，然后点击“添加新的 2.0 图文”，进入图文排版编辑界面。编辑界面主要有三个部分，分别是左边素材区、右边编辑区和顶部菜单区，如图13－28所示。

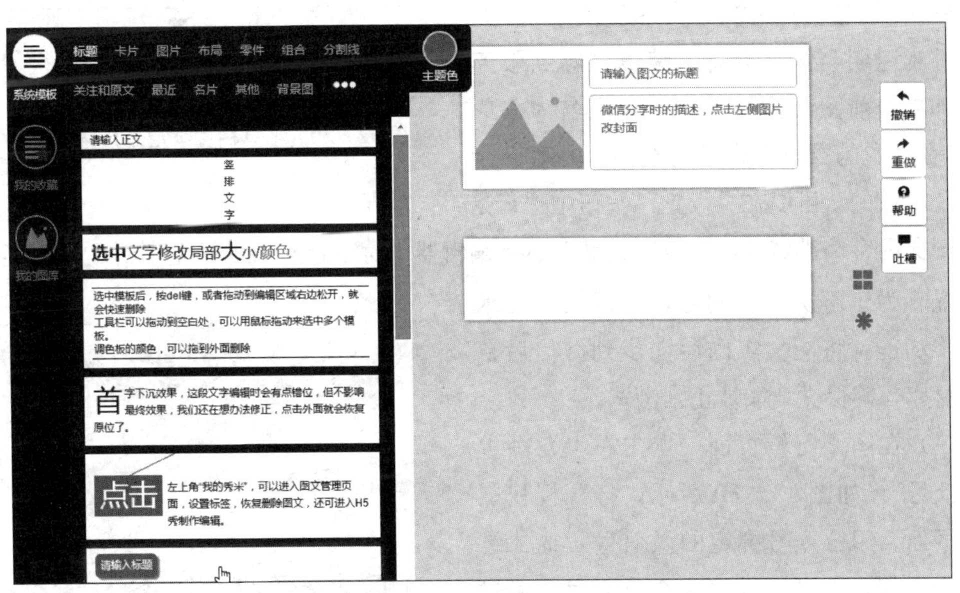

图 13－28　秀米编辑界面

2. 插入、编辑和删除内容

一篇完整的公众号文章往往由封面、导语、正文、结束语、拓展阅读、关注等几个部分构成。在图文编辑中，常会使用插入、编辑和删除等操作。

(1) 插入内容。在秀米编辑区域插入内容，有以下几种方式：点击左侧模板，直接加到现有内容的最后；先选中编辑区的一个模板，再点击左侧模板，加到选中内容的后面；从左侧拖动模板，插入需要的位置；等等。

（2）编辑内容。选中一个对象后，秀米会显示对应的编辑工具条（如图片工具条、文字工具条、模块工具条等），列出各项编辑功能。图13-29为选中某一编辑模块后出现的模块工具条。

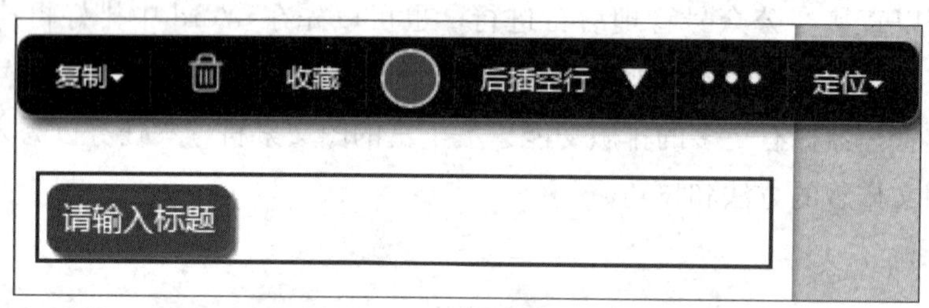

图13-29　模块工具条

（3）删除内容。点击基本工具条上的删除图标，可以删除当前选中的内容。选中要删除的内容，拖到右边松开，就删除了。如果不小心拖错了内容，可以拖回左边松开，就还原了。如果删除后想撤销，可以按编辑区右边的撤销键。

3. 保存并同步至微信公众号

秀米定期会保存当前的编辑内容到服务器。如果当前图文没有标题，会取名为“草稿”，在“我的秀米”中可以看到。自动保存是系统默认的，可以在“设置”按钮中选择是否自动保存。

图13-30　工具栏“绑定公众号”按钮

图文内容编排好后，在复制粘贴至后台编辑器中时很容易出现预览不对、图片不显示等情况。为了解决这一问题，可以使用秀米的同步功能，将图文等内容同步到微信后台的素材库，确保文章能被正常浏览。

（1）在图文编辑页面，点击右上角“绑定公众号”，如图13-30所示，打开授权二维码页面。用公众号绑定的微信号扫描二维码进行授权，也可以授权多个公众号，通过点击公众号旁边的小垃圾桶解除，如图13-31所示。

（2）点击工具栏上的“√”按钮打开下拉菜单，选择“同步到公众号并预览”进行同步，如图13-32所示。

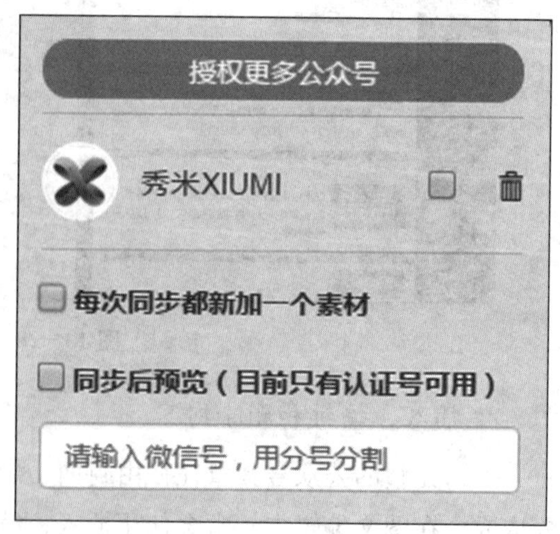

图13-31　公众号授权界面

图 13－32　同步操作

4. 公众号排版小技巧

(1) 标题不要太长，尽量为一行。

(2) 封面图像素为 900×500，背景干净，元素突出，居中摆放。

(3) 小标题以比正文大 2～3 个字号为宜，标题样式统一。

(4) 文字和图片之间空一行。

(5) 图片尺寸、风格要统一。

(6) 段落之间空一行，段落最长不超过一屏。

(7) 行间距以 1.5～1.75 倍为宜。

(8) 全文使用的样式、字号、颜色不超过 3 种。

思考与练习题

1. 有哪几种公众号图文编辑方法?

2. 公众号图文编辑有哪些小技巧?

3. 如何在秀米编辑器中实现同步至公众号的操作?

参考文献

[1] 陈月波．电子商务概论 [M]. 北京：清华大学出版社，北京交通大学出版社，2004.

[2] 陈月波．电子商务实务 [M]. 北京：清华大学出版社，2010.

[3] 宋文官．电子商务实用教程 [M]. 4 版．北京：高等教育出版社，2014.

[4] 李居迁，杨帆．网络与电子商务中的知识产权 [M]. 北京：北京邮电大学出版社，2002.

[5] 袁国宝，谢利明．网红经济 [M]. 北京：企业管理出版社，2016.

[6] 黄景发．网红品牌 [M]. 北京：中国经济出版社，2016.

[7] 汪璟琳．网红经济时代对网络直播的发展研究 [J]. 新闻研究导刊，2016，7 (18).

[8] 丁师军，王珊珊．移动社交化时代网红经济兴起的原因初探 [J]. 今传媒，2017 (1).

[9] 万方，徐冬阳，李佳虹等．直播平台"网红经济"与品牌延伸 [J]. 品牌研究，2017 (1).

[10] 吴宗霖．系统性思考在网红电商营销中的应用研究 [J]. 江苏商论，2017 (9).

[11] PPT：2017 年中国社交电商和微商行业发展报告（全文）. http://www.100ec.cn/detail-6405503.html.

图书在版编目（CIP）数据

电子商务实务：第6版／陈月波主编．--3版．--北京：中国人民大学出版社，2021.5
21世纪高职高专规划教材．电子商务系列
ISBN 978-7-300-28776-8

Ⅰ．①电…　Ⅱ．①陈…　Ⅲ．①电子商务—高等职业教育—教材　Ⅳ．①F713.36

中国版本图书馆CIP数据核字（2020）第228231号

“十二五”职业教育国家规划教材
21世纪高职高专规划教材·电子商务系列
电子商务实务（第6版）
主　编　陈月波
Dianzi Shangwu Shiwu

出版发行	中国人民大学出版社		
社　　址	北京中关村大街31号	**邮政编码**	100080
电　　话	010－62511242（总编室）		010－62511770（质管部）
	010－82501766（邮购部）		010－62514148（门市部）
	010－62515195（发行公司）		010－62515275（盗版举报）
网　　址	http://www.crup.com.cn		
经　　销	新华书店		
印　　刷	北京密兴印刷有限公司	**版　　次**	2014年8月第1版
规　　格	185 mm×260 mm　16开本		2021年5月第3版
印　　张	23.25 插页1	**印　　次**	2022年6月第4次印刷
字　　数	481 000	**定　　价**	48.00元

信息反馈表

尊敬的老师:

您好！为了更好地为您的教学、科研服务，我们希望通过这张反馈表来获取您更多的建议和意见，以进一步完善我们的工作。

请您填好下表后以电子邮件、信件或传真的形式反馈给我们，十分感谢！

一、您使用的我社教材情况

您使用的我社教材名称			
您所讲授的课程		学生人数	
您希望获得哪些相关教学资源			
您对本书有哪些建议			

二、您目前使用的教材及计划编写的教材

	书名	作者	出版社
您目前使用的教材			
	书名	预计交稿时间	本校开课学生数量
您计划编写的教材			

三、请留下您的联系方式，以便我们为您赠送样书（限1本）

您的通信地址			
您的姓名		联系电话	
电子邮箱（必填）			

我们的联系方式:

地　址: 苏州工业园区仁爱路158号中国人民大学苏州校区修远楼

电　话: 0512-68839320　　传　真: 0512-68839316

网　址: www.crup.com.cn　　邮　编: 215123